全国水利行业“十三五”规划教材(职业技术教育)
(“互联网+”创新型教材)
中国水利教育协会策划组织

水力分析与计算

(修订版)

主　编　王世策
副主编　张云根　易进蓉　李晓芳
主　审　吴长春

黄河水利出版社
·郑州·

内容提要

本书是全国水利行业“十三五”规划教材，是根据中国水利教育协会职业技术教育分会高等职业教育教学研究会制定的水力分析与计算课程标准编写完成的。本书主要内容包括：工程中的水力分析与计算问题，水工建筑物挡水面静荷载分析与计算，水动力学基础，有压管道水力分析与计算，渠系与渠系连接建筑物水力分析与计算，堰、闸泄流能力分析与计算，泄水建筑物下游消能水力计算。本书配有电子教学课件（含技能训练题参考答案）。

本书可供高职高专水利水电建筑工程、水利水电工程管理、水利工程、水文与水资源工程、水务管理、水电站动力设备、水利水电工程技术等专业教学使用，也可供水利类相关专业教学使用及相关专业工程技术人员学习参考。

图书在版编目(CIP)数据

水力分析与计算/王世策主编. —郑州：黄河水利出版社，2019.1 （2023.8 修订版重印）
全国水利行业“十三五”规划教材. 职业技术教育
ISBN 978-7-5509-2270-9

Ⅰ.①水… Ⅱ.①王… Ⅲ.①水力计算-高等职业教育-教材 Ⅳ.①TV131.4

中国版本图书馆 CIP 数据核字(2019)第 022217 号

组稿编辑：王路平 电话：0371-66022212 E-mail：hhslwlp@ 163. com
田丽萍 66025553 912810592@ qq. com

出 版 社：黄河水利出版社 网址：www. yrcp. com
地址：河南省郑州市顺河路黄委会综合楼 14 层 邮政编码：450003
发行单位：黄河水利出版社
发行部电话：0371-66026940、66020550、66028024、66022620(传真)
E-mail：hhslcbs@ 126. com
承印单位：河南承创印务有限公司
开本：787 mm×1 092 mm 1/16
印张：15. 5
字数：360 千字 印数：8 001—9 000
版次：2019 年 1 月第 1 版 印次：2023 年 8 月第 4 次印刷
2023 年 8 月修订版

定价：42. 00 元

前 言

本书是贯彻落实《国家中长期教育改革和发展规划纲要(2010~2020年)》、《国务院关于加快发展现代职业教育的决定》(国发〔2014〕19号)、《现代职业教育体系建设规划(2014~2020年)》和《水利部 教育部关于进一步推进水利职业教育改革发展的意见》(水人事〔2013〕121号)等文件精神,依据中国水利教育协会水教协〔2016〕16号文《关于公布全国水利行业“十三五”规划教材名单的通知》,在中国水利教育协会精心组织和指导下,由中国水利教育协会职业技术教育分会组织编写的全国水利行业“十三五”规划教材。教材以学生能力培养为主线,适当增加了二维码链接,具有鲜明的时代特点,体现了实用性、实践性、创新性的特色,是一套水利高职教育精品规划教材。

为了不断提高教材质量,编者于2023年8月,根据近年来国家及行业最新颁布的规范、标准、规定等,以及在教学实践中发现的问题和错误,对全书进行了修订完善。本次修订以习近平新时代中国特色社会主义思想为指导,全面贯彻落实党的二十大精神、立德树人根本任务,补充了课程思政内容,将党的二十大精神融入教学实践中。

本书以培养学生能力为主线,以工作任务为导向,把“教、学、练、做”融合为一体,符合项目化教学要求,体现了本课程的实践性和实用性,具有一定的创新性。

本书特色如下:

(1)以工作任务为导向,打破传统教材体系,依据实际水利水电工程中遇到的水力学问题的类型,将本书分为7个项目,教学针对性强。

(2)补充了大量的习题,习题类型丰富,且配有参考答案,有利于学生课后复习巩固所学知识。

本书编写人员及编写分工如下:项目1、项目5由福建水利电力职业技术学院王世策编写,项目2、项目6由福建水利电力职业技术学院张云根编写,项目3由长江工程职业技术学院易进蓉编写,项目4、项目7由新疆石河子职业技术学院李晓芳编写。本书由王世策担任主编并负责全书统稿;由张云根、易进蓉、李晓芳担任副主编;由安徽水利水电职业技术学院吴长春担任主审。

本书在编写过程中,得到了各院校的专家、教授以及黄河水利出版社的支持、帮助,同时,参考了不少相关资料、著作、教材,对提供帮助的同仁及资料、著作、教材的作者,在此一并致以诚挚的谢意!

由于编者水平有限,书中难免存在错漏和不足之处,恳请广大师生及专家、读者批评指正。

编 者

2023年8月

本书互联网全部资源二维码

目 录

项目1 工程中的水力分析与计算

【学习目标】

知道水力分析与计算的性质和任务;知道工程中的水力分析与计算问题;知道液体的主要物理力学性质;知道连续性介质和理想液体的概念;知道作用在液体上的力。

【课程思政】

党的二十大报告指出,我们坚持绿水青山就是金山银山的理念,坚持山水林田湖草沙一体化保护和系统治理,全方位、全地域、全过程加强生态环境保护,生态文明制度体系更加健全,污染防治攻坚向纵深推进,绿色、循环、低碳发展迈出坚实步伐,生态环境保护发生历史性、转折性、全局性变化,我们的祖国天更蓝、山更绿、水更清。只有掌握了"水力分析与计算"等专业知识和技能,用科学的方法和手段才能更好地治理河流、湖泊、水库,才能更好地开发利用水资源。只有学好"水力分析与计算"等专业课程,并将知识付诸于实践,才能实现绿水青山,才能做好山水林田湖草沙一体化保护和系统治理,才能让祖国天更蓝、山更绿、水更清。

任务1 工程中的水力分析与计算问题

1 水力学的定义、任务及研究对象

1.1 水力学的定义

水力学是研究液体的机械运动规律及应用这些规律解决工程实际问题的一门学科。水力学是力学的分支,包括水静力学和水动力学。

(1)水静力学研究液体在静止或相对静止状态下的力学规律及其应用,探讨液体内部压强分布,液体对固体接触面的压力、对浮体和潜体的浮力及浮体的稳定性,以解决蓄水容器、输水管渠、挡水建筑物、沉浮于水中的构筑物(如水池、水箱、水管、闸门、堤坝、船舶等)的静水压力计算问题。

(2)水动力学研究液体在运动状态下的力学规律及其应用,主要探讨管流、明渠流、堰流、孔口流、射流、渗流的流动规律,以及流速、流量、水深、压力、水工建筑物结构尺寸的水力计算,以解决给水排水、道路桥涵、农田排灌、水力发电、防洪排涝、河道整治、水资源工程、环境保护工程、港口工程、航运、交通、石油化工中的水力学问题。

随着经济建设的发展,水力学学科衍生了一些新的分支,如研究河床演变问题的动床水力学,在计算机基础上产生出的计算水力学,研究环保问题产生出的环境水力学,以及生态水力学、随机水力学等。

1.2 水力学的任务及研究对象

水力学的任务是用试验和理论分析的方法来研究液体平衡和机械运动的规律,并应用这些规律解决工程中的实际问题。

水力学的研究对象是以水为代表的液体,其基本原理不仅适用于水,也适用于与水的性质相似的液体(油、汞、酒精等)和可以忽略压缩性(流速小于声速)的气体。

2 工程中的水力分析与计算问题

工程中所遇到的水力学问题各式各样,但基本问题可以归结为如下几个方面:

(1)水力荷载问题。包括静水压力、动水压力、渗透压力等,这是水工建筑物稳定分析和结构计算必需的依据之一。

(2)过水能力问题。输水及泄水建筑物、河渠、管道等的断面形式及尺寸的确定,是水力学的一项基本任务。

(3)水能利用和能量损失问题。分析水流能量转换中的能量损失规律,研究充分利用水流有效能量的方式与方法和减少水流运动过程中能量损失的措施。

(4)水流的流动形态。研究和改善水流通过河渠、水工建筑物及其附近的水流形态,为合理布置建筑物,并保证其正常运用提供理论依据。

(5)河渠水面曲线计算的问题。如河道、渠道、溢洪道中的水面曲线计算,水库回水曲线淹没范围确定等。

(6)水工建筑物下游水流衔接与消能问题。计算溢流坝、溢洪道、水闸和跌水等建筑物下游的水流衔接和消能问题。

(7)水力学研究的其他问题。如管、渠非恒定流,高速水流中的空蚀、振动、掺气,挟沙水流,波浪运动,水工建筑物的渗流问题等。

3 液体的主要物理力学性质

3.1 惯性

惯性是物体反抗外力改变它原有运动状态的特性。惯性力是物体反抗外力改变它原有运动状态而加给施力物体的反作用力。质量是物体惯性大小的量度,质量越大,物体的惯性也越大。物体的质量用符号 m 表示,加速度用符号 a 表示,则惯性力可以表示为

$$F = -ma \tag{1-1}$$

式中,负号表示惯性力的方向,与物体运动加速度的方向相反。

密度是指单位体积液体具有的质量,液体的密度用符号 ρ 表示。对于均质液体,质量用符号 m 表示,常用的单位为千克(kg),体积用符号 V 表示,常用的单位为米^3(m^3),其密度为

$$\rho = \frac{m}{V} \tag{1-2}$$

密度常用的单位为千克/米^3(kg/m^3)。密度的大小会随温度和压强而变化,但这种变化很小,水力学中通常把液体的密度视为常数。例如,水的密度,工程中采用在一个标准大气压下,温度为 4 ℃时的值作为计算值,其数值为 1 000 千克/米^3(kg/m^3)。不同温度下水的密度见表 1-1。

表 1-1 不同温度下水的物理性质(1 个标准大气压)

温度(℃)	容重 γ (kN/m^3)	密度 ρ (kg/m^3)	动力黏滞系数 μ ($\times10^{-3}N\cdot s/m^2$)	运动黏滞系数 ν ($\times10^{-6}m^2/s$)	体积弹性系数 K ($\times10^9N/m^2$)	表面张力系数 σ (N/m^2)	汽化压强 (kN/m^2)
0	9.805	999.8	1.781	1.785	2.02	0.075 6	0.60
5	9.807	1 000.0	1.518	1.519	2.06	0.074 9	0.87
10	9.804	999.7	1.307	1.306	2.10	0.074 2	1.18
15	9.798	999.1	1.139	1.139	2.15	0.073 5	1.70
20	9.789	998.2	1.002	1.003	2.18	0.072 8	2.34
25	9.777	997.0	0.890	0.893	2.22	0.072 0	3.17
30	9.764	995.7	0.798	0.800	2.25	0.071 2	4.24
40	9.730	992.2	0.653	0.658	2.28	0.069 6	7.38
50	9.689	988.0	0.547	0.553	2.29	0.067 9	12.16
60	9.642	983.2	0.466	0.474	2.28	0.066 2	19.91
70	9.589	977.8	0.404	0.413	2.25	0.064 4	31.16
80	9.530	971.8	0.345	0.364	2.20	0.062 6	47.34
90	9.466	965.3	0.315	0.326	2.14	0.060 8	70.10
100	9.339	958.4	0.282	0.294	2.07	0.058 9	101.33

每一个物理量都包含有量的单位和数值两部分。单位是度量物理量的基准,单位不同,物理量的数值也不同。本书采用我国推荐使用的国际单位制(SI),它的基本单位为:米(m)、秒(s)、千克(kg),其他是导出单位。例如,力的单位为牛顿(N),1 牛顿力的定义为:使质量为 1 千克的物体得到 1 米/秒^2 加速度的力,基本单位表示:$1\ N=1\ kg\cdot m/s^2$。

3.2 万有引力特性

万有引力特性是指任何物体之间相互具有吸引力的性质,其中地球对物体的万有引力称为重力,用符号 G 表示,物体的质量用符号 m 表示,重力加速度为 g,则它所受到的重力为

$$G = mg \tag{1-3}$$

重力的单位为牛顿(N)或千牛顿(kN),重力加速度 g 随纬度及高度的变化而变化,但因其变化很小,水力学中常将其当成常数,取 $g=9.8\ m/s^2$。单位体积液体所具有的重量称为容重,以 γ 表示。对某一重量为 G,体积为 V 的均质液体,其容重为

$$\gamma = \frac{G}{V} \tag{1-4}$$

根据式(1-3)和式(1-4)可得

$$\gamma = \rho g \quad 或 \quad \rho = \frac{\gamma}{g} \tag{1-5}$$

容重常用的单位为牛顿/米^3(N/m^3)或者千牛顿/米^3(kN/m^3)。液体的容重随温度和压强的改变而变化,但变化很小,工程上一般将其视为常数,水的容重 $\gamma=9\ 800\ N/m^3$,不同温度下水的物理性质(1 个标准大气压)见表 1-1。

3.3 黏滞性

在物理学中已经了解到,当固体与固体之间存在相对运动时,就会在其接触面上产生

摩擦力来反抗其相对运动，直到两个固体之间处于静止平衡状态。这种摩擦力是产生在两个固体之间的外力。

当液体处在运动状态时，如果液体内部质点之间存在着相对运动，那么液体质点之间就要产生一种摩擦力来反抗液体做相对运动，液体的这种性质称为液体的黏滞性，因这种摩擦力产生在液体的内部，所以称它为内摩擦力。内摩擦力也称为黏滞力。由于黏滞性的存在，液体在运动过程中要克服内摩擦力做功而消耗能量，所以黏滞性是液体在流动过程中产生能量损失的根源。图 1-1 中液体沿固体壁面做平行直线流动，而且液体质点是一层一层有规则地向前流动，互相不混掺，液体的这种运动状态称为层流运动。由于固体引力及液体黏滞性的影响，固体壁面上的液体流速等于零，离边界越远，流速越大。若距固体边界 y 处的流速为 u，相邻液层 $y+\mathrm{d}y$ 处液体的流速为 $u+\mathrm{d}u$，由于两相邻液层的流速不同，即存在相对运动，两流层之间将成对地产生内摩擦力。下层液体流速小，它作用于上层液体一个与流速方向相反的摩擦力，使其减速；而上层液体流速大，它对下层液体作用有一个与流速方向一致的摩擦力，使其流动加速。这两个摩擦力大小相等、方向相反。

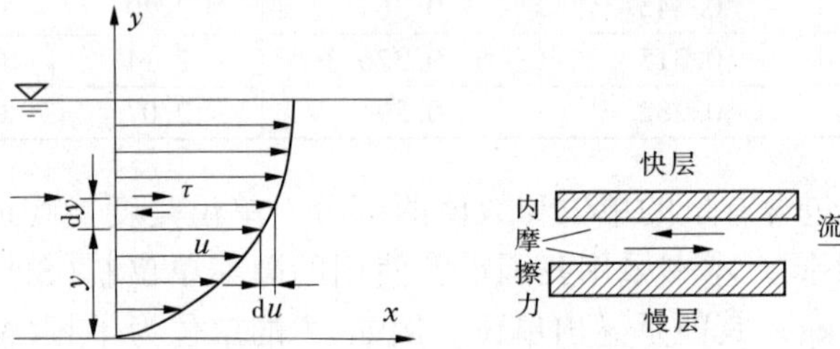

图 1-1

试验证明，相邻液层单位接触面积上所产生的内摩擦力（切应力 τ）的大小，与两液层间的流速差 $\mathrm{d}u$ 成正比，与两液层之间的距离 $\mathrm{d}y$ 成反比，同时与液体的性质有关。用公式表示即为

$$\tau = \mu \frac{\mathrm{d}u}{\mathrm{d}y} \tag{1-6}$$

若两液层间的接触面积为 A，则其内摩擦力为

$$F = \mu A \frac{\mathrm{d}u}{\mathrm{d}y} \tag{1-7}$$

式中，μ 是反映液体黏滞特性的比例系数，称为动力黏滞系数。两液层流速差与其距离的比值 $\frac{\mathrm{d}u}{\mathrm{d}y}$ 称为流速梯度。

式（1-6）和式（1-7）就是著名的牛顿内摩擦定律表达式，具体内容可以表述如下：做层流运动的液体，当相邻液层间存在相对运动，则液层之间内摩擦力的大小，与接触面积 A 和流速梯度 $\frac{\mathrm{d}u}{\mathrm{d}y}$ 成正比，同时与液体的性质有关。

动力黏滞系数 μ 的大小表示液体黏滞性的强弱，黏滞性大的液体 μ 值较大，黏滞性小的液体 μ 值较小。μ 的单位为牛顿·秒/米^2（$\mathrm{N \cdot s/m^2}$）或帕斯卡·秒（$\mathrm{Pa \cdot s}$）。

水力学中经常使用μ和液体密度ρ的比值，即

$$\nu = \frac{\mu}{\rho} \tag{1-8}$$

我们称ν为运动黏滞系数，其单位为米²/秒(m^2/s)或厘米²/秒(cm^2/s)。

液体的黏滞系数与液体的种类有关，它对温度的变化较为敏感，但压强的变化对它影响很小，通常不予考虑。

水的运动黏滞系数ν可按下列经验公式计算

$$\nu = \frac{0.01775}{1 + 0.0337t + 0.00022t^2} \tag{1-9}$$

式中，t为水温，℃。表1-1列出了不同温度时，水的黏滞系数ν值和μ值。

注意：牛顿内摩擦定律的适用条件是：做层流运动的牛顿流体，如水、空气、各种油类、酒精、汞等。牛顿流体是指τ与$\frac{du}{dy}$之间存在线性关系的流体。对非层流状态下的牛顿流体或非牛顿流体(血浆、泥浆、尼龙、橡胶的溶液、颜料、油漆等)不适用。

【例1-1】 如图1-2所示，面积为0.5 m²的平板在水面上以速度$u=1$ m/s沿水平方向运动，水层的厚度$\delta=2$ mm，假设水层内的流速按直线分布，水的温度为10 ℃，求平板受到的阻力。

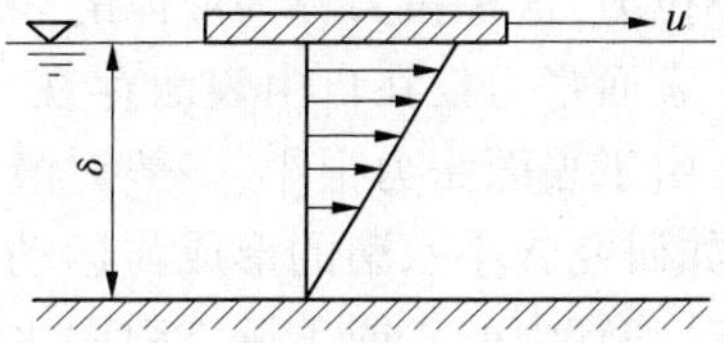

图1-2

解：因为水层内的流速按直线分布，则流速梯度$\frac{du}{dy}$等于常数，其计算为

$$\frac{du}{dy} = \frac{1}{0.002} = 500(1/s)$$

查表1-1，当温度为10 ℃时，水的动力黏滞系数$\mu=1.307\times10^{-3}$ N·s/m²。根据牛顿内摩擦定律表达式，平板所受的阻力为

$$F = \mu A\frac{du}{dy} = 1.307\times10^{-3}\times0.5\times500 = 0.327(N)$$

3.4　压缩性

液体不能承受拉力，但可承受压力。液体受压后体积要缩小，压力撤除后能恢复原状，这种性质称为液体的压缩性或弹性。液体压缩性的大小用体积压缩系数β或体积弹性系数K来表示。

设某液体在受压强p时，体积为V，当压强增加dp后，体积改变了dV，则液体的体积压缩系数β可以表示为

$$\beta = -\frac{dV/V}{dp} \tag{1-10}$$

式中，$\frac{dV}{V}$是液体体积的相对变化值。当压强增大(dp为正)，体积必定减小(dV为负)，反之亦然，也就是说，dp和dV始终正负号相反。为了保持β值为正数，在式(1-10)右端加

一个负号。根据式(1-10)可知,β 值越大,表明液体越容易被压缩。体积压缩系数 β 的单位为米²/牛顿(m^2/N)。β 的倒数称为体积弹性系数,用 K 表示,即

$$K=\frac{1}{\beta}=-(\frac{V}{\mathrm{d}V})\mathrm{d}p \tag{1-11}$$

式(1-11)表明,K 值越大,液体越不易被压缩。当 $K\to\infty$,表示液体绝对不可压缩,即不存在弹性变形。K 的单位与压强相同,为牛顿/米²(N/m^2)。不同种类的液体,β 值和 K 值也不同,同一种液体的 β 值和 K 值也随温度和压强而变化,但变化甚微,一般可视为常数。水的体积弹性系数(简称弹性系数)可以取 $K=2.1\times10^9\ N/m^2$。也就是说,每增加一个大气压,水的体积相对减少约为两万分之一。

对一般工程问题,可以认为水是不可压缩的。但在压强变化大而且迅速的水力过程中,如输水管路中的水击问题,就必须考虑水的压缩性。

3.5 表面张力特性

液体的表面张力是指液体自由表面上的分子,一侧受液体分子的引力,而另一侧受其他介质(如气体或固体)的引力,由于两侧分子引力不平衡,使自由面上的液体分子受到微小拉力,这种拉力称为液体的表面张力。

表面张力仅在自由表面存在,是沿液体表面的切线方向,它将会影响液体表面的形状。由于表面张力很小,一般对液体的宏观运动影响可以忽略不计,只有在某些特殊情况下,如研究微小水滴的形成与运动、小尺度水力模型中的水流、水舌较薄而且曲率较大的堰流、细管中的水或土壤空隙中水的运动等,都必须考虑表面张力的影响。

在小直径细管中,液体表面张力的现象十分明显,如图 1-3 所示。当液体内的引力小于它与管壁的附着力,表面张力将使细管内液面下凹、液体上升;反之,当液体内的引力大于它与管壁的附着力,表面张力将使细管内液面上凸、液体下降。

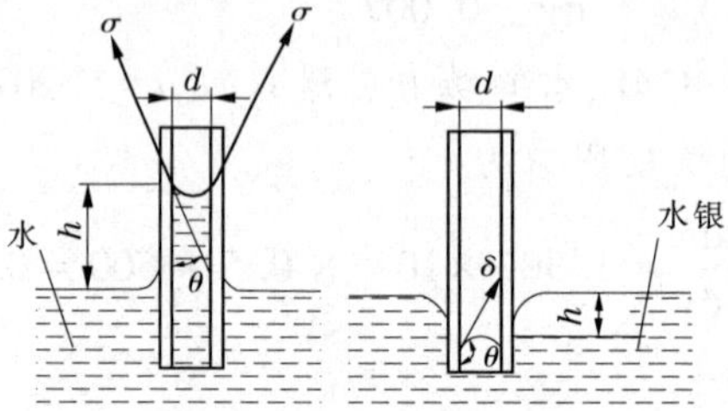

图 1-3

图 1-3 中 σ 表示自由液面单位长度上所受拉力的数值,θ 为液面与固体壁面的接触角,沿管壁圆周上表面张力的垂直分力应该与升高液柱的重量相等。一般情况下,水与玻璃的接触角 $\theta\approx0°$,水银与玻璃的接触角 $\theta\approx139°$,这时玻璃管中水面高出容器水面的高度为

$$h=\frac{29.8}{d} \tag{1-12}$$

玻璃管中水银液面低于容器中水银表面的高度为

$$h=\frac{10.15}{d} \tag{1-13}$$

式(1-12)、式(1-13)表明液柱上升或下降的高度与管径有关。上两式中,d 为玻璃管的内径,d 和 h 均以 mm 计。

在水力学试验中,常用细玻璃管做测压管,为了减少毛细管作用引起压强量测的误差,测压管的内径不宜小于 10 mm。

任务2 连续介质假说和理想液体的概念

1 连续性介质假说

肉眼看到的液体是连成一片没有空隙的、充满所占空间的连续物体,但随着现代物理学对微观世界的研究,我们已经知道,液体和任何物质一样,是由大量分子所组成,并且分子与分子之间并不是一个紧挨着一个没有空隙的。

水力学在研究液体运动时,只研究液体整体的宏观运动而不研究液体分子的微观运动。这是因为分子间空隙的距离与工程上研究的液体整体尺寸相比,是极为微小的,常温下,每立方厘米的水中约含有 3.34×10^{22} 个水分子,相邻分子间距离约为 3.1×10^{-8} cm。因此,在水力学中,不考虑分子间距离,认为液体是由大量一个挨着一个的质点构成的,中间并无空隙的连续体。水力学所研究的液体运动就是连续介质的连续运动。液体质点可以近似地看成一个含有大量分子的在空间无限小的几何点。实践证明,利用连续介质概念得出的有关液体运动规律的理论与实际相符。

将液体视为连续介质的概念是由瑞士学者欧拉(Euler)在 1755 年提出的。高等数学对函数进行微积分运算必须满足连续性条件。我们把液体当作连续介质,液流中的一切物理量(如速度、压强、密度等)都可以看成是空间坐标和时间的连续函数,这样在研究液体运动规律时,就可以利用高等数学连续函数微积分的分析方法,给水力学研究带来极大的方便。

2 理想液体概念

本项目任务1讨论了液体五个主要物理性质,其中液体黏滞性的存在,给液体运动的分析和处理带来很大的困难。因此,为了使复杂的水力学问题得到简化,引入了理想液体的概念。

一般的水利工程不考虑液体的压缩性、表面张力特性和汽化压强,所以在研究液体运动规律时,是否考虑液体的黏滞性是理想液体和实际液体的根本差别。所谓理想液体,是指没有黏滞性的液体,这时液体的黏滞系数 $\mu=0$,相应地把有黏滞性的液体称为实际液体。这样,在解决复杂的实际水流问题时,可以先不考虑液体黏滞性的影响,按理想液体进行分析,求得其运动规律,然后根据实际情况,对液体黏滞性的影响进行修正,得到实际液体的运动规律,并用来解决工程实际问题。这是水力学的一个重要研究方法。理想液体不会引起能量损失。

需要注意的是，理想液体是为了简化问题的处理而提出来的“假设”，理想液体实际并不存在。

任务3 作用于液体上的力

液体无论是处于平衡还是运动状态，都会受到各种力的作用。液体运动状态的改变，是外力作用的结果。因此，研究液体的平衡或运动，都要正确分析和计算液体所受到的作用力。

作用在液体上的力，按其物理性质分为重力、惯性力、压力、黏滞力、表面张力等；如果按其作用特点，这些力又可分为表面力和质量力两大类。

1 表面力

作用在所研究液体的表面上，其大小与受作用的表面积成正比例的力称为表面力。例如，固体边界与液体之间的摩擦力，边界对液体的反作用力，一部分液体对相邻的另一部分液体在接触面上的水压力等。

表面力又可以分为垂直于作用面的压力和平行于作用面的切力。表面力的大小除用总作用力来度量外，常用单位面积上所受到的力（应力）来表示。垂直指向作用面的应力称为压应力或压强，与作用面平行的应力称为切应力。

2 质量力

质量力是作用在每个液体质点上，其大小与液体的质量成正比例的力。如重力、惯性力都属于质量力。在均质液体中质量与体积成正比，故质量力又可以称为体积力。

单位质量液体所受到的质量力，称为单位质量力，以符号 f 表示。质量为 m 的均质液体，所受总的质量力为 F，则单位质量力为

$$f = \frac{F}{m} \tag{1-14}$$

若总的质量力 F 在直角坐标轴上的投影分别为 F_x、F_y、F_z，则单位质量力 f 在相应坐标上的投影分量 X、Y、Z 可表示为

$$X = \frac{F_x}{m} \quad Y = \frac{F_y}{m} \quad Z = \frac{F_z}{m} \tag{1-15}$$

单位质量力与加速度的单位相同为：米/秒^2（m/s^2）。

项目小结

一、水力学的定义、任务

水力学是研究液体的机械运动规律及应用这些规律解决工程实际问题的一门学科。水力学是力学的分支，包括水静力学和水动力学。

水力分析与计算的任务是用试验和理论分析的方法来研究液体平衡和机械运动的规

律,并应用这些规律解决工程中的实际问题。

二、液体的主要物理力学性质

惯性是物体反抗外力改变它原有运动状态的特性。质量是物体惯性大小的量度,质量越大,物体的惯性也越大。液体具有这种特性。

万有引力特性是指任何物体之间相互具有吸引力的性质,其中地球对物体的万有引力称为重力。液体具有这种特性。

当液体处在运动状态时,若液体内部质点之间存在着相对运动,那么液体质点之间就要产生一种摩擦力来反抗液体做相对运动,液体的这种性质称为液体的黏滞性。

液体受压后体积要缩小,压力撤除后能恢复原状,这种性质称为液体的压缩性或弹性。

液体的表面张力是指液体自由表面上的分子,一侧受液体分子的引力,而另一侧受其他介质(如气体或固体)的引力,两侧分子引力不平衡,使自由面上的液体分子受到微小拉力,这种拉力称为液体的表面张力。

三、连续介质假说和理想液体概念

水力学在研究液体运动时,只研究液体整体的宏观运动而不研究液体分子的微观运动。

理想液体是指没有黏滞性的液体。有黏滞性的液体称为实际液体。

技能训练题

一、填空题

项目1自测题

1. 水在标准状态下,其密度为:________________。

2. 水力学的分类:________________________________。

3. 水力学研究的对象:________________________________。

4. 水利工程中遇到的一般水力学问题有:①________________;②________________;③________________;④________________;⑤________________;⑥________________。

二、计算题

1. 已知海水的密度 $\rho=1\ 030\ \text{kg/m}^3$,求海水的容重?

2. 已知水的动力黏滞系数 $\mu=0.001\ 29\ \text{N}\cdot\text{s/m}^2$,求其运动黏滞系数 ν。

3. 1 m^3 体积的水,当温度为 10 ℃时,压强增加 10 个工程大气压强,其体积减少 0.508 L,求水的体积压缩系数 β 和体积弹性系数 K。

4. 如图1-4所示,平板在水面上做水平运动,速度为 $u=10\ \text{cm/s}$,平板与下部固定底板的距离为 $\delta=1\ \text{mm}$,平板带动水流运动速度呈直线分布,水温为 20 ℃,20 ℃时水的动力黏滞系数为 $\mu=1.002\times10^{-3}\ \text{N}\cdot\text{s/m}^2$。试求:作用平板单位面积上的摩擦力。

图1-4

项目2 水工建筑物挡水面静荷载分析与计算

【学习目标】

知道静水压强及其特性;知道静水压强基本方程的意义;知道静水压强的分布规律;会用静水压强基本方程计算静水压强;会静水压强量测;会静水总压力的计算。

【课程思政】

法国科学家路易斯·巴斯德有句名言,科学虽没有国界,但科学家却有自己的祖国。新中国成立初期,我国伟大科学家钱学森放弃国外优越的条件,不顾生命危险,历尽艰险回到祖国,报效祖国,为我国航天事业做出了卓越贡献。钱学森为什么这样做?因为他始终牢记自己是中国人,是炎黄子孙。同学们也要始终记住自己是中国人。

任务1 静水压强及其特性

1 静水压强

在实际生活中,我们已经知道液体处于静止或相对静止状态时,液体与容器之间或液体质点之间都不存在相对运动(如水库中的水、水罐车中的水与车同时运动时),黏滞性不起作用,同时液体又不能承受拉力,故静止液体相临两部分之间以及液体与固体壁面之间的表面力只有静水压力。

静水总压力常用大写字母 P 表示,其大小与受压面的面积成正比。为了研究压力在受压面上的分布情况,引入静水压强的概念。

在静止液体中任取一点 K(见图2-1),围绕 K 点取一微小面积 ΔA,作用于该面积上的静水压力为 P,当 ΔA 趋近于零时,则平均压强 $\Delta P/\Delta A$ 的极限称为 K 点的静水压强,用小写字母 p 表示,即

$$p=\lim_{\Delta A\to 0}\frac{\Delta P}{\Delta A} \tag{2-1}$$

静水压强的常用单位为 N/m^2(Pa)、kN/m^2(kPa)。

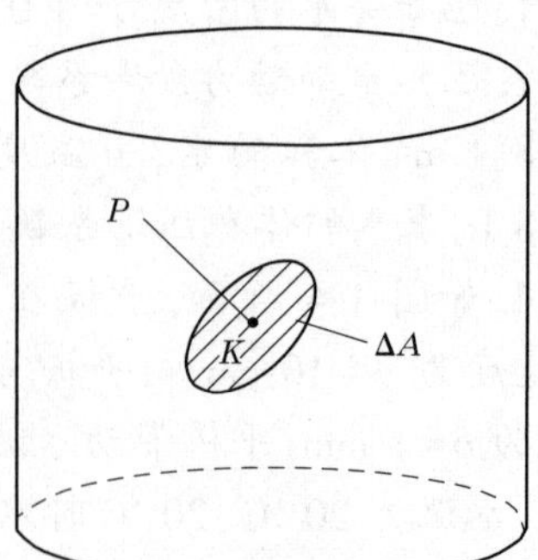

图2-1

2 静水压强的特性

静水压强有两个重要特性:

(1)静水压强的方向垂直指向作用面。

假如静水压强的方向不垂直指向作用面,则可分解为两个力:一个力垂直于作用面,

另一个力与作用面平行，与作用面平行的力为切力，而静止液体不能承受切力，则切力不存在，说明静水压强只能垂直于作用面。同样，如果静水压强的方向不是垂直指向作用面，而是背离作用面，则液体将受到拉力，液体平衡也将被破坏。因此，静水压强的方向必然垂直指向作用面。

(2)在静止液体中任一点上，各个方向的静水压强大小相等，与作用面的方位无关。

为证明这一特性，在静止液体中取微小四面体 $OABC$，如图2-2所示。取四面体的三个边 OA、OB、OC 相互垂直，令它们分别与 OX、OY、OZ 轴重合，长度分别为 dx、dy、dz。作用于四面体的四个表面 OBC、OAC、OAB 及 ABC 上的平均静水压强分别为 p_x、p_y、p_z 及 p_n，四面体所受的质量力仅为重力。以 dA 代表 ΔABC 的面积，由于液体处于静止状态，所以四面体在3个坐标方向上所受外力的合力等于0，即

$$\frac{1}{2}p_x \mathrm{d}y\mathrm{d}z - p_n \mathrm{d}A\cos(n,x) = 0$$

$$\frac{1}{2}p_y \mathrm{d}x\mathrm{d}z - p_n \mathrm{d}A\cos(n,y) = 0$$

$$\frac{1}{2}p_z \mathrm{d}x\mathrm{d}y - p_n \mathrm{d}A\cos(n,z) - \frac{1}{6}\gamma \mathrm{d}x\mathrm{d}y\mathrm{d}z = 0$$

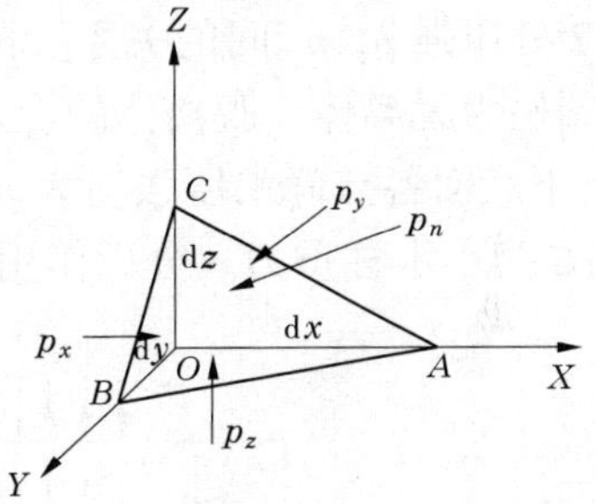

图2-2

当 dx、dy、dz 趋于零时，p_x、p_y、p_z 和 p_n 变为作用于一点 O 而方向不同的静水压强，此时，$\frac{1}{6}\gamma \mathrm{d}x\mathrm{d}y\mathrm{d}z$ 属于三阶无限小值，它相对于前两项可以略取不计，且由于

$$\mathrm{d}A\cos(n,x) = \frac{1}{2}\mathrm{d}y\mathrm{d}z$$

$$\mathrm{d}A\cos(n,y) = \frac{1}{2}\mathrm{d}x\mathrm{d}z$$

$$\mathrm{d}A\cos(n,z) = \frac{1}{2}\mathrm{d}x\mathrm{d}y$$

由以上可知

$$p_x = p_y = p_z = p_n$$

即静止液体中，任一点各个方向静水压强的大小均相等，与作用面的方位无关。静水压强第二特性也表明，静水中各点压强的大小仅是空间坐标的函数，或者说仅随空间位置的变化而变化，即

$$p = p(x,y,z)$$

研究水在静止状态时的规律，静水压强的这两个特性是非常重要的。例如，在图2-3中的边壁转折 B 点处，对不同方位的受压面来说，其静水压强的作用方向不同(各自垂直于它的受压面)，但静水压强的大小是相等的，即

$$p_B = p'_B$$

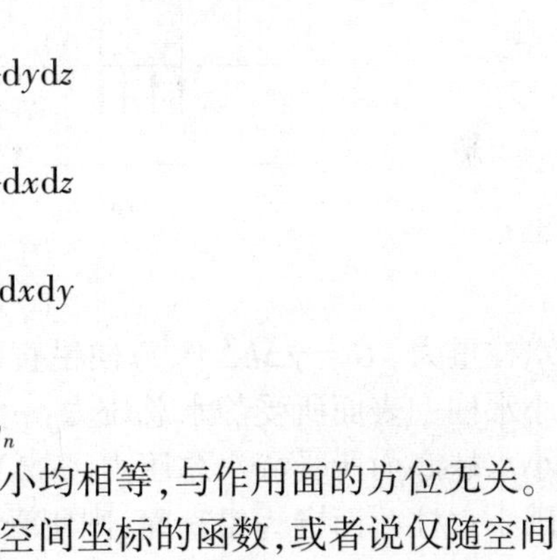

图2-3

任务2　静水压强的基本规律

静水压强与水深、表面压强及位置高度有何关系呢？下面通过力学分析的方法探讨静水压强的变化规律。

1　静水压强基本方程

1.1　静水压强基本方程第一表达式

如图2-4所示，在所受质量力仅有重力作用的静止液体中，研究位于水面以下任意两点1、2处压强 p_1、p_2 间的关系。围绕1、2两点分别取面积 ΔA 为底面面积、Δh 为高的铅直小圆柱为脱离体。脱离体的上表面和下表面均与水面平行，则上表面各点静水压强均为 p_1，下表面各点静水压强均为 p_2。图中，p_0 为液体表面压强，h_1、h_2 分别为1、2两点的水深；G 为小水柱重力。分析作用于小圆柱上的力：

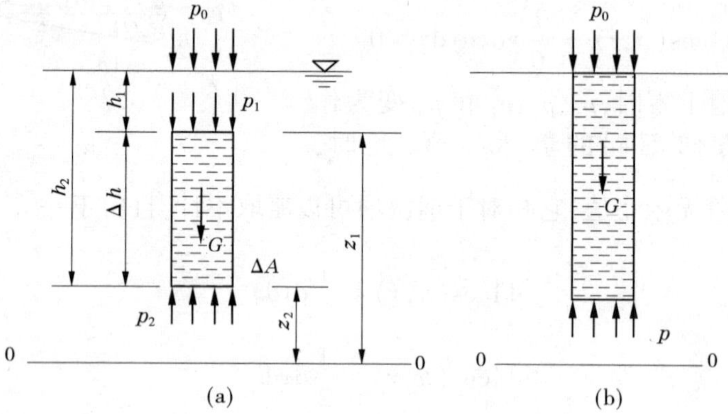

图2-4

水柱重力：$G=\gamma\Delta h\Delta A$，方向铅直向下；

小水柱上表面所受静水总压力：$p_1\Delta A$，方向铅直向下；

小水柱底面所受静水总压力：$p_2\Delta A$，方向铅直向上；

因小水柱侧面皆为铅直面，则所受水压力皆为水平；又因小水柱处于静止状态，则侧面上的水压力相互平衡，合力为零。

在铅直方向上，根据静力平衡方程，作用于静止小水柱的合力为零，即

$$p_1\Delta A - p_2\Delta A + \gamma\Delta h\Delta A = 0$$

整理方程得

$$p_2 - p_1 = \gamma\Delta h \tag{2-2}$$

或

$$p_2 = p_1 + \gamma\Delta h \tag{2-3}$$

式(2-2)是静水压强基本方程式的第一表达式，此式表明：在同一静止液体中，任意两点的压强差与两点间的铅直距离成正比，且等于液体的容重与两点之间铅直距离的乘积。

当式(2-3)中 $h_1=0$、$h_2=\Delta h=h$、$p_1=p_0$、$p_2=p$ 时，如图2-4(b)所示，式(2-3)可写成

$$p = p_0 + \gamma h \tag{2-4}$$

式(2-4)是静水中某点压强的计算公式。它表明:仅在重力作用下,液体中某一点的静水压强等于水面压强加上液体的容重与该点水深的乘积。

由此可见,深度为 h 处的静水压强 p 由两部分组成:一部分是从液面传来的表面压强 p_0,另一部分为单位面积上高度为 h 的液柱重量。

由式(2-4)可知:

(1)某点的静水压强与表面压强的关系:在静止液体中,若表面压强 p_0 由某种方式增大或减小,则 p_0 可不变大小地传到液体中的各个部分。这就是帕斯卡定律。静止液体中的压强传递特性,是制作千斤顶、水压机等很多机械的原理。

(2)水深小则压强小,水深大则压强大。水深每向下增加 1 m,静水压强就增加 9.8 kN/m^2;水深每减小 1 m 则静水压强就减小 9.8 kN/m^2。

1.2　静水压强基本方程第二表达式

上述静水压强计算式中,任一点的位置是用水深 h 表示的。若取共同的基准面 0—0(所谓基准面即假定的高度为零的水平面),任一点距基准面的高度为 z(z 称某点的位置高度),则 $\Delta h = z_1 - z_2$,如图 2-4 所示。把 Δh 代入式(2-2)并整理得

$$z_1 + \frac{p_1}{\gamma} = z_2 + \frac{p_2}{\gamma} \tag{2-5}$$

式(2-5)是静水压强分布规律的第二表达式。它表明:

(1)在静止液体中,位置高度 z 愈大,静水压强愈小;位置高度 z 愈小,静水压强愈大。

(2)在均质(γ = 常数)、连通的液体中,同一水平面($z_1 = z_2$ = 常数)必为等压面($p_2 = p_1 = p$ = 常数),称此为连通器原理。

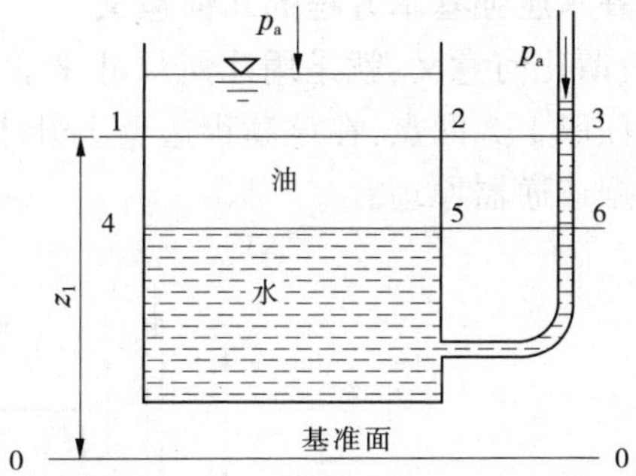

图 2-5

在图 2-5 中,1—2、4—5—6 是等压面,而 2—3 虽然在同一水平面上,但不是等压面,因 2、3 点处的液体不同。

注意:静水压强基本公式同样也反映了其他液体在静止状态的规律,其区别只在于容重不同。几种常见液体的容重见表 2-1。

表 2-1　常见液体的容重

液体名称	温度(℃)	容重(kN/m^3)	液体名称	温度(℃)	容重(kN/m^3)
蒸馏水	4	9.8	水银	0	133.3
普通汽油	15	6.57~7.35	润滑油	15	8.72~9.02
酒精	15	7.74~7.84	空气	20	0.018 8

水利工程中计算静水压强时,通常不考虑作用于水表面的大气压强(因大气压均匀

地作用于建筑物的表面,它们自相平衡,相互抵消),只计算液体产生的压强数值,则此时静水压强计算式为

$$p = \gamma h \tag{2-6}$$

【例 2-1】 求某水库水深 5 m、10 m 处的静水压强。

解:因水库表面的压强为大气压,则可不考虑其影响。水的容重为 $\gamma = 9.8\ \mathrm{kN/m^3}$。

水深 5 m 处的静水压强:$p=\gamma h=9.8\times5=49(\mathrm{kPa})$

水深 10 m 处的静水压强:$p=\gamma h=9.8\times10=98(\mathrm{kPa})$

【例 2-2】 有清水和水银两种液体,求深度各为 1 m 处的压强。已知液面为大气压强作用。

解:水的容重为 $\gamma=9.8\ \mathrm{kN/m^3}$,水银的容重为 $\gamma=133.3\ \mathrm{kN/m^3}$。

水中深度为 1 m 处的静水压强:$p=\gamma h=9.8\times1=9.8\ (\mathrm{kPa})$

水银中深度为 1 m 处的静水压强:$p=\gamma h=133.3\times1=133.3\ (\mathrm{kPa})$

例 2-2 说明:水的深度每增加 1 m,压强增加 9.8 kPa;水银的深度每增加 1 m,压强增加 133.3 kPa。压强与容重成正比。

2 静水压强方程的意义

2.1 静水压强基本方程的几何意义

所谓几何意义,就是用几何尺寸来表征静水压强方程式的意义。在图 2-6 所示的容器中,任取 1、2 两点,在该高程边壁上开小孔并外接开口的测压管。测压管液面均为大气压,根据连通器原理有

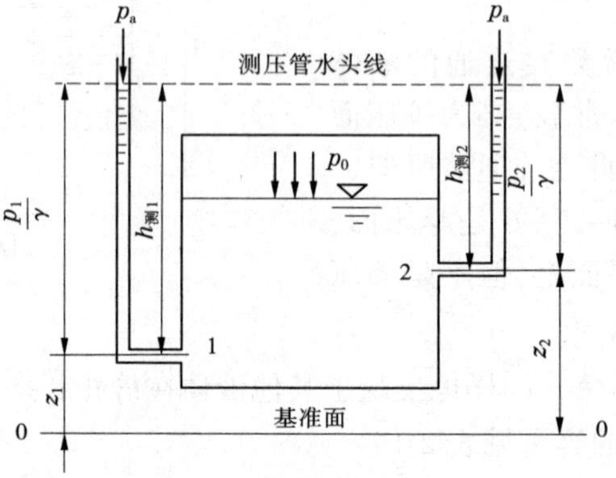

图 2-6

$$p_1 = \gamma h_{测1};\quad p_2 = \gamma h_{测2}$$

则测压管液面上升高度为

$$h_{测1} = \frac{p_1}{\gamma};\quad h_{测2} = \frac{p_2}{\gamma}$$

水力学中常称 z 为位置高度(又称位置水头),$\frac{p}{\gamma}$ 为测压管高度(又称压强水头),$z +$

$\frac{p}{\gamma}$ 为测压管水头。

连接各点测压管水面的线,称为测压管水头线。图 2-6 中,当 0—0 基准面确定后,测压管液面至 0—0 基准面的距离是相等的。因此,静水压强基本方程从几何意义上表明:仅受重力作用的静止液体中,任一点对同一基准面的测压管水头必相等,测压管水头线必为水平线。

$$H_p = z + \frac{p}{\gamma} = C \tag{2-7}$$

C 值的大小与基准面有关,基准面选定,则 C 即为定值。

2.2 静水压强方程的物理意义

由物理学可知:质量为 m 的物体,在位置高度为 z 处的位置势能(简称位能)为 mgz。它反映了物体在重力作用下做功的本领。液体不仅具有位置势能,而且液体内部的压力也有做功的本领,称为压力势能(简称压能)。如图 2-6 所示,质量为 m 的液体在 1 点所受的静水压强为 $p_1 = \gamma h_{测1}$,则在 p_1 的作用下,测压管的液面上升高度为 $\frac{p_1}{\gamma}$,压力势能转化为高度为 $\frac{p_1}{\gamma}$ 的位置势能,则压力势能可表示为 $mg\frac{p_1}{\gamma}$。因而,静水中的总势能为位置势能与压力势能之和:

$$mgz + mg\frac{p_1}{\gamma}$$

水力学中,常用单位重量水体的势能来表示液体的势能,即为单位势能的概念。单位势能用 $E_势$ 表示,即

$$E_势 = \frac{mgz + mg\frac{p}{\gamma}}{mg} = z + \frac{p}{\gamma}$$

式中,z 称单位位能,$\frac{p}{\gamma}$ 称单位压能。

由式(2-5)可知:

$$E_势 = z_1 + \frac{p_1}{\gamma} = z_2 + \frac{p_2}{\gamma} = C \tag{2-8}$$

静水压强基本方程的物理意义为:仅受重力作用的静止液体中,任一点对于同一基准面的单位势能为一常数。

3 压强的单位

在水力学中,压强的单位有三种:应力单位、大气压单位和液柱高单位。

3.1 应力单位

从压强的定义出发,用单位面积上的力来表示,国际单位用 kN/m^2 或千帕(kPa)。

3.2 大气压单位

地球表面大气所产生的压强,称为大气压强。物理学中规定:以海平面的平均大气压

760 mm 高的水银柱的压强为一标准大气压(代号 atm),其数值为

$$1\ \text{atm} = 1.033\ \text{kgf/cm}^2 = 101.3\ \text{kPa}$$

工程中为了计算简便,取其整数,称之为工程大气压,规定

$$1\ \text{工程大气压} = 1.0\ \text{kgf/cm}^2 = 98\ \text{kPa}$$

3.3 液柱高单位

由于一般液体的容重为常数,液柱高($h = \frac{p}{\gamma}$)的数值即反映了压强的大小,这种用液柱高度表示压强大小的方法,常用在水利工程中。

一个工程大气压相应的水柱高度为

$$h = \frac{p}{\gamma} = \frac{98\ \text{kN/m}^2}{9.8\ \text{kN/m}^3} = 10\ \text{m 水柱高}$$

相应的水银柱高度为

$$h = \frac{p}{\gamma} = \frac{98\ \text{kN/m}^2}{133.3\ \text{kN/m}^3} = 0.735\ \text{m} = 735\ \text{mm 水银柱高}$$

注意:用液柱高度表示压强与用应力单位表示压强,两者的量纲是不同的。前者的量纲是长度的单位,而后者的量纲是应力单位 kN/m^2,不可直接应用等号。

压强三种单位间的关系:

1 工程大气压 = 1.0 kgf/cm^2 = 98.0 kPa,相当于 10 m 水柱高。

所谓"相当于",指一个工程大气压所产生的压力是 98 kN/m^2(98 kPa),其相当于 10 m 水柱或是 735 mm 水银柱所产生的压力(98 kPa)。

【例 2-3】 某点压强为 0.5 工程大气压,如用应力单位和液柱高单位表示,其数值为多少?

解:根据压强三种单位的换算关系有:

用应力单位表示

$$\frac{0.5\ \text{工程大气压}}{1\ \text{工程大气压}} \times 98\ \text{kPa} = 49\ \text{kPa}$$

用水柱单位表示

$$\frac{0.5\ \text{工程大气压}}{1\ \text{工程大气压}} \times 10\ \text{m} = 5\ \text{m 水柱高}$$

4 绝对压强、相对压强、真空及真空压强

量度压强的大小,根据起算的基准(零点)不同,分为绝对压强和相对压强两种。

4.1 绝对压强 $p_{绝}$

以绝对没有空气的绝对真空为零点计算出的压强,称为绝对压强(在计算压强时计入大气的压力)。当液面为大气压强时,即 $p_0 = p_a$(大气压强常用 p_a 表示,$p_a = 98\ \text{kN/m}^2$),则可用式(2-4)推得绝对压强的计算公式为

$$p_{绝} = p_a + \gamma h \tag{2-9}$$

4.2 相对压强 $p_{相}$

以当地大气压强为零点计算出的压强,称为相对压强(在计算压强时不计入大气

压)。根据定义,某点的相对压强与绝对压强之间相差一个当地大气压强 p_a,其关系为

$$p_{绝} = p_{相} + p_a \tag{2-10}$$

或

$$p_{相} = p_{绝} - p_a \tag{2-11}$$

如果自由液面的压强为当地大气压,液面以下的静水压强为

$$p_{相} = \gamma h \tag{2-12}$$

注意:①相对压强是相对于当地大气压而言的压强,工程中,一般当地面海拔相差不大,均可将当地大气压视为 98 kPa;②绝对压强的数值只有正值,而相对压强存在正负。当 $p_{绝} > p_a$ 时,$p_{相} > 0$;当 $p_{绝} < p_a$ 时,$p_{相} < 0$。

4.3　真空及真空压强

在物理学中,常把绝对压强为零的状态称为绝对真空。在水力学中把某点绝对压强小于当地大气压强时(相对压强为负值)称为产生真空。真空的大小用真空压强 p_v(或 $p_{真}$)表示,真空压强即为某点的绝对压强小于大气压强的差值,即

$$p_{真} = p_a - p_{绝} \tag{2-13}$$

注意:当某点发生真空时,$p_a > p_{绝}$,则说明真空压强的值为正值。同理可推得真空压强与相对压强的关系为

$$p_{真} = - p_{相} \tag{2-14}$$

真空值也可用液柱高度来表示,称为真空高度。

$$h_{真} = \frac{p_{真}}{\gamma} \tag{2-15}$$

绝对压强、相对压强及真空压强三者之间的关系见图 2-7。

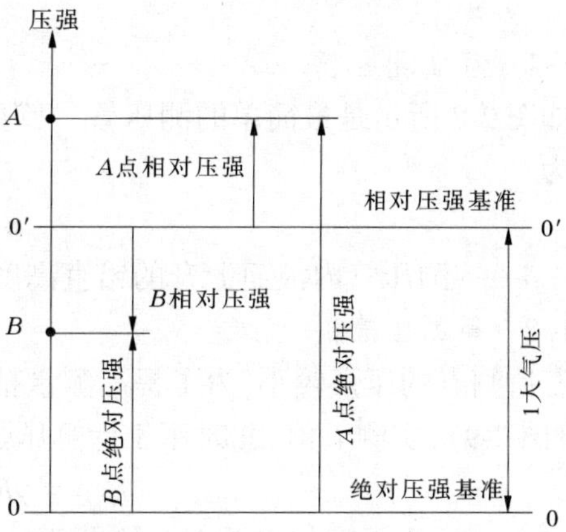

图 2-7

【例 2-4】　A 点相对压强为 24.5 kN/m²,B 点相对压强为 −24.5 kN/m²,求 $p_{A绝}$、$p_{B绝}$ 和 $p_{B真}$。

解:根据静水压强基本规律:$p_{绝} = p_{相} + p_a$,$p_{真} = - p_{相}$

因 $p_{A相} = 24.5\ \text{kN/m}^2$,$p_{B相} = -24.5\ \text{kN/m}^2$,则有:

$$p_{A绝} = p_{A相} + p_a = 24.5 + 98 = 122.5(\text{kN/m}^2)$$

$$p_{B绝} = p_{B相} + p_a = - 24.5 + 98 = 73.5(\text{kN/m}^2)$$

$$p_{B真} = - p_{B相} = - (- 24.5) = 24.5(\text{kN/m}^2)$$

【例 2-5】　求水库水深为 2.5 m 处的相对压强和绝对压强。

解:根据静水压强基本方程:$p = p_0 + \gamma h$

(1)相对压强:

$$p_{0相} = 0$$

$$p = \gamma h = 0 + 9.8 \times 2.5 = 24.5(\text{kN/m}^2)$$

(2)绝对压强:

$$p_{0绝} = p_a = 98\ \text{kN/m}^2$$

$$p_{绝} = p_{0绝} + \gamma h = 98 + 9.8 \times 2.5 = 122.5(\text{kN/m}^2)$$

5　静水压强的量测

5.1　测压管

5.1.1　普通测压管

如图 2-8 所示，一般压强用直立测压管；某点压强较小时，可用斜测压管（见图 2-9），

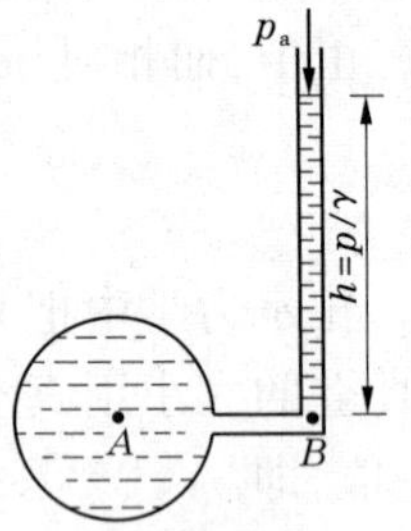

图 2-8

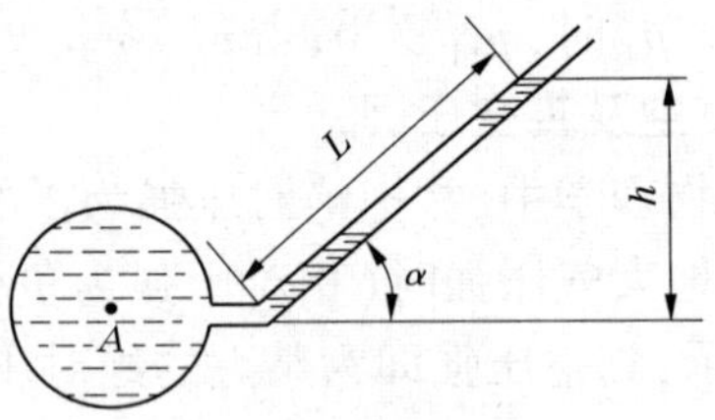

图 2-9

5.1.1.1　直立测压管

如图 2-8 所示是最简单的测压管。管中液柱高度即反映了所测点的相对压强 p，计算式为

$$p = \gamma h$$

式中　h——测压管内液面上升的铅直高度。

5.1.1.2　斜测压管

若所测点的压强较小，为了提高测量精度，可采用增大测距长度，如将测压管倾斜放置（见图 2-9），实测 L 值，此时用于计算压强的测压管高度 $h = L\sin\alpha$，则被测点压强为

$$p = \gamma h = \gamma L\sin\alpha \tag{2-16}$$

式中　α——测压管与水平方向的夹角；

L——测压管液面沿倾斜方向的长度。

5.1.2　轻质液体测压管

当压强较小时，也可以在测压管中装入互不相溶的轻质液体，如油等。如图 2-10 所示，当测量液体表面压强 p_0 时，$p_0 = \gamma_水 h_水 = \gamma_油 h_油$，因 $\gamma_水 > \gamma_油$，则有 $h_水 < h_油$，利用油等轻质液体可增大测距，提高测量精度。

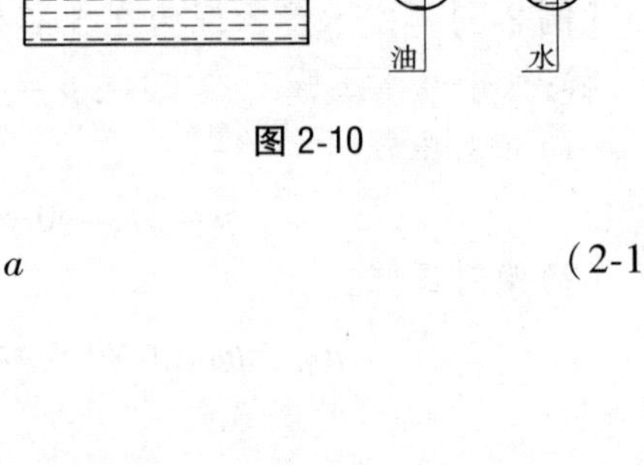

图 2-10

5.1.3　U 形水银测压计

若所测点压强较大，可采用 U 形水银测压计，如图 2-11 所示。若求 A 点的压强 p_A，利用压强的计算原理，列方程整理得

$$p_A = \gamma_m h - \gamma_水 a \tag{2-17}$$

式中　γ_m——水银的容重，取 133.3 kN/m³。

5.2　压差计(比压计)

常用的压差计有空气压差计、水银压差计和斜比压计等。

5.2.1　空气压差计

图 2-12 为空气压差计。倒 U 形管上部充以空气，其压强可大于或小于大气压。设容器中盛有同种液体，当 A、B 两点压强不相等时，倒 U 形管中的液面存在着高差 Δh。因空气的重量很小，则可以认为两管的液面压强相等。根据静压计算原理可得

$$p_A - p_B = \gamma(\Delta h - z) \tag{2-18}$$

当 A、B 位于同一高程时，A、B 两点间的压差为

$$p_A - p_B = \gamma\Delta h \tag{2-19}$$

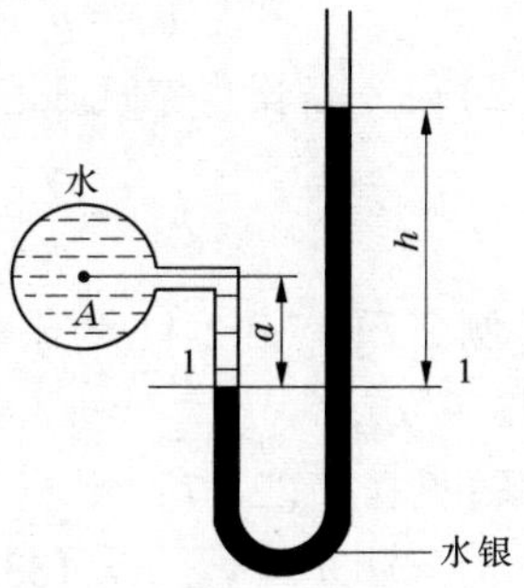

图 2-11

5.2.2　水银压差计

图 2-13 为水银压差计，设水银的容重为 γ_m，则可根据压强计算原理推得

$$p_A - p_B = \gamma_{水}(z_B - z_A) + (\gamma_m - \gamma_{水})\Delta h \tag{2-20}$$

若 A、B 两点位置高度相等，则

$$p_A - p_B = (\gamma_m - \gamma_{水})\Delta h \tag{2-21}$$

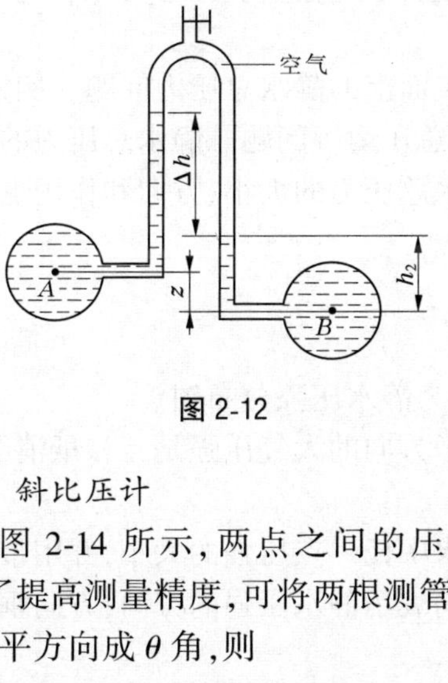

图 2-12

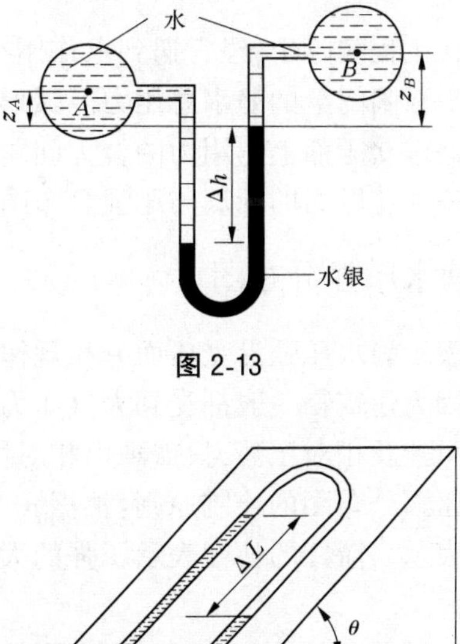

图 2-13

5.2.3　斜比压计

如图 2-14 所示，两点之间的压差很小时，为了提高测量精度，可将两根测管倾斜放置与水平方向成 θ 角，则

$$p_A - p_B = \gamma\Delta L\sin\theta \tag{2-22}$$

式中　ΔL——沿斜面方向两测管读数差。

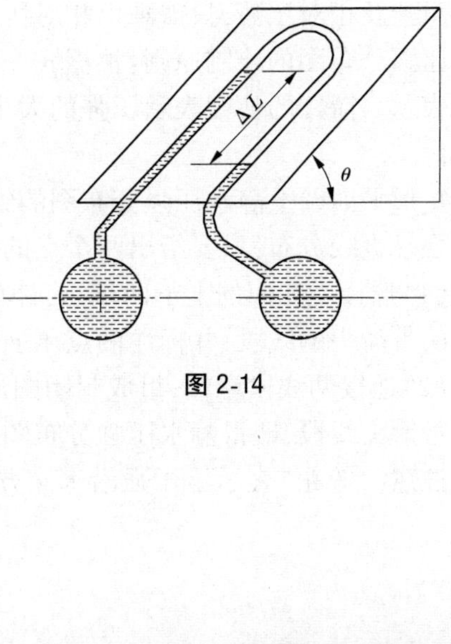

图 2-14

【例 2-6】　如图 2-10 所示，$h_{水} = 30$ cm，水的容重为 9.8 kN/m³，柴油的容重为 7.85 kN/m³，求：

(1) 密闭容器表面压强 p_0 的相对压强值。

(2)U 形管中油柱的高差 $h_{油}$。

解:(1) 根据静压计算原理,计算相对压强则有

$$p_0 = p_a + \gamma h_{水} = \gamma h_{水} = 9.8 \times 0.3 = 2.94(\text{kPa})$$

(2)因为容器内空气压强相等,$\gamma_{水} h_{水} = \gamma_{油} h_{油}$,则有

$$h_{油} = \frac{\gamma_{水} h_{水}}{\gamma_{油}} = \frac{9.8 \times 0.3}{7.85} = 0.374(\text{m}) = 37.4\ \text{cm}$$

【例 2-7】　图 2-11 的水银测压计,$h=30$ cm,$a=15$ cm。试推算 A 点的相对压强 p_A 和绝对压强 $p_{绝A}$。

解:根据式(2-17),则

$$p_A = \gamma_m h - \gamma_{水} a = 133.3 \times 0.3 - 9.8 \times 0.15 = 38.52(\text{kN/m}^2) = 38.52\ \text{kPa}$$

绝对压强为:$p_{A绝} = p_{A相} + p_a = 38.52 + 98 = 136.52(\text{kN/m}^2)$

【例 2-8】　图 2-13 为两容器连接一水银压差计,两容器内皆为水,$\Delta z = z_A - z_B = 0.4$ m,$\Delta h = 0.3$ m,求 A、B 两点的压强差 $p_A - p_B$。

解:根据题意,利用前面推得的公式有

$$p_A - p_B = (\gamma_m - \gamma_{水})\Delta h + \gamma_{水}(z_B - z_A) = (\gamma_m - \gamma_{水})\Delta h - \gamma_{水}\Delta z$$
$$= (133.3 - 9.8) \times 0.3 - 9.8 \times 0.4 = 33.13(\text{kPa})$$

任务 3　挡水建筑物平面壁上的静水总压力的分析与计算

在工程实际中,经常遇到求作用在水工建筑物表面上的静水总压力问题。例如,求作用于平板闸门上的静水总压力及弧形闸门上的静水总压力等问题。静水总压力的计算实际上是求受压面上作用力的合力问题,主要确定静水总压力的大小、方向和作用点。平面壁上静水总压力的计算与压强分布图有一定的关系。

1　静水压强分布图

表示静水压强沿受压面分布规律的几何图形称为静水压强分布图。

因为建筑物一般都受到大气压力的作用,而各个方向的大气压强是互相抵消的,则计算中只涉及相对压强,只需画出相对压强分布图。

压强分布图的绘制原则:根据 $p=\gamma h$ 来计算静水中任一点压强的大小,并用带箭头的线段表示。箭杆的长度表示压强的大小,箭头的指向表示静水压强的方向,方向垂直指向受压面。

矩形平面壁上静水压强分布图的绘制方法:因 p 与 h 为一次方关系,故在水深方向静水压强呈直线分布,只要给出两个点的压强 ,即可确定此直线。具体做法如下:

(1)选择受压面的上下两端点,计算静压大小($p=\gamma h$),再按一定比例绘出垂直指向两点的带箭头的线段,并标注两点压强大小。

(2)连接两线段尾端,组成封闭图形,再在中间画出等距、平行、等向且垂直指向受压面的带箭头线段,即得静水压强分布图。如图 2-15 及图 2-16(a)、(b)、(c)所示。

注意:“等距”表示了压强沿水深方向按直线比例变化;“平行”是指在同一平面壁上,

各点压强的方向线是相互平行的；"等向"是指同一平面壁上，各点压强方向是相同的，且垂直指向受压面。

在实际工程中，建筑物的迎水面及背水面均受到静水压强的作用，其压强分布图可以叠加，如图 2-16(c)所示，上下游水体对受压面的总压强为 $\gamma(H_1 - H_2)$ 。

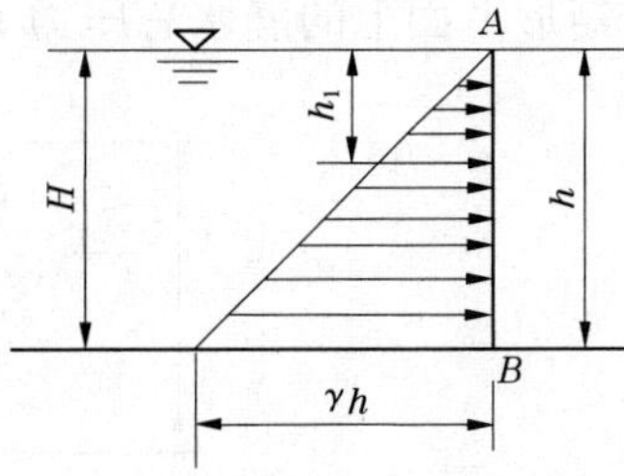

图 2-15

若受压面为曲面，各点压强的作用线垂直于该点的切线，即各点压强的作用线为通过曲率中心的内法线，如图 2-16(d)所示。

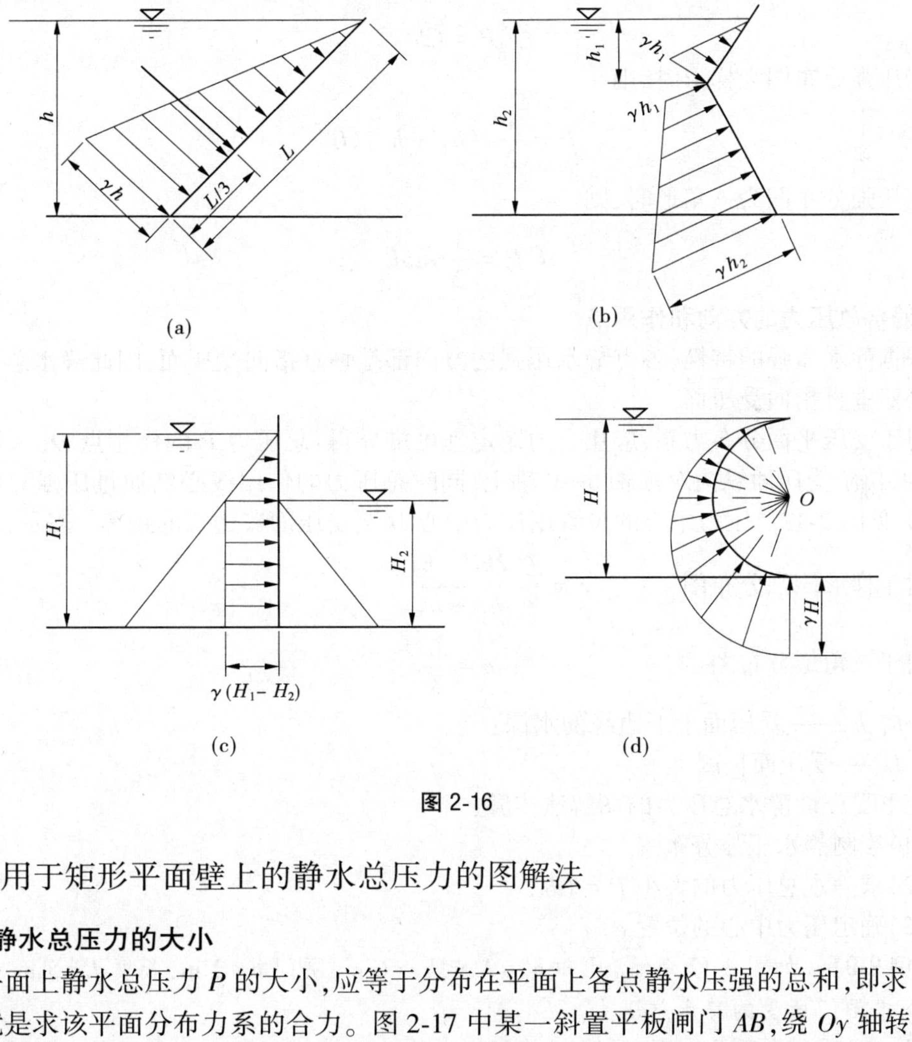

图 2-16

2　作用于矩形平面壁上的静水总压力的图解法

2.1　静水总压力的大小

平面上静水总压力 P 的大小，应等于分布在平面上各点静水压强的总和，即求 P 的大小就是求该平面分布力系的合力。图 2-17 中某一斜置平板闸门 AB，绕 Oy 轴转 90°后的可见宽度 AF 为 b。AF 平行于水面，A 点的水深为 h_1，B 点的水深为 h_2，AB 长度为 L。在水面下任一深度取微小面积 $\mathrm{d}A$，$\mathrm{d}A = b\mathrm{d}y$，因微平面 $\mathrm{d}A$ 上各点压强均为 p，微小面积单位宽度上的力为 $p\mathrm{d}y$，则作用在单位宽度上的静水总压力应等于静水压强分布图的面积

Ω;整个矩形平面上的静水总压力 P 等于压强分布图面积 Ω 乘以受压面宽度 b,即

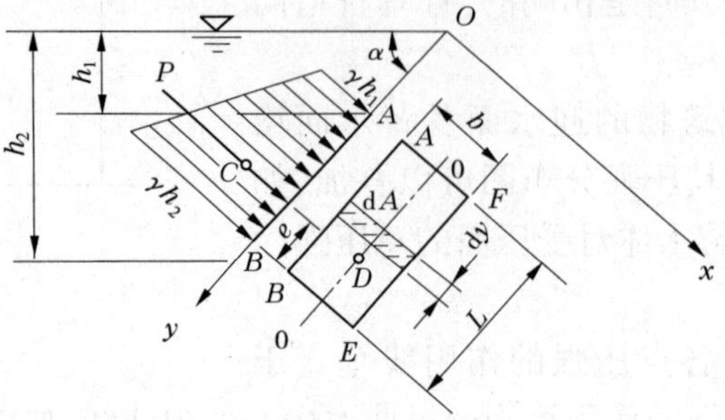

图 2-17

$$P = \Omega b \tag{2-23}$$

当压强分布图为梯形时,则

$$P = \frac{1}{2}\gamma(h_1 + h_2)bL \tag{2-24}$$

当压强分布图为三角形时,则

$$P = \frac{1}{2}\gamma hbL \tag{2-25}$$

2.2 静水总压力的方向和作用点

根据静水压强的特性,各点静水压强的方向都是垂直指向受压面,因此静水总压力的方向必然垂直指向受压面。

对于受压平面分布力系,应用合力矩定理可推导得:总压力 P 的作用点 D(又称压力中心)必位于受压面纵向对称轴 0—0 轴上,同时总压力的作用线必然通过压强分布图的形心 C,见图 2-17。压力中心的位置用压力中心 D 至受压面底边缘的距离 e 表示,即

对于梯形压强分布图 $$e = \frac{L}{3}\frac{2h_1 + h_2}{h_1 + h_2} \tag{2-26}$$

对于三角形分布图 $$e = \frac{L}{3} \tag{2-27}$$

式中 h_1、h_2——受压面上下边缘的水深;

L——受压面长度。

矩形受压面静水总压力的图解法步骤:

(1)绘制静水压强分布图。

(2)求静水总压力的大小 $P = \Omega b$ 。

(3)确定压力中心的位置 e。

【例 2-9】 如图 2-17 所示,已知 $h_1 = 3$ m,$h_2 = 6$ m,闸门 $b = 2$ m,长度 $L = 5$ m,$\gamma = 9.8$ kN/m^3,求闸门所受的静水总压力。

解:(1)绘制压强分布图,如图 2-17 所示。

(2)求静水总压力的大小。

$$P = \Omega b = \frac{1}{2}\gamma(h_1 + h_2)bL = \frac{1}{2} \times 9.8 \times (3 + 6) \times 2 \times 5 = 441(\text{kN})$$

(3)确定压力中心的位置 e。

$$e = \frac{L}{3}\frac{2h_1 + h_2}{h_1 + h_2} = \frac{5}{3} \times \frac{2 \times 3 + 6}{3 + 6} = 2.22(\text{m})$$

3　作用于任意形状平面壁上的静水总压力

3.1　静水总压力的大小

对于任意形状平面壁的静水总压力，图解法已不再适用，需用解析法求解。

如图 2-18 所示，有一任意形状的平面 EF 倾斜放置于水中任意位置，与水平面的夹角为 α，设该平面的一侧受水压力的作用，其面积为 A，平面形心点位于 C 点，形心处水深为 h_C。

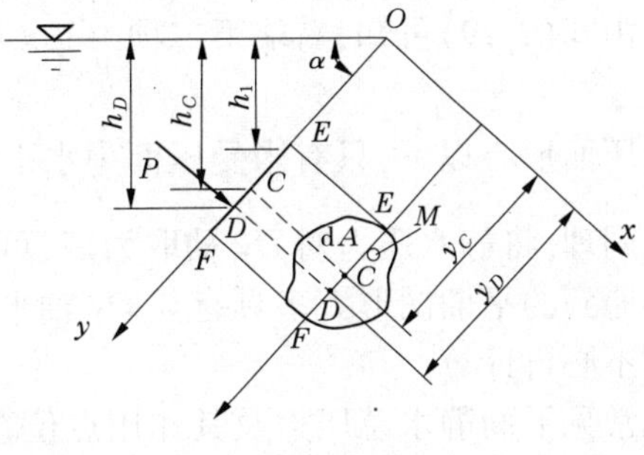

图 2-18

取平面的延展面与水平面的交线为 Ox 轴，以通过平面 EF 并垂直于 Ox 轴的直线为 Oy 轴。下面分析作用于平面 EF 上的静水总压力大小。

在平面 EF 中任一点 M 处取一微分面积 $\mathrm{d}A$，设 M 点在液面以下的淹没深度为 h，故 M 点的静水压强为 $p = \gamma h$。微小面积 $\mathrm{d}A$ 上的压强可视为相等，则作用在 $\mathrm{d}A$ 上的静水压力为 $\mathrm{d}P = \gamma h \mathrm{d}A$，作用于整个 EF 平面上的静水总压力为

$$P = \int_A \mathrm{d}P = \int_A \gamma h \mathrm{d}A = \int_A \gamma y \sin\alpha \mathrm{d}A = \gamma \sin\alpha \int_A y \mathrm{d}A$$

上式中 $\int_A y\mathrm{d}A$ 表示平面 EF 对 Ox 轴的面积矩，它等于平面面积 A 与形心坐标 y_C 的乘积，即 $\int_A y\mathrm{d}A = y_C A$，如用 p_C 代表形心点的静水压强，则有

$$P = \gamma \sin\alpha y_C A = \gamma h_C A = p_C A \tag{2-28}$$

式(2-28)表明：任意形状平面壁上的静水总压力的大小等于该受压面形心 C 处的压强 p_C 与受压面积 A 的乘积。形心点的压强相当于该平面的平均压强。

3.2　静水总压力的方向和作用点

分析静水总压力的方向和作用点：方向仍为垂直指向受压面；作用点即压力中心 D 的位置，即 y_D 和 x_D。确定该点位置可利用理论力学中的合力矩定理，即合力对任一轴的力矩等于各个分力对该轴力矩之和来确定。

分力对 Ox 轴的力矩为

$$\mathrm{d}P \cdot y = \gamma h \mathrm{d}A y = \gamma y \sin\alpha \mathrm{d}A y = \gamma \sin\alpha \cdot y^2 \mathrm{d}A$$

合力对 Ox 轴的力矩等于各个分力对同一轴力矩之和，即

$$P y_D = \int_A \gamma \sin\alpha y^2 \mathrm{d}A = \gamma \sin\alpha \int_A y^2 \mathrm{d}A$$

上式中 $\int_A y^2\mathrm{d}A$ 为平面 EF 对 Ox 轴的惯性矩，以 I_x 表示，因此

$$P y_D = \gamma \sin\alpha I_x$$

直接求解惯性矩很不方便，因此可根据惯性矩的平移轴定理得 $I_x = I_C + {y_C}^2 A$，式中 I_C

为面积 A 对通过其形心 C 并与 Ox 轴平行的轴的惯性矩。因此可得

$$P \cdot y_D = \gamma \sin\alpha (I_C + y_C^2 A)$$

整理得

$$y_D = y_C + \frac{I_C}{y_C A} \tag{2-29}$$

由式(2-29)可知,右端第二项 $\frac{I_C}{y_C A} > 0$,故一般情况下有 $y_D > y_C$,即作用点(压力中心)在受压面形心以下,只有当受压面为水平时,$y_C \to \infty$,$\frac{I_C}{y_C A} \to 0$,D 点才与 C 点重合。

同理,将静水压力对 Oy 轴取力矩,可求得压力中心的另一个坐标 x_D。但是在实际工程中遇到的平面图形大多具有与 Oy 轴平行的对称轴,此时压力中心 D 必位于对称轴上,通常不必再计算。

常见平面静水总压力及其作用点位置计算,请参阅表 2-2。

表 2-2　常见平面图形的 A、y_C 及 I_{Cx}

几何图形		面积 A	y_C	对通过形心点 C_x 轴的惯性矩 I_{Cx}
矩形	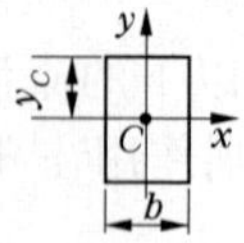	bh	$\frac{h}{2}$	$\frac{bh^3}{12}$
三角形	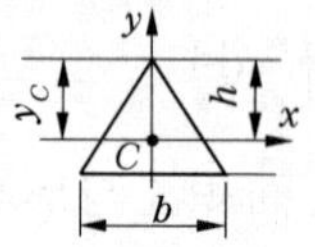	$\frac{bh}{2}$	$\frac{2h}{3}$	$\frac{bh^3}{36}$
梯形	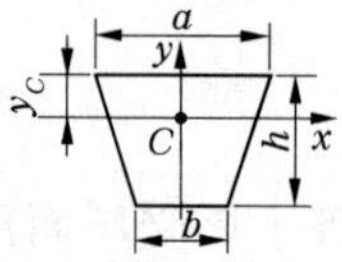	$\frac{h(a+b)}{2}$	$\frac{h}{3}\left(\frac{a+2b}{a+b}\right)$	$\frac{h^3}{36}\left(\frac{a^2+4ab+b^2}{a+b}\right)$
圆形	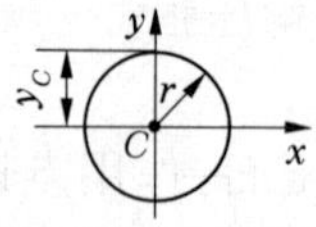	πr^2	r	$\frac{1}{4}\pi r^4$
半圆形	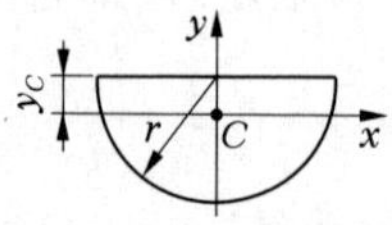	$\frac{1}{2}\pi r^2$	$\frac{4r}{3\pi}=0.424\ 4r$	$\frac{9\pi^2-64}{72\pi}r^4=0.109\ 8r^4$

注:表中 r 为圆的半径;a、b 分别为受压面的上、下底宽度;h 为受压面的高。

【例 2-10】　如图 2-19 所示,矩形平板闸门 AB,一侧挡水,已知长 $l=2$ m,宽 $b=1$ m,形心点水深 $h_C=2$ m,倾角 $\alpha=45°$,闸门上缘 A 处设有转轴,忽略闸门自重及门轴摩擦力,试用解析法和图解法求开启闸门所需拉力 T。

解:(1)解析法。

$$P = p_C \cdot A = h_C \gamma \cdot bl$$

$$= 2 \times 9.8 \times 1 \times 2 = 39.2(\text{kN})$$

$$y_D = y_C + \frac{I_C}{y_C A} = \frac{h_C}{\sin\alpha} + \frac{\frac{bl^3}{12}}{\frac{h_C}{\sin\alpha} \cdot bl}$$

$$= \frac{2}{\sin 45^\circ} + \frac{2^2}{\frac{12 \times 2}{\sin 45^\circ}}$$

$$= 2\sqrt{2} + \frac{\sqrt{2}}{12} = 2.946(\text{m})$$

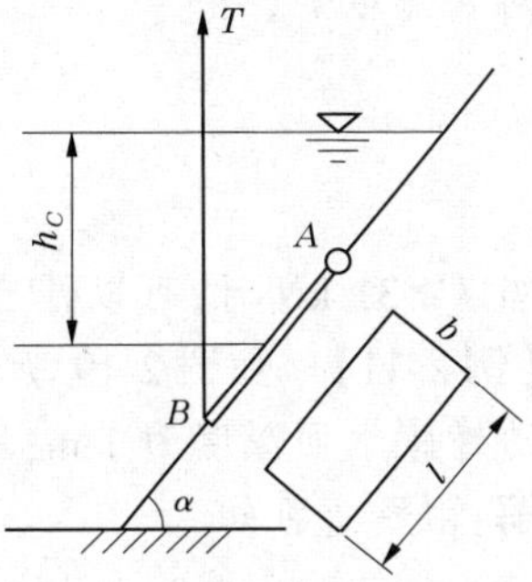

图 2-19

对 A 点取矩，当开启闸门时，拉力 T 满足：

$$P(y_D - y_A) - Tl\cos\alpha = 0$$

$$T = \frac{P(y_D - y_A)}{l\cos\alpha} = \frac{P\left[\frac{h_C}{\sin\alpha} + \frac{l^2}{\frac{12h_C}{\sin\alpha}} - \left(\frac{h_C}{\sin\alpha} - \frac{l}{2}\right)\right]}{l\cos\alpha}$$

$$= \frac{P\left(\frac{l^2}{\frac{12h_C}{\sin\alpha}} + \frac{l}{2}\right)}{l\cos\alpha} = 39.2 \times \frac{\frac{\sqrt{2}}{12} + 1}{2 \times \cos 45^\circ} = 31(\text{kN})$$

当 $T \geqslant 31$ kN 时，可以开启闸门。

(2) 图解法。

压强分布如图 2-20 所示。

$$p_A = \left(h_C - \frac{l}{2}\sin 45^\circ\right)\gamma = 12.68(\text{kPa})$$

$$p_B = \left(h_C + \frac{l}{2}\sin 45^\circ\right)\gamma = 26.55(\text{kPa})$$

$$P = (p_A + p_B) \times \frac{lb}{2}$$

$$= \frac{(12.68 + 26.55) \times 2 \times 1}{2}$$

$$= 39.23(\text{kN})$$

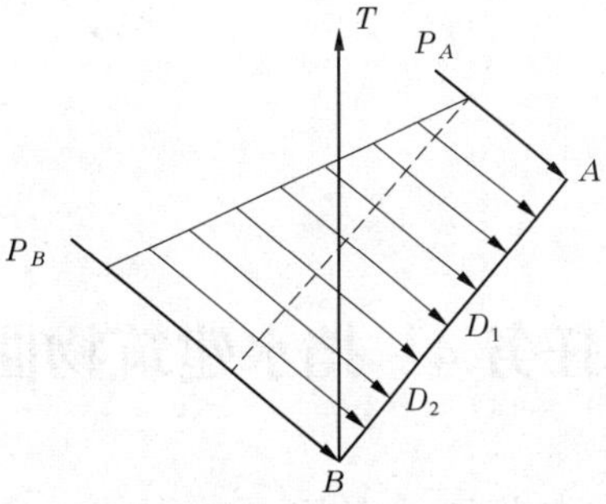

图 2-20

压力中心距 B 点距离为 e

$$e = \frac{l}{3}\frac{2h_A + h_B}{h_A + h_B}$$

$$h_A = h_C - \frac{l}{2}\sin 45^\circ = 1.293 \text{ m}$$

$$h_B = h_C + \frac{l}{2}\sin 45^\circ = 2.707 \text{ m}$$

$$e = 0.882 \text{ m}$$

对 A 点取矩,有

$$P(l-e)-Tl\cos45°=0$$

$$T=\frac{P(l-e)}{l\cos45°}=31\ \text{kN}$$

当 $T\geqslant31$ kN 时,可以开启闸门

【例 2-11】 如图 2-19 所示。若该平面为圆形平板闸门,半径 $r=0.5$ m,$\alpha=45°$,闸门上边缘距水面深度为 1 m,用解析法求闸门所受的静水总压力。

解:由题意可知

$$h_C=1+r\sin\alpha=1+0.5\times\sin45°=1.35(\text{m})$$

$$P=\gamma h_C A=9.8\times1.35\times0.5^2\times3.14=10.39(\text{kN})$$

$$I_C=\frac{\pi r^4}{4}=\frac{1}{4}\times3.14\times0.5^4=0.049(\text{m}^4)$$

如图 2-21 所示,

$$y_C=\frac{1}{\sin\alpha}+r=\frac{1}{\sin45°}+0.5=1.91(\text{m})$$

$$y_D=y_C+\frac{I_C}{y_C A}=1.91+\frac{0.049}{1.91\times3.14\times0.5^2}=1.94(\text{m})$$

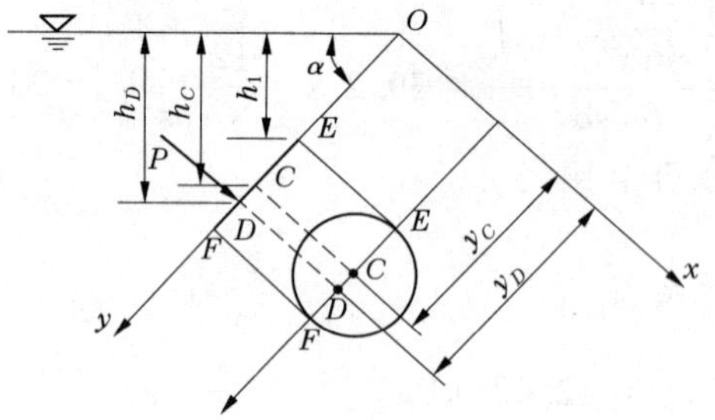

图 2-21

任务 4 挡水建筑物曲面壁上的静水总压力的分析与计算

1 静水总压力的两个分力

水工建筑物中常碰到受压面为曲面的情况,如弧形闸门、拱坝坝面、闸墩及边墩等。其水力计算归为曲面壁静水总压力的求解。因曲面上各点静水压强的方向也是垂直指向作用面,各点压力互不平行,则用求平面壁静水总压力的方法在这里不再适用。但是可以将曲面壁上的静水总压力分解为水平方向的力 P_x 和铅直方向的力 P_z,分别求解,然后根据求合力的法则,求出静水总压力 P。公式推导如下。

现以弧形闸门 AB 为例,讨论曲面壁静水总压力计算问题,见图 2-22。为了确定 P_x、P_z,先取宽度为 b(闸门宽度)、截面为 ABC 的水体为脱离体。

注意:从 A 点向下做一铅直平面 AC,从 B 点做一水平面 BC,两平面相交于 C,由曲面

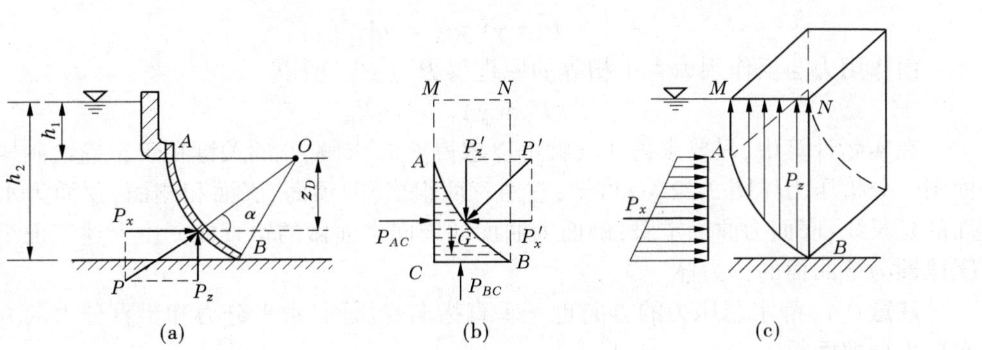

图 2-22

AB 与 AC、BC 平面包围的水体即为 ABC 脱离水体，如图 2-22(b)所示，研究该水体的平衡。在图 2-22 中：P' 为闸门 AB 对水体的反作用力，与 P 等值反向；P'_x、P'_z 分别为 P' 的水平分力和铅直分力；P_{AC}、P_{BC} 为作用在 AC、BC 面的静水总压力；G 为脱离体水重。

1.1　静水总压力的水平分力 P_x

分析脱离水体的受力情况，如图 2-22(b)所示。列水平方向的静力平衡方程得：

$$P'_x = P_{AC}$$

根据作用力与反作用力大小相等、方向相反的原理，闸门受到的水平分力为

$$P_x = P'_x = P_{AC} = rH_{Cx}A_x \tag{2-30}$$

式中　A_x——曲面在铅直投影面上的投影面积；

H_{Cx}——曲面在铅直面上的投影面形心处的水深。

因 AC 为铅直面，而且相当于曲面 AB 在铅直投影面上的投影，则由式(2-30)可知：作用于曲面壁上静水总压力的水平分力 P_x 等于作用于该曲面在铅直投影面上的静水总压力。

因此，求水平方向的静水总压力可归结为：将曲面投影到铅直投影平面上，再计算出铅直投影面上所受到的静水总压力即为 P 的水平分力 P_x。

1.2　静水总压力的铅直分力 P_z

根据静力平衡条件，列出铅直方向的静力平衡方程式得：

$$P'_z = P_{BC} - G$$

由于 BC 水平面是以 BC 和 b 为边的矩形平面，其面积可用 A_{BC} 表示，所处水深为 h_2，其面上各点的压强都等于 γh_2，则

$$P_{BC} = \gamma h_2 A_{BC} = \gamma V_{MCBN}$$

式中　V_{MCBN}——以 $MCBN$ 为底面面积、b 为宽度的棱柱体体积。

$$G = \gamma V_{ACB}$$

式中　V_{ACB}——以 ACB 为底面面积、b 为高度的棱柱体体积。

$$P'_z = P_{BC} - G = \gamma V_{MCBN} - \gamma V_{ACB} = \gamma V_{MABN}$$

式中　V_{MABN}——以 $MABN$ 为底面面积、b 为宽度的棱柱体体积，通称为压力体，见图 2-22(c)。

面积 $MABN$ 以 $A_{剖}$ 表示，称为压力体剖面，则

$$V_{MABN} = A_{剖}\, b$$

$$P'_z = \gamma V_{MABN} = \gamma A_{剖} b$$

由作用力与反作用力大小相等的原理得 $P_z = P'_z$，所以

$$P_z = \gamma A_{剖} b = \gamma V_{压} \tag{2-31}$$

在实际计算中，只要求得 $A_{剖}$，就可以求得 P_z。求解 P_z 的关键在于正确绘制压力体剖面图。分析压力体图 2-22(c) 可知，它由三面组成，即顶面、底面和侧面，顶面为水面或水面的延长线；底面为曲面本身；侧面为曲面四周向水面做的铅直面。由上述三面组成的封闭体即为该曲面的压力体。

注意：(1) 静水总压力的方向也是垂直指向受压面，水平分力和铅直分力的方向可由水压力分解而得。

(2) 铅直分力 P_z 的方向即为压力体的方向，如果曲面上部有水，P_z 方向向下；下部有水，P_z 方向向上。曲面上、下都有水，就分开画，等值反向部分的面积抵消掉。

1.3　压力体剖面图的绘制方法

简单曲面壁的剖面图一般由三条或四条边围成，复杂曲面壁（凹凸方向不同）的压力体剖面图由简单曲面壁的剖面图组合而成。因此，关键要掌握简单曲面壁上的压力体剖面图的绘制方法。绘制步骤如下：

(1) 画曲面线本身（指曲面壁本身的弧线）。

(2) 由曲面壁的左、右边界向水面线或其延长线做铅垂线。

(3) 由水面线或水面线的延长线将图形封闭。

(4) 在封闭图形内画上平行等向带箭头的线段，箭头的指向表示铅直分力的方向（由水压力的方向而定）。

(5) 对于多个凹凸面的曲面，按 P_z 的方向不同，分别画出，然后合成，面积相等、方向相反部分的面积相互抵消掉。

2　曲面壁上的静水总压力 P

求得水平分力 P_x 和铅直分力 P_z 后，按力的合成法则，可求得液体作用在曲面上的静水总压力 P 为

$$P = \sqrt{P_x^2 + P_z^2} \tag{2-32}$$

总压力的方向为，曲面的内法线方向（通过曲面的曲率中心垂直指向受压面）与水平方向的夹角为 α，如图 2-22(a) 所示，则

$$\alpha = \arctan\frac{P_z}{P_x} \tag{2-33}$$

总压力的作用点，是总压力的作用线和曲面的交点 D，D 在铅垂方向的位置以受压面曲率中心至该顶点的铅垂距离 z_D 表示

$$z_D = R\sin\alpha \tag{2-34}$$

【例 2-12】　画出图 2-23 中各 AB 曲面壁上的压力体剖面图。

【例 2-13】　如图 2-24 所示溢流坝上弧形闸门，已知闸门宽度 $b=8$ m，弧形闸门半径 $R=6$ m，圆心与水平面齐平，中心角为 45°。求作用在闸门上的静水总压力。

解：闸前水深：$h=R\sin45°=6\times\sin45°=4.24$ (m)

水平分力：

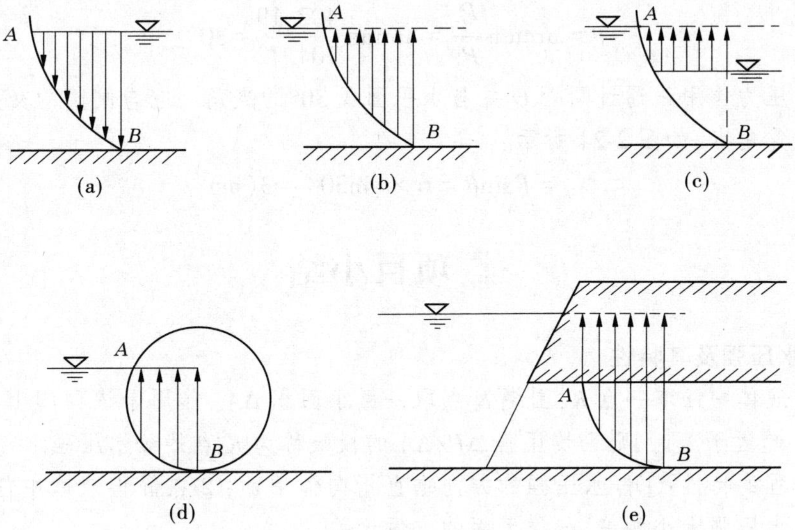

图 2-23

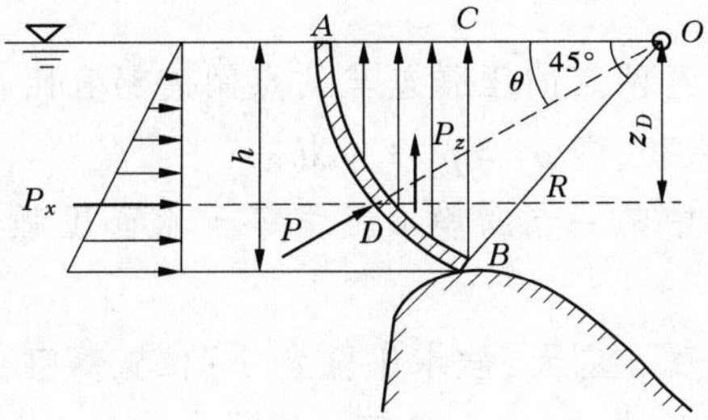

图 2-24

$$P_x = \gamma h_C A_X = \frac{1}{2}\gamma h^2 b$$

$$= \frac{9.8 \times 4.24^2 \times 8}{2} = 704.72(\mathrm{kN})$$

铅直分力等于压力体 ABC 内的水重。压力体 ABC 的体积等于扇形 AOB 的面积减去三角形 BOC 的面积再乘以宽度 b。

扇形 AOB 面积 $= \frac{45°}{360°}\pi R^2 = \frac{45°}{360°} \times 3.14 \times 6^2 = 14.13(\mathrm{m}^2)$

三角形 BOC 面积 $= \frac{1}{2}\overline{BCOC} = \frac{1}{2}hR\cos45° = \frac{1}{2} \times 4.24 \times 6 \times \cos45° = 9(\mathrm{m}^2)$

压力体 ABC 的体积 $V = \Omega b = (14.13 - 9) \times 8 = 41.04(\mathrm{m}^3)$

因此，铅直分力 P_z 为

$$P_z = \gamma V_{压} = 9.8 \times 41.04 = 402.19(\mathrm{kN})$$

作用在闸门上的静水总压力 P 为

$$P = \sqrt{P_x^2 + P_z^2} = \sqrt{704.72^2 + 402.19^2} = 811.41(\mathrm{kN})$$

静水总压力的方向与水平方向的夹角 θ 为

$$\theta = \arctan\frac{P_z}{P_x} = \arctan\frac{402.19}{704.72} = 30°$$

静水总压力作用线通过圆心 O 并与水平面成 30°的夹角。它与闸门的交点 D 即为静水总压力的作用点，如图 2-24 所示。

$$z_D = R\sin\theta = 6 \times \sin 30° = 3(\text{m})$$

项目小结

一、静水压强及其特性

在静止液体中任取一点 K，围绕 K 点取一微小面积 ΔA，作用于该面积上的静水压力为 P，当 ΔA 趋近于零时，则平均压强 $\Delta P/\Delta A$ 的极限称为 K 点的静水压强。

静水压强的特性：①静水压强的方向垂直指向作用面；②在静止液体中任一点上，各个方向的静水压强大小相等，与作用面的方位无关。

二、静水压强的基本规律

1. 静水压强基本方程

在同一静止液体中，任意两点的压强差与两点间的铅直距离成正比，且等于液体的容重与两点之间铅直距离的乘积，即 $p_2 = p_1 + \gamma\Delta h$。

仅在重力作用下，液体中某一点的静水压强等于水面压强加上液体的容重与该点水深的乘积，即 $p = p_0 + \gamma h$。

在静止液体中，位置高度 z 愈大，静水压强愈小；位置高度 z 愈小，静水压强愈大。在均质（γ = 常数）、连通的液体中，同一水平面（$z_1 = z_2$ = 常数）必为等压面（$p_2 = p_1 = p$ = 常数），即 $z_1 + \frac{p_1}{\gamma} = z_2 + \frac{p_2}{\gamma}$。

2. 静水压强基本方程的意义

仅受重力作用的静止液体中，任一点对同一基准面的测压管水头必相等，测压管水头线必为水平线。

仅受重力作用的静止液体中，任一点对于同一基准面的单位势能为一常数。

3. 静水压强的单位

应力单位：kN/m^2，或千帕（kPa）；大气压表示：1 atm = 1.033 kgf/cm^2 = 101.3 kPa，1 工程大气压 = 1.0 kgf/cm^2 = 98 kPa；液柱高表示：一个工程大气压相应的水柱高度为 10 m，水柱高，相应的水银柱高度为 735 mm 水银柱高。

4. 绝对压强、相对压强、真空及真空压强

绝对压强 $p_{绝}$：以绝对没有空气的绝对真空为零点计算出的压强。

相对压强 $p_{相}$：以当地大气压强为零点计算出的压强。

真空及真空压强：在物理学中，常把绝对压强为零的状态称为绝对真空。在水力学中把某点绝对压强小于当地大气压强时（相对压强为负值）称为产生真空。某点绝对压强比大气压强小的数值即为真空压强。

三、挡水建筑物平面壁上的静水总压力

1. 静水压强分布图

根据 $p=\gamma h$ 来计算静水中任一点压强的大小，并用带箭头的线段表示。箭杆的长度表示压强的大小，箭头的指向表示静水压强的方向，方向垂直指向受压面。

2. 矩形平面壁上的静水总压力的图解法

(1) 静水总压力的大小：整个矩形平面上的静水总压力等于压强分布图面积 Ω 乘以受压面宽度 b，即 $P=\Omega b$。

(2) 静水总压力的方向和作用点：各点静水压强的方向都是垂直指向受压面，因此静水总压力的方向必然垂直指向受压面；总压力 P 的作用点 D(又称压力中心)必位于受压面纵向对称轴上，同时总压力的作用线必然通过压强分布图的形心 C。

3. 任意形状平面壁上的静水总压力

(1) 静水总压力的大小：任意形状平面壁上的静水总压力的大小等于该受压面形心 C 处的压强 p_C 与受压面积 A 的乘积。形心点的压强相当于该平面的平均压强。

(2) 方向仍为垂直指向受压面；作用点即压力中心 D 的位置，即 y_D 和 x_D，见表 2-2。

四、挡水建筑物曲面壁上的静水总压力

1. 静水总压力的两个分力

(1) 静水总压力的水平分力：作用于曲面壁上静水总压力的水平分力 P_x 等于作用于该曲面在铅直投影面上的静水总压力，即 $P_x=P'_x=P_{AC}$。

(2) 静水总压力的铅直分力：$P_z=\gamma A_{剖}b=\gamma V_{压}$。

2. 静水总压力

$P=\sqrt{P_x^2+P_z^2}$，方向：与水平方向成 α 角，且 $\alpha=\arctan\dfrac{P_z}{P_x}$。

技能训练题

一、填空题

项目2自测题

1. 静水压强的两个特性：(1)__________；
(2)__________。

2. 静水压强的单位，在国际单位制中是帕，在工程单位制中是______。

3. 静水中某点的相对压强 $P_{相}=-2\ \mathrm{kN/m^2}$，该点的真空值为 $P_{真}=$______，该点的绝对压强 $P_{绝}=$______。

4. 静水中上面一点的压强________下面一点的压强，同一高度上的点压强______相等。

5. 计算平面上静止液体作用力的两种方法是______、______。

6. 静止液体中压强的表示方法为______、______、______。

7. 压力体的构成:①__________;②__________;③__________。

8. 曲面壁上静水总压力的铅直分力等于__________。

9. 只受重力作用,静止液体中的等压面是__________。

10. 点静水压强的大小与作用面的__________无关,而与__________有关。

二、简答题

1. 液体静水压强的特性是什么?

2. 两个置于水平面上的容器(见图 2-25),一为圆柱形,一为圆锥形。容器重量不计,水面均为大气压强。当水深 H 和底面面积 A 均相等时,问:

(1) 容器底部所受的静水压强是否相等?

(2) 底面所受的静水压力是否相等?

(3) 桌面上受的压力是否相等?为什么?

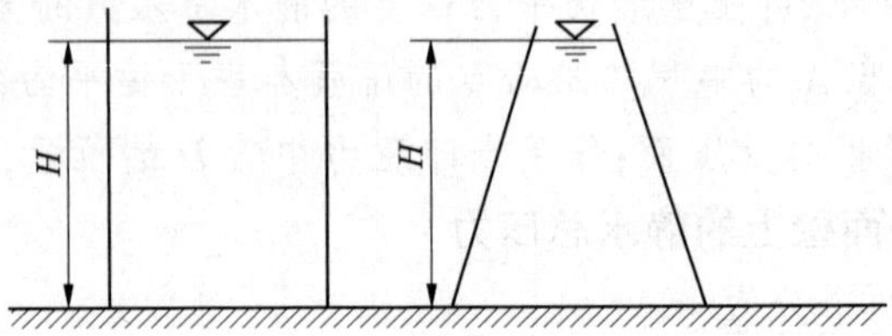

图 2-25

三、作图题

1. 请绘出图 2-26 中标有字母的断面上的静水相对压强分布图。

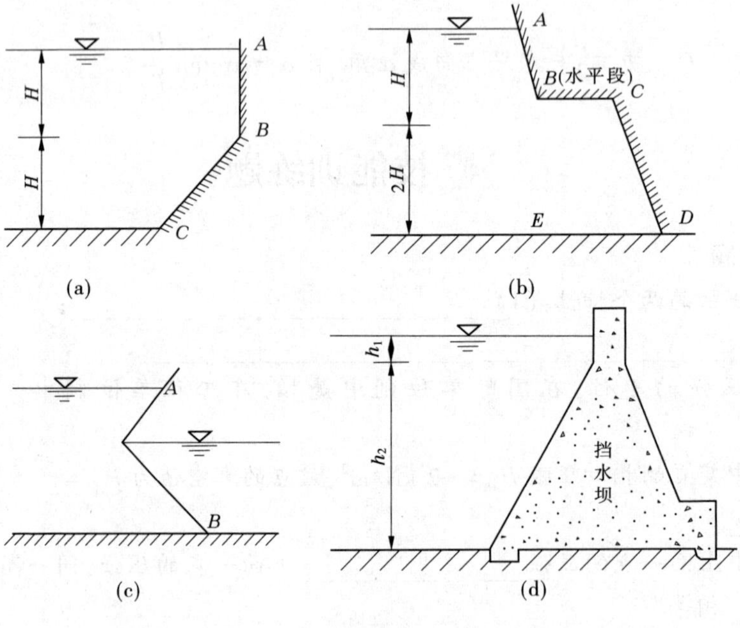

图 2-26

2. 绘制图 2-27 中挡水面的铅直投影面上的静水压强分布图和压力体剖面图。

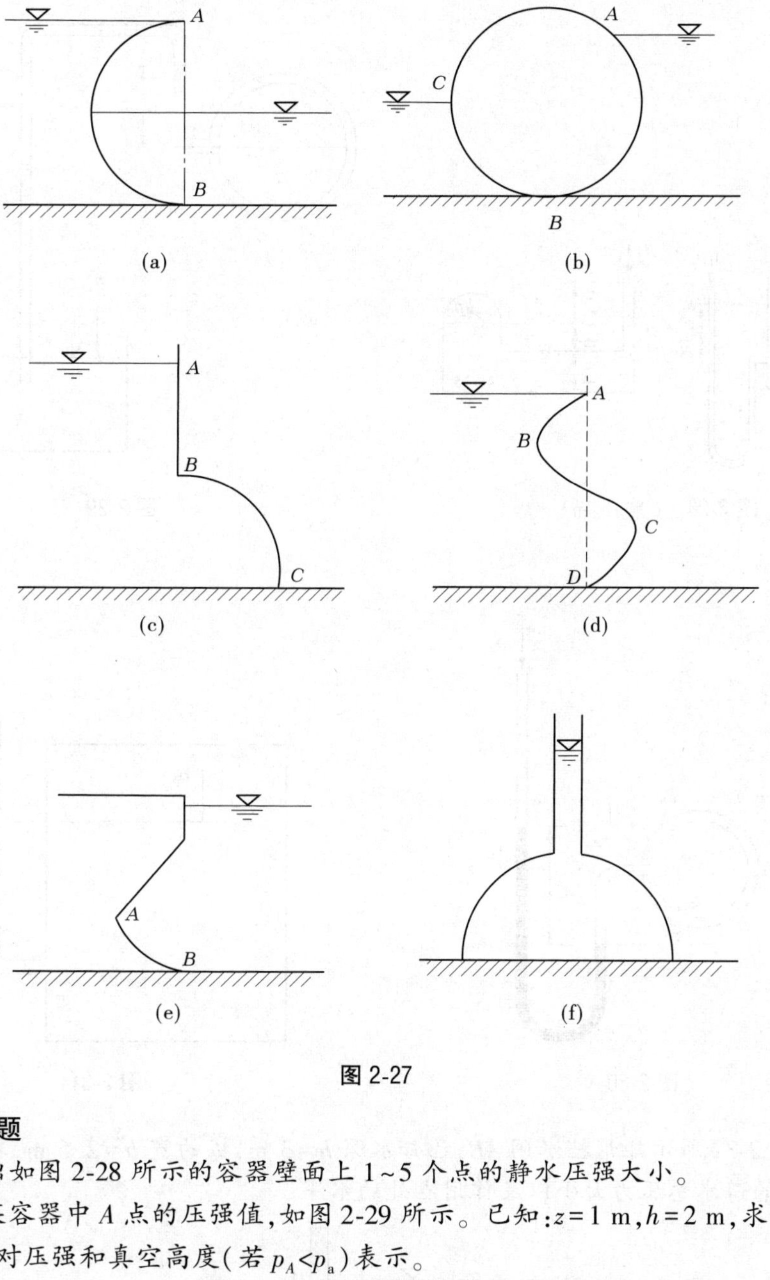

图 2-27

四、计算题

1. 试算出如图 2-28 所示的容器壁面上 1~5 个点的静水压强大小。

2. 测量某容器中 A 点的压强值,如图 2-29 所示。已知:$z=1$ m,$h=2$ m,求 A 点的相对压强,并用绝对压强和真空高度(若 $p_A<p_a$)表示。

3. 已知某容器(见图 2-30)中 A 点的相对压强为 0.8 工程大气压,设在此高度上安装测压管,问至少需要多长的玻璃管?如果改装水银测压计,问水银柱高度 h_p 为多少?(已测得 $h'=0.2$ m)

4. 正常成人的血压是收缩压 100~120 mmHg,舒张压 60~90 mmHg,用国际单位制表示是多少 Pa?

5. 密闭容器(见图 2-31),测压管液面高于容器内液面 $h=1.8$ m,液体的密度为 850 kg/m^3,求液面压强。

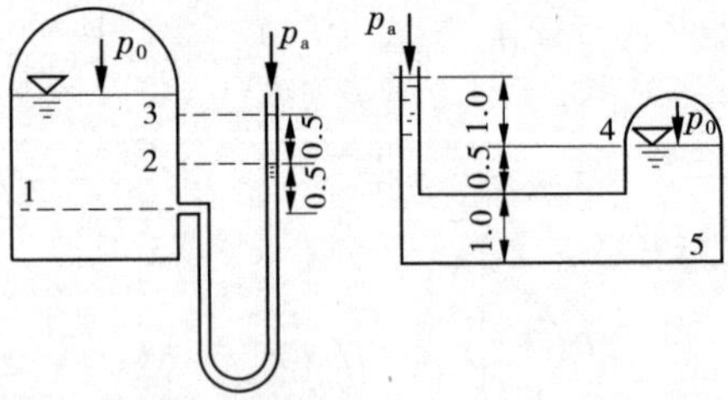

图 2-28 （单位：m）

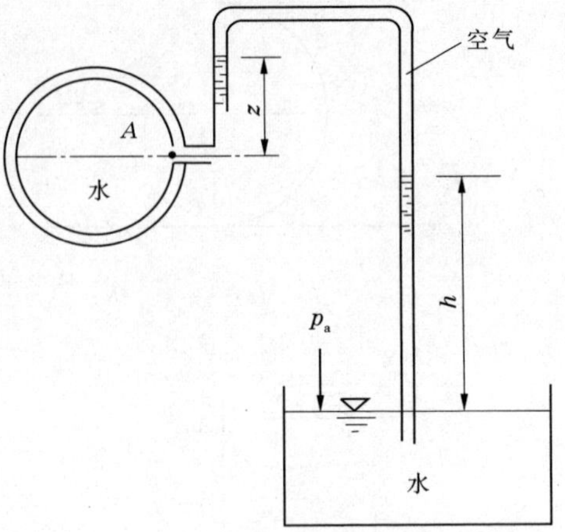

图 2-29

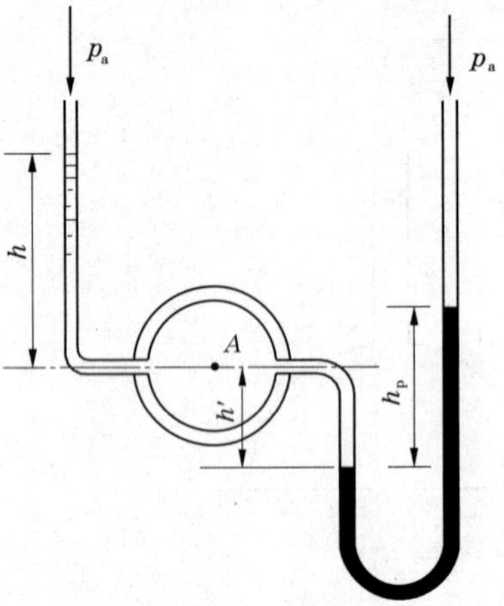

图 2-30

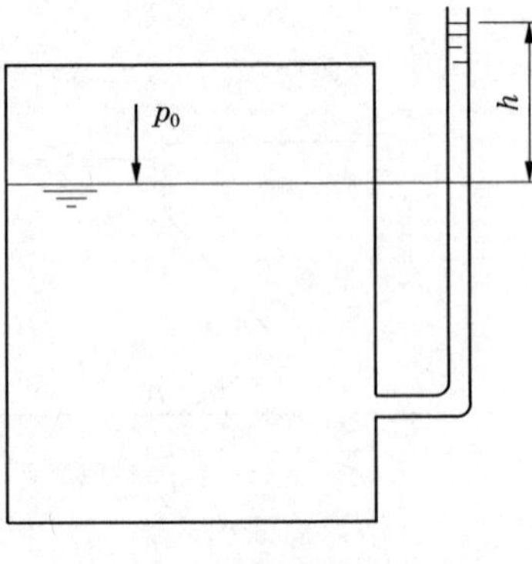

图 2-31

6. 如图 2-32 所示矩形挡水闸 AB，已知水深 $h=3$ m，板的宽 $b=2.5$ m，求作用在矩形平板 AB 上的静水总压力大小以及作用点处的水深。

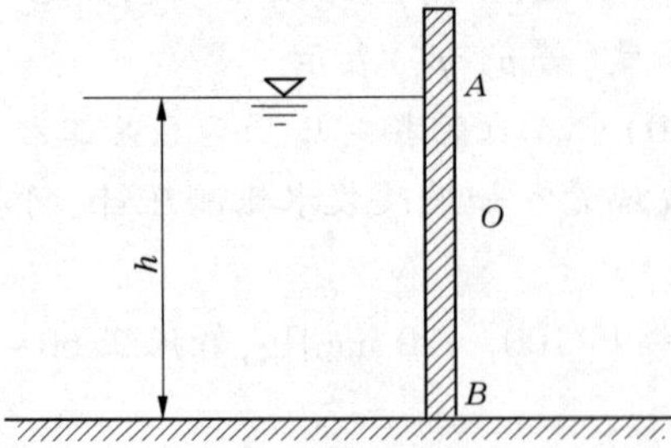

图 2-32

7. 如图2-33所示的容器,若忽略容器的重量。求:水作用于容器底部 EF 的总压力;作用于环形面 $ABCD$ 的力;作用于支持容器的地面上的力。

8. 有一扇形闸门,已知:$h=3.0\ \text{m}$,$\alpha=45°$,闸门宽 $b=1.0\ \text{m}$,求作用在扇形闸门上的静水总压力及压力中心。

9. 某带胸墙的弧形闸门如图2-34所示,闸门宽度 $b=12\ \text{m}$,高 $h=9\ \text{m}$,半径 $R=12\ \text{m}$,闸门转轴距底 H 为9 m,求弧形闸门上受到的静水总压力及压力中心。

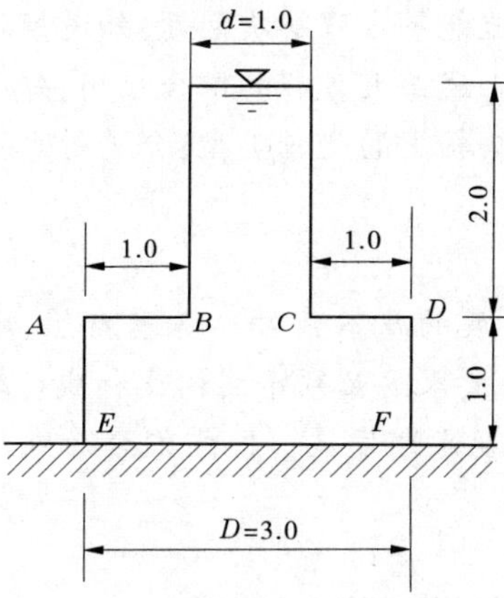

图2-33　(单位:m)

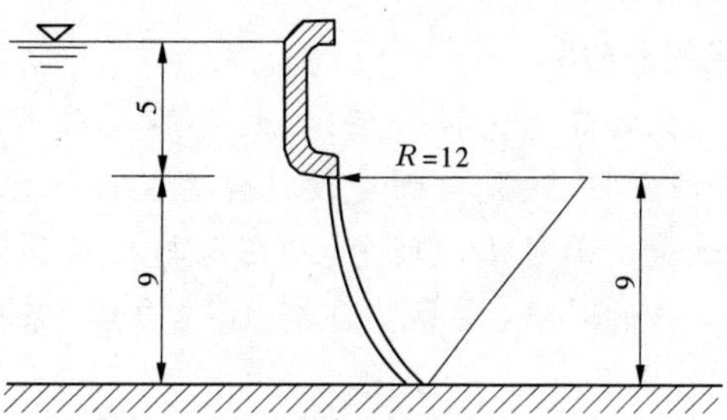

图2-34　(单位:m)

项目3 水动力学基础

【学习目标】

知道液体运动的基本概念；知道恒定总流连续性方程并会应用恒定总流连续性方程解决问题；知道恒定总流的能量方程并会应用恒定总流能量方程解决问题；知道恒定总流的动量方程并会应用恒定总流动量方程解决问题；会上述三大方程的综合应用；知道水流型态：层流和紊流；会用雷诺数进行流态判别；知道水头损失的两种类型；会进行水头损失分析计算。

【课程思政】

党的二十大报告指出，大自然是人类赖以生存发展的基本条件。尊重自然、顺应自然、保护自然，是全面建设社会主义现代化国家的内在要求。必须牢固树立和践行绿水青山就是金山银山的理念，站在人与自然和谐共生的高度谋划发展。同学们今后在从事水利工作的时候，要尊重自然、顺应自然、保护自然。

任务1 描述水流运动的两种方法

1 描述水流运动的两种方法

水流运动中，表征液体运动的各种物理量称为运动要素，常遇到的运动要素有流速、压强、加速度、切应力、液体的密度和容重等。这些运动要素随着时间和空间位置而发生变化。水力学中描述水流运动常用的两种方法——迹线法和流线法。

1.1 迹线法

迹线法又叫拉格朗日法，就像物理学中研究固体运动那样，把液体中各质点作为研究对象，考察分析每个液体质点所经过的轨迹以获得液体质点群运动规律。运用迹线法研究液体运动实质上与研究一般固体力学方法相同，所以也称质点系法。由于质点运动的轨迹十分复杂，且液体中质点数量多，显然，用这种方法研究液体运动难度非常大。另外，从实际应用上讲，大多数情况下并不需要知道各质点的来龙去脉，仅需了解某一固定区域的流动状况，所以这种方法在水力学上很少采用，而普遍采用较为简便实用的流线法。

用迹线法描述液体运动，是着眼于单个液体质点在不同时刻的运动情况，由此引出迹线的概念。所谓迹线，就是指液体质点在运动过程中不同时刻所占据空间位置的连线，也就是液体质点运动的轨迹线。如运动会中跑步运动员的足迹。

1.2 流线法

流线法又叫欧拉法，就是把充满液体质点的空间作为研究对象，不再跟踪每个质点，而是集中考察分析液体中的水质点在通过固定空间点时速度、压强的变化情况，来获得整个液体运动的规律。液体运动时在同一时刻每个质点都占据各自的空间，所以只要搞清楚每个空间点上运动要素随时间的变化规律,便可以掌握整个液体的运动规律。由于流线法是以流动的空间作为研究对象,通常把液体流动所占据的空间称为流场。

1.2.1 流线

用流线法描述液体运动,是着眼于同一时刻液体质点在不同空间点的运动情况,由此引出流线的概念。流线,就是指某一瞬时在流场中绘出一条空间曲线,该曲线上所有液体质点在该时刻的流速矢量都与这一曲线相切。借助流线能够表示出某时刻液体各质点的流动方向。

流线可用下述方法绘制:设想某一瞬时,在流场中任取一点 A_1,该液体质点的流速矢量为 u_1(见图3-1),再在该矢量上取距点 A_1 很近的点 A_2,点 A_2 的流速矢量为 u_2……继续取点,就构成一条折线 $A_1A_2A_3A_4$……。若折线上相邻各点的距离趋近于零,则折线 $A_1A_2A_3A_4$……将成为一条曲线,此曲线即为流线。

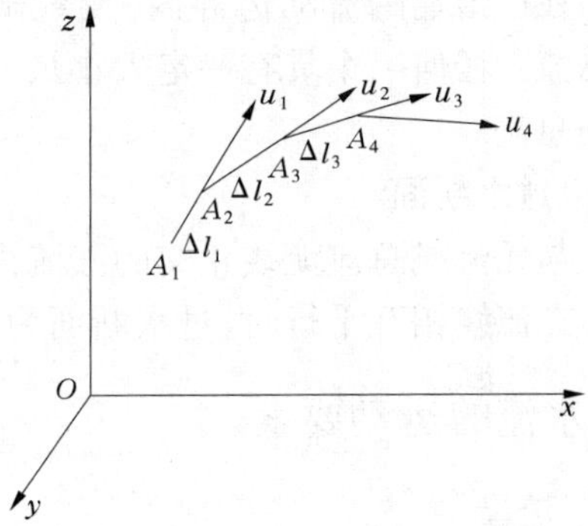

图 3-1

根据流线的概念,可知流线有以下特征:

(1)流线上各质点的切线方向就代表了该点的流动方向。

(2)一般情况下,流线既不能相交,也不能是折线,而只能是一条连续光滑的曲线。这是因为一个液体质点只有一个流动方向。

(3)流线上的液体质点只能沿着流线运动。这是因为液体质点的流速是与流线相切的,在流线上不可能有垂直于流线的速度分量,所以液体质点不可能有横越流线的流动。

(4)恒定流流线不随时间变化而变化,且此时与迹线重合。因为在恒定流中,运动要素不随时间变化而发生改变,也就是不同时刻的流线,其位置和形状保持不变。而在非恒定流中,运动要素随时间变化而发生变化,所以此时流线和迹线不重合。

1.2.2 流线图的概念

某一瞬时,在运动液体的整个空间绘出的一系列流线所构成的图形,称为流线图(见图3-2),它可形象地描绘出该瞬时整个液流的流动趋势。

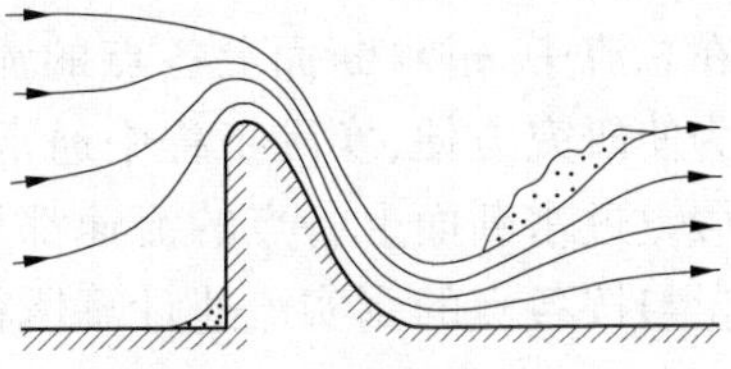

图 3-2

流线图有以下特点:

(1)流线图的疏密程度反映该时刻流场中各点的速度大小。流线愈密集的地方,流速愈大;流线愈稀疏的地方,流速愈小。

(2)流线的形状受其周边边界形状的影响,离边界愈近,边界的影响愈大,其形状愈接近边界的形状。

2 流管、微小流束、总流、过水断面

2.1 流管

在流场中任取一封闭曲线,通过封闭曲线上各点画出许多条流线所构成的管状结构,

称为流管。由流线特征可知,流管内液体质点不能穿越流管壁流动。

2.2 微小流束

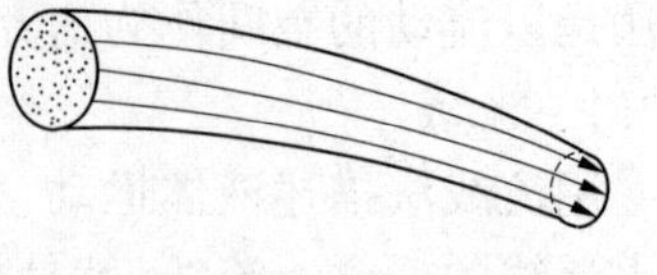

图 3-3

充满以流管为边界的一束液流,称为微小流束(也称为元流)(见图 3-3)。微小流束过水断面面积很微小,一般可认为它上面各点的运动要素在同一时刻是相等的。因为元流的外包面是流管,所以微小流束与束外液体无能量、质量和动量的交换。

2.3 总流

在已给定的流动边界内,无数微小流束的总和,称为总流。任何一个具有一定大小尺寸边界(如自来水管、渠道及天然河道)的实际液流,都是总流。

2.4 过水断面

与元流或总流流线正交的液流横断面,称为过水断面。过水断面可为平面,也可为曲面。在流线相互平行时,过水断面为平面;否则过水断面为曲面。

3 水流的运动要素

3.1 流量

单位时间内通过某一过水断面的液体体积,称为流量,用 Q 表示,单位为米^3/秒 (m^3/s) 或升/秒(L/s)。流量是反映过水断面输水能力大小的一个物理量。

假设在总流中任取一元流,其过水断面面积为 dA,流速为 u,则该元流的流量为

$$dQ = u\mathrm{d}A$$

设总流的过水断面面积为 A,则总流的流量应等于无数个元流的流量之和,即

$$Q = \int_Q \mathrm{d}Q = \int_A u\mathrm{d}A \tag{3-1}$$

如果流速 u 在过水断面上的分布已知,即可通过积分求得通过该过水断面的流量。

3.2 断面平均流速

在总流中,过水断面上各点的流速 u 一般并不一定相同,且断面流速分布也不易确定。为使研究方便,实际工程中通常引入断面平均流速的概念。

假设过水断面上各点的流速都均匀分布,且等于 v (见图 3-4),按这一流速计算所得的流量与按各点的真实流速计算所得的流量相等,即

$$Q = \int_A u\mathrm{d}A = vA \tag{3-2}$$

所以

$$v = \frac{\int_A u\mathrm{d}A}{A} = \frac{Q}{A} \tag{3-3}$$

可见,总流的流量 Q 等于断面平均流速 v 与过水断面面积 A 的乘积。

3.3 动水压强

液体运动时,液体中任一点上的压强称为动水压强。理想液体流动时与实际液体静止时,均不产生内摩阻力。因此,其任一点各方向的压强与受压面的方位无关。但对于实

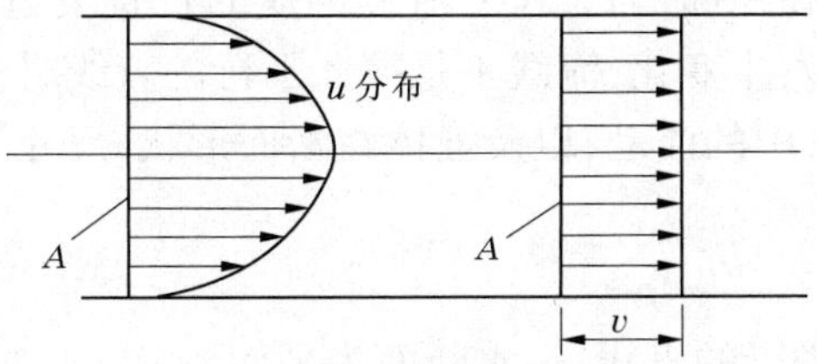

图 3-4

际液体的运动,由于黏滞力与压应力同时存在,此时,动水压强的大小一般不再与作用面的方位无关,即从各方向作用于一点的动水压强并不相等。但动水在各个方向的变化受黏滞力影响很小,而且从理论上可以证明,对于实际液体,任一点选取彼此垂直三个方向上动水压强的平均值,是一个不随三个彼此垂直方向选取而变化的常数。通常所说的实际液体某点的动水压强,即指三个方向的压强平均值。

4　水流的运动类型

4.1　恒定流与非恒定流

根据液流的运动要素是否随时间变化,可将液流分为恒定流与非恒定流。

液体运动时,运动要素都不随时间而改变,这种水流称为恒定流。换句话说,在恒定流情况下的任一空间点上,无论哪个液体质点通过,其运动要素均不随时间而变化,它只是空间坐标的连续函数,对时间的偏导数为零。

液体运动时,若任何空间点上有一运动要素随时间发生了变化,这种水流称为非恒定流。例如,在水箱侧壁上开有孔口,当箱内水面保持不变(H 为常数)时,孔口泄流的形状、尺寸及运动要素均不随时间而变,这就是恒定流[见图 3-5 (a)]。反之,箱中水位由 H_1 连续下降到 H_2,此时,泄流形状、尺寸及运动要素都随时间而变化,这就是非恒定流[见图 3-5 (b)]。

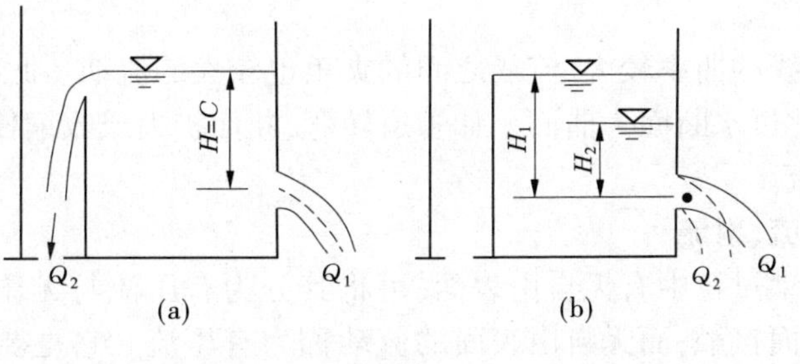

图 3-5

由于恒定流时运动要素不随时间而改变,则流线形状也不随时间而变化,此时,流线与迹线重合,水流运动的分析比较简单,且实际工程中恒定流也是最为常见的一类水流运动。本项目只研究恒定流。

4.2　均匀流与非均匀流

在恒定流中,可根据液流的运动要素是否沿程变化,将液流分为均匀流与非均匀流。同一流线上液体质点流速的大小和方向均沿程不变地流动,称为均匀流。如液体在直径不变的长直管中的流动或在断面形状、尺寸沿程不变的长直渠道中的流动。当液流流线上各质点的运动要素沿程发生变化，流线不是彼此平行的直线时，即称为非均匀流。如液体在收缩管、扩散管或弯管中的流动，以及液体在断面形状、尺寸改变的渠道中的流动，均为非均匀流。

均匀流的特征如下：

(1)流线是一组相互平行的直线，过水断面为平面。

(2)过水断面大小沿流程不变，各过水断面流速分布相同，断面平均流速相等。

(3)同一均匀流过水断面上的动水压强分布规律与静水压强分布规律相同，即在同一过水断面上各点测压管水头为一常数。

一般情况下，实际液体中某点的动水压强与受压面方向有关，过水断面动水压强的分布规律与静水压强的分布规律也有所不同，但在某些特殊情况下，如在均匀流和渐变流中却可以认为动水压强具有与静水压强同样的特性，实际液体中某点的动水压强与受压面无关，且过水断面上动水压强的分布符合静水压强直线分布规律。

4.3　渐变流与急变流

在非均匀流中，根据流线的不平行程度和弯曲程度，可将其分为渐变流与急变流。渐变流是指流线接近于平行直线的流动(见图 3-6)。此时，各流线的曲率很小(曲率半径较大)，流线间的夹角也很小，它的极限情况就是流线为平行直线的均匀流。由于渐变流中的流线近似平行，故渐变流的过水断面可近似为平面。

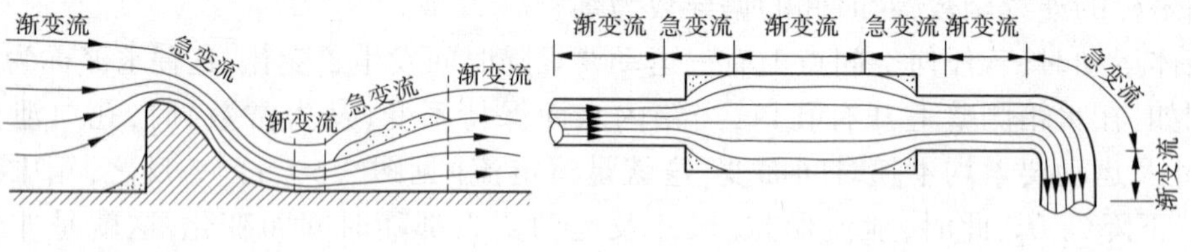

图 3-6

急变流是指流线的曲率较大，流线之间的夹角也较大的流动。此时，流线已不再是一组平行的直线，因此过水断面为曲面。如管道转弯、断面扩大或收缩使水面发生急剧变化的水流，均为急变流。

4.4　有压流、无压流、射流

根据液流在流动过程中有无自由表面，可将其分为有压流与无压流。液体沿流程整个周界都与固体壁面接触，而无自由表面的流动称为有压流。它主要依靠压力作用而流动，其过水断面上任一点的动水压强一般与大气压强不等。例如，自来水管和水电站的压力管道中的水流，均为有压流。

若液体沿流程一部分周界与固体壁面接触，另一部分与空气接触，具有自由表面的流动，称为无压流。它主要依靠重力作用而流动，因无压流液面与大气相通，故又可称为重力流或明渠流。例如，明渠水流和无压涵管中的水流，均为无压流。

水流从管道末端的喷嘴流出，射向某一固体壁面的流动，称为射流。射流四周均与大气相接触。

4.5　**一元流、二元流、三元流**

在工程实际中,水流的运动一般极为复杂,它的运动要素是空间位置坐标和时间的函数(对于恒定流,则仅是空间位置坐标的函数)。根据液流运动要素在空间自变量的个数,可将液流分为一元流、二元流和三元流。

如果水流运动要素只与一个空间自变量有关,这种水流称为一元流。例如,引入断面平均流速的管流,其断面平均流速只是流程坐标的函数。对于总流,严格地讲都不是一元流,但若把过水断面上与点的坐标有关的运动要素(如流速、压强等)进行断面平均,用断面平均流速去代替过水断面上各点的流速,这时总流可视为一元流。

如果水流运动要素与两个空间自变量有关,这种水流称为二元流。例如一矩形断面的顺直明渠,当渠底宽很大,两侧边界影响可忽略不计时,其运动要素(如点流速)仅在沿程方向和水深方向变化。

如果水流运动要素与三个空间自变量有关,这种水流称为三元流。严格来讲,任何实际水流都是三元流,如天然河道以及断面形状、尺寸沿程变化的人工渠道中的水流。

从理论上讲,只有按三元流来分析水流现象才符合实际,但此时水力计算较为复杂,难以求解。因而在实际工程中,常结合具体水流运动特点,采用各种平均方法(如最常见的断面平均法),将三元流简化为一元流或二元流,由此而引起的误差,可通过修正系数来加以校正。

任务2　恒定总流的连续性方程

水流运动和其他物质运动一样,必须遵循质量守恒定律。恒定流连续性方程,实质上就是质量守恒定律在水流运动中的具体体现。

在恒定流中任取一段微小流束作为研究对象(见图3-7),设1—1断面过水断面面积为 dA_1,流速为 u_1、2—2断面过水断面面积为 dA_2,流速为 u_2。考虑到恒定流条件下,微小流束的形状与位置不随时间而改变。通过微小流束的侧壁没有液体的流入或流出,根据质量守恒定律,在 dt 时段内,流入1—1断面的水体质量等于流出2—2断面的水体质量,即

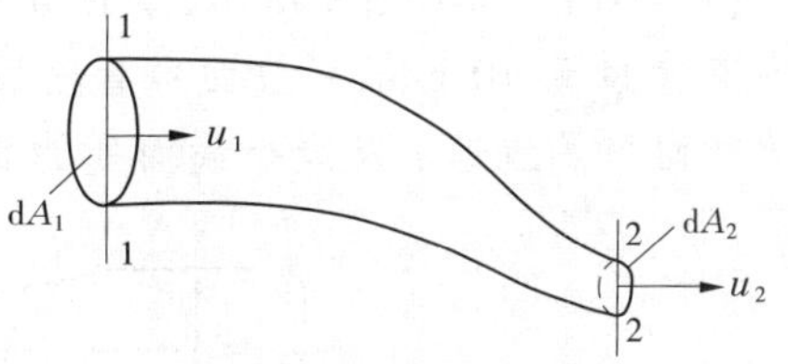

图3-7

$$\rho u_1 dA_1 dt = \rho u_2 dA_2 dt$$

一般认为水是不可压缩的连续介质,即 ρ 为一常数。于是

$$u_1 dA_1 = u_2 dA_2 = dQ = 常数 \tag{3-4}$$

式(3-4)为恒定流微小流束的连续性方程。

总流是无数个微小流束的总和,将微小流束的连续性方程在总流过水断面上积分,便可得到总流连续性方程,即

$$\int_Q dQ = \int_{A_1} u_1 dA_1 = \int_{A_2} u_2 dA_2$$

引入断面平均流速后成为

$$Q = v_1A_1 = v_2A_2 = 常数 \tag{3-5}$$

或

$$\frac{v_2}{v_1} = \frac{A_1}{A_2} \tag{3-6}$$

式(3-5)即为恒定总流的连续性方程。式中的 v_1 与 v_2 分别表示过水断面 A_1 及 A_2 的断面平均流速。连续性方程表明:

(1)对于不可压缩的恒定总流,流量沿程不变。

(2)如果断面沿流程变化,则任意两个过水断面的平均流速的大小与过水断面面积成反比。断面大的地方流速小,断面小的地方流速大。

上述总流的连续性方程是在流量沿程不变的条件下建立的,若沿程有流量汇入或分出,则连续性方程在形式上需做相应的变化。当有流量汇入时[见图 3-8 (a)],其连续性

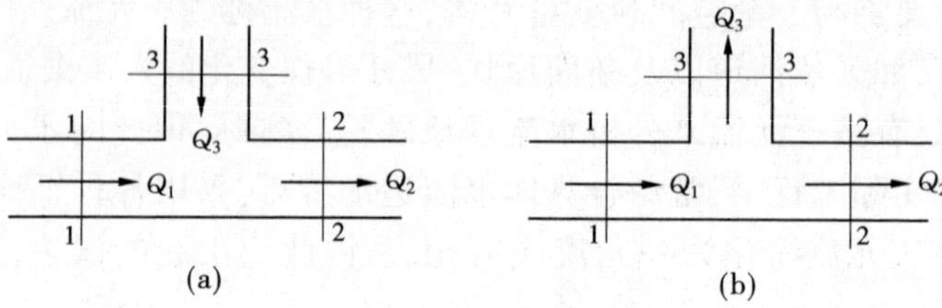

图 3-8

方程为

$$Q_1 + Q_3 = Q_2 \tag{3-7}$$

当有流量分出时[见图 3-8 (b)],其连续性方程为

$$Q_1 = Q_2 + Q_3 \tag{3-8}$$

【例 3-1】　如图 3-9 所示,直径 d 为 100 mm 的输水管道中有一变截面管段,若测得管内流量 Q 为 10 L/s,变截面弯管段最小截面处的断面平均流速为 v_0=20. 3 m/s,求输水管的断面平均流速 v 及最小截面处的直径 d_0。

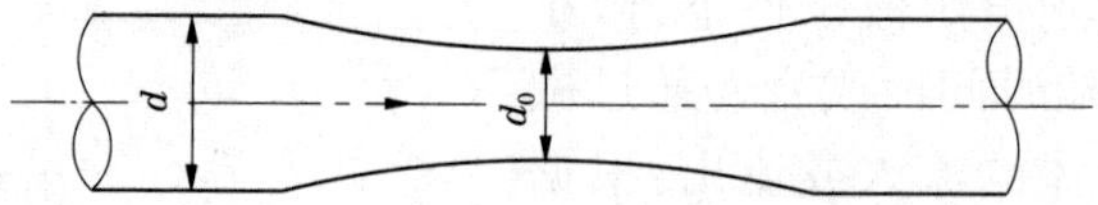

图 3-9

解:

$$v = \frac{Q}{\frac{1}{4}\pi d^2} = \frac{10 \times 10^{-3}}{\frac{1}{4} \times 3.14 \times 0.1^2} = 1.27(\text{m/s})$$

由恒定总流连续性方程得:

$$d_0^2 = \frac{v}{v_0}d^2 = \frac{1.27}{20.3} \times 0.1^2 = 0.000\,626(\text{m}^2)$$

$$d_0 = 0.025\,0\ \text{m} = 25\ \text{mm}$$

【例 3-2】　有一河道在某处分为两支:内江和外江,如图 3-10 所示。为便于引水灌溉

农田,在外江设溢流坝一座,用于抬高上游水位。已测得上游河道流量 $Q = 1\ 400\ m^3/s$,通过溢流坝的流量 $Q_1 = 350\ m^3/s$。内江过水断面面积 $A_2 = 380\ m^2$,求通过内江的流量 Q_2 及 2—2 断面的平均流速。

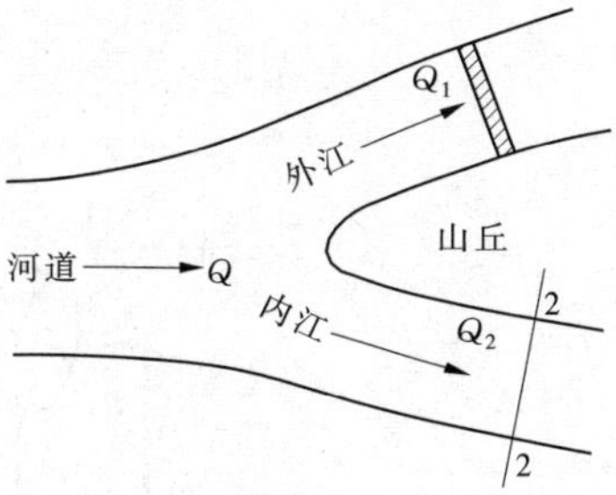

图 3-10

解:根据连续性方程

$$Q_2 = Q - Q_1 = 1\ 400 - 350 = 1\ 050(m^3/s)$$

则 2—2 断面的平均流速为

$$v_2 = \frac{Q_2}{A_2} = \frac{1\ 050}{380} = 2.76(m/s)$$

任务3 恒定总流的能量方程

前面所阐述的恒定流的连续方程揭示了液流断面平均流速与过水断面面积之间的关系,而不能解决工程实际中常涉及的作用力和能量问题。为此,需进一步研究液体运动所遵循的其他规律。恒定总流的能量方程就是应用能量转化与守恒原理,分析液体运动时的动能、压能和位能三者之间的相互关系。并为解决实际工程的水力计算问题奠定了理论基础。

1 微小流束的能量方程

由物理学动能定理可知:运动液体动能的增量,等于同一时段内作用于运动液体上各外力对液体做功的代数和,即

$$\sum M = \frac{1}{2}mu_2^2 - \frac{1}{2}mu_1^2 \tag{3-9}$$

式中 $\sum M$——所有外力对物体做功的总和;

u_1——物体处于起始位置时的速度;

u_2——在外力作用下,物体运动到新位置时的速度;

m——运动物体的质量。

下面就根据动能定理来分析恒定流微小流束的能量方程。

在实际液体恒定流中取出一段微小流束,选取过水断面Ⅰ—Ⅰ与过水断面Ⅱ—Ⅱ之间的水体作为研究对象(见图 3-11)。设微小流束过水断面Ⅰ—Ⅰ与过水断面Ⅱ—Ⅱ的面积分别为 dA_1 和 dA_2,其断面形心点的位置高度分别为 z_1 和 z_2,动水压强分别为 p_1 和 p_2,相应的流速为 u_1 和 u_2。

对于微小流束由原来的Ⅰ—Ⅱ位置移动到了新位置Ⅰ′—Ⅱ′,则Ⅰ—Ⅰ断面与Ⅱ—Ⅱ断面所移动的距离分别为

$$dl_1 = u_1 dt$$

$$dl_2 = u_2 dt$$

由图 3-11 可见,Ⅰ′—Ⅱ是 dt 时段内运动液体始末共有流段,这段微小流束水体虽有

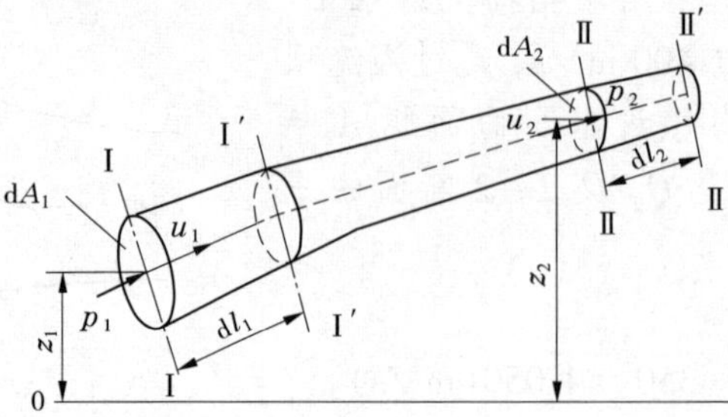

图 3-11

液体质点的流动和替换,但由于所选的微小流束为恒定流,Ⅰ′—Ⅱ段水体的形状、体积和位置都不随时间发生变化,所以要研究微小流束从Ⅰ—Ⅱ位置移动到Ⅰ′—Ⅱ′位置时,只需研究微小流束从Ⅰ—Ⅰ′段移动到Ⅱ—Ⅱ′位置的运动就可以了。

1.1 动能的增量

在恒定条件下,共有流段Ⅰ′—Ⅱ的质量和各点的流速不随时间而变化,因其动能也不随时间变化,所以微小流束段动能的增量就等于流段Ⅱ—Ⅱ′段动能与Ⅰ—Ⅰ′段动能之差。

根据质量守恒原理,流段Ⅱ—Ⅱ′与Ⅰ—Ⅰ′的质量相等,即 $m=\rho dV=\rho dQdt=\frac{\gamma}{g}dQdt$,于是动能的增量可表示为

$$\frac{1}{2}mu_2^2-\frac{1}{2}mu_1^2=\frac{\gamma dQdt}{2g}(u_2^2-u_1^2)=\gamma dQdt\left(\frac{u_2^2}{2g}-\frac{u_1^2}{2g}\right) \tag{3-10}$$

1.2 作用在微小流束上的外力及其所做的功

对微小流束做功的力有动水压力、重力和微小流束在运动中所受到的摩擦阻力。

1.2.1 重力做功

微小流束段Ⅰ—Ⅰ′和Ⅱ—Ⅱ′的位置高度差为 z_1-z_2,重力对共有段Ⅰ′—Ⅱ不做功,于是液体从Ⅰ—Ⅰ′移动到Ⅱ—Ⅱ′时重力所做的功为

$$G(z_1-z_2)=\gamma dQdt(z_1-z_2)$$

1.2.2 动水压力做功

作用于微小流束上的动水压力有两端断面上的动水压力和微小流束侧表面上的动水压力。由于微小流束侧表面上的动水压力与水流运动方向垂直,故不做功。

作用于过水断面Ⅰ—Ⅰ上的动水压力 p_1dA_1 与水流运动方向相同,故为正功;作用于过水断面Ⅱ—Ⅱ上的动水压力 p_2dA_2 与水流运动方向相反,故为负功。于是压力所做的功为

$$p_1dA_1dl_1-p_2dA_2dl_2=p_1dA_1u_1dt-p_2dA_2u_2dt=dQdt(p_1-p_2)$$

1.2.3 阻力做功

对于实际液体,由于黏滞性的存在,液体运动时必须克服内摩擦阻力,消耗一定的能量,故阻力所做的功为负功。设阻力对单位重量液体所做的功为 h_w',则对于所研究的微小流束由Ⅰ—Ⅰ′位置移动到Ⅱ—Ⅱ′位置,阻力所做的功为 $-\gamma dQdth_w'$,所以外力对微小流束所做的功,应为以上三项外力所做功的和,即

$$\gamma \mathrm{d}Q\mathrm{d}t(z_1 - z_2) + \mathrm{d}Q\mathrm{d}t(p_1 - p_2) - \gamma \mathrm{d}Q\mathrm{d}th'_w$$

根据动能定理，则有

$$\gamma \mathrm{d}Q\mathrm{d}t(z_1 - z_2) + \mathrm{d}Q\mathrm{d}t(p_1 - p_2) - \gamma \mathrm{d}Q\mathrm{d}th'_w = \gamma \mathrm{d}Q\mathrm{d}t\left(\frac{u_2^2}{2g} - \frac{u_1^2}{2g}\right)$$

将以上各项同时除以 $\gamma \mathrm{d}Q\mathrm{d}t$，得单位重量液体功和能之间的关系式为

$$z_1 - z_2 + \frac{p_1}{\gamma} - \frac{p_2}{\gamma} - h'_w = \frac{u_2^2}{2g} - \frac{u_1^2}{2g}$$

整理得

$$z_1 + \frac{p_1}{\gamma} + \frac{u_1^2}{2g} = z_2 + \frac{p_2}{\gamma} + \frac{u_2^2}{2g} + h'_w \tag{3-11}$$

式(3-11)就是恒定流微小流束的能量方程，该式是由瑞士的物理学家和数学家伯努利(Bermoulli)在 1738 年首次推导出来的，故又称为恒定流微小流束的伯努利方程。

2　动水压强的分布规律

2.1　均匀流中过水断面上的动水压强分布规律

对于均匀流，流线为一组平行直线，过水断面为平面。在均匀流过水断面 $n—n$ 上任意两相邻流线间取一长为 $\mathrm{d}l$、高为 $\mathrm{d}z$、底面面积为 $\mathrm{d}A$、与铅垂方向夹角为 θ 的微小柱体(见图 3-12)，设该微小柱体两端面形心点处的动水压强分别为 p 与 $p+\mathrm{d}p$。下面分析沿 $n—n$ 轴向作用于微小柱体上的力：

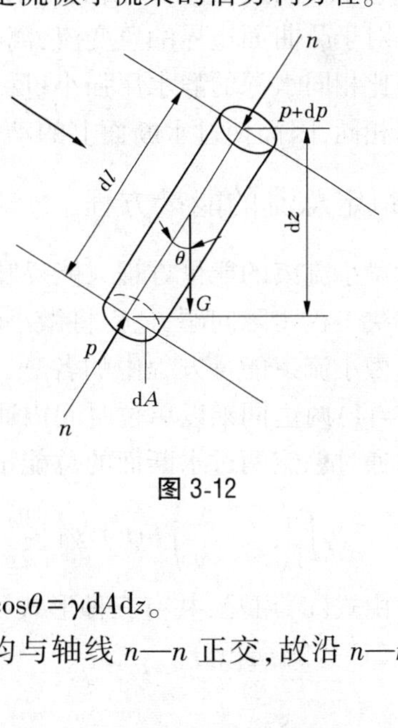

图 3-12

(1)柱体两端面上的动水压力分别为 $p\mathrm{d}A$ 和 $(p+\mathrm{d}p)\mathrm{d}A$。

(2)柱体自重沿 $n—n$ 方向的分力为 $G\cos\theta = \gamma \mathrm{d}l\mathrm{d}A\cos\theta = \gamma \mathrm{d}A\mathrm{d}z$。

(3)柱体侧面上的动水压力以及水流的内摩擦力均与轴线 $n—n$ 正交，故沿 $n—n$ 方向投影为零。

(4)均匀流中流速沿程不变，流线为平行直线，柱体在 $n—n$ 方向所受的惯性力为零。由 $n—n$ 轴向力的平衡方程，得

$$p\mathrm{d}A - (p + \mathrm{d}p)\mathrm{d}A - \gamma \mathrm{d}A\mathrm{d}z = 0$$

化简后得

$$\gamma \mathrm{d}z + \mathrm{d}p = 0$$

积分后得

$$z + \frac{p}{\gamma} = C \tag{3-12}$$

式(3-12)表明，均匀流过水断面上的动力压强分布规律与静水压强分布规律相同，即在同一过水断面上各点相对于同一基准面的测压管水头(或单位势能)为一常数，但对于不同的过水断面测压管水头是不相同的。

2.2　渐变流段内过水断面上的动水压强分布规律

对于渐变流，由于流线间的夹角很小，流线近似成平行直线，沿 $n—n$ 轴向的加速度近似为零，惯性力的影响可忽略，此时沿渐变流过水断面仅有压力和重力的作用，这与液体静止时或均匀流时的受力情况完全一致。因此，可以认为渐变流断面上各点的动水压强也符合静水压强分布规律，或同一过水断面上各点的测压管水头（单位势能）为一常数。但应注意，上述关于均匀流或渐变流过水断面上动水压强分布规律的结论，只适用于有一定固体边界约束（如管壁和渠壁）的水流。当液体从管道末端流入大气时，出口附近的液体也符合均匀流或渐变流的条件，但因该断面周界均与大气相通，断面周界上各点的动水压强为零，因而此种情况下过水断面上的动水压强分布不符合静水压强分布规律。

2.3　急变流段内动水压强的分布规律

在急变流中，因流线的曲率较大，液体质点做曲线运动而产生的离心惯性力的影响已不能忽略。因此，过水断面上动水压强的分布规律将不再服从静水压强分布规律。

对于凸曲面边界的急变流，离心力的方向与重力方向相反，因而使过水断面上的动水压强比相同水深的静水压强小；反之，对于一凹曲面边界的急变流，离心力的方向与重力方向相同，因而使过水断面上的动水压强比相同水深的静水压强大。

3　恒定总流的能量方程

微小流束的能量方程只能反映微小流束内部或边界上各点的流束和压强的变化，为了解决工程实际问题，还需将微小流束的能量方程加以推广得出恒定总流的能量方程。

微小流束能量方程中的各项，表示过水断面 dA 上单位重量液体所具有的能量。将式(3-11)两边同乘以单位时间内通过微小流束液体的重量 γdQ，并积分，就可得到单位时间内通过总流两过水断面的总能量之间关系式，即

$$\gamma\int_Q\left(z_1+\frac{p_1}{\gamma}\right)\mathrm{d}Q+\gamma\int_Q\frac{u_1^2}{2g}\mathrm{d}Q=\gamma\int_Q\left(z_2+\frac{p_2}{\gamma}\right)\mathrm{d}Q+\gamma\int_Q\frac{u_2^2}{2g}\mathrm{d}Q+\gamma\int_Q h'_{\mathrm{w}}\mathrm{d}Q \qquad \text{(a)}$$

由式(a)可见，共有三种形式积分，现分别加以分析。

(1)势能类积分。

$$\gamma\int_Q\left(z+\frac{p}{\gamma}\right)\mathrm{d}Q$$

它表示单位时间内通过总流过水断面的液体势能的总和。若所取的总流过水断面为均匀流或渐变流，则断面上的各点的单位势能 $z+\frac{p}{\gamma}=$常数，则

$$\gamma\int_Q\left(z+\frac{p}{\gamma}\right)\mathrm{d}Q=\gamma\left(z+\frac{p}{\gamma}\right)\int_Q\mathrm{d}Q=\left(z+\frac{p}{\gamma}\right)\gamma Q \qquad \text{(b)}$$

(2)动能积分。

$$\gamma\int_Q\frac{u^2}{2g}\mathrm{d}Q=\gamma\int_A\frac{u^2}{2g}u\mathrm{d}A=\frac{\gamma}{2g}\int_A u^3\mathrm{d}A$$

它表示单位时间内通过总流过水断面动能的总和。一般情况下，总流过水断面上各点的流速是不相等的，且分布规律不易确定，所以直接积分该项较困难。这时，可考虑用

断面平均流速 v 代替断面上各点的流速 u 来表示，即用 $\frac{\gamma}{2g}\int_A v^3 \mathrm{d}A$ 来代替 $\frac{\gamma}{2g}\int_A u^3 \mathrm{d}A$，但二者实际并不相等。根据数学上有关平均值的性质，可证明：$\int_A u^3 \mathrm{d}A > \int_A v^3 \mathrm{d}A$，用平均流速代替点流速需要乘以大于 1 的一个修正系数 α，才可使之相等，则有

$$\int_A u^3 \mathrm{d}A = \alpha \int_A v^3 \mathrm{d}A = \alpha v^3 A$$

于是动能类积分为

$$\frac{\gamma}{2g}\int_A u^3 \mathrm{d}A = \frac{\gamma}{2g}\alpha v^3 A = \frac{\alpha v^2}{2g}\gamma Q \tag{c}$$

式中的 α 为动能修正系数，表示过水断面上实际流速积分与按断面平均流速积分计算所得结果之比，即

$$\alpha = \frac{\int_A u^3 \mathrm{d}A}{v^3 A}$$

α 值取决于总水流过水断面上的流速分布情况，流速分布愈均匀，α 值愈接近于 1。当水流为均匀流或渐变流时，一般可取 $\alpha = 1.05 \sim 1.10$，实际工程计算中，常取 $\alpha = 1.0$。

(3) 能量损失类积分。

$$\gamma \int_Q h'_{\mathrm{w}} \mathrm{d}Q$$

它表示单位时间总流从Ⅰ—Ⅰ过水断面流至Ⅱ—Ⅱ过水断面的机械能损失的总和。设 h_{w} 为总流单位重量液体在这两断面间的平均机械能损失，则

$$\gamma \int_Q h'_{\mathrm{w}} \mathrm{d}Q = h_{\mathrm{w}} \gamma Q \tag{d}$$

将式(b) ~ 式(d)代入式(a)，同时各项除以 γQ 整理后得

$$z_1 + \frac{p_1}{\gamma} + \frac{\alpha_1 v_1{}^2}{2g} = z_2 + \frac{p_2}{\gamma} + \frac{\alpha_2 v_2{}^2}{2g} + h_{\mathrm{w}} \tag{3-13}$$

式(3-13)即为不可压缩液体恒定总流的能量方程(伯努利方程)。它能够反映总流各断面上单位重量液体的平均位能、平均压能和平均动能之间的能量转换关系，是水力学中三大基本方程之一。式(3-13)表明机械能沿程减小，水流机械能转化成热能而损失掉。

4 能量方程的意义

实际液体恒定总流能量方程与微小流束能量方程形式上相似，但二者又存在差别。恒定总流能量方程中用断面平均流速 v 代替了微小流束过水断面上的点流速 u，并相应地引入了动能修正系数 α 来加以修正。同时，又以两流段间平均水头损失 h_{w} 代替了微小流束的水头损失 h'_{w}。在研究工程实例时，通常都以总流的形式来分析问题。

4.1 恒定总流能量方程的物理意义

z——总流过水断面上单位重量液体所具有的位能，简称为单位位能(位置势能或重力势能)；

$\frac{p}{\gamma}$——总流过水断面上单位重量液体所具有的压能(压强势能);

$z+\frac{p}{\gamma}$——总流过水断面上单位重量液体所具有的总势能,即位置势能与压强势能之和;

$\frac{\alpha v^2}{2g}$——总流过水断面上单位重量液体所具有的平均动能;

$z+\frac{p}{\gamma}+\frac{\alpha v^2}{2g}$——总流过水断面上单位重量液体的总机械能,通常用 H 或 E 表示;

h_w——总流过水断面单位重量液体在始末两断面间沿流程的平均能量损失,即机械能损失。

4.2 恒定总流能量方程的几何意义

能量方程中各项表示了某种高度,因为具有长度单位,因此可以用几何线段表示,水力学上习惯将其称为水头。

z——总流过水断面上某点的位置高度(相对于某基准面),称为位置水头;

$\frac{p}{\gamma}$——压强水头,p 为相对压强,也叫测压管高度;

$z+\frac{p}{\gamma}$——测压管水头,以 H_p 表示;

$\frac{\alpha v^2}{2g}$——流速水头,也是液体以速度 v 垂直向上喷射到空中时所达到的高度(不计空气阻力);

$z+\frac{p}{\gamma}+\frac{\alpha v^2}{2g}$——总水头,以 H 或 E 表示,总水头与测压管水头之差等于流速水头;

h_w——水头损失。

式(3-13)表明,对于不可压缩恒定流动,在不同的过水断面上,位置水头、压强水头和流速水头之间可以互相转化,在转化过程中有能量损失。

设 H_1 和 H_2 分别表示总流中任意两过水断面上液流所具有的总水头,根据能量方程式

$$H_1 = H_2 + h_w$$

即

$$H_1 - H_2 = h_w \tag{3-14}$$

可见,因为水流在流动过程中要产生能量损失,所以水流只能从总机械能大的地方流向总机械能小的地方。对于理想液体,$h_w=0$,则 $H_1=H_2$,即总流中任何过水断面上总水头保持不变。

4.3 能量方程的图示——水头线

由于总流能量方程中各项均表示单位重量液体所具有的能量或水头,且各项的单位都是长度单位,因此可用几何线段来表示,使能量沿流程的转化情况更形象、更直观地体现出来。

图 3-13 即为一段总流机械能转化的图示。首先选取基准面 0—0,并画出总流的中心

线。总流各断面中心点离基准面的高度就代表了该断面的位置水头 z,所以总流的中心线就表示位置水头 z 沿程的变化,即位置水头线。

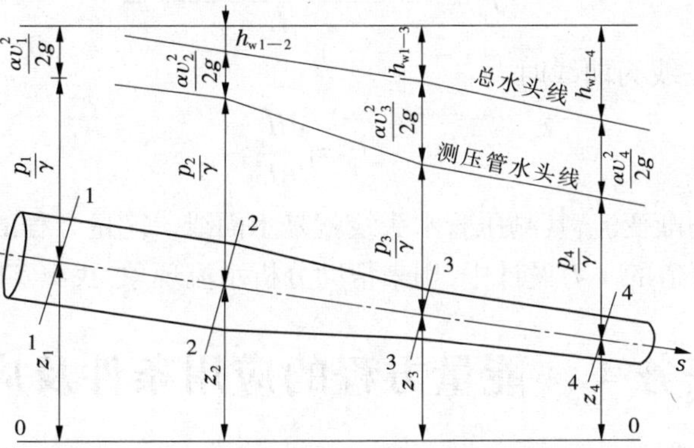

图 3-13

在各断面的中心上作垂线,并在铅垂线上截取高度等于中心点压强水头的 $\frac{p}{\gamma}$ 线段,得到测压管水头($z+\frac{p}{\gamma}$),即各断面上测压管水面离基准面的高度,如将各断面的测压管水头用线连起来,这条线称为测压管水头线。测压管水头线和位置水头线之间的铅垂距离反映了压强水头沿流程的变化情况。如测压管水头线在位置水头线以上,压强为正;反之为负。

在铅垂线所标示的测压管水头以上截取高度等于流速水头 $\frac{\alpha v^2}{2g}$ 的线段,得到该断面的总水头 $H=z+\frac{p}{\gamma}+\frac{\alpha v^2}{2g}$,各断面总水头的连线的称为总水头线。它反映了总流总机械能沿流程的变化情况。

根据能量方程,实际液体一定存在水头损失,因而总流的总水头线为一条逐渐下降的直线或曲线。总水头线沿流程的下降情况可用单位流程上的水头损失,即水力坡度 J 来表示。L 为两断面间距。当总水头线为直线时:

$$J=\frac{H_1-H_2}{L}=\frac{h_w}{L} \tag{3-15}$$

若总水头线为曲线,水力坡度为变值,在某一断面处可表示为

$$J=\frac{\mathrm{d}h_w}{\mathrm{d}L}=-\frac{\mathrm{d}H}{\mathrm{d}L} \tag{3-16}$$

因为总水头增加时 $\mathrm{d}H$ 一定为负值,为使水力坡度为正值,所以式(3-16)中要加负号。

由于总流几何边界条件的沿程变化,必将引起动能和势能的相互转化,所以测压管水头线可以沿程下降或上升,也可沿程不变。它沿流程的变化情况可用单位流程上测压管水头的降低值或升高值,即测压管坡 J_p 来表示。当测压管水头线为直线时

$$J_p = \frac{\left(z_1 + \frac{p_1}{\gamma}\right) - \left(z_2 + \frac{p_2}{\gamma}\right)}{L} \tag{3-17}$$

当测压管水头线为曲线时

$$J_p = \frac{dH_p}{dL} \tag{3-18}$$

对于河渠中的渐变流,其测压管水头线就是水面线。能量方程的这种图示方法,常用于长距离有压输水管道的水力设计中,用来帮助分析水流现象,找出实际水流的变化规律。

任务4　能量方程的应用条件及应用举例

1　能量方程的应用条件及注意事项

1.1　能量方程的应用条件

实际液体恒定总流的能量方程是水动力学三大方程之一,能解决很多工程实际问题。从该方程的推导可以看出,能量方程式(3-13)有一定的适用范围,应满足以下条件:

(1)水流必须是恒定流、均质不可压缩,且总流量沿程不变。

(2)所取过水1—1断面、2—2断面应在均匀流或渐变流区域,以符合断面上各点测压管水头等于常数,且作用的质量力只有重力等条件,但两个断面间可以是急变流。

(3)所取过水1—1断面和2—2断面之间,除水头损失外,没有其他机械能的输入与输出。

但因恒定总流能量方程中各项均指单位重量液体的能量,所以在水流有分支或汇入的情况下,仍可分别对每一支水流建立能量方程。

对于汇流情况[见图3-8 (a)],可建立1—1断面与2—2断面和3—3断面与2—2断面的能量方程:

$$\left.\begin{aligned} z_1 + \frac{p_1}{\gamma} + \frac{\alpha_1 v_1^2}{2g} &= z_2 + \frac{p_2}{\gamma} + \frac{\alpha_2 v_2^2}{2g} + h_{w1-2} \\ z_3 + \frac{p_3}{\gamma} + \frac{\alpha_3 v_3^2}{2g} &= z_2 + \frac{p_2}{\gamma} + \frac{\alpha_2 v_2^2}{2g} + h_{w3-2} \end{aligned}\right\}$$

对于分流情况[见图3-8(b)],可建立1—1断面与2—2断面和1—1断面与3—3断面的能量方程:

$$\left.\begin{aligned} z_1 + \frac{p_1}{\gamma} + \frac{\alpha_1 v_1^2}{2g} &= z_2 + \frac{p_2}{\gamma} + \frac{\alpha_2 v_2^2}{2g} + h_{w1-2} \\ z_1 + \frac{p_1}{\gamma} + \frac{\alpha_1 v_1^2}{2g} &= z_3 + \frac{p_3}{\gamma} + \frac{\alpha_3 v_3^2}{2g} + h_{w1-3} \end{aligned}\right\}$$

1.2　能量方程的注意事项

为了更方便快捷地应用能量方程解决实际问题,在应用能量方程时应注意以下几点:

(1)列能量方程必须按照“三选一列”的原则,三选,即选“1—1、2—2两个计算断面”、选“计算点”、选“基准面”;一列,即对所选计算点列能量方程。

(2)基准面可以任意选取,但必须是水平面且方便计算。在同一方程中,对不同断面位置水头必须对应同一基准面。

(3)两个计算断面必须选在均匀流或渐变流段,而且要选在已知条件多处。一般计算点选在水面或管轴线上。

(4)为简化计算,一般采用相对压强,也可采用绝对压强,但必须保证方程两边压强标准一致。

(5)不同过水断面上的动能修正系数 α 是不相等的,且不等于 1.0。但在实际计算中,对于均匀流和渐变流,一般 $\alpha_1=\alpha_2=1.0$。

应用能量方程还应具体问题具体分析,若方程中同时出现较多的未知量,应考虑与其他方程联立求解。

【例 3-3】 如图 3-14 所示为经溢流坝前后的水流纵断面图。设坝的溢流段较长,上下游每米宽的流量相等。当坝顶水头为 1.5 m 时,上游 1—1 断面的流速 $v_1=0.8$ m/s,坝址 2—2 断面的水深为 0.42 m,下游 3 —3 断面处的水深 2.2 m。

(1)分别求 1—1 断面、2—2 断面、3—3 断面处单位重量水体的势能、动能和总机械能。

(2)求 1—1 断面至 2—2 断面的水头损失和 2—2 断面至 3—3 断面的水头损失。

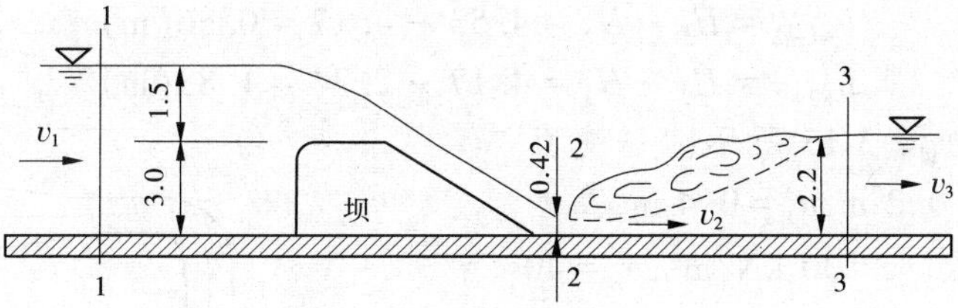

图 3-14

解:(1)列 1—1 断面和 2—2 断面的连续性方程:

$$A_1v_1=A_2v_2$$

$$v_2=\frac{A_1v_1}{A_2}=\frac{bh_1}{bh_2}v_1=\frac{h_1}{h_2}v_1=\frac{4.5}{0.42}\times 0.8=8.57(\text{m/s})$$

列 1—1 断面和 3—3 断面的连续性方程

$$A_1v_1=A_3v_3$$

$$v_3=\frac{A_1v_1}{A_3}=\frac{bh_1}{bh_3}v_1=\frac{h_1}{h_3}v_1=\frac{4.5}{2.2}\times 0.8=1.64(\text{m/s})$$

以河床底部为基准面,计算点选在自由表面上,取 $\alpha_1=\alpha_2=\alpha_3=1.0$,计算各断面能量。

①1—1 断面。

单位势能:$z_1+\frac{p_1}{\gamma}=4.5+0=4.5(\text{m})$

单位动能:$\frac{v_1^2}{2g}=\frac{0.8^2}{19.6}=0.032\ 7(\text{m})$

单位总机械能：$H_1 = z_1 + \frac{p_1}{\gamma} + \frac{v_1^2}{2g} = 4.5 + 0.0327 = 4.53(\text{m})$

②2—2 断面。

单位势能：$z_2 + \frac{p_2}{\gamma} = 0.42 + 0 = 0.42(\text{m})$

单位动能：$\frac{v_2^2}{2g} = \frac{8.57^2}{19.6} = 3.75(\text{m})$

单位总机械能：$H_2 = z_2 + \frac{p_2}{\gamma} + \frac{v_2^2}{2g} = 0.42 + 3.75 = 4.17(\text{m})$

③3—3 断面。

单位势能：$z_3 + \frac{p_3}{\gamma} = 2.2 + 0 = 2.2(\text{m})$

单位动能：$\frac{v_3^2}{2g} = \frac{1.64^2}{19.6} = 0.137(\text{m})$

单位总机械能：$H_3 = z_3 + \frac{p_3}{\gamma} + \frac{v_3^2}{2g} = 2.2 + 0.137 = 2.34(\text{m})$

(2)计算水头损失。

$$h_{\text{w}1-2} = H_1 - H_2 = 4.53 - 4.17 = 0.36(\text{m})$$
$$h_{\text{w}2-3} = H_2 - H_3 = 4.17 - 2.34 = 1.83(\text{m})$$

【例 3-4】 如图 3-15 所示为一变直径的管段 AB，$d_A=0.2$ m，$d_B=0.4$ m，高差 $\Delta z=1.5$ m，今测得 $p_A=30$ kN/m²，$p_B=40$ kN/m²，B 点处断面平均流速 $v_B=1.5$ m/s，求 A、B 两断面的总水头差及管中水流流动方向。

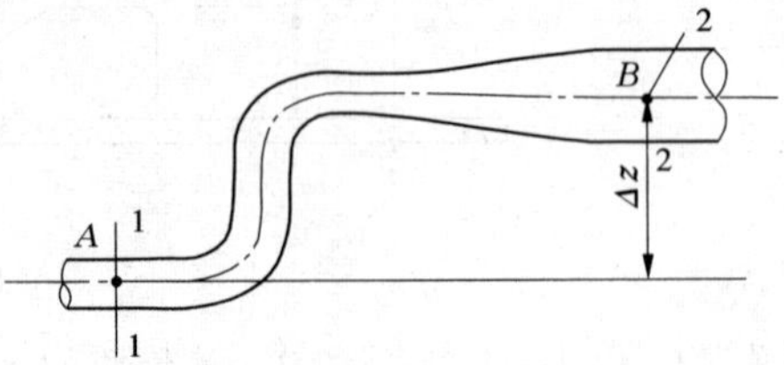

图 3-15

解：由连续方程 $v_A A_A = v_B A_B$ 得

$$v_A = 6 \text{ m/s}$$

A、B 两断面总水头差(以 A 点所在水平面为基准面)为

$$\left(z_A + \frac{p_A}{\gamma} + \frac{\alpha v_A^2}{2g}\right) - \left(z_B + \frac{p_B}{\gamma} + \frac{\alpha v_B^2}{2g}\right)$$
$$= \left(0 + \frac{30}{9.8} + \frac{6^2}{2\times 9.8}\right) - \left(1.5 + \frac{40}{9.8} + \frac{1.5^2}{2\times 9.8}\right)$$
$$= -0.798(\text{m})$$

因此，B 点总水头大于 A 点总水头。水流从 B 向 A 流动。

【例 3-5】 自流管从水库取水(见图 3-16)，已知 $H=12$ m，管径 $d=100$ mm，水头损失 $h_\text{w} = 8\frac{v^2}{2g}$，求自流管流量 Q。(忽略上下游水流流速)

解：取下游水面为基准面，取两个计算断面，即 1—1 断面和 2—2 断面。

列 1—1 断面和 2—2 断面的能量方程：

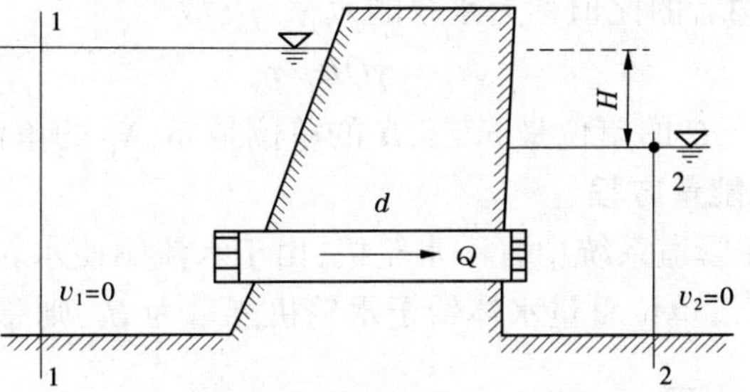

图 3-16

$$z_1 + \frac{p_1}{\gamma} + \frac{\alpha_1 v_1^2}{2g} = z_2 + \frac{p_2}{\gamma} + \frac{\alpha_2 v_2^2}{2g} + h_w$$

$$H + 0 + 0 = 0 + 0 + 0 + h_w$$

$$H = h_w = 8\frac{v^2}{2g}$$

$$v = 5.42 \text{ m/s}$$

$$Q = \frac{1}{4}\pi d^2 v = 42.5 \text{ L/s}$$

2 有能量输入或输出的能量方程

在实际工程中，有时会遇到沿程两个断面有能量输入与输出的情况，如水泵向水流提供能量把水提到一定高度，水轮机从水流获得能量，带动发电机发电等。

2.1 有能量输入时的能量方程

如图 3-17 所示，在管道系统中有一水泵，水泵工作时，通过水泵叶片转动对水流做功，使水流能量增加。设单位重量水体通过水泵后所获得的外加能量为 H_t，则总流的能量方程修改为

$$H_1 + H_t = H_2 + H_{w1-2} \qquad (3\text{-}19)$$

式中 H_t——水泵的扬程。

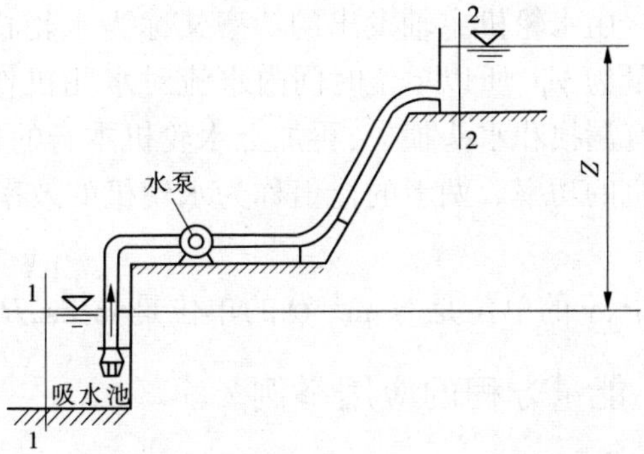

图 3-17

当不计上下游水池流速时，有

$$H_t = z + H_{w1-2}$$

式中 z——上下游的水位差，即提水高度；

H_{w1-2}——1—1 断面和 2—2 断面之间全部管道的水头损失。

从 H_t 表达式可知，水泵扬程为提水高度和管路系统水头损失的和。

单位时间内动力机械给予水泵的功称为水泵的轴功率 N_p；设单位时间内通过水泵的水流重量为 γQ，所以水流在单位时间内由水泵获得的总能量为 $\gamma Q H_t$，称为水泵的有效功率。由于水流通过水泵时有漏损和水头损失，再加上水泵本身的机械磨损，所以水泵的有

效功率小于轴功率。两者的比值称为水泵的效率 η_p，故

$$N_p = \gamma Q H_t / \eta_p \tag{3-20}$$

式中，γ 的单位是 N/m^3，Q 的单位是 m^3/s，H 的单位是 m，N_p 的单位是 W（N·m/s）。

2.2 有能量输出时的能量方程

如图 3-18 所示，在管道系统中有一水轮机，由于水流驱使水轮机转动，对水力机械做功，使水流能量减少。设单位重量水体给予水轮机能量为 H_t，则总流的能量方程修改为

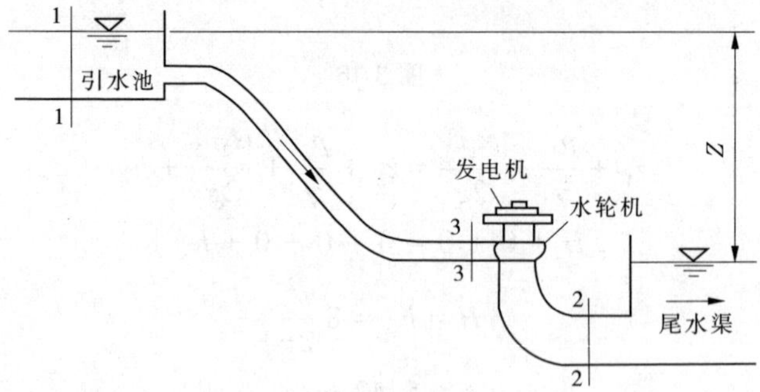

图 3-18

$$H_1 - H_t = H_2 + h_{w1-2} \tag{3-21}$$

式中 H_t——水轮机的作用水头，$H_t = z - h_{w1-2}$；

h_{w1-2}——1—1 断面和 2—2 断面之间全部管道的水头损失，但不包括水轮机系统内部的能量损失。

$Z = H_1 - H_2$ 为上下游水位差。

由水轮机主轴发出的功率又称为水轮机的出力 N_t。单位时间内通过水轮机的水流重量为 γQ，所以单位时间内水流对水轮机作用的总能量为 $\gamma Q H_t$。由于水流通过水轮机时有漏损和水头损失，再加上水轮机本身的机械磨损，所以水轮机的出力要小于水流给水轮机的功率。两者的比值称为水轮机的效率 η_t，故

$$N_t = \gamma Q H_t \eta_t \tag{3-22}$$

式中，γ 的单位是 N/m^3，Q 的单位是 m^3/s，H_t 的单位是 m，N_t 的单位是 W（N·m/s）。

3 能量方程的应用举例

在实际工程中，某些水力要素无须利用基本公式来推算，可以直接用工程用仪器直接测出，下面就来介绍测流速的毕托管和测流量的文丘里流量计。

3.1 毕托管测流速

毕托管是常用的测量流体点流速的仪器，用以测量流速水头和流速，它是亨利·毕托在 1703 年首创的，其测量流速的原理就是能量转化和守恒原理。若在运动液体（如管流）中放置一根测速管，如图 3-19 所示，它是弯成直角的两端开口的细管，一端正对来流，置于测定点 B 处，另一端垂直向上。B 点的运动质点由于测速管的阻滞，因而流速降为零，动能全部转化为压能，使得测速管中液面升高为 $\frac{p'}{\gamma}$。B 点称为滞止点或驻点。在 B

点上游同一水平流线上相距很近的 A 点未受测速管的影响,流速为 u,其测压管高度 $\frac{p}{\gamma}$ 可通过同一过水断面壁上的测压管测定。应用恒定流理想液体沿流线的伯努利方程于 A、B 两点,有

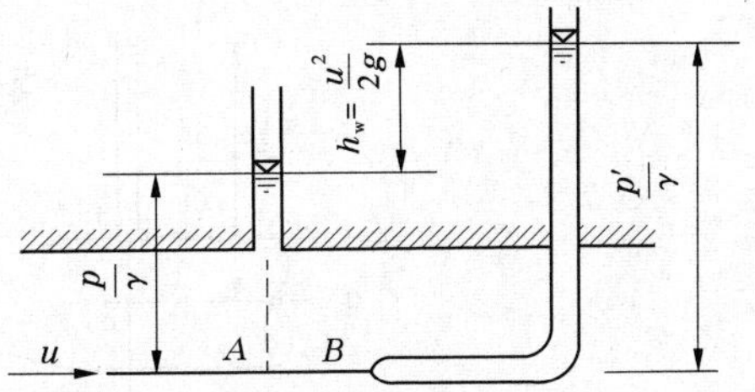

图 3-19

$$\frac{p}{\gamma}+\frac{u^2}{2g}=\frac{p'}{\gamma}$$

整理得

$$\frac{u^2}{2g}=\frac{p'}{\gamma}-\frac{p}{\gamma}=h_u \tag{3-23}$$

由此说明了流速水头等于测速管与测压管的液面差 h_u。这是流速水头几何意义的另一种解释。

由式(3-23)得流速为

$$u=\sqrt{2g\frac{p'-p}{\gamma}}=\sqrt{2gh_u} \tag{3-24}$$

根据这一原理,可将测压管与测速管组合制成一种测定点流速的仪器,称为毕托管。其构造如图 3-20 所示,其中与前端迎流孔相通的是测速管,与侧面顺流孔(一般有 4~8 个)相通的是测压管。考虑到实际液体从前端小孔至侧面小孔的黏性效应,还有毕托管放入后对流场的干扰,以及前端小孔实测到的测速管高度 f 不是一点的值,而是小孔截面的平均值,所以使用时应引入修正系数 ζ,即

$$u=\zeta\sqrt{2g\frac{p'-p}{\gamma}}=\zeta\sqrt{2gh_u} \tag{3-25}$$

式中,ζ 值由试验测定,一般为 0.98~1.0。

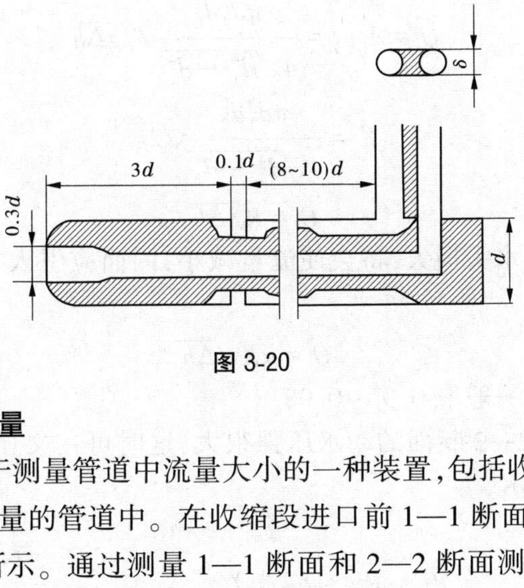

图 3-20

3.2　文丘里流量计测流量

文丘里流量计是用于测量管道中流量大小的一种装置,包括收缩段、喉管和扩散段三部分,安装在需要测定流量的管道中。在收缩段进口前 1—1 断面和喉管 2—2 断面分别安装测压管,如图 3-21 所示。通过测量 1—1 断面和 2—2 断面测压管水头差值,就能计算出管道通过的流量 Q,其原理就是恒定总流的能量方程。

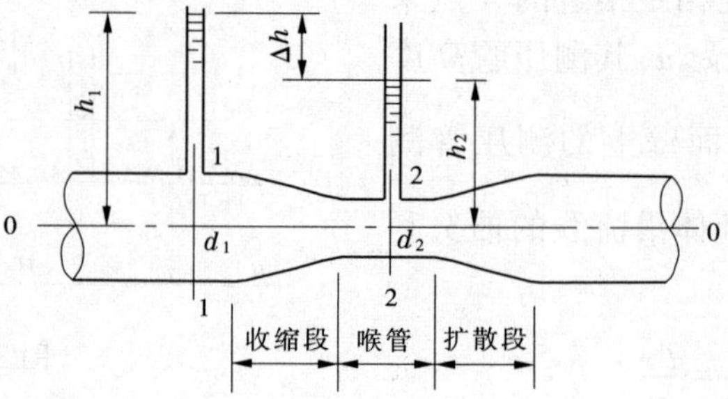

图 3-21

取管轴线 0—0 为基准面,列 1—1 断面和 2—2 断面的能量方程($\alpha_1=\alpha_2=1.0$)有:

$$z_1+\frac{p_1}{\gamma}+\frac{v_1^2}{2g}=z_2+\frac{p_2}{\gamma}+\frac{v_2^2}{2g}+h_{w1-2}$$

由于 1—1 断面与 2—2 断面相距较近, $h_{w1-2}=0$, $z_1=z_2=0$, $\frac{p_1}{\gamma}=h_1$, $\frac{p_2}{\gamma}=h_2$, $h_1-h_2=\Delta h$,则

$$\frac{p_1}{\gamma}-\frac{p_2}{\gamma}=\frac{v_2^2}{2g}-\frac{v_1^2}{2g}=\Delta h$$

由连续方程得

$$\frac{v_1}{v_2}=\frac{A_2}{A_1}=\left(\frac{d_2}{d_1}\right)^2$$

$$\Delta h=\frac{v_2^2}{2g}-\frac{v_2^2}{2g}\left(\frac{d_2}{d_1}\right)^4$$

所以有

$$v_2=\frac{\sqrt{2g\Delta h}}{\sqrt{1-(d_2/d_1)^4}}=\frac{d_1^2}{\sqrt{d_1^4-d_2^4}}\sqrt{2g\Delta h}$$

$$Q=A_2v_2=\frac{\pi d_1^2d_2^2}{4\sqrt{d_1^4-d_2^4}}\sqrt{2g\Delta h}$$

令

$$K=\frac{\pi d_1^2d_2^2}{4\sqrt{d_1^4-d_2^4}}\sqrt{2g}$$

则

$$Q=K\sqrt{\Delta h} \tag{3-26}$$

由于实际液体存在水头损失,将会使流量减小,因而应引入一系数加以修正,则实际流量公式为

$$Q=\mu K\sqrt{\Delta h} \tag{3-27}$$

式中 μ——流量系数,一般取 0.95~0.98。

如果 1—1 断面和 2—2 断面的动水压强很大,这时可在文丘里流量计上直接安装水银压差计,如图 3-22 所示。

由压差计原理可知

$$\frac{p_1}{\gamma}-\frac{p_2}{\gamma}=\frac{\gamma_m-\gamma}{\gamma}\Delta h=12.6\Delta h$$

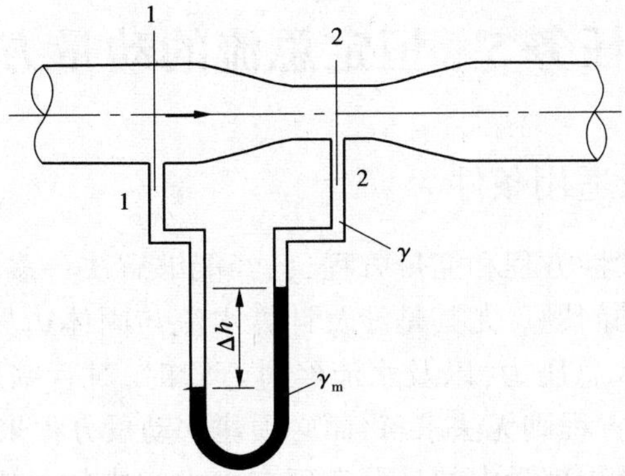

图 3-22

$$Q=\mu K\sqrt{12.6\Delta h} \tag{3-28}$$

式中　Δh——水银压差计两支管中水银面的高差。

【例 3-6】　如图 3-23 所示，断面突然缩小管道，已知 $d_1=200$ mm，$d_2=150$ mm，$Q=50$ L/s，水银比压计读数 $h=50$ mmHg，求 h_w。

解：渐变流端断面选为 1—1 断面和 2—2 断面。

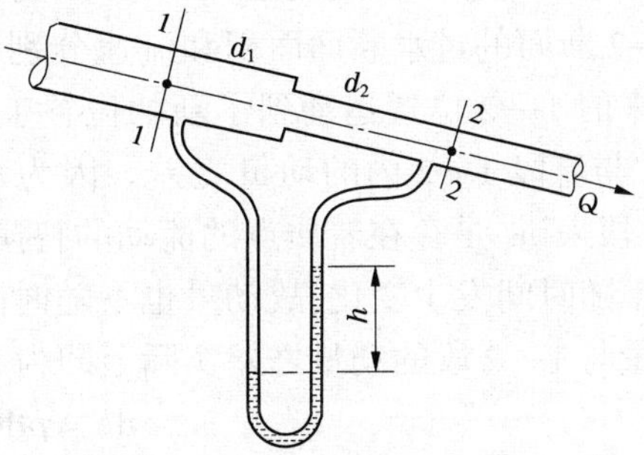

图 3-23

建立能量方程

$$z_1+\frac{p_1}{\gamma}+\frac{\alpha_1 v_1^2}{2g}=z_2+\frac{p_2}{\gamma}+\frac{\alpha_2 v_2^2}{2g}+h_w$$

(1)由连续方程：

$$v_1=\frac{Q}{A_1}=1.59\ \text{m/s},\frac{v_1^2}{2g}=0.129\ \text{m}$$

$$v_2=\frac{Q}{A_2}=2.83\ \text{m/s},\frac{v_2^2}{2g}=0.409\ \text{m}$$

(2)由水银比压计公式：

$$\left(z_1+\frac{p_1}{\gamma}\right)-\left(z_2+\frac{p_2}{\gamma}\right)=\frac{\gamma_m-\gamma}{\gamma}h=12.6h=0.63(\text{m})$$

代入能量方程

$$h_w=\left(z_1+\frac{p_1}{\gamma}+\frac{\alpha_1 v_1^2}{2g}\right)-\left(z_2+\frac{p_2}{\gamma}+\frac{\alpha_2 v_2^2}{2g}\right)$$

取 $\alpha_1\approx\alpha_2\approx\alpha\approx1.0$，则

$$h_w=0.35\ \text{m}$$

任务5 恒定总流的动量方程

1 动量方程的推导及适用条件

通过前面学习的连续性方程和能量方程,已经能够解决许多实际水力学问题。但对于某些较复杂的水流运动问题。尤其是涉及计算水流与固体边界间的相互作用力问题,如水流作用于闸门的动水总压力,以及水流经过弯管时,对管壁产生的作用力等计算问题,用连续性方程和能量方程则无法求解,而必须建立动量方程来解决这些问题。

动量方程实际上就是物理学中的动量定理在水力学中的具体体现,它反映了水流运动时动量变化与作用力间的相互关系,其特点是可避开计算急变流范围内水头损失这一复杂的问题,使急变流中的水流与边界面之间的相互作用力问题较方便地得以解决。

1.1 动量方程的推导

在物理学中,动量定理即:运动物体单位时间内动量的变化等于物体所受外力的合力。下面根据动量定理,推导恒定总流的动量方程。

在不可压缩的恒定流中,任取一渐变流微小流束段1—2(见图3-24)。设1—1断面和2—2断面的过水断面面积和流速分别为dA_1、dA_2和u_1、u_2,经过dt时段后,微小流束由原来的1—2位置运动到了新的位置1′—2′处。设其动量的变化为dk,它应等于流段1′—2′与流段1—2内的动量之差。因为水流为不可压缩的恒定流,所以对于公共部分1′—2段来讲,虽存在着质点的流动的替换现象,但它的形状、位置以及液体的质量、流速等均不随时间发生变化,故动量也不随时间发生改变。这样,在dt时段内,1′—2′段的水流动量与1—2段的动量之差实际上即为2—2′段的动量与1—1′段的动量之差,即

$$dk = \rho dQdt(u_2 - u_1)$$

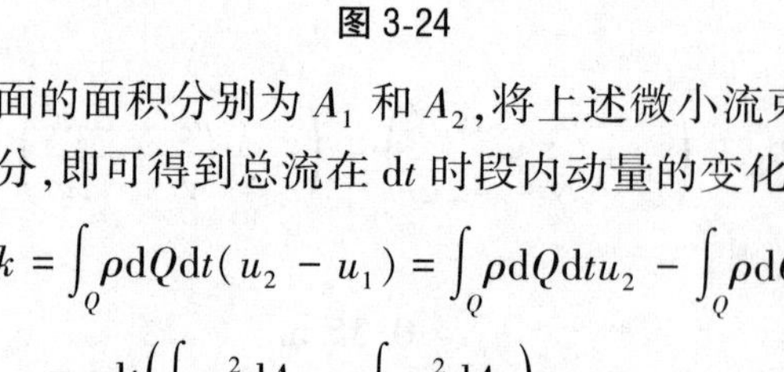

图3-24

设总流两个过水断面的面积分别为A_1和A_2,将上述微小流束的动量变化dk沿相应的总流过水断面进行积分,即可得到总流在dt时段内动量的变化量为

$$\begin{aligned}\sum dk &= \int_Q \rho dQdt(u_2 - u_1) = \int_Q \rho dQdtu_2 - \int_Q \rho dQdtu_1 \\ &= \rho dt\left(\int_{A_2} u_2^2 dA_2 - \int_{A_1} u_1^2 dA_1\right) \qquad (3\text{-}29)\end{aligned}$$

按平均流速计算任意断面的动量就等于通过断面的质量ρQ乘以平均流速v。但实际液体过水断面上的流速分布不均匀,而按实际流速通过断面的动量,应对所有微小流速

的动量进行积分,研究表明按平均流速计算的动量 ρQv 不等于实际动量,为此,需引入一个动量修正系数 β 来加以修正,即

$$\int_A u^2 \mathrm{d}A = \beta v^2 A \tag{3-30}$$

动量修正系数 β 为

$$\beta = \frac{\int_A u^2 \mathrm{d}A}{v^2 A}$$

式(3-30)表明:动量修正系数是表示单位时间内通过总流过水断面的单位质量液体实际动量与单位时间内以相应的断面平均流速通过的动量的比值。同样可以证明 β 值大于1,且大小取决于过水断面的流速分布。通常,在渐变流中,$\beta=1.02\sim1.05$;在工程实际中,为简便起见,一般采用 $\beta=1.0$。

将式(3-30)代入式(3-29)得

$$\sum \mathrm{d}k = \rho \mathrm{d}t(\beta_2 v_2^2 A_2 - \beta_1 v_1^2 A_1)$$

因为 $v_1A_1=v_2A_2=Q$,

$$\sum \mathrm{d}k = \rho Q \mathrm{d}t(\beta_2 v_2 - \beta_1 v_1) \tag{3-31}$$

设 dt 时段内作用于总流1—2流段所有外力的矢量和为 $\sum F$,将式(3-31)代入动量定理得

$$\frac{\sum \mathrm{d}k}{\mathrm{d}t} = \sum F$$

$$\sum F = \rho Q(\beta_2 v_2 - \beta_1 v_1) \tag{3-32}$$

式(3-32)即为不可压缩液体恒定总流的动量方程。它表明:单位时间内作用于所研究总流流段上的所有外力的矢量和,应等于该流段通过下游断面流出动量与通过上游断面流入动量的矢量差。

由于速度为矢量,动量也为矢量,所以动量方程是一个矢量方程,在计算实际问题中,常写成直角坐标轴上的投影表达式,即

$$\left.\begin{aligned}\sum F_x &= \rho Q(\beta_2 v_{2x} - \beta_1 v_{1x})\\ \sum F_y &= \rho Q(\beta_2 v_{2y} - \beta_1 v_{1y})\\ \sum F_z &= \rho Q(\beta_2 v_{2z} - \beta_1 v_{1z})\end{aligned}\right\} \tag{3-33}$$

式中的 v_{2x}、v_{2y}、v_{2z} 和 v_{1x}、v_{1y}、v_{1z} 分别为总流下游过水断面2—2和上游过水断面1—1的平均流速 v_2 和 v_1 在三个坐标轴方向上的投影;$\sum F_x$、$\sum F_y$、$\sum F_z$ 分别为作用在1—1断面与2—2断面间液体上的所有外力在三个坐标轴方向投影的代数和。

1.2 动量方程的适用条件

(1)列动量方程必须按照“取、选、标”的原则。取,“脱离体”;选,“xOy 坐标系”;标,在脱离体图上用箭头标注“力和速度”。在此基础上才可以列 x、y 方向的动量方程(力一般有过水断面上的动水压力、脱离体的重力、固体边界表面对脱离体的作用力)。

（2）列 x、y 方向动量方程时，力和速度的投影与坐标轴方向一致取正，反之取负。

（3）选取脱离体时，1—1、2—2 过水断面要取在渐变流段，且要取在已知条件多并包含待求量处。过水断面的动量修正系数均为 1.0。

（4）列动量方程时，输入和输出的流量遵循连续性方程，动量一定是流出的动量减去流入的动量。

（5）未知数多时，可与连续性方程和能量方程联立求解。

实际上，动量方程也可以推广应用于沿程水流有分支或汇合的情况。例如，对某一分岔管路[见图 3-8（b）]，可以把管壁以及上下游过水断面所组成的封闭段作为脱离体，应用动量方程。此时，对该脱离体建立动量方程应为

$$\rho Q_2\beta_2 v_2 + \rho Q_3\beta_3 v_3 - \rho Q_1\beta_1 v_1 = \sum F \tag{3-34}$$

式中　v_1、v_2、v_3——1—1、2—2、3—3 三个过水断面上的平均流速。

2　动量方程的应用举例

2.1　弯管内水流对管壁的作用力

【例 3-7】　管路中一段水平放置的等截面弯管，直径 d 为 200 mm，弯角为 45°（见图 3-25）。管中 1—1 断面的平均流速 $v_1 = 4$ m/s，其形心处的相对压强 $p_1 = 1$ 个大气压。若不计管流的水头损失，求水流对弯管的作用力 R。

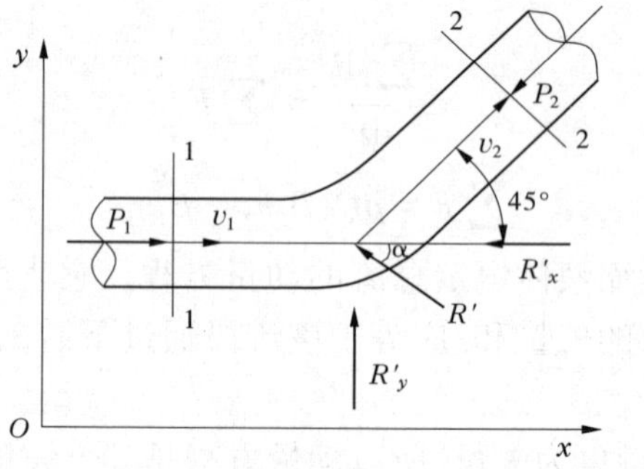

图 3-25

解：取渐变流过水断面 1—1 与 2—2 以及管内壁所围成的水体为脱离体；选坐标系如图 3-25 所示。R' 是弯管对水流的反作用力（与 R 等值方向）。R'_x、R'_y 为 R' 在 x、y 轴上的分力。作用在两端面上的动水压力分别为 $P_1 = p_1A_1$，$P_2 = p_2A_2$。因所研究的水平面与脱离体的水流重力相互垂直，故重力在此水平面的分力为零。

总流的动量方程式（3-33）在 x 轴与 y 轴上的投影为

$$\left.\begin{aligned}\rho Q(\beta_2 v_2\cos45° - \beta_1 v_1) &= p_1A_1 - p_2A_2\cos45° - R'_x\\ \rho Q(\beta_2 v_2\sin45° - 0) &= 0 - p_2A_2\sin45° + R'_y\end{aligned}\right\}$$

则

$$\left.\begin{aligned}R'_x &= p_1A_1 - p_2A_2\cos45° - \rho Q(\beta_2 v_2\cos45° - \beta_1 v_1)\\ R'_y &= p_2A_2\sin45° + \rho Q\beta_2 v_2\sin45°\end{aligned}\right\}$$

式中：

$$Q=\frac{1}{4}\pi d^2 v_1=\frac{1}{4}\times 3.14\times 0.2^2\times 4=0.126(m^3/s)$$

根据总流的连续性方程，$v_2=v_1=4$ m/s，列 1—1 断面和 2—2 断面能量方程得到 $p_2=p_1=1$ 个大气压 $=98$ kN/m^2，于是

$$p_2 A_2=p_1 A_1=p_1\frac{1}{4}\pi d^2=98\times\frac{1}{4}\times 3.14\times 0.2^2=3.077(\text{kN})$$

取

$$\beta_1=\beta_2=1$$

$$R'_x=3.077-3.077\times\frac{\sqrt{2}}{2}-1\times 0.126\times 4\times\left(\frac{\sqrt{2}}{2}-1\right)=1.05(\text{kN})$$

$$R'_y=3.077\times\frac{\sqrt{2}}{2}+1\times 0.126\times 4\times\frac{\sqrt{2}}{2}=2.53(\text{kN})$$

则弯管对水流作用力的合力

$$R=\sqrt{R'^2_x+R'^2_y}=\sqrt{1.05^2+2.53^2}=2.74(\text{kN})$$

合力方向指向弯管，且与 x 轴夹角 $\alpha=\arctan\frac{R'_x}{R'_y}=\arctan\frac{1.05}{2.53}=22.54$ °。

所以水流对弯管的作用力 R 与 R' 大小相等方向相反，与 x 轴夹角为 22.54°。

2.2　水流对溢流坝面的水平总作用力

【例 3-8】　某溢流坝(见图 3-26)，上游渐变流 1—1 断面处水深 $h_1=2$ m，下游渐变流 2—2 断面处水深 $h_2=0.8$ m，$h_w=0$，试求水流作用于 1 m 坝宽上的水平推力。

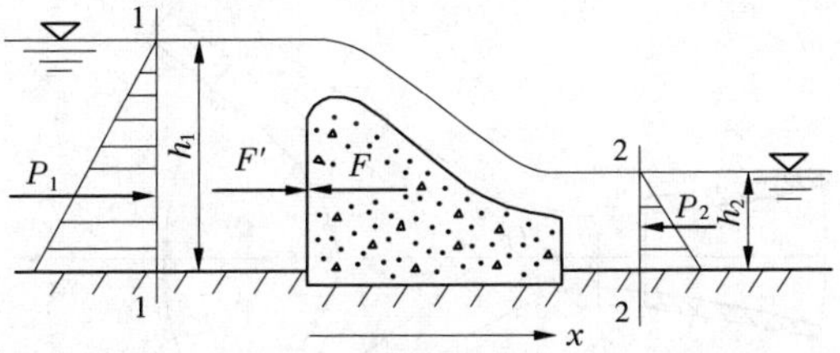

图 3-26

解：建立如图 3-26 所示的坐标轴(x 轴)，选取渐变流 1—1 断面、2—2 断面之间的水体为脱离体。脱离体内水体沿 x 轴方向所受外力：1—1 断面、2—2 断面上的动水压力 P_1 和 P_2；溢流坝对水流的作用力 F，即为水流对溢流坝水平推力 F' 的反作用力。取动量修正系数 $\beta_1=\beta_2=1.0$，列 x 轴方向上的动量方程为

$$\rho Q(v_2-v_1)=P_1-P_2-F$$

则

$$F=P_1-P_2-\rho Q(v_2-v_1) \tag{a}$$

1—1 断面动水压力　　$P_1=\frac{1}{2}\gamma h_1^2 b=\frac{1}{2}\times 9.8\times 2^2\times 1=19.6(\text{kN})$

2—2 断面动水压力　　$P_2=\frac{1}{2}\gamma h_2^2 b=\frac{1}{2}\times 9.8\times 0.8^2\times 1=3.136(\text{kN})$

取底部 0—0 为基准面，根据题意列出 1—1 断面和 2—2 断面上的能量方程为

$$h_1 + \frac{v_1^{\ 2}}{2g} = h_2 + \frac{v_2^{\ 2}}{2g} \tag{b}$$

根据连续方程有

$$v_2 = \frac{A_1}{A_2}v_1 = \frac{2}{0.8}v_1 = 2.5v_1 \tag{c}$$

将式(c)代入式(b)，得

$$2 + \frac{v_1^{\ 2}}{2g} = 0.8 + \frac{(2.5v_1)^2}{2g}$$

故 $v_1 = 2.12$ m/s，$v_2 = 2.5v_1 = 5.3$ m/s

$$Q = v_1A_1 = 2.12 \times 2 \times 1 = 4.24(\mathrm{m^3/s})$$

将已求得的 P_1、P_2、v_1、v_2 及 Q 值代入式(a)得

$$F = 19.6 - 3.136 - 1 \times 4.24 \times (5.3 - 2.12) = 2.98(\mathrm{kN})$$

故作用于坝体上的水平推力 F' 为 2.98 kN，方向与 F 方向相反。

2.3 射流对固定平板的冲击力

【例 3-9】 水流从喷嘴中水平射向一相距不远的静止固体壁面，接触壁面后分成两股并沿其表面流动，其水平图如图 3-27 所示。设固体壁面及其表面液流对称于喷嘴的轴线。若已知喷嘴出口直径 d 为 40 mm，喷射流量 Q 为 0.025 2 m³/s，求液流偏转角 θ 分别等于 60°、90°与 180°时射流对固壁的冲击力 R，并比较它们的大小。

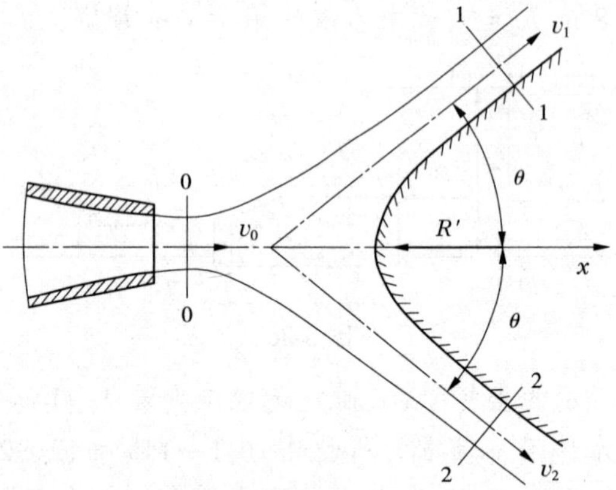

图 3-27

解：利用动量方程求冲击力。取渐变流过水断面 0—0、1—1 与 2—2 以及液流边界面所围的封闭曲面为脱离体。流入与流出脱离体的流速，以及作用在脱离体上的表面力如图 3-27 所示，其中 R' 是固体壁面对液流的作用力，即为所求射流对固体壁面冲击力 R 的反作用力。因固体壁面及表面的液流对称于喷嘴的轴线，故 R' 位于喷嘴轴线上。因各过水断面较小，不计水压力，各断面动水压力近似为大气压强，即 $p_1 = p_2 = p_0 = p_a$。同时，因只研究水平面上的液流，故与其正交的重力也不必考虑，基准面选在水平面，则位置高度

z 均为0。选喷嘴轴线为 x 轴(设向右为正)。

若略去水平面上液流的能量损失,则由总流的伯努利方程得

$$v_1 = v_2 = v_0 = \frac{Q}{\frac{1}{4}\pi d^2} = \frac{0.0252}{\frac{1}{4} \times 3.14 \times 0.04^2} = 20(\text{m/s})$$

因液流对称于 x 轴,故 $Q_1 = Q_2 = \frac{Q}{2}$,取 $\beta_1 = \beta_2 = 1$。规定动量及力的投影与坐标轴同向为正,反向为负。总流的动量方程在 x 轴上的投影为

$$\frac{\rho Q}{2}v_0\cos\theta + \frac{\rho Q}{2}v_0\cos\theta - \rho Q v_0 = -R'$$

得

$$R' = \rho Q v_0(1 - \cos\theta)$$

而 $R = -R'$,即两者大小相等,方向相反。

当 $\theta = 60°$ 时

$$R = -R' = -1\,000 \times 0.0252 \times 20 \times (1 - \cos 60°) = -252(\text{N})$$

当 $\theta = 90°$ 时

$$R = -R' = -1\,000 \times 0.0252 \times 20 \times (1 - \cos 90°) = -504(\text{N})$$

当 $\theta = 180°$(固体壁面凹向射流)时

$$R = -R' = -1\,000 \times 0.0252 \times 20 \times (1 - \cos 180°) = -1\,008(\text{N})$$

由此可见,三种情况以 $\theta = 180°$ 时的 R 值最大。斗叶式水轮机的叶片形状就是根据这一原理设计的,以获得最大的冲击力与输出功率。当然,此时叶片并不固定而是做圆周运动,有效作用力应由相对速度决定。

任务6　水头损失的分析与计算

1　水头损失的类型

实际液体在流动过程中,与边界面接触的液体质点黏附于固体表面,流速为零。在边界面的法线方向上流速逐渐增大,过水断面上的流速分布处于不均匀状态,如果选取相邻两流层来研究,两层间存在相对运动。实际液体又具有黏滞性,所以在有相对运动的相邻两流层间会产生内摩擦力。液体运动过程中要克服这种摩擦阻力,必须损耗部分液流的机械能,转化为热能散失掉,所以实际液体总是存在水头损失。而理想液体过水断面的流速在垂直方向上无变化,水流不必为克服黏滞切应力而损失能量,所以理想液体水头损失总是为零。至于固体边界几何条件和粗糙程度对水头损失的影响,对实际液体,只能起到增大或减小水头损失的作用,不能决定有无水头损失。对理想液体,无论边界条件怎样变化、怎样粗糙,因 $\tau = \mu \frac{du}{dy} = 0$,因此水头损失总是为零,所以水头损失的根源是液体的黏滞性。根据水流流动类型把水头损失分为两类:一类是沿程水头损失;另一类是局部水头损失。

1.1 沿程水头损失

沿程水头损失发生在均匀流中，均匀流总是发生在长直且形状尺寸沿流程不变的固体边界上，在这种边界上产生的水头损失沿程都有，并随流程长度增加，所以把均匀流中的水头损失叫作沿程水头损失，并用 h_f 表示。如输水管道、隧洞和河渠中的均匀流流段内的水头损失，就是沿程水头损失。

1.2 局部水头损失

局部水头损失发生在急变流中，因为急变流总是在固体边界突变的局部范围，所以把发生在急变流中的水头损失叫作局部水头损失，用 h_j 表示。当固体边界形状、尺寸或方向发生突变时，在突变处水流会脱离边界，并在水流与边界之间产生漩涡，形成急变流，如图 3-28 所示，水流漩涡使水头损失增大，如过水断面突然扩大、突然缩小、转弯、阀门等处的水头损失就是局部水头损失。为简化计算，认为 h_j 是发生在突变断面上而不是在局部，所以急变流不占有管道的长度，因此在计算沿程水头损失时，整个管道长度中的水流都视为均匀流，如图 3-29 所示。

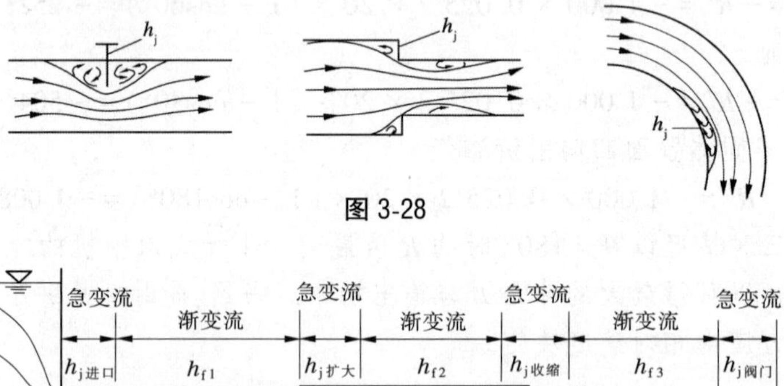

图 3-28

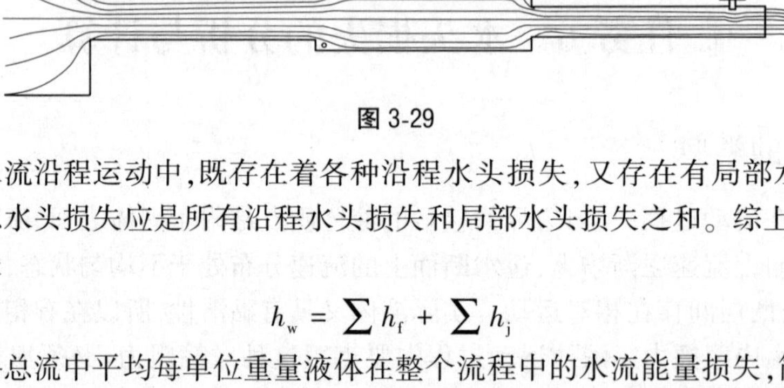

图 3-29

在实际水流沿程运动中，既存在着各种沿程水头损失，又存在有局部水头损失，故整个流程上的总水头损失应是所有沿程水头损失和局部水头损失之和。综上所述：

水头损失

$$h_w = \sum h_f + \sum h_j \tag{3-35}$$

式中 h_w——总流中平均每单位重量液体在整个流程中的水流能量损失，简称水头损失；

$\sum h_f$——总流中平均每单位重量液体在流程中各均匀流段的沿程水头损失之和；

$\sum h_j$——总流中平均每单位重量液体在流程中各种局部水头损失之和。

图 3-29 中水头损失： $h_w = \sum_{n=1}^{3} h_{fn} + \sum_{n=1}^{4} h_{jn}$

1.3 液流边界几何条件对水头损失的影响

液流过水断面与固体或液体边界接触的周界叫作湿周，用 χ 表示，如管、渠与固体有接触的过水断面周界，以及在液流中取一流束，流束的过水断面周界，都是湿周 χ，不过流束的 χ 是液体周界。χ、A 对水头损失都有影响，显然 χ 大，周界阻力就大，引起的水头损失也大；χ 小，周界阻力就小，由此引起的水头损失也小。对过水断面面积 A，当通过相同流量时，A 小，通过的流速就大，相应水头损失也大；反之，水头损失就小。

假若有相同流量，一般情况下，过水断面面积大时，湿周也较大，此时水头损失大，但面积大的流速小，故水头损失小，那么此时水头损失是大是小，无法准确判断。为了全面表征过水断面的水力特征，水力学中将两者联系起来，将过水断面面积 A 与湿周 χ 的比值称为水力半径 R，即

$$R = \frac{A}{\chi} \tag{3-36}$$

水力半径表示平均每米长湿周所包含的过水断面面积，是表示过水断面形状、尺寸对水头损失影响的一个重要的水力要素。设计管、渠过水断面时，在其他条件满足的情况下，应使设计的 R 值大些，可使水头损失减小。因为 $R=\frac{A}{\chi}$ 的单位为“$\frac{\text{m}^2}{\text{m}}$”，可以消掉一个“m”，于是 R 的单位为米(m)。R 适用于管流和渠流，如直径为 d 的圆管，当充满液流时，$A=\frac{\pi d^2}{4}$，$\chi=\pi d$，故水力半径 $R=\frac{A}{\chi}=\frac{d}{4}$。矩形渠宽为 b，水深为 h，则 $R=\frac{A}{\chi}=\frac{bh}{b+2h}$。

1.4　雷诺试验

1883 年英国物理学家雷诺（Reynolds）对水流现象进行试验研究，发现水流分为两种流态：层流和紊流，而且在这两种流态中，h_f 随 v 的变化规律不同。

1.4.1　雷诺试验

雷诺试验装置如图 3-30 所示。在试验过程中，利用溢流板保持水箱中水位恒定，保证管段内水流为恒定均匀流。试验时，先将阀 k_1 慢慢开启，使试验管中水流流速较小，然后将有色水的阀 k_2 打开，此时，在玻璃管内出现一条细直鲜明的颜色水流束，此有色水流束并不与管内的无色水流相混杂，如图 3-30(a)所示。再将阀 k_1 逐渐开大，管中流速逐渐增大，玻璃管中的有色流束开始波动，形成波状流束，如图 3-30(b)所示。随着阀 k_1 继续开大，有色水的波状流束先在个别地方出现断裂，当流速达到某一定值时，有色水流束便完全破裂，并很快扩散布满全管，使管中水流全部着色，有色水与无色水完全混掺在一起，如图 3-30(c)所示。上述试验表明水流具有两种不同的流动型态。当流速较小时，水流质点分层流动，且在流动中不串层，称为层流。当流速较大时，水流质点相互串层、混掺，流动紊乱，称为紊流。

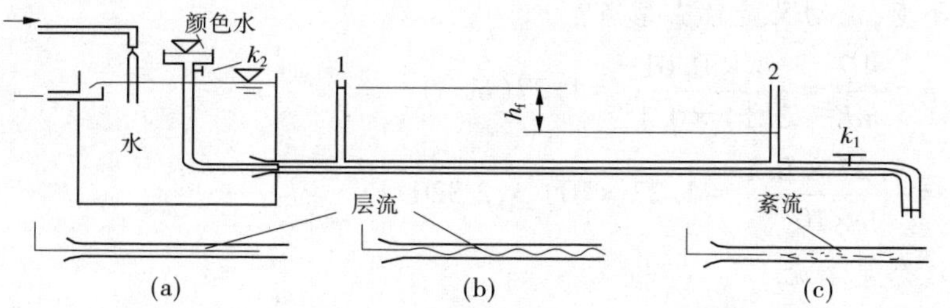

图 3-30

1.4.2 水流型态的判别

为了鉴别层流与紊流这两种水流型态，把两类水流型态转换时的流速称为临界流速。其中紊流变层流时的临界流速较小，称下临界流速 v_k。层流变紊流时的临界流速较大，称上临界流速 v'_k。但临界流速会随水温、管径或液流种类变化，所以不能作为流态判别的依据。

进一步研究发现：在管流中，液体流态的转变，取决于液体流速 v 和管径 d 的乘积与液体运动黏滞性系数 ν 的比值 $\frac{vd}{\nu}$；这一研究结果，同样也适用于明渠流动，只是要用水力半径 R 来替代直径 d，则比值为 $\frac{vR}{\nu}$。该比值被称为雷诺数，用 Re 表示，Re 是无量纲数，则：

圆管雷诺数
$$Re=\frac{vd}{\nu} \tag{3-37}$$

明渠雷诺数
$$Re=\frac{vR}{\nu} \tag{3-38}$$

流态转换时的雷诺数称为临界雷诺数。层流变紊流的雷诺数称为上临界雷诺数。紊流变层流时的雷诺数称为下临界雷诺数。下临界雷诺数比较稳定，而上临界雷诺数的数值随流动起始条件和试验条件不同，其值差异很大，而且在实际工程中，上、下雷诺数之间的流态极不稳定，只要有微小扰动，就可以使层流变为紊流，所以实用中都将过渡区的流态看作是紊流，因此把下临界雷诺数作为判别标准，称为临界雷诺数，以 Re_k 表示。临界雷诺数是过水断面形状的函数，与液流性质、断面大小无关。如：圆管管流的临界雷诺数为 2 320，把液体由水换成油，或是管径增大、减小，Re_k 不受影响，还是 2 320。注意：对一种断面形状的过水断面，Re_k 只有一个，但 Re 却有无数个。试验测得：

圆管临界雷诺数：$Re_k=2\ 320$　　（试验值为 2 000~3 000）

明渠临界雷诺数：$Re_k=580$

判别方法：$Re<Re_k$，为层流；

$Re>Re_k$，为紊流。

雷诺试验的结果，不光适用于水，也适用于油、酒精、汞、低速气体等。

【例 3-10】 管道直径 $d=100$ mm，输送水流量 $Q=0.01\ \text{m}^3/\text{s}$，水的运动黏滞系数 $\nu=1\times10^{-6}\ \text{m}^2/\text{s}$，求水在管中的流动型态。若输送 $\nu=1.14\times10^{-4}\ \text{m}^2/\text{s}$ 的石油，保持前一种情况下的流速不变，流动又是什么型态？

解：(1) $v=\frac{4Q}{\pi d^2}=\frac{4\times0.01}{3.14\times0.1^2}=1.27(\text{m/s})$

$$Re=\frac{vd}{\nu}=\frac{1.27\times0.1}{1\times10^{-6}}=1.27\times10^5>2\ 320$$

故水流流态是紊流。

(2) $Re=\frac{vd}{\nu}=\frac{1.27\times0.1}{1.14\times10^{-4}}=1\ 114<2\ 320$

故在油在管中的流态是层流。

【例 3-11】 某实验室的矩形试验明槽，底宽为 $b=0.20$ m，水深 $h=0.10$ m，今测得其断面平均流速 $v=0.15$ m/s，室内水温为 20 ℃。试判别槽内水流的型态。

解：(1)计算明槽过水断面的水力要素。

$$A=bh=0.20\times0.10=0.02\ (\text{m}^2)$$

$$\chi=b+2h=0.20+2\times0.10=0.40\ (\text{m})$$

$$R=\frac{A}{\chi}=\frac{0.02}{0.40}=0.05\ (\text{m})$$

(2)判别水流的流态。

由水温为 20 ℃，查表 1-1 得 $\nu=1.003\times10^{-6}\text{m}^2/\text{s}$，则：

$$Re=\frac{vR}{\nu}=\frac{0.15\times0.05}{1.003\times10^{-6}}=7\ 478$$

因 $Re>580$，则明槽中的水流为紊流。

1.4.3 雷诺数的物理意义

水流惯性力作用可用惯性力表示，黏滞力作用可用黏滞力表示。

雷诺数的量纲：$[Re]=[v][R]/[\nu]$

$\frac{[惯性力]}{[黏滞力]}$的量纲：$\frac{[F]}{[T]}=[\rho][L]^3\frac{[v]}{[t]}/[L]^2[\mu]\frac{[v]}{[L]}=\frac{[\rho][L]^2}{[\mu][t]}=\frac{[v][L]}{[\nu]}=[Re]$

以上可以看出两者量纲相同。式中的特征长度 L，在管流中用管径 d 表示，在明渠中则用水力半径 R 表示。从物理意义上表明：雷诺数表示了水流惯性力和黏滞力的比值。

当 Re 较小时，水流中黏滞力大于惯性力，黏滞力对水流质点起约束作用，使水流为层流，质点互不串层。当 Re 较大时，水流中黏滞力小于惯性力，惯性力对水流质点起控制作用，在惯性力作用下，水流质点可以摆脱黏滞力约束发生串层、混掺而成紊流。

1.4.4 流动型态和水头损失关系

在雷诺试验装置中，将水平放置的玻璃管段两端各接一根测压管，测量管段两端断面 1—1 和 2—2 之间的沿程水头损失为 h_f，如图 3-31 所示。对过水 1—1 断面和 2—2 断面列能量方程得：

$$z_1+\frac{p_1}{\gamma}+\frac{\alpha_1v_1^2}{2g}=z_2+\frac{p_2}{\gamma}+\frac{\alpha_2v_2^2}{2g}+h_f$$

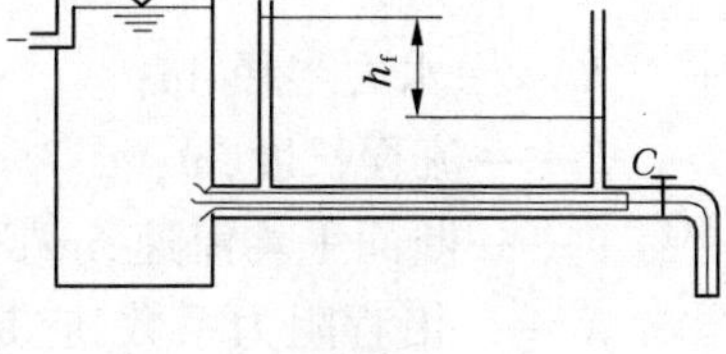

图 3-31

由图 3-31 可知，$z_1=z_2$，$\frac{\alpha_1v_1^2}{2g}=\frac{\alpha_2v_2^2}{2g}$，故

$$h_f=\frac{p_1}{\gamma}-\frac{p_2}{\gamma}=h_1-h_2=\Delta h$$

上式表明：两测压管中的水位差即为两过水断面之间的沿程水头损失。

为了分析沿程水头损失随流速的变化规律，通常在玻璃管的某段(如图 3-31 中的 1—2 段)上，针对不同的流速 v，测定相应的沿程水头损失 h_f。将所测得的试验数据画在对数坐标纸上，绘出 h_f 与 v 的关系曲线，如图 3-32 所示。$ABCD$ 是层流到紊流的变化规律，$DCEA$ 是紊流到层流的变化规律。试验曲线明显地分为三部分：

(1)AE 段 $v<v_k$，流动为层流，所有试验点都分布在 AE 直线上，AE 的斜率 $m=1.00$。

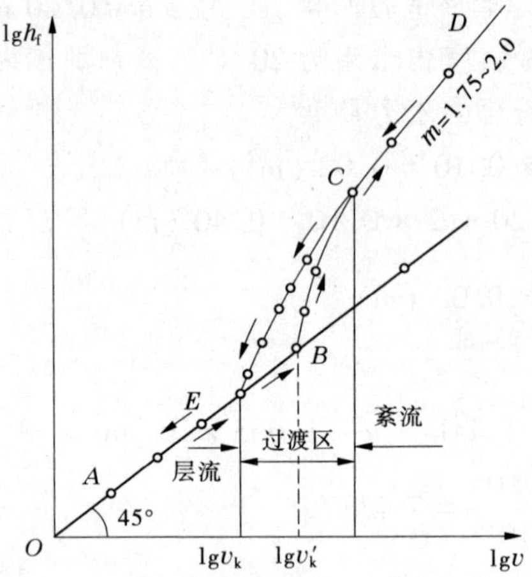

图 3-32

(2)CD 段 $v_k > v'_k$，流动是紊流，所有试验点分布在斜线 CD 直线上，CD 的斜率 m = 1.75~2.00。

(3)EC 段是层流到紊流之间的过渡区，流态不稳定，试验点散乱，h_f 与 v 之间无明确对应规律。AE 段与 CD 段是直线，可用下列直线方程表示

$\lg h_f = \lg k + m\lg v$　　（$\lg k$ 为截距，m 为直线斜率）

即　$$h_f = kv^m$$

层流时：　$$h_f = kv^{1.00} \tag{3-39}$$

紊流时：　$$h_f = kv^{1.75\sim 2.0} \tag{3-40}$$

1.5　沿程水头损失的计算

1.5.1　沿程水头损失计算的理论公式

沿程水头损失计算的基本公式

达西公式　$$h_f = \lambda \frac{l}{4R}\frac{v^2}{2g} \tag{3-41}$$

式中　R ——水力半径，m；

l ——流程长度，m；

v ——断面平均流速，m/s；

λ ——沿程阻力系数，它是表征沿程阻力大小的一个无量纲系数。

式(3-41)先由达西(Darcy)提出，后由魏斯巴哈(Weisbach)推出达西—魏斯巴哈公式，简称达西公式。该公式适用管流和渠流所有流区，是一通用理论公式，水利工程中所有具体的 h_f 计算公式都是由达西公式推导而来的。

对于圆管，其水力半径 $R = \dfrac{d}{4}$，故沿程水头损失的表达式可写为

$$h_f = \lambda \frac{l}{d}\frac{v^2}{2g} \tag{3-42}$$

达西公式适用于均匀流下的层流和紊流，但在层流、紊流中沿程阻力系数 λ 的计算

方法不同。

1.5.2 沿程水头损失计算的经验公式

1769年法国工程师谢才(Chezy)根据明渠均匀流的实测资料提出了谢才公式,该公式为一经验公式,适用紊流粗糙区(即沿程水头损失 h_f 与流速水头 v 的平方成正比的水流状态,又称为阻力平方区)。达西公式和谢才公式在世界水利工程中被广泛采用,均被纳入我国国家规范。

谢才公式 $$v = C\sqrt{RJ} \quad 或 \quad h_f = \frac{v^2}{C^2R}l \tag{3-43}$$

式中 R——水力半径,m;

v——断面平均流速,m/s;

J——水力坡度,即 $J = \frac{h_f}{l}$;

l——流程长度,m;

C——谢才系数,反映边壁粗糙度和过水断面形状、尺寸对水头损失的影响,与雷诺数无关,$m^{1/2}/s$;

λ——沿程阻力系数,它是表征沿程阻力大小的一个无量纲系数。

谢才公式 $h_f = \frac{v^2}{C^2R}l = \frac{8g}{C^2}\frac{l}{4R}\frac{v^2}{2g}$,与达西公式比较可得:

$$\lambda = \frac{8g}{C^2} \tag{3-44}$$

注意:因为谢才系数 C 只有在紊流粗糙区才有计算公式,所以在紊流粗糙区,式(3-44)既可以用于达西公式又可以用于谢才公式。

1.5.3 实际工程中计算沿程水头损失的公式

前面主要从理论角度讲述沿程水头损失的计算。实际工程中必须使用国家规定的标准计算公式,而这些公式也是根据达西—魏斯巴哈公式和谢才公式再结合管、渠的形状、尺寸、边界条件进行试验和推导而来。按照输水目的不同分为两大类型。

1.5.3.1 灌溉

渠灌及喷灌、低压管灌须按照我国《水利技术标准汇编》(节水灌溉)SL 18—2004、GB/T 50085—2007、GB/T 20203—2017 中规定的公式。

(1)渠流计算公式。

$$v = C\sqrt{Ri} \quad 或 \quad Q = Av = A\frac{1}{n}R^{\frac{2}{3}}i^{\frac{1}{2}} \tag{3-45}$$

渠流公式即曼宁公式: $$C = \frac{1}{n}R^{\frac{1}{6}}$$

式中 i——渠道底坡,指单位渠长的渠底高程改变量,均匀流时 $i = J = \frac{h_f}{l}$;

n——粗糙系数,简称糙率,无量纲,反映固体边壁粗糙程度,见表3-1。

(2)管流计算公式。

$$h_f = f\frac{Q^m}{d^b}l \tag{3-46}$$

式中 h_f——沿程水头损失,m;

Q——流量,m^3/h;

f——管材摩阻系数;

d——管道直径,mm;

m——流量指数;

b——管径指数;

l——管长,m。

注意:式(3-46)中各参数单位不可改变,否则系数会改变。

各种管材的 f、b、m 值,可按表 3-2 取用。

表 3-1 糙率 n

壁面种类及状况	n	$\frac{1}{n}$
特别光滑的黄钢管,玻璃管,涂有珐琅质或其他釉料的表面	0.009	111
精致水泥浆抹面,安装及连接良好的新制的清洁铸铁管及钢管,精刨木板	0.011	90.9
很好安装的未刨木板,正常情况下无显著水锈的给水管,非常清洁的排水管、最光滑的混凝土面	0.012	83.3
良好的砖砌体正常情况的排水管,略有积污的给水管	0.013	76.9
积污的给水管和排水管,中等情况下渠道的混凝土砌面	0.014	71.4
良好的块石圬工,旧的砖砌体,比较粗制的混凝土砌面,特别光滑、仔细开挖的岩石面	0.017	58.8
坚实黏土的渠道,不密实淤泥层(有的地方是中断的)覆盖的黄土、砾石及泥土的渠道,良好养护情况下的大渠道	0.022 5	44.4
良好的干砌圬工,中等养护情况的土渠,情况良好的天然河流(河床清洁、顺直、水流通畅、无塌岸及深潭)	0.025	40.0
养护情况在中等标准以下的土渠	0.027 5	36.4
情况比较不良的土渠(如部分渠底有水草、卵石或砾石、部分边岸崩塌等),水流条件良好的天然河流	0.030	33.3
情况特别坏的渠道(有不少深潭及塌岸、芦苇丛生、渠底有大石及密生的树根等),过水条件差、石头子及水草数量增加、有深潭及浅滩等的弯曲河道	0.040	25.0

表 3-2 f、b、m 值

管材类别	f	m	b
混凝土管、钢筋混凝土管			
$n=0.013$	1.312×10^{6}	2.00	5.33
$n=0.014$	1.516×10^{6}	2.00	5.33
$n=0.015$	1.749×10^{6}	2.00	5.33
钢管、铸铁管	6.25×10^{5}	1.90	5.1
铝管、铝合金管	0.861×10^{5}	1.74	4.74

注：n 为粗糙系数。

1.5.3.2 室外给水

城镇工作、生活、公共设施、消防、绿化等室外给水管、渠须按照我国《室外给水设计规范》(GB 50013—2018)中规定的公式。

(1)各类塑料管(由达西公式推得)：

$$h_f = 0.000\,915\frac{Q^{1.774}}{d^{4.774}}l \tag{3-47}$$

式中 d——管道内径，m；

l——管长，m；

Q——流量，m^3/s。

(2)混凝土管及采用水泥砂浆内衬的金属管、混凝土渠：

$$h_f = \frac{v^2}{C^2R}l \qquad \text{(谢才公式)}$$

式中

$$C = \frac{1}{n}R^y \qquad \text{(巴甫洛夫斯基公式)} \tag{3-48}$$

其中，$y = 2.5\sqrt{n} - 0.13 - 0.75\sqrt{R}(\sqrt{n} - 0.1)$，管流时用曼宁公式 $y=\frac{1}{6}$。

式(3-48)适用于 $0.1\leqslant R\leqslant3.0$；$0.011\leqslant n\leqslant0.040$；$n$ 值见表 3-1。

(3)输配水管道、给水管网：

$$h_f = \frac{10.67Q^{1.852}}{C_h^{1.852}d^{4.87}}l \tag{3-49}$$

式中 C_h——海曾—威廉系数(见表 3-3)；

d——管内径,m;

l——管长,m;

Q——流量,m^3/s。

表 3-3　海曾—威廉系数 C_h

管道种类		C_h
钢管、铸铁管	水泥砂浆内衬	120~130
	涂料内衬	130~140
	旧钢管、旧铸铁管(未做内衬)	90~100
混凝土管	预应力混凝土管(PCP)	110~130
	预应力钢筒混凝土管(PCCP)	120~140
塑料管材(聚乙烯管、聚氯乙烯管、玻璃纤维增强树脂夹砂管等),内衬塑料的管道		140~150

这说明在非均匀流动中,当 $h \to h_k$ 时,水面线将与临界水深线垂直,即渐变流水面曲线的连续性在此中断。但是由于实际水流仍要向下游流动,因而水流便越出渐变流的范围而形成了急变流动的水跃或水跌现象。

公式应用说明:近些年来,给水管道及给水管网已不再采用不加内衬的铸铁管和钢管,所以不再介绍比阻法及舍维列夫公式(公式适用不加内衬的铸铁管和钢管)。美国及欧洲、日本等国家和地区广泛采用海曾—威廉公式,我国近些年也多采用海曾—威廉公式。

1.6　局部水头损失的分析与计算

水流运动时,流动边界发生突变时,水流将产生局部水头损失。边界突然变化的形式多种多样,如断面突然扩大、突然缩小、转弯、分岔、阀门等。断面的突变对水流运动产生的影响可归纳为以下两点:

(1)在断面突变处,水流因受惯性作用,将不再紧贴壁面流动,与壁面产生分离,并形成漩涡。漩涡的分裂和相互摩擦要消耗大量的能量,因此漩涡区的大小和漩涡的强度直接影响局部水头损失的大小。

(2)由于主流脱离边界形成漩涡区,主流或受到压缩,或随着主流沿程不断扩散,流速分布急剧调整。如图 3-33 中 1—1 断面的流速分布图,经过不断改变,最后在 2—2 断面接近于下游正常水流的流速分布。在流速改变的过程中,质点内部相对运动加强,碰撞、摩擦作用加剧,从而造成较大的能量损失。局部水头损失可以用流速水头与局部水头损失系数 ζ 的乘积来表示。

局部水头损失

$$h_j = \zeta \frac{v^2}{2g} \tag{3-50}$$

其中,局部水头损失系数 ζ 通常由试验测定,现列于表 3-4 中。必须指出对应关系,与 ζ 相应的流速水头在表 3-4 中已标明。更详细的局部水头损失系数可查《给排水设计手册》。

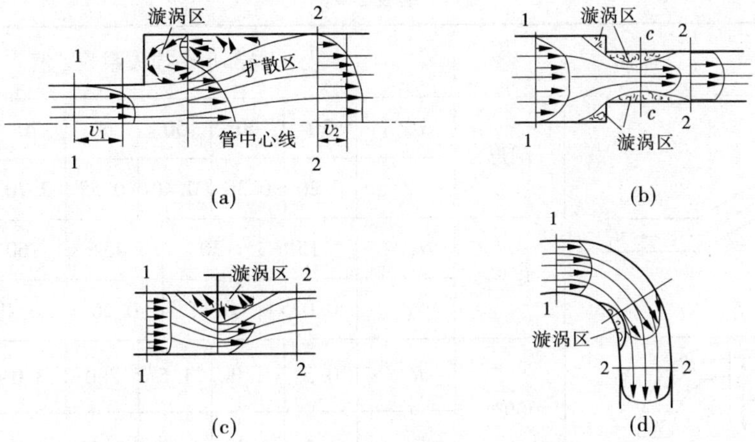

图 3-33　漩涡区

表 3-4　局部水头损失系数 ζ 值

<table>
<tr><th>名称</th><th colspan="2">简图</th><th colspan="10">局部水头损失系数 ζ 值</th></tr>
<tr><td>断面突然扩大</td><td colspan="2">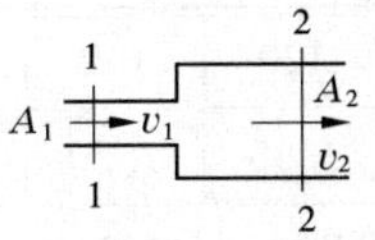</td><td colspan="10">$\zeta' = (1 - \frac{A_1}{A_2})^2$　（应用公式 $h_j = \zeta' \frac{v_1^2}{2g}$）
$\zeta'' = (\frac{A_2}{A_1} - 1)^2$　（应用公式 $h_j = \zeta'' \frac{v_2^2}{2g}$）</td></tr>
<tr><td>断面突然缩小</td><td colspan="2">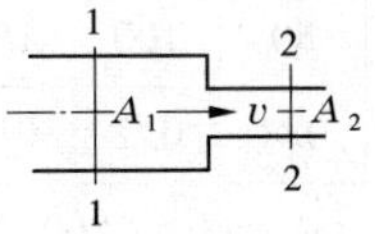</td><td colspan="10">$\zeta = 0.5(1 - \frac{A_2}{A_1})$</td></tr>
<tr><td rowspan="3">进口</td><td rowspan="2">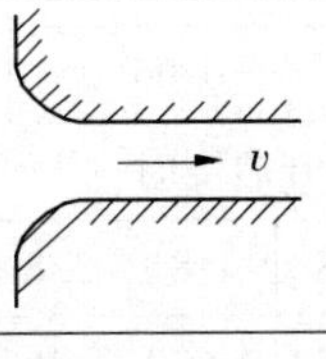</td><td>完全修圆</td><td colspan="10">0.05 ~ 0.10</td></tr>
<tr><td>稍微修圆</td><td colspan="10">0.20 ~ 0.25</td></tr>
<tr><td>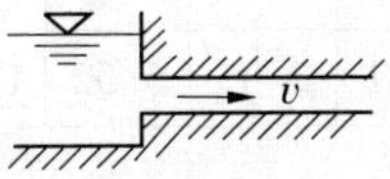</td><td>没有修圆</td><td colspan="10">0.50</td></tr>
<tr><td rowspan="2">出口</td><td>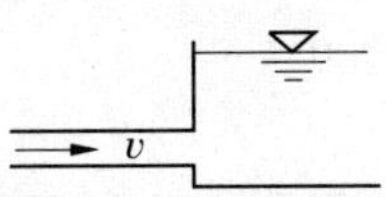</td><td>流入水库（池）</td><td colspan="10">1.0</td></tr>
<tr><td>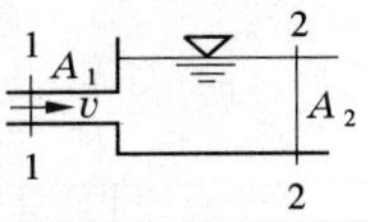</td><td>流入明渠</td><td>A_1/A_2
ζ</td><td>0.1
0.81</td><td>0.2
0.64</td><td>0.3
0.49</td><td>0.4
0.36</td><td>0.5
0.25</td><td>0.6
0.16</td><td>0.7
0.09</td><td>0.8
0.04</td><td>0.9
0.01</td></tr>
</table>

续表 3-4

名称	简图		局部水头损失系数ζ值							
急转弯管	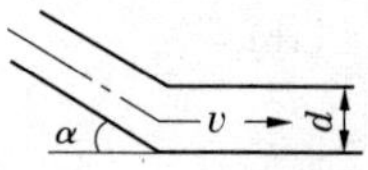	圆形	α(°)	30	40	50	60	70	80	90
			ζ	0. 20	0. 30	0. 40	0. 55	0. 70	0. 90	1. 10
		矩形	α(°)	15	30	45	60	90		
			ζ	0. 025	0. 11	0. 26	0. 49	1. 20		
弯管	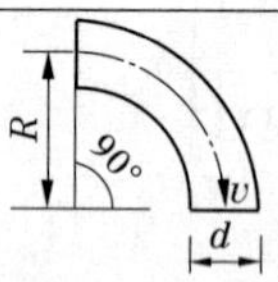	90°	R/d	0. 5	1. 0	1. 5	2. 0	3. 0	4. 0	5. 0
			$\zeta_{90°}$	1. 2	0. 80	0. 60	0. 48	0. 36	0. 30	0. 29
	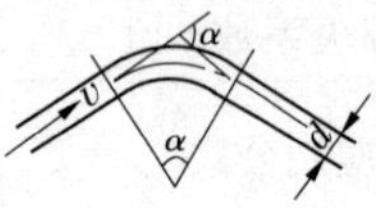	任意角度	$\zeta_{\alpha°}=a\zeta_{90°}$							
			α(°)	20	30	40	50	60	70	80
			a	0. 40	0. 55	0. 65	0. 75	0. 83	0. 88	0. 95
			α(°)	90	100	120	140	160	180	
			a	1. 00	1. 05	1. 13	1. 20	1. 27	1. 33	

名称	简图		局部水头损失系数ζ值							
闸阀	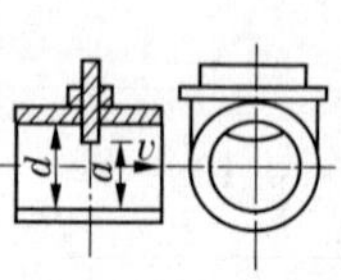	圆形管道	当全开时($a/d=1$)							
			d(mm)	15	20 ~ 50	80	100	150	200 ~ 250	
			ζ	1. 5	0. 5	0. 4	0. 2	0. 1	0. 08	
			d(mm)	300 ~ 450	500 ~ 800	900 ~ 1 000				
			ζ	0. 07	0. 06	0. 05				
			当各种开启度时							
			a/d	7/8	6/8	5/8	4/8	3/8	2/8	1/8
			$A_{开启}/A_{总}$	0. 948	0. 856	0. 740	0. 609	0. 466	0. 315	0. 159
			ζ	0. 15	0. 26	0. 81	2. 06	5. 52	17. 0	97. 8
截止阀	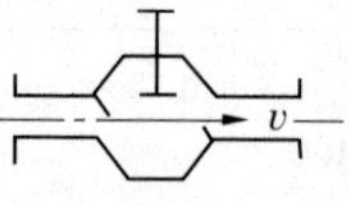	全开	4. 3 ~ 6. 1							
莲蓬头（滤水网）	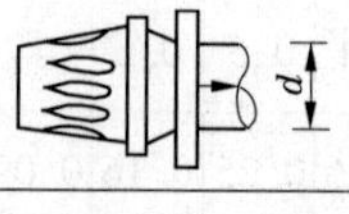	无底阀	2 ~ 3							

名称	简图														
莲蓬头（滤水网）	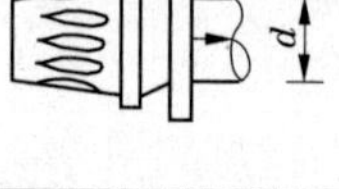	有底阀	d (mm)	40	50	75	100	150	200	250	300	350	400	500	750
			ζ	12	10	8. 5	7. 0	6. 0	5. 2	4. 4	3. 7	3. 4	3. 1	2. 5	1. 6

续表 3-4

<table>
<tr><th>名称</th><th>简图</th><th colspan="7">局部水头损失系数 ζ 值</th></tr>
<tr><td>平板
门槽</td><td>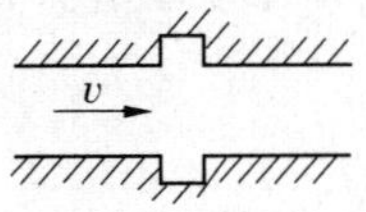</td><td colspan="7">0.05 ~ 0.20</td></tr>
<tr><td rowspan="3">拦污栅</td><td rowspan="3">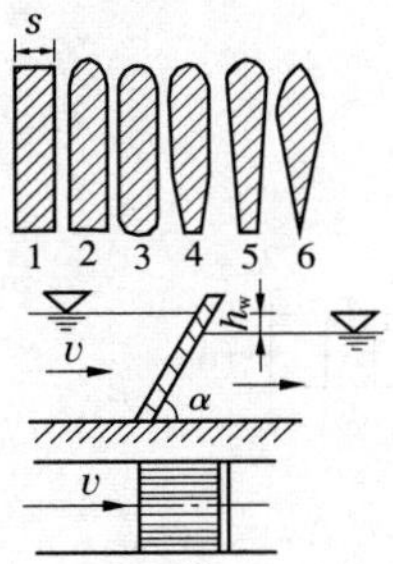</td><td colspan="7">$\zeta = \beta(\frac{s}{b})^{4/3}\sin\alpha$
式中　s—— 栅条宽度；
b—— 栅条间距；
α—— 倾角；
β—— 栅条形状系数，由下表确定</td></tr>
<tr><td>栅条形状</td><td>1</td><td>2</td><td>3</td><td>4</td><td>5</td><td>6</td></tr>
<tr><td>β</td><td>2.42</td><td>1.83</td><td>1.67</td><td>1.035</td><td>0.92</td><td>0.76</td></tr>
</table>

【例 3-12】　某灌渠长 1 000 m，矩形断面，采用混凝土砌面（中等情况），底宽 $b = 2.00$ m，水深 $h = 1.60$ m，求流量 $Q = 9.60\ m^3/s$ 时渠道的沿程水头损失（按均匀流 $i = J = \frac{h_f}{l}$ 计算）。

解：由　$Q = A\frac{1}{n}R^{\frac{2}{3}}i^{\frac{1}{2}}$，得 $h_f = (\frac{Qn}{AR^{\frac{2}{3}}})^2 l$

$A = 2 \times 1.60 = 3.20(m)$，$R = \frac{A}{\chi} = \frac{3.20}{2 + 2 \times 1.60} = 0.62(m)$

查表 3-1 得 $n = 0.014$，则

$$h_f = (\frac{Qn}{AR^{\frac{2}{3}}})^2 l = \left(\frac{9.60 \times 0.014}{3.20 \times 0.62^{\frac{2}{3}}}\right)^2 \times 1\ 000 = 3.34(m)$$

【例 3-13】　某城市供水渠道，长 1 600 m，矩形断面，采用良好的块石圬工，底宽 $b = 6.00$ m，水深 $h = 3.20$ m，求流量 $Q = 46.90\ m^3/s$ 时渠道的沿程水头损失。

解：$R = \frac{A}{\chi} = \frac{6.00 \times 3.20}{6.00 + 2 \times 3.20} = 1.55(m)$，查表 3-1 得糙率 $n = 0.017$。

$$y = 2.5\sqrt{n} - 0.13 - 0.75\sqrt{R}(\sqrt{n} - 0.1)$$
$$= 2.5 \times \sqrt{0.017} - 0.13 - 0.75 \times \sqrt{1.55} \times (\sqrt{0.017} - 0.1) = 0.17$$

$$C = \frac{1}{n}R^y = \frac{1}{0.017} \times 1.55^{0.17} = 63.37(m^{1/2}/s)$$

$$v = \frac{Q}{A} = \frac{46.90}{6.00 \times 3.20} = 2.44(m/s)$$

$$h_f = \frac{v^2}{C^2R}l = \frac{2.44^2}{63.37^2 \times 1.55} \times 1\ 600 = 1.53(m)$$

【例 3-14】 从水箱引一直径不同的管道,如图 3-34 所示。已知 $d_1=175$ mm, $l_1=30$ m, $\lambda_1=0.032$, $d_2=125$ mm, $l_2=20$ m, $\lambda_2=0.037$,第二段管子上有一平板闸阀,其开度为 $a/d=0.5$,当输水流量 $Q=25$ L/s 时,求:沿程水头损失 $\sum h_f$;局部水头损失 $\sum h_j$;水箱的水头 H。

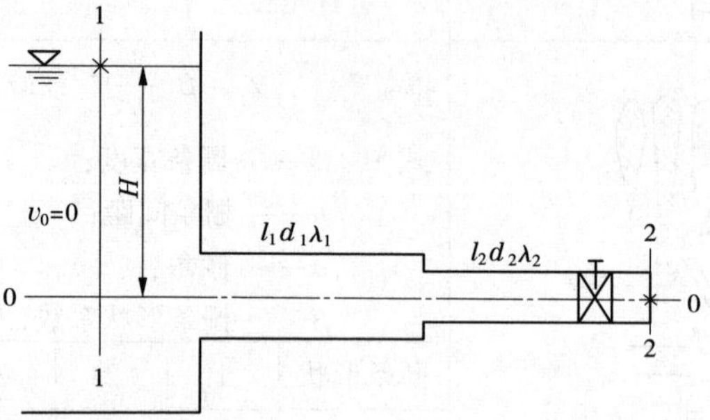

图 3-34

解:(1) 沿程水头损失。

$$v_1=\frac{Q}{A_1}=\frac{4\times 0.025}{3.14\times 0.175^2}=1.04(\mathrm{m/s})$$

$$v_2=\frac{Q}{A_2}=\frac{4\times 0.025}{3.14\times 0.125^2}=2.04(\mathrm{m/s})$$

$$\sum h_f=h_{f1}+h_{f2}=\lambda_1\frac{l_1}{d_1}\frac{v_1^2}{2g}+\lambda_2\frac{l_2}{d_2}\frac{v_2^2}{2g}$$

$$=0.032\times\frac{30}{0.175}\times\frac{1.04^2}{19.6}+0.037\times\frac{20}{0.125}\times\frac{2.04^2}{19.6}=1.56(\mathrm{m})$$

(2)局部水头损失。

进口损失由直角进口查表 3-4 得 $\zeta_{进口}=0.5$,则:

$$h_{j1}=\zeta_{进口}\times\frac{v_1^2}{2g}=0.5\times\frac{1.04^2}{19.6}=0.03(\mathrm{m})$$

由 $\frac{A_2}{A_1}=\left(\frac{d_2}{d_1}\right)^2=\left(\frac{0.125}{0.175}\right)^2=0.51$,查表 3-4 得:

$$\zeta_{缩}=0.5\times\left(1-\frac{A_2}{A_1}\right)=0.5\times(1-0.51)=0.25,则:$$

$$h_{j2}=\zeta_{缩}\times\frac{v_2^2}{2g}=0.25\times\frac{2.04^2}{19.6}=0.05(\mathrm{m})$$

闸阀损失由平板闸门的开度 $a/d=0.5$,查表 3-4 得 $\zeta_{阀}=2.06$,则:

$$h_{j3}=\zeta_{阀}\times\frac{v_2^2}{2g}=2.06\times\frac{2.04^2}{2\times 9.8}=0.44(\mathrm{m})$$

$$\sum h_j=h_{j1}+h_{j2}+h_{j3}=0.03+0.05+0.44=0.52(\mathrm{m})$$

(3)水箱的水头。

以管轴线为基准面，取水箱内横断面和管出口断面为两过水断面，1—1断面取水面点为计算点，其位置高度为 H，压强为大气压，流速近似为零，2—2断面取中心点为代表点，位置高度为零，因断面四周为大气压强，故中心点也近似为大气压强，流速为 v_2，列能量方程得：

$$H = \frac{\alpha {v_2}^2}{2g} + h_w = \frac{\alpha {v_2}^2}{2g} + \sum h_f + \sum h_j = \frac{2.04^2}{19.6} + 1.56 + 0.52 = 2.29\ (\text{m})$$

项目小结

一、基本概念

1. 描述液体运动的方法——迹线法和流线法。迹线法是以液体中个别质点为着眼点，流线法是以固定空间点为着眼点，水力学普遍采用流线法来研究水流的运动。

2. 水流运动分类。按液流分为恒定流与非恒定流；按流线是否为互相平行的直线，可将液流分为均匀流与非均匀流；按流线的不平行程度和弯曲程度分为渐变流与急变流；按液流与固体边界接触的状况，可将液流分为有压流、无压流；按水流运动要素与空间自变量有关的个数，可将液流分为一元流、二元流、三元流。

二、实际液体运动的三大方程

1. 恒定流的连续性方程

$$v_1A_1 = v_2A_2 = Q = 常数$$

2. 实际液体恒定流的能量方程(伯努利方程)

对于不可压缩的，沿程没有能量输入或输出的，仅受重力作用的实际液体，恒定总流的能量方程式为

$$z_1 + \frac{p_1}{\gamma} + \frac{\alpha_1 {v_1}^2}{2g} = z_2 + \frac{p_2}{\gamma} + \frac{\alpha_2 {v_2}^2}{2g} + h_w$$

该式反映了总流各过水断面上的平均位能 z、平均压能 $\frac{p}{\gamma}$ 和平均动能 $\frac{\alpha v^2}{2g}$ 之间的能量转化关系。

3. 实际液体恒定总流的动量方程

对于不可压缩液体恒定总流，动量方程式的形式如下：

$$\sum F = pQ(\beta_2 v_2 - \beta_1 v_1)$$

在直角坐标系中，恒定总流的动量方程式三个投影式为

$$\left.\begin{aligned} \sum F_x &= pQ(\beta_2 v_{2x} - \beta_1 v_{1x}) \\ \sum F_y &= pQ(\beta_2 v_{2y} - \beta_1 v_{1y}) \\ \sum F_z &= pQ(\beta_2 v_{2z} - \beta_1 v_{1z}) \end{aligned}\right\}$$

应用动量方程式时应注意，脱离体两端的过水断面必须取在渐变流断面上。

三、水头损失产生的原因及分类

水头损失分为沿程水头损失和局部水头损失，并由其两部分叠加，即 $h_w = \sum h_f + \sum h_j$，产生水头损失的内因是液体具有黏滞性。

四、水流型态及其判别

水流型态根据流速的大小分为层流和紊流；水流型态常用雷诺数 Re 来判断，公式及其判断方法如下：

圆管雷诺数 $$Re=\frac{vd}{\nu},Re_k=2\ 320$$

明渠雷诺数 $$Re=\frac{vR}{\nu},Re_k=580$$

判别方法：$Re<Re_k$ 为层流；$Re>Re_k$ 为紊流。

五、沿程水头损失计算的基本公式

达西公式（理论公式）：$h_f = \lambda \dfrac{l}{4R}\dfrac{v^2}{2g}$

谢才公式（经验公式）：$v = C\sqrt{RJ}$ 或 $h_f = \dfrac{v^2}{C^2R}l$，其中 $C = \dfrac{1}{n}R^{\frac{1}{6}}$（曼宁公式）

六、局部水头损失计算公式

$$h_j = \zeta \frac{v^2}{2g}$$

技能训练题

一、填空题

1. 恒定总流动量方程写为______________________，方程的物理意义为____。

项目 3 自测题

2. 恒定总流能量方程中，h_w 的能量意义是____。它的量纲是______________________________。

3. 在有压管流的管壁上开一个小孔，如果没有液体从小孔流出，且向孔内吸气，这说明小孔内液体的相对压强__________零（填写大于、等于或小于）。如在小孔处装一测压管，则管中液面将________（填写高于、或低于）小孔的位置。

4. 图 3-35 所示为一平底等直径隧洞，出口设置一控制闸门。当闸门关闭时，A、B 两点压强 p_A 与 p_B 的关系为________；当闸门全开时，A、B 两点位于均匀流段，其关系为____________________。

5. 用流线描述水流运动，流线密的地方流速________，流线稀的地方流速________。

6. 描述水流运动的方法有________________和________________。

7. 在总流能量方程中，α 叫作______________________________________，α 值越大，表示____________________________________。

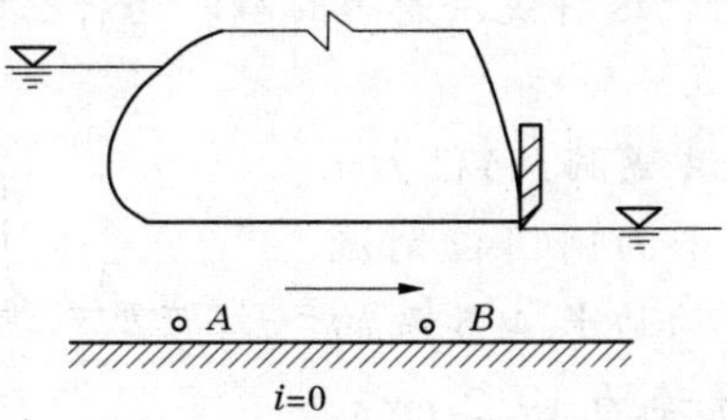

图 3-35

8. 液体的运动特性可以用____________________等物理量来表征。

9. 沿程水头损失的计算公式：____________________________________。

10. 雷诺数的表达式为__________________________,在圆管水流中,当 Re__________为紊流;在明渠中,当 Re________________________为紊流。

11. 由能量方程得到水力坡度 $J=$____________________;由谢才公式得到 $J=$____________________________________。

12. 雷诺数是判别_______________________________的标准。从物理意义上看,它表明液体______________________和_________________________大小的对比关系。

13. 随着流动长度的增加而增加的水头损失称为____________________。

14. 输水管中水流速为 1.70 m/s,阀门的局部水头损失为 1.2 m,其局部阻力系数为__________。

二、作图题

1. 定性绘出图 3-36 中等直径短管道的总水头线和测压管水头线,并标明符号及负压区。

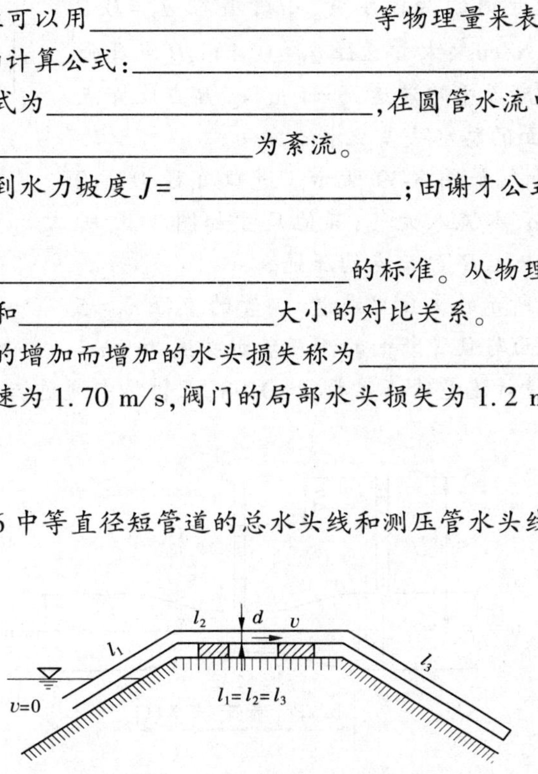

图 3-36

2. 定性绘出图 3-37 中短管道的总水头线和测压管水头线,并标明符号。

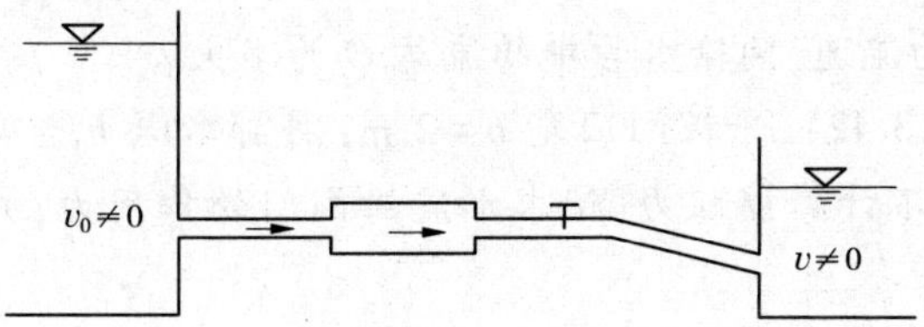

图 3-37

三、简答题

1. 伯努利方程 $z+\dfrac{p}{\gamma}+\dfrac{u^2}{2g}=$常数中各项的物理意义是什么?

2. “恒定流一定是均匀流”，这种说法是否正确？为什么？

四、计算题

1. 某水库的圆形断面泄洪隧洞，洞径 $D=5.7$ m，因隧洞出口处用矩形平面闸门控制流量，故出口段由圆形断面渐变为边长 4.5 m 的正方形断面，已知洞内平均流速为 19.2 m/s，求出口断面平均流速。

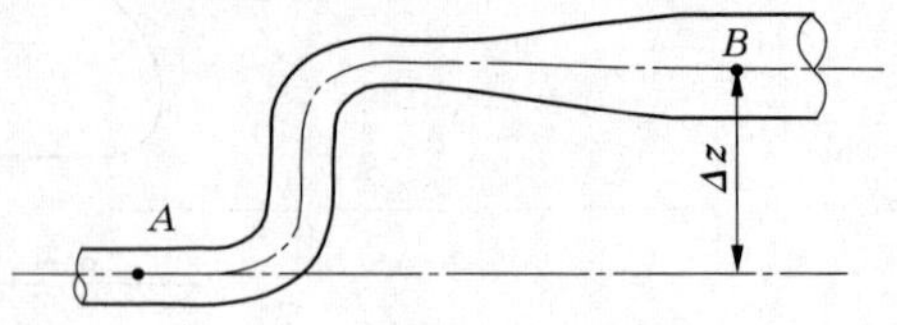

图 3-38

2. 如图 3-38 所示连通的两段水管，小管直径 $d_A=0.2$ m，A 点压强 $p_A=68.6\ \mathrm{N/cm^2}$；大管直径 $d_B=0.4$ m，B 点压强 $p_B=3.92\ \mathrm{N/cm^2}$，大管断面平均流速 $v_B=1$ m/s。B 点比 A 点高 1 m。求 A、B 两断面的总水头差及水流方向。

3. 有一铅垂输入管，如图 3-39 所示。进口直径 $D=10$ cm，出口直径 $d=5$ cm，水流入大气，其他尺寸如图 3-39 所示，若不计损失，求管中 A、B、C 三点的压强。

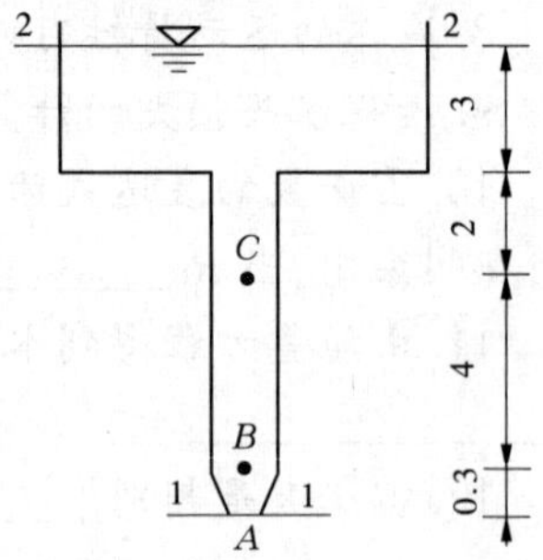

图 3-39 （单位：m）

4. 已知如图 3-40 所示的文丘里流量计，管的直径 $d_1=5$ cm，$d_2=2$ cm，1—1 断面与喉管断面的测压管水头差为 $\Delta h=5$ cm，如果文丘里流量计流量修正系数 $\mu=0.98$，求管路中通过流量 Q 为多少？（不计水头损失）

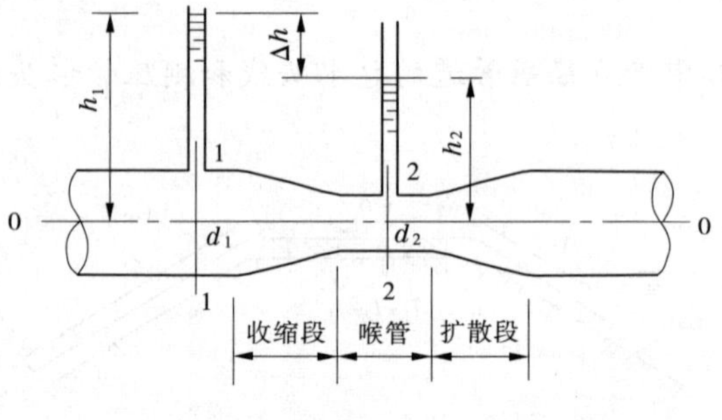

图 3-40

5. 利用毕托管原理测量输水管中的流量如图 3-41 所示。已知输水管直径 $d=200$ mm，测得水银差压计 $h_p=60$ mm，若此时断面平均流速 $v=0.84u_{max}$，这里 u_{max} 为毕托管前管轴上未受扰动水流的流速，问输水管中的流量 Q 为多大？

6. 闸下出流（见图 3-42），平板闸门宽 $b=2$ m，闸前水深 $h_1=4$ m，闸后水深 $h_2=0.5$ m，出流量 $Q=8\ \mathrm{m^3/s}$，不计摩擦阻力，试求水流对闸门的作用力，并与按静水压强分布规律计算的结果相比较。

7. 某引水管的渐缩弯段（见图 3-43）入口直径 $d_1=25$ cm，出口直径 $d_2=20$ cm，流量 $Q=150$ L/s，1—1 断面的相对压强为 196 kN/m²。管子中心线位于水平面内，转角 90°。求固定此弯管所需的力。不计弯段的水头损失，$\alpha=1.1$。

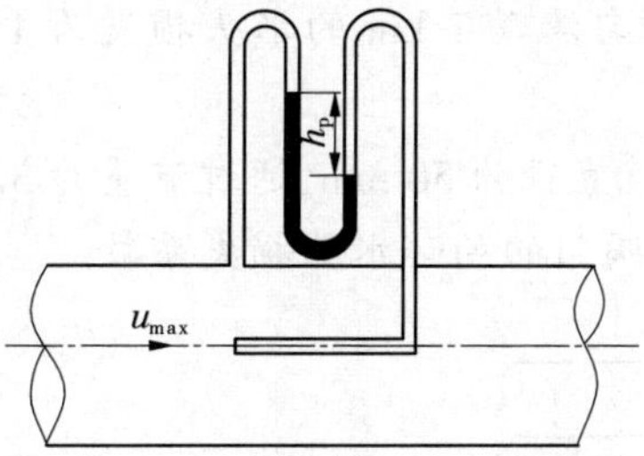

图 3-41

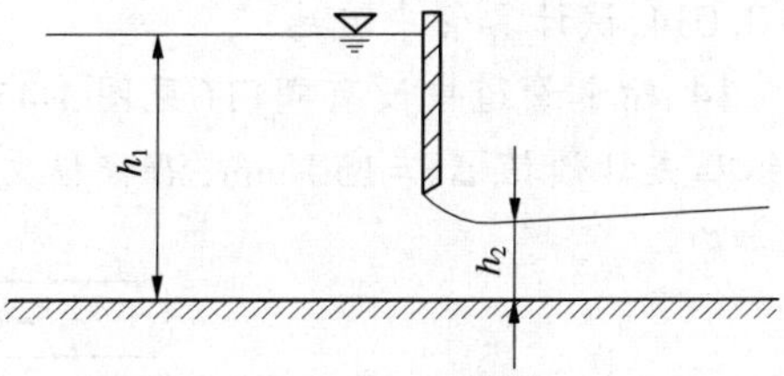

图 3-42

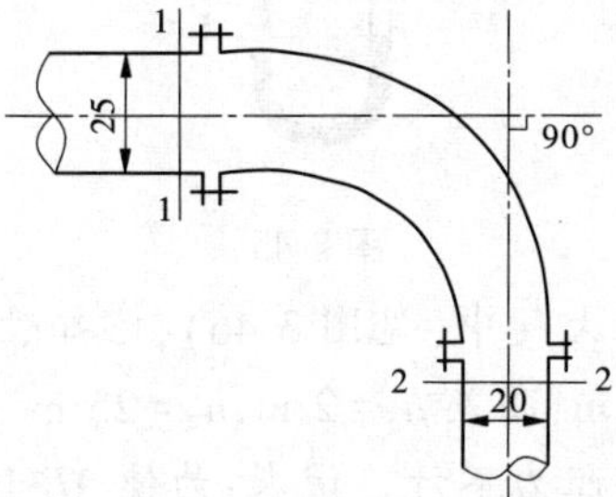

图 3-43

8. 矩形断面的平底渠道(见图 3-44),其宽度 B 为 2.7 m,渠底在某断面处抬高 0.5 m,该断面上游的水深为 2.0 m,下游水面降低 0.15 m,如忽略边壁和渠底阻力,试求:(1)渠道的流量;(2)水流对底坎的冲力。

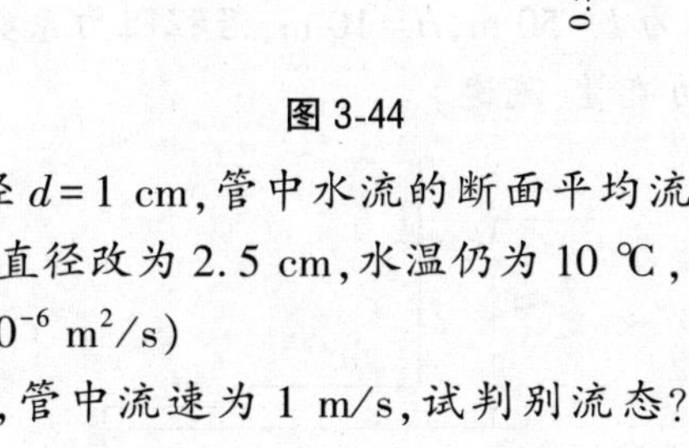

图 3-44

9. 有一圆形输水管直径 $d=1$ cm,管中水流的断面平均流速 $v=0.25$ m/s,水温为 10 ℃,试判别水流的流态。若直径改为 2.5 cm,水温仍为 10 ℃,断面平均流速不变,管中的流态又怎样?($\nu=1.306\times10^{-6}\ m^2/s$)

10. 水管直径为 0.1 m,管中流速为 1 m/s,试判别流态?并求流态变化时的流速。($\nu=1.306\times10^{-6}\ m^2/s$)

11. 有一水平放置的新铸铁管,管径 d 为 10 cm,管长为 800 m,通过流量为 100 m^3/h,$\nu=0.013\ 1\ cm^2/s$,$\lambda=0.025$,求:(1)判别管中的流态;(2)求水力坡度 J。

12. 某管道由直径 $d_1=45$ cm 及 $d_2=15$ cm 两节管段组成,已知大直径管道中流速 $v_1=0.6$ m/s,$\zeta=0.45$,求突然收缩处的局部水头损失。

13. 混凝土排水管的水力半径 $R=0.5$ m。水均匀流动 1 km 的水头损失为 1 m，糙率 $n=0.014$，试计算管中流速。

14. 输水管道中设有阀门（见图 3-45），已知管道直径为 50 mm，通过流量为 3.34 L/s，水银压差计读值 $\Delta h=150$ mm，沿程损失不计，试求阀门的局部水头损失系数。

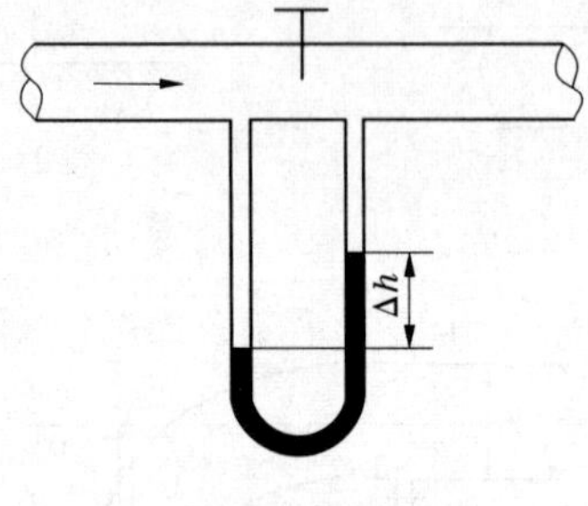

图 3-45

15. 水池中的水经弯管流入大气中（见图 3-46），已知管道直径 $d=100$ mm，水平段 AB 和倾斜段 BC 的长度均为 $l=50$ m，高差 $h_1=2$ m，$h_2=25$ m，BC 段设有阀门，沿程阻力系数 $\lambda=0.035$，管道入口及转弯局部阻力不计。试求：为使 AB 段末端 B 处的真空高度不超过 7 m，阀门的局部水头损失系数 ζ 最小应是多少？此时的流量是多少？

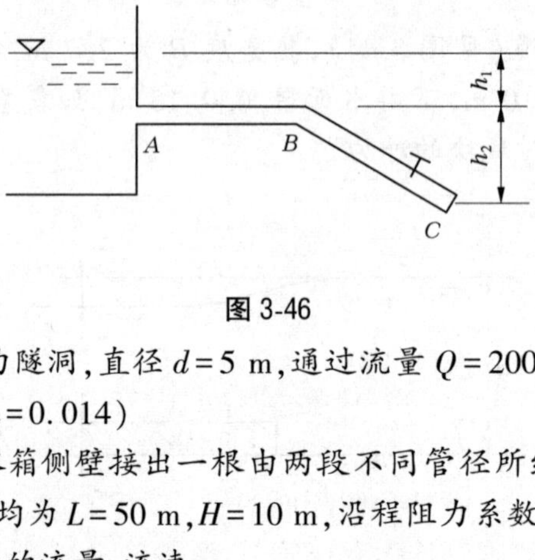

图 3-46

16. 混凝土衬砌的压力隧洞，直径 $d=5$ m，通过流量 $Q=200\ m^3/s$，长度 $L=500$ m，试计算其沿程水头损失。（$n=0.014$）

17. 如图 3-47 所示，水箱侧壁接出一根由两段不同管径所组成的管道，已知 $d_1=200$ mm，$d_2=100$ mm。两管长均为 $L=50$ m，$H=10$ m，沿程阻力系数 $\lambda_1=0.01$，$\lambda_2=0.013$，$\zeta_A=0.5$，$\zeta_B=0.2$，求：管道中水的流量、流速。

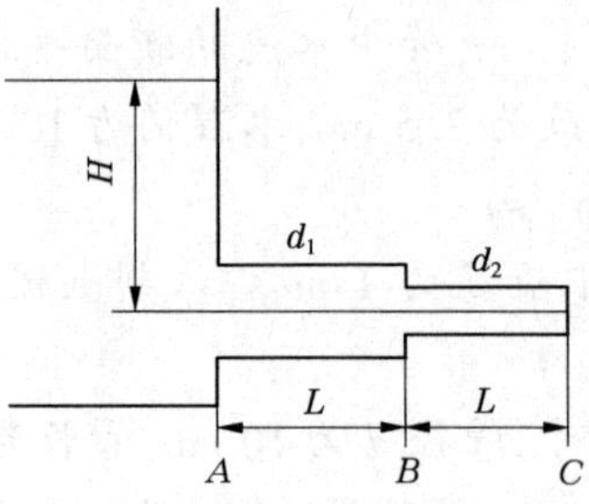

图 3-47

项目4 有压管道水力分析与计算

【学习目标】

知道管流的定义及特点;会应用短管出流计算公式进行简单管路水力计算;会运用长管水力计算公式进行简单长管水力计算;知道虹吸管、倒虹吸管、水泵装置的工作原理;会进行虹吸管、倒虹吸管、水泵的水力计算;知道水击的定义;会进行水击压强计算;知道避免发生直接水击的方法。

【课程思政】

党的二十大报告指出,我们要推进美丽中国建设,坚持山水林田湖草沙一体化保护和系统治理,统筹产业结构调整、污染治理、生态保护、应对气候变化,协同推进降碳、减污、扩绿、增长,推进生态优先、节约集约、绿色低碳发展。用管道输水可以减少水量损失,可以节约用水。用管道收集废水,再把收集到的废水送到污水处理厂集中处理,达标后再进行排放。这样既环保又卫生。

任务1 简单短管的水力计算

1 管流的定义及分类

1.1 管流的定义及特点

1.1.1 管流的定义

在水利工程和日常生活中,为满足生产、生活的需要,常需将水从一处输送到另一处,最常用的方式是敷设管道。管道的整个横断面被水充满,管内水流没有自由水面,过水断面上各点的压强一般不等于大气压强,管道的边壁处处受到水流压力的作用,这种管道称为有压管道;反之,水流没有充满整个横断面的管道则称为无压管道。一般来说,发电引水管道、城市供水管道、倒虹吸管均为有压管道,灌溉输水涵管、城市排水管道等对压力没有要求的管道常采用无压管道。

1.1.2 管流的特点

有压管道内壁需承担更大的压力,同等条件下要求较高。在通过相同流量的情况下,有压管道的水头损失一般大于无压管道,无压管道一般按照明渠水流特征进行水力计算。本项目重点来介绍有压管道的水力分析与计算问题。

1.2 管流的分类

1.2.1 恒定管流和非恒定管流

根据管道内水流水力特征(流速、流量等)是否随时间发生变化,有压管道分为恒定管流和非恒定管流。管道内各处水流流量、流速均不随时间发生变化,这类管道称为恒定管流,反之称为非恒定管流。有的具有分支的管道,在总流量随时间变化时某一段分支管道的流量、流速不随时间变化,则该段管流亦可称为恒定管流。

1.2.2　自由出流和淹没出流

根据管道出口水流的特点,有压管流可以分为自由出流和淹没出流两种出流形式。自由出流指管道出口水流直接流入大气中,如图 4-1(a)所示;淹没出流指管道出口在下游水面以下,如图 4-1(b)所示。

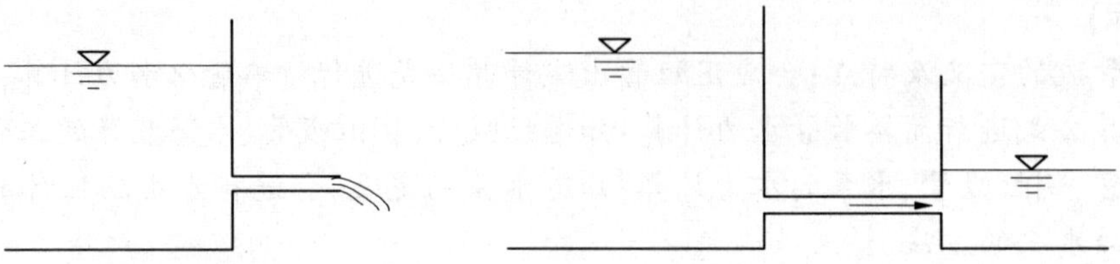

(a)　(b)

图 4-1

1.2.3　简单管道和复杂管道

根据管道本身的结构或材料,可以将管道分为简单管道和复杂管道。

简单管道指管道管径、糙率沿程不变、无分支的管道,如图 4-2(a)即简单管道。需要指出的是,简单管道可以转弯。复杂管道又包括串联管道、并联管道、分支管道和环状管网等,如图 4-2(b)~(e)所示。

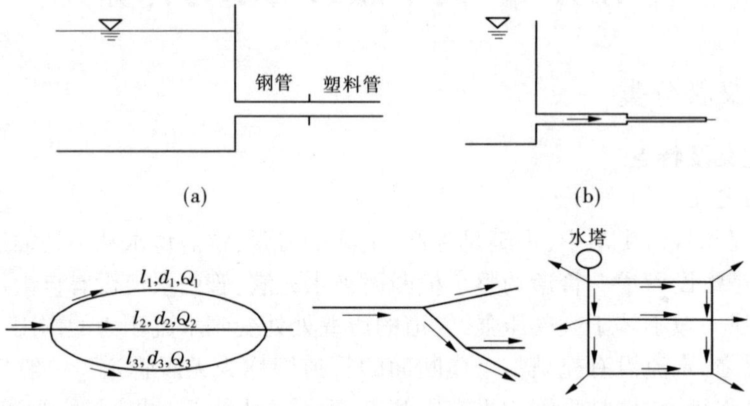

(a)　(b)

(c)　(d)　(e)

图 4-2

如图 4-2 所示,图(a)和图(b)是串联管道。图(a)中,两段管子管径相同,但糙率不同;图(b)中,管道的管径发生了变化。图(c)为并联管道;图(d)为分支管道;图(e)为环状管网。

1.2.4　长管和短管

根据压力管道中水流的沿程水头损失、局部水头损失及流速水头所占比重的大小,将有压管道分为长管及短管两类:长管是指水头损失以沿程水头损失为主,其局部水头损失值和流速水头值均很小(两项之和只占沿程水头损失的5%以下)、计算时可以忽略不计的管道;短管是指管道中局部水头损失和流速水头值均较大(两项之和占沿程水头损失的5%以上)、计算时不能忽略的管道。必须注意,长管和短管并不是从管道的长短来区分的。如果没有忽略局部水头损失及流速水头的充分依据,应按短管计算,以免造成错误。通常情况下,水泵的吸水管、虹吸管、倒虹吸管、坝内泄水管等,都应按短管计算;自来水管、喷灌供水管可按长管计算。

1.3 压力管流水力计算的类型

压力管道水力计算,主要有以下几个方面的问题:

(1)在给定水头、管线布置和断面尺寸的情况下,计算管道通过的流量。

(2)当管线布置、管道尺寸和输水能力一定时,计算水头损失,即要求确定通过一定流量时所必需的水头。

(3)管线布置、作用水头已定,当要求输送一定流量时,计算所需的断面尺寸(圆形管道即计算管道直径)。

(4)给定断面尺寸、作用水头和流量,要求确定管道各断面压强的大小。

2 简单短管的水力计算

短管在实际工程中应用广泛,本部分内容以简单短管为例来说明压力管道的水力计算问题。

2.1 自由出流

前面已经介绍了自由出流的概念,接下来介绍一下简单短管自由出流状态下的水力计算公式。

如图4-3所示,以管道出口为基准面0—0,建立1—1断面和2—2断面之间的能量方程。

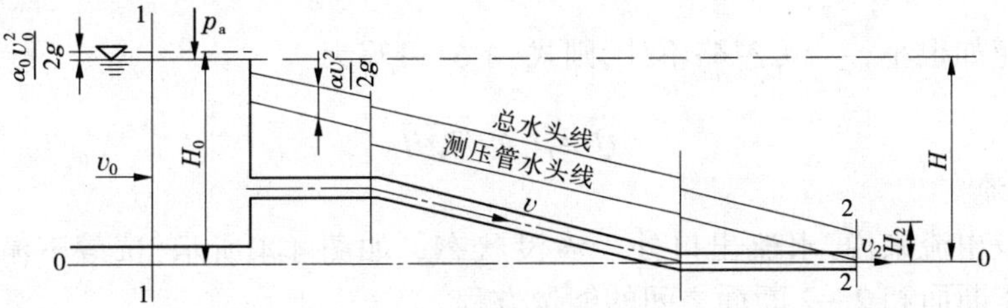

图4-3

$$H+\frac{p_1}{\gamma}+\frac{\alpha_1 v_1^2}{2g}=0+\frac{p_2}{\gamma}+\frac{\alpha_2 v_2^2}{2g}+h_w \tag{4-1}$$

式(4-1)中 $p_1=p_2=p_a$,令 $\alpha_1=\alpha_2=1.0$, $v_1=v_0$, $v_2=v$,并以总水头 $H_0=H+\frac{\alpha v_0^2}{2g}$ 代入得

$$H_0=\frac{v^2}{2g}+h_w \tag{4-2}$$

式(4-2)表明管道的总水头 H_0 的一部分转化为出口的流速水头,另一部分则在流动过程中形成水头损失。

又因 $$h_w = h_f + \sum h_j = (\lambda \frac{l}{d} + \sum \zeta) \frac{v^2}{2g}$$

故 $$H_0 = \frac{v^2}{2g} + (\lambda \frac{l}{d} + \sum \zeta) \frac{v^2}{2g} \tag{4-3}$$

式中 v_0——上游水池中的流速,称为行近流速,m/s;

H——管路出口断面中心与上游水池水面的高差,称为水头,m;

H_0——包括行近流速水头在内的总水头,m。

从式(4-3)中可得管道断面平均流速为

$$v = \frac{1}{\sqrt{1 + \lambda \frac{l}{d} + \sum \zeta}} \sqrt{2gH_0} \tag{4-4}$$

设管道过水断面面积为 A,则管道通过的流量为

$$Q = Av = \frac{1}{\sqrt{1 + \lambda \frac{l}{d} + \sum \zeta}} A\sqrt{2gH_0} \tag{4-5}$$

令 $\mu_c = \frac{1}{\sqrt{1 + \lambda \frac{l}{d} + \sum \zeta}}$,称为管道的流量系数,则式(4-5)又可写为

$$Q = \mu_c A\sqrt{2gH_0} \tag{4-6}$$

式(4-6)就是短管自由出流的流量计算公式,它表达了短管的过水能力、作用水头和阻力的相互关系。

行近流速如很小,$\frac{v_0^2}{2g}$ 可忽略不计,则式(4-6)可写为

$$Q = \mu_c A\sqrt{2gH} \tag{4-7}$$

2.2 淹没出流

对于淹没出流来说,水流出口处于淹没状态。如图 4-4 所示,选取下游水面为基准面,建立 1—1 断面和 2—2 断面之间的能量方程。

$$z + \frac{p_1}{\gamma} + \frac{\alpha_0 v_0^2}{2g} = 0 + \frac{p_2}{\gamma} + \frac{\alpha_2 v_2^2}{2g} + h_w \tag{4-8}$$

式中,$p_1 = p_2 = p_a$,令 $z_0 = z + \frac{\alpha_0 v_0^2}{2g}$,当 2—2 断面面积较大时,$\frac{\alpha_2 v_2^2}{2g}$ 可以忽略不计,则得

$$z_0 = h_w \tag{4-9}$$

式(4-9)说明,短管在淹没出流时,它的上下游水头差 z 全部消耗在沿程水头损失和局部水头损失上。

将 $h_w = h_f + \sum h_j = (\lambda \frac{l}{d} + \sum \zeta) \frac{v^2}{2g}$ 代入式(4-9),整理后得管中流速为

$$v = \frac{1}{\sqrt{\lambda \frac{l}{d} + \sum \zeta}} \sqrt{2gz_0} \tag{4-10}$$

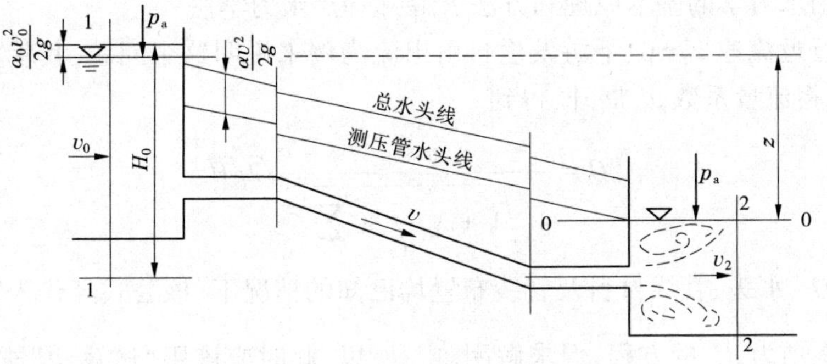

图 4-4

故流量等于

$$Q = \mu_c A\sqrt{2gz_0} \tag{4-11}$$

式中，$\mu_c = \dfrac{1}{\sqrt{\lambda \dfrac{l}{d} + \sum \zeta}}$，亦称短管淹没出流的流量系数。

当行近流速水头（与过水建筑物最近的上游渐变段流速水头称为行近流速水头）很小可忽略不计时，则式(4-11)可写成

$$Q = \mu_c A\sqrt{2gz} \tag{4-12}$$

式(4-11)和式(4-12)就是短管淹没出流的流量计算公式。

2.3　管径的确定

影响管径的因素比较多，确定管径一般有以下两种情况：

(1)管道输水流量及布置情况已知，要求同时确定管道管径及作用水头，这种情况下一般需要从经济和技术两个角度去考虑，先确定管径，再确定水头。

推荐使用“允许流速法”。其基本理念是，管道中的水流流速不能太大，否则水击作用使管道遭到破坏，同时过大的流速也会产生很大的水头损失；管道流速太小，会造成管道中的泥沙淤积，同时又因为管径过大，使投资增加。所以，一般给水管道，拟定允许流速，根据允许流速再确定管径。各类管道允许流速如下：水电站压力隧洞 $v_{允} = 2.5 \sim 3.5$ m/s；压力钢管 $v_{允} = 3.0 \sim 4.0$ m/s，最大可选择 $v_{允} = 5.0 \sim 6.0$ m/s；对于水泵的吸水管 $v_{允} = 1.0 \sim 2.0$ m/s，一般不超过 2.5 m/s，压水管可采用 $v_{允} = 1.5 \sim 2.5$ m/s，一般不超过 3.5 m/s；倒虹吸管 $v_{允} = 1.5 \sim 2.5$ m/s；给水管道中的流速一般为 $v = 0.2 \sim 3.0$ m/s，其允许值为 $v_{允} = 0.75 \sim 2.5$ m/s。

初步计算管径的公式如下：

$$d = \sqrt{\frac{4Q}{\pi v_{允}}} \tag{4-13}$$

需要注意的是，初步计算出管径后，应当根据计算结果选取标准管径，然后在标准管径下计算设计流速，并复核设计流速是否在允许流速范围内。

(2)在管道流量、布置情况和水头均已知的情况下，管径实际是一个确定的值，这种

情况下应该用水力学的基本原理和方法求解，称为“水力学法”。

以上游行近流速 $v_0=0$、下游发生自由出流为例来说明这个问题，其基本水力条件符合式(4-12)，将流量系数 μ_c 展开，得到

$$Q=\frac{\pi d^2}{4\sqrt{1+\lambda\frac{l}{d}+\sum\zeta}}\sqrt{2gH} \tag{4-14}$$

在流量 Q 、水头、管线材料及管线布置均已知的情况下，该公式经代入数后可得到一个关于最高次项为 $d^{\frac{5}{2}}$ 的方程，但求解困难。所以，此时应该用“试算法”求解，即在合理范围内假设若干个管径 d_i ，使该方程成立的管径即所求管径。在实际操作中，经过数据整理，还可以把公式整理成为 $d=f(d)$ 的形式，亦可采用“迭代法”求解，具体操作方法见例 4-2。

【例 4-1】 某农田低压管道设计采用硬质 PVC 管（一种硬质塑料管），经流量推求确定干管的过水流量为 122. 8 m^3/h，由《农田低压管道输水灌溉工程技术规范》(GB/T 20203—2006)查得，硬质塑料管的经济流速为 1. 0~1. 5 m/s，试确定该干管的管径。

解：该例题中流量要求是确定的，但水头并不确定，这种情况应该用“允许流速法”确定管道直径。

因题中规范要求该类管道的经济流速为 1. 0~1. 5 m/s，取该管道的流速为 1. 3 m/s，则计算管径为

$$d=\sqrt{\frac{4Q}{\pi v_{允}}}$$
$$=\sqrt{\frac{4\times 122.8}{3.14\times 3\,600\times 1.3}}$$
$$=0.18(\mathrm{m})$$

取管径为 180 mm，则管内实际流速：

$$v=\frac{Q}{\frac{1}{4}\pi d^2}$$
$$=\frac{122.8}{3\,600\times\frac{1}{4}\times 3.14\times 0.18^2}$$
$$=1.34(\mathrm{m/s})$$

设计流速在经济流速范围内，满足设计要求。

【例 4-2】 一路堤下设有钢筋混凝土泄水管，如图 4-5 所示。管长 L 为 50 m，路堤上游面与水平面的夹角为 30°，进、出口局部阻力系数分别为 $\zeta_{进}=0.91$，$\zeta_{出}=1.0$，上下游水位差 $z=25$ m。若要求管内泄流量 $Q=15\ m^3/s$，管壁糙率 $n=0.013$，上下游流速相等，试确定管道直径。

解：该例中流量、水头均是确定的，管径的限制条件较多，这种情况应该用“水力学

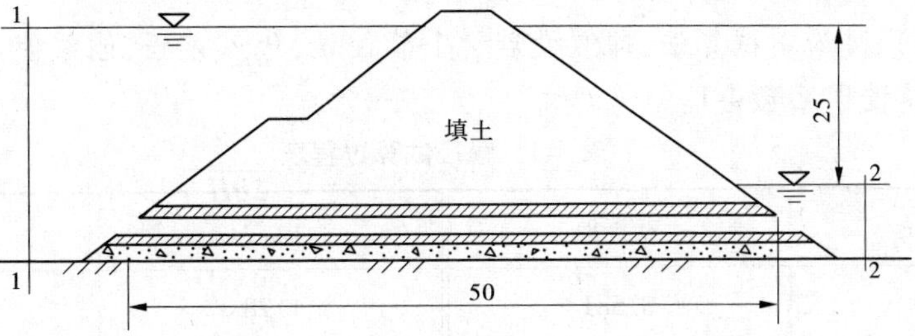

图 4-5

法”确定管道直径。

由图 4-5 可知，该水流为淹没出流，则应由式（4-12）求解。

$$Q = \mu_c A \sqrt{2gz}$$

因流量系数
$$\mu_c = \frac{1}{\sqrt{\lambda \frac{l}{d} + \sum \zeta}}$$

沿程水头损失系数
$$\lambda = \frac{8g}{C^2}$$

而谢才系数
$$C = \frac{1}{n} R^{1/6}$$

水力半径
$$R = \frac{d}{4}$$

因管径未知，故将管径 d 视为一个未知数代入相关公式，则

$$\lambda = \frac{8g}{C^2} = \frac{8 \times 9.8}{\left(\frac{1}{0.013}\right)^2 \times \left(\frac{d}{4}\right)^{1/3}} = \frac{0.021}{d^{1/3}}$$

$$\mu_c = \frac{1}{\sqrt{\lambda \frac{l}{d} + \sum \zeta}} = \frac{1}{\sqrt{\frac{0.021}{d^{1/3}} \times \frac{50}{d} + 0.91 + 1.0}} = \frac{1}{\sqrt{\frac{1.05}{d^{4/3}} + 1.91}}$$

由式（4-12）得

$$15 = \frac{1}{\sqrt{\frac{1.05}{d^{4/3}} + 1.91}} \times 15.543\, d^2$$

得到
$$\frac{d^2}{\sqrt{\frac{1.05}{d^{4/3}} + 1.91}} = 0.965 \tag{a}$$

或
$$d = \sqrt{0.965 \sqrt{\frac{1.05}{d^{4/3}} + 1.91}} \tag{b}$$

由以上两个式子可知，求解管道直径需要解多次方程。在这种情况下应使用试算法

或迭代法求解。

对于式(a),可采用试算法,即假设若干个管径 d,代入方程,能够使方程的管径即为所求管径,试算过程见表 4-1。

表 4-1 管径试算过程表

假设管径	方程值	假设管径	方程值
1.00	0.581	1.28	1.004
1.10	0.719	1.30	1.038
1.20	0.871	1.40	1.220
1.22	0.903	1.50	1.417
1.24	0.936	1.60	1.629
1.26	0.970		

从表 4-1 可以看出,当取 d=1.26 m 时,方程值为 0.970,与要求值非常接近,则管径为 1.26 m。

对于式(b),可采用迭代法,即先假设一个管径 d_1,代入方程等式右侧,可得到一个新的管径 d_2,再将管径 d_2 代入等式右侧,得到 d_3,…经过数次迭代,至 d_i 与 d_{i-1} 基本相等时,d_i 即为所求管径。管径迭代结果见表 4-2。

表 4-2 管径迭代过程

初始值 d_0	第 1 次迭代 d_1	第 2 次迭代 d_2	第 3 次迭代 d_3	第 4 次迭代 d_4
1	1.29	1.25	1.26	1.26

由表 4-2 可以看出,经过 4 次迭代,计算管径值不再发生变化,为 1.26 m,这与用试算法计算得到的结果是相同的。

2.4 有压泄水隧洞水力计算

隧洞是水利工程中常见的建筑物。长度较短的泄水隧洞的水流一般符合短管水流条件,按照短管问题处理,但由于隧洞的进水口、洞身、出口又是变断面的,故泄水隧洞又属于串联管道,其基本计算公式可通过能量方程求得。

如图 4-6 所示,通过上游 1—1 断面和隧洞出口 2—2 断面[自由出流,如图 4-6(a)]或上游 1—1 断面和隧洞出口 3—3 断面[淹没出流,见图 4-6(b)]列能量方程,并由连续性方程把隧洞各管段及渠道的流速转化为隧洞出口断面流速,可得

$$Q = \mu A \sqrt{2g(T_0 - h_p)} \tag{4-15}$$

自由出流时

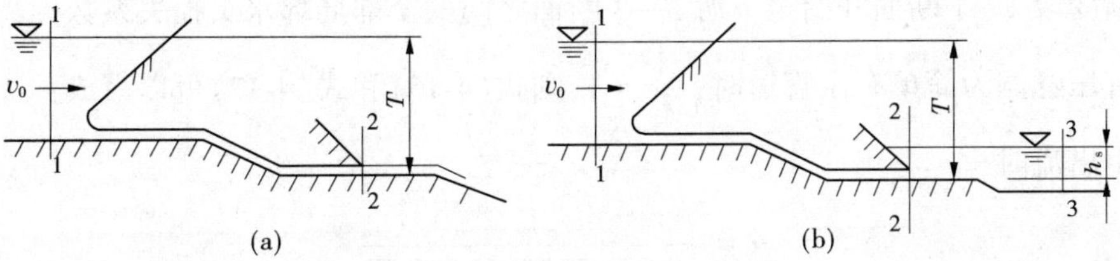

图 4-6

$$\mu = \frac{1}{\sqrt{1 + \sum \zeta_i \left(\frac{A}{A_i}\right)^2 + \sum \frac{2gL_i}{C_i^{\ 2}R_i}\left(\frac{A}{A_i}\right)^2}} \tag{4-16}$$

淹没出流时

$$\mu = \frac{1}{\sqrt{\left(\frac{A}{A_3}\right)^2 + \sum \zeta_i (\frac{A}{A_i})^2 + \sum \frac{2gL_i}{C_i^{\ 2}R_i}\left(\frac{A}{A_i}\right)^2}} \tag{4-17}$$

式中　μ——流量系数；

A——隧洞出口断面面积，m^2；

A_i——隧洞第 i 段过水断面面积，m^2；

A_3——下游渠道过水断面面积，m^2，当隧洞下游渠道水流速度很小可忽略不计时，A/A_3 可忽略不计；

T_0——上游水面与隧洞出口底板高程差 T 及上游 1—1 断面行近流速水头 $\frac{v_0^{\ 2}}{2g}$ 之和，一般行近流速较小，其流速水头可以忽略不计，即 $T_0 \approx T$；

h_p——隧洞出口断面水流的平均单位势能，$h_p = 0.5a + \frac{\bar{p}}{\gamma}$，m，$a$ 为出口断面洞高，$\frac{\bar{p}}{\gamma}$ 为出口断面平均单位压能，m；

ζ_i——隧洞局部水头损失系数；

L_i、R_i、C_i——隧洞第 i 段上与之相应的长度、水力半径、谢才系数。

需要说明的是：

(1)当隧洞出口为自由出流时，$\frac{\bar{p}}{\gamma}$ 反映了出口断面压力分布不符合静水压力规律和出口段顶部存在负压的情况，其值大小取决于出口断面下游边界的衔接情况，一般常小于 $0.5a$，当出口断面为逐渐收缩且与下游边界衔接较好，出口顶部不出现负压时，可取 $\frac{\bar{p}}{\gamma} = 0.5a$ 计算；$\sum \zeta_i$ 包括由隧洞进口上游的渐变流 1—1 断面开始至隧洞出口 2—2 断面之间的全部局部水头损失系数(不包括出口处局部水头损失系数)。

(2)当隧洞出口为淹没出流时，$h_p = h_s$，h_s 的意义见图 4-6(b)，$\sum \zeta_i$ 包括由隧洞进口上游的渐变段 1—1 断面开始至下游 3—3 断面之间的全部局部水头损失系数。

当有压隧洞为简单有压管道时，$\frac{A}{A_i}=1$，则式(4-16)和式(4-17)可以写成：

自由出流时

$$\mu=\frac{1}{\sqrt{1+\sum\zeta_i+\sum\frac{2gL}{C^2R}}} \tag{4-18}$$

淹没出流时

$$\mu=\frac{1}{\sqrt{\left(\frac{A}{A_3}\right)^2+\sum\zeta_i+\sum\frac{2gL}{C^2R}}} \tag{4-19}$$

【例 4-3】 某水库泄洪隧洞如图 4-7 所示，洞身断面为圆形，内径为 6 m，水库最高水位 540 m，隧洞进口底板高程 477 m，出口底板高程 452 m，隧洞进口段长 17 m(包括喇叭口和闸室)，闸室为 6 m×6 m 的矩形断面，中间有两道闸门槽，接着为一由矩形变圆形的渐变段，长 24 m，此后为圆形洞身，一段直线洞身长 30 m，此后有两道弯道，转弯半径均为 40 m，转角均为 45°，弯道中心线长 31.5 m。出口前设一段由圆形变矩形的收缩渐变段，长 24 m，后设 5 m×5 m 的弧形闸门，出口断面与下游边界衔接平顺，无回流死角，全洞长 408 m，各段长度见图 4-7。洞内用混凝土衬砌，糙率 $n=0.014$。下游水位较低，不影响泄流。

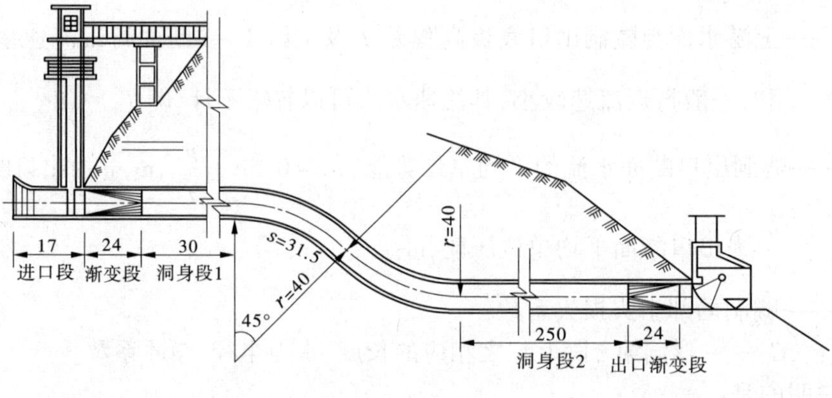

图 4-7 (单位:m)

(1)根据题目判断隧洞出流为自由出流还是淹没出流？并推求库水位与下泄流量的关系。

(2)若上游水位为 535 m，下游水位为 464 m，出口附近的过水断面面积为 50 m²，此时隧洞出流为自由出流还是淹没出流？并计算此时的泄流流量。

解：隧洞不同部位的断面形状和尺寸不同，属于复杂管道。

(1)由于下游水位较低，不影响泄流，该种情况是自由出流。其流量计算应用式(4-15)和式(4-16)共同求解。

出口段过水断面面积　　$A=5\times5=25\ (\text{m}^2)$

需要分析隧洞各段的形状和尺寸，进而进行计算。以进口段为例。

该段过水断面面积　　$A_1 = 6 \times 6 = 36\ (\mathrm{m}^2)$

该段湿周　　$\chi_1 = 4 \times 6 = 24\ (\mathrm{m})$

该段水力半径　　$R_1 = \dfrac{A_1}{\chi_1} = \dfrac{36}{24} = 1.5\ (\mathrm{m})$

该段谢才系数　$C_1 = \dfrac{1}{n} R_1^{1/6} = \dfrac{1}{0.014} \times 1.5^{1/6} = 76.42\ (\mathrm{m}^{1/2}/\mathrm{s})$

该段有三处产生局部水头损失，分别为喇叭口、检修门槽和工作门槽，经查《水力计算手册》得，以上三处的局部水头损失系数均为0.1。

其他各段水力要素的计算过程见表4-3。

表4-3　有压隧洞水力计算

管段	d_i	A_i	A/A_i	ζ_i	$\zeta_i(A/A_i)^2$	L_i	χ_i	R_i	C_i	$\dfrac{2gL_i}{C_i^2 R_i}\left(\dfrac{A}{A_i}\right)^2$
进口段	6	36	0.694	0.30	0.145	17	24	1.5	76.42	0.018 3
进口渐变段	6	32.13	0.778	0.05	0.030	24	21.42	1.5	76.42	0.032 5
洞身1	6	28.26	0.885	0.00	0.000	30	18.84	1.5	76.42	0.052 5
弯道1	6	28.26	0.885	0.09	0.073	31.5	18.84	1.5	76.42	0.055 2
弯道2	6	28.26	0.885	0.09	0.073	31.5	18.84	1.5	76.42	0.055 2
洞身2	6	28.26	0.885	0.00	0.000	250	18.84	1.5	76.42	0.437 7
出口渐变段	5.5	26.63	0.939	0.10	0.088	24	19.42	1.37	75.29	0.053 3
出口段	5	25	1.000				20			
求和				0.64	0.408					0.704 7

需要说明的是，以下几种断面的局部水头损失系数如下：①由圆形变矩形的渐变段，$\zeta = 0.1$（相应于中间断面的流速水头）；②由矩形变圆形的渐变段，$\zeta = 0.05$（相应于中间断面的流速水头）；③弯道，$\zeta = \left[0.131 + 0.163\,2\left(\dfrac{D}{R}\right)^{\frac{7}{2}}\right]\left(\dfrac{\theta}{90^\circ}\right)^{\frac{1}{2}}$。

因下游为自由出流，出口断面为收缩断面且与下游边界衔接良好，故 $\dfrac{\overline{p}}{\gamma} = 0.5a$，则 $h_p = 5\ \mathrm{m}$。

在表4-3可进行隧洞泄水能力的计算：

$$\mu = \frac{1}{\sqrt{1 + 0.408 + 0.705}} = 0.689$$

$$\begin{aligned} Q &= \mu A \sqrt{2g(T_0 - h_p)} \\ &= 0.689 \times 25 \times \sqrt{2 \times 9.8(T_0 - 5)} \\ &= 76.26\sqrt{T_0 - 5} \\ &= 76.26\sqrt{z - 457} \end{aligned}$$

其中，z 为上游水位。

当上游水位为 540 m、530 m、520 m、510 m、500 m 时，代入上式得到流量分别为 694.8 m^3/s、651.6 m^3/s、605.3 m^3/s、555.2 m^3/s、500.1 m^3/s。

(2)因为下游水位高于隧洞出口，下游水体对泄流产生影响，故隧洞为淹没出流。利用式(4-15)和式(4-17)进行计算。

需要注意的是，分析淹没出流时，应将出口断面的局部阻力系数考虑在内，故

$$\mu = \frac{1}{\sqrt{\left(\frac{25}{50}\right)^2 + 0.408 + 1 + 0.7047}} = 0.651$$

则流量

$$\begin{aligned} Q &= \mu A\sqrt{2g(T_0 - h_s)} \\ &= 0.651 \times 25 \times \sqrt{2 \times 9.8(T_0 - 12)} \\ &= 72\sqrt{z - 464} \end{aligned}$$

当上游水位为 535 m 时，流量

$$Q = 72 \times \sqrt{535 - 464} = 606.7\ (m^3/s)$$

2.5 总水头线和测压管水头线的绘制

在有压管流中，一般情况下管内动水压强不应出现负值，以避免空蚀破坏危及管道安全。因此，在管道设计中必须计算各断面压强，绘制出管线的测压管水头线，以便了解并控制各断面上的压强大小。

2.5.1 绘制总水头线和测压管水头线的方法步骤

(1)已知各管段的流量 Q_i，计算相应的流速 v_i、沿程水头损失 h_{fi} 和局部水头损 h_{ji}，第 i 控制断面前后的总水头为

$$H_{i前} = H_{(i-1)后} - h_{fi}$$

$$H_{i后} = H_{i前} - h_{ji}$$

(2)自管道进口至出口，计算出每一管段两端控制断面的总水头值，并绘出总水头线。

(3)因为任一断面的测压管水头总比总水头低一个流速水头值，即

$$\left(z + \frac{p}{\gamma}\right)_i = \left(z + \frac{p}{\gamma} + \frac{2v^2}{2g}\right)_i - \frac{\alpha v_i^2}{2g} = H_i - \frac{\alpha v_i^2}{2g}$$

所以在绘出总水头线后，由各断面的总水头减去相应断面的流速水头，即可得到测压管水头线。

当然也可以直接算出各断面的测压管水头值。如图 4-8 所示，以管道出口中心的水平面为基准面，管道进口前的总水头为 H_0，由进口至任一断面 i 之间的水头损失为 h_{wi}，该断面的平均流速为 v_i，位置高度为 z_i，则由能量方程可得任一断面 i 的测压管水头：

$$z_i + \frac{p_i}{\gamma} = H_0 - h_{wi} - \frac{\alpha v_i^2}{2g} \tag{4-20}$$

算出各断面的测压管水头后，即可给出管道的测压管水头线。

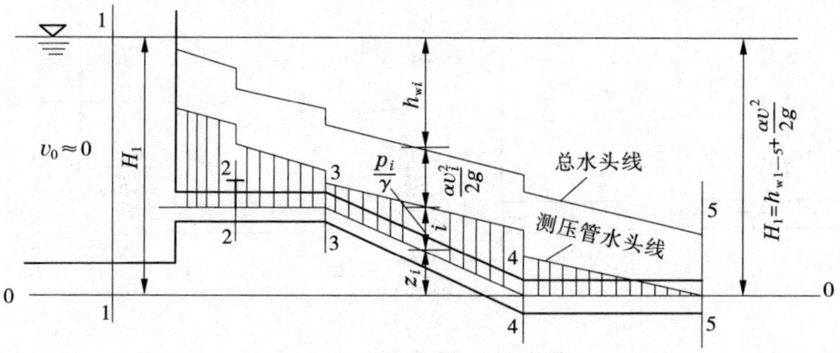

图 4-8

2.5.2　绘制总水头线和测压管水头线应注意的问题

(1)在等直径管中测压管水头线与总水头线相互平行。

(2)等直径管段的沿程水头损失 h_f 沿程是均匀分布的。局部水头损失 h_j 实际上产生于局部管段上,但为了绘制上的方便,假设 h_j 集中产生在该局部边界突变的概化断面上,因此在该断面上有两个总水头值,一个是局部损失前的,一个是局部损失后的。

(3)在绘制水头线时,应注意管道进口的边界条件。当上游行近流速水头 $\frac{\alpha_0 v_0^2}{2g} \approx 0$ 时,总水头线与测压管水头线重合,即为进口前的水面线,如图 4-9(a)所示;当 $\frac{\alpha_0 v_0^2}{2g} \neq 0$ 时,总水头线较进口前的水面线高出 $\frac{\alpha_0 v_0^2}{2g}$ 值,如图 4-9(b)所示。

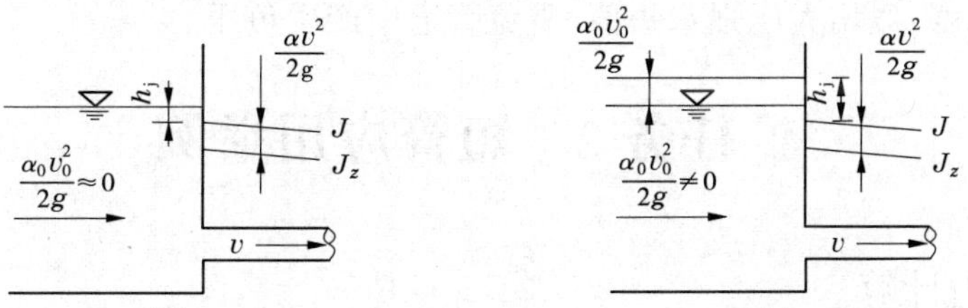

(a)　(b)

图 4-9

(4)还应注意管道出口的边界条件。如果管道出口为自由出流,测压管水头线的末端与出口断面的中心重合,如图 4-10(a)所示;如果管道出口为淹没出流,当下游流速水头 $\frac{\alpha_2 v_2^2}{2g} \approx 0$ 时,测压管水头线末端与下游水面齐平,如图 4-10(b)所示;当下游流速水头 $\frac{\alpha_2 v_2^2}{2g} \neq 0$ 时,测压管水头线末端在一般情况下,低于下游水面,如图 4-10(c)所示。

(5)由于总水头沿程总是减少的,所以总水头线沿程只能下降。而流速水头与压强水头之间,沿程可以相互转化,所以,测压管水头线沿程可以上升、水平或下降。

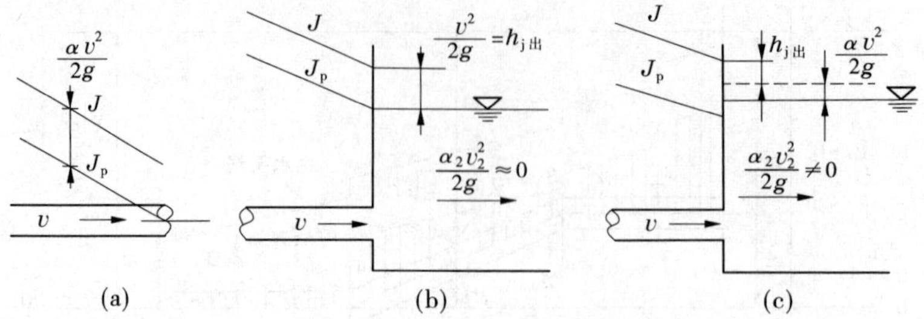

图 4-10　管道出口水头线

2.5.3　负压段的判别与调整

由总水头线、测压管水头线和基准面(线)三者的相互关系可以明确地反映出管道任一断面各种水头值的大小。测压管水头线与管轴线之间的铅垂距离表示压强水头的大小。如果某断面的测压管水头线位于管轴线的上方,其中心点压强为正值,即正压;反之,测压管水头线位于管轴线下方,则中心点压强为负值,即负压(见图 4-8 中的阴影部分)。这是因为该断面的测压管水头($z+\frac{p}{\gamma}$)小于其位置高度 z,所以该点的压强必为负值。

由图 4-8 可知,管道中任一断面的压强水头为

$$\frac{p_i}{\gamma}=H_0-\frac{\alpha v_i^2}{2g}-h_{wi}-z_i$$

式中,当 H_0 一定时,影响压强水头值为后三项,即可以改变其中任一项的值来控制管中压强的大小。例如当 Q 一定时,增大管径可以减少水头损失和流速水头;较为显著的方法是降低管线的高度,以增大压强水头值,避免管道中产生负压。

任务 2　短管应用举例

1　虹吸管水力计算

虹吸原理广泛应用于水利工程中,它的优点在于能跨越高地,减少挖方。虹吸管一般采用等直径的简单管路,可按短管计算,其布置如图 4-11 所示。

虹吸管的工作原理是:先将管中空气抽出,使管内形成一定的真空值,在大气压强作用下,上游水池的水便从管口上升到管的顶部,然后在重力作用下流向下游。只要虹吸管内的真空不被破坏,而且保持上下游有一定的水位差,水就会不断地由上游通过虹吸管流向下游。

虹吸管顶部的真空值理论上最大为 10 m 水柱高。实际上,当虹吸管内压强接近该温度下的汽化压强时,液体将产生汽化,破坏水流的连续性。因此,为了保证虹吸管能正常工作,管内真空值不能过大,一般不宜超过 6~8 m 。图中 h_s 为虹吸管顶部到上游水面的高差,称为虹吸管的安装高度。

虹吸管水力计算的主要任务是:

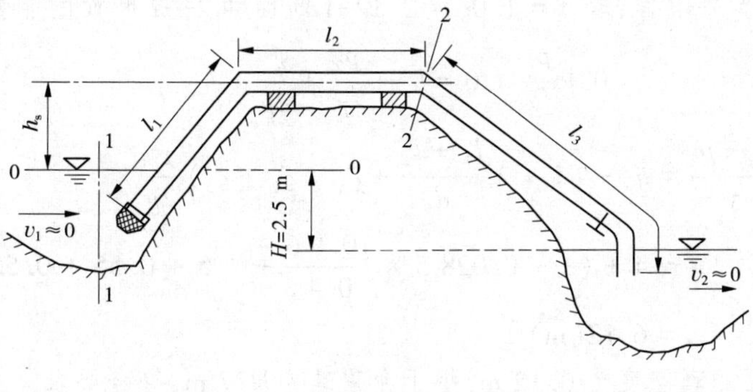

图 4-11

(1)计算虹吸管的过水流量;

(2)确定虹吸管顶部的安装高度 h_s。

【例 4-4】 用一直径 d=0.4 m 的铸铁虹吸管,将上游明渠中的水输送到下游明渠,如图 4-11 所示。已知上下游渠道的水位差为 2.5 m,虹吸管各段长分别为 l_1=10 m,l_2=6 m,l_3=12 m。虹吸管进口为无底阀滤水网,其局部阻力系数取 ζ_1=2.5,其他局部阻力系数:两个折角弯头 $\zeta_2=\zeta_3$=0.55,阀门 ζ_4=0.2,出口 ζ_5=1.0。虹吸管顶端中心线距上游水面的安装高度 h_s=4.0 m,允许真空度采用 h_v=7.0 m。试确定虹吸管输水流量,校核虹吸管中最大真空值是否超过允许值。

解:(1)确定输水流量。

先确定管路阻力系数 λ,取铸铁管糙率为 n=0.013,水力半径为 $R=\dfrac{d}{4}=0.10$ m

$$C=\frac{1}{n}R^{1/6}=\frac{1}{0.013}\times 0.10^{1/6}=52.41\ (\mathrm{m^{1/2}/s})$$

$$\lambda=\frac{8g}{C^2}=\frac{8\times 9.8}{52.41^2}=0.0285$$

$$\mu_c=\frac{1}{\sqrt{\lambda\dfrac{l}{d}+\sum\zeta}}=\frac{1}{\sqrt{0.0285\times\dfrac{10+6+12}{0.4}+2.5+2\times 0.55+0.2+1.0}}=0.384$$

则通过虹吸管流量为

$$Q=\mu_c A\sqrt{2gz}=0.384\times\frac{3.14\times 0.4^2}{4}\times\sqrt{2\times 9.8\times 2.5}=0.338(\mathrm{m^3/s})$$

(2)校核虹吸管中最大真空度。

最大真空发生在管顶最高段(第二管段)内。由于管中流速水头沿程不变,最低压强应在该管段末端的弯头断面,即 2—2 断面。同时认为弯头局部损失发生在弯头断面上,故在该断面的弯头损失以后的压强为最小。而在下游第三管段,由于管路坡降一般大于水力坡降,即断面中心高程的下降大于沿程水头损失,所以部分位能转化为压能,使第三管段内压强沿程增加。

$$v=\frac{Q}{A}=\frac{0.338}{\dfrac{3.14}{4}\times 0.4^2}=2.69(\mathrm{m/s})$$

以上游水面为基准面，取 $\alpha = 1.0$，建立 1—1 断面和 2—2 断面的能量方程：

$$0 + \frac{p_a}{\gamma} + 0 = h_s + \frac{p_2}{\gamma} + \frac{v^2}{2g} + h_{w1-2}$$

$$\frac{p_a - p_2}{\gamma} = h_s + \left(1 + \lambda \frac{l_1 + l_2}{d} + \zeta_1 + \zeta_2 + \zeta_3\right) \frac{v^2}{2g}$$

$$= 4 + \left(1 + 0.028\,5 \times \frac{10 + 6}{0.4} + 2.5 + 0.55 + 0.55\right) \times \frac{2.69^2}{2 \times 9.8}$$

$$= 6.12(\mathrm{m})$$

故 2—2 断面的真空度为 6.12 m，小于允许真空度 7 m，符合要求。

2　倒虹吸管的水力计算

当渠道要穿越其他渠道或公路、河道时，常常在公路或河道的下方设置一短管，这一短管称为倒虹吸管，如图 4-12 所示。倒虹吸管中的水流并无虹吸作用，由于它的外形像倒置的虹吸管，故称为倒虹吸管。

倒虹吸管水力计算的主要任务是：

(1)已知倒虹吸管上下游水位差 z 、管径 d 、管长 l ，管道布置已确定，求通过的流量 Q 。

(2)已知管道设计流量 Q 、管径 d 、管长 l 及管道布置，求上下游水位差 z 。

(3)已知管道布置、过流量 Q 和上下游水位差 z ，求管径 d 。

【例 4-5】　一横穿公路的钢筋混凝土倒虹吸管，如图 4-12 所示。已知管中通过流量 $Q = 2\ \mathrm{m^3/s}$，倒虹吸管全长 $l = 30$ m，中间有两个弯道，每个弯道的局部水头损失系数为 $\zeta_{弯} = 0.21$，钢筋混凝土糙率 $n = 0.014$，若不计上下游渠道中流速的影响，试确定倒虹吸管上下游水位差 z 。

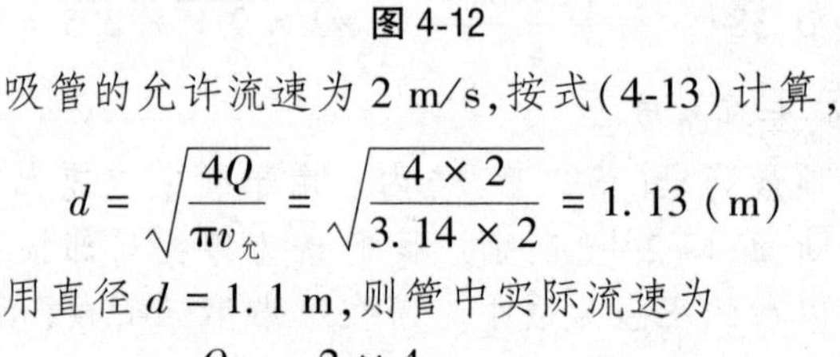

图 4-12

解：首先选定倒虹吸管的允许流速为 2 m/s，按式(4-13)计算，则管径为

$$d = \sqrt{\frac{4Q}{\pi v_{允}}} = \sqrt{\frac{4 \times 2}{3.14 \times 2}} = 1.13\ (\mathrm{m})$$

为了便于施工，采用直径 $d = 1.1$ m，则管中实际流速为

$$v = \frac{Q}{A} = \frac{2 \times 4}{\pi \times 1.1^2} = 2.11\ (\mathrm{m/s})$$

再计算沿程阻力系数 λ 值，因

$$C = \frac{1}{n} R^{1/6} = \frac{1}{0.014} \times \left(\frac{1.1}{4}\right)^{1/6} = 57.6\ (\mathrm{m^{1/2}/s})$$

$$\lambda = \frac{8g}{C^2} = \frac{8 \times 9.8}{57.6^2} = 0.0236$$

根据短管淹没出流式(4-9)$z_0 = h_w$，因为上游流速不计，所以 $z_0 = z = h_w$

$$z = (\lambda \frac{l}{d} + \sum \zeta) \frac{v^2}{2g} = (0.0236 \times \frac{30}{1.1} + 0.5 + 2 \times 0.21 + 1) \times \frac{2.11^2}{19.6} = 0.58\ (\text{m})$$

倒虹吸管上下游的水位差是0.58 m。

【例4-6】 如图4-13所示为一横穿河道的钢筋混凝土倒虹吸管，管中通过的流量 $Q = 4\ \text{m}^3/\text{s}$，管长 $l = 50$ m，有两个30°的折角转弯，其局部水头损失系数 $\zeta_弯 = 0.2$，沿程阻力系数 $\lambda = 0.025$，上下游水位差 $z = 2$ m，当上下游的流速水头可忽略不计时，求管道的管径 d。

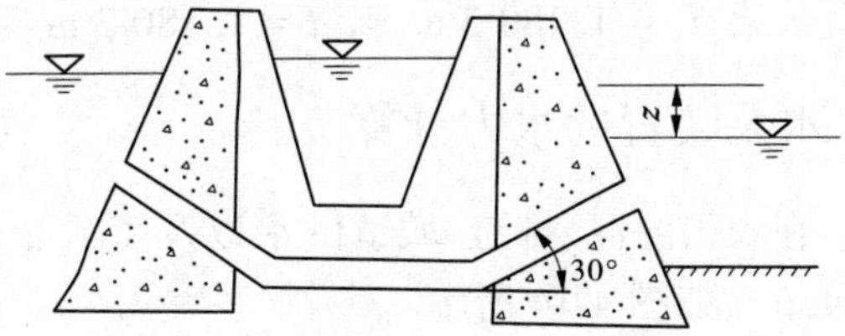

图4-13

解：倒虹吸管中的水流为简单短管的淹没出流：

$$Q = \mu_c A \sqrt{2gz}$$

$$Q = \mu_c \frac{\pi d^2}{4} \sqrt{2gz}$$

将上式中包括管径 d 的 $\mu_c d^2$ 移至等式一侧：

$$\mu_c d^2 = \frac{4Q}{\pi \sqrt{2gz}} = \frac{4 \times 4}{3.14 \times \sqrt{2 \times 9.8 \times 2}} = 0.81$$

流量系数的计算式为

$$\mu_c = \frac{1}{\sqrt{\lambda \frac{l}{d} + \zeta_进 + 2\zeta_弯 + \zeta_出}} = \frac{1}{\sqrt{0.025 \times \frac{50}{d} + 0.5 + 2 \times 0.2 + 1}} = \frac{1}{\sqrt{\frac{1.25}{d} + 1.9}}$$

根据上述计算得

$$\frac{d^2}{\sqrt{\frac{1.25}{d} + 1.9}} = 0.81$$

(1)试算法。计算结果列于表4-4中。

表4-4　管径试算

d (m)	d^2	μ_c	$\mu_c d^2$
1.04	1.081 6	0.567 8	0.614 1
1.08	1.166 4	0.571 9	0.667 1
1.12	1.254 4	0.575 8	0.722 3
1.16	1.345 6	0.579 5	0.779 8
1.18	1.392 4	0.581 3	0.809 4

从表 4-4 计算结果可以看出，当 $d=1.18$ m 时，计算的 $\mu_c d^2=0.8094$ 与 0.810 相差在 1%以下，故可认为 $d=1.18$ m 就是所求的管径。取标准管径 $d=1.2$ m。

(2)迭代法。将上面算式改写成下面的迭代算式，即

$$d=\sqrt{0.810\times\sqrt{\frac{1.25}{d}+1.9}}$$

其迭代过程为：设 $d_1=0.5$ m，代入上式右边的 d 中，算出 $d_2=1.303$ m；又用 d_2 代入上式右边的 d 中，算出 $d_3=1.1703$ m；再将 d_3 代入上式右边的 d 中，算出 $d_4=1.181$ m；再重复算出 $d_5=1.1803$ m，取 $d=1.1803$ m 为所求直径。取标准管径 $d=1.2$ m。

3　水泵装置的水力计算

在农田灌溉、排涝、城镇供水以及工矿企业给排水等方面，都需要安装水泵装置(抽水泵站)，如图 4-14 所示。

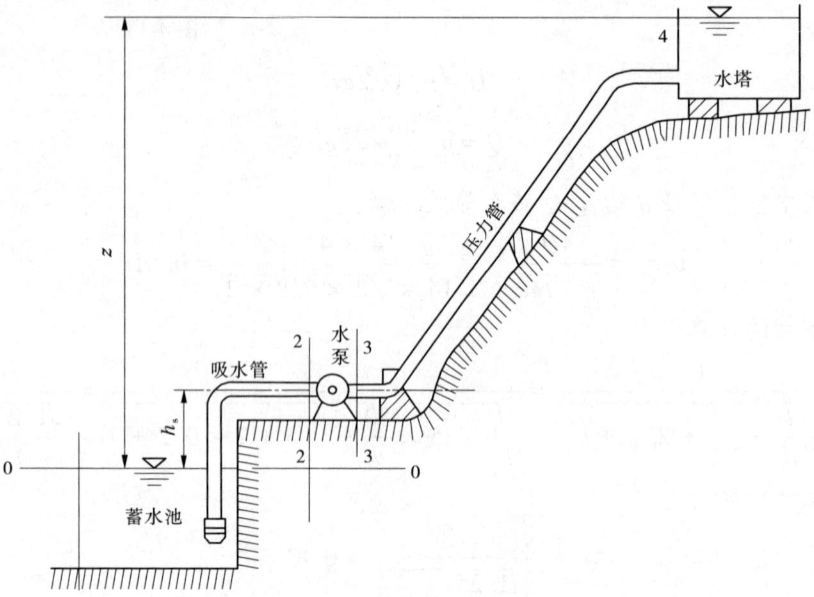

图 4-14

水泵(以离心泵为例)工作前，先将吸水管和泵壳充满水，再由电动机带动泵壳内的叶轮高速旋转，叶轮内的水因受到离心力的作用而被甩向四周，并沿着泵壳内壁从泵出口排出，经过压水管而流入水池或用水地区，如图 4-15 所示。水泵叶轮内的水被甩出水泵后，水泵内形成真空，水源处的水在大气压力作用下又会通过吸水管流入水泵(通常说水被吸上来)。这样连续的作用，就使水源源不断地从低处流向高处。这就是水泵的工作原理。

水泵装置的水力计算的主要任务是：

(1)确定吸、压水管的直径。吸水管属于短管，压水管则根据不同情况按短管或长管计算。

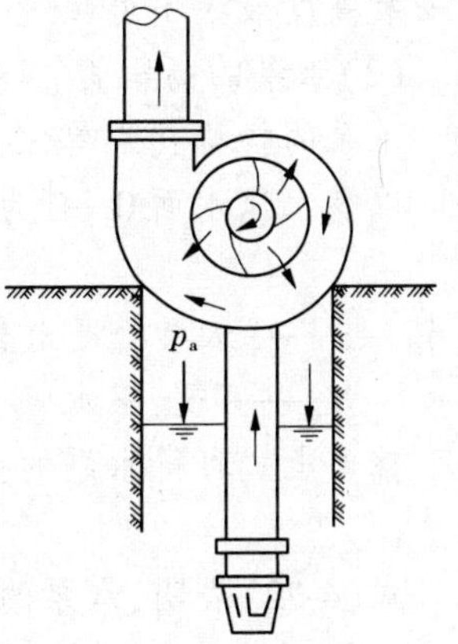

图 4-15

(2)计算水泵的安装高度、扬程。

(3)计算水泵的装机容量。

其具体计算方法举例说明如下。

【例 4-7】　有一水泵装置如图 4-14 所示。已知水泵的流量 $Q=28\ m^3/h$,吸水管的长度 $l_{吸}=5\ m$,压水管的长度 $l_{压}=18\ m$。沿程阻力系数 $\lambda_{吸}=\lambda_{压}=0.046$,局部阻力系数:进口 $\zeta_{网}=8.5$,弯头 $\zeta_{弯}=0.17$,出口 $\zeta_{出}=1.0$。水泵的提水高度 $z=18\ m$,水泵进口断面的最大允许真空度 $h_v=6\ m$,试确定:

(1)管道直径;

(2)水泵的安装高度 h_s;

(3)水泵的扬程 H;

(4)水泵的电动机的功率(水泵的效率 $\eta_{泵}=0.8$,电动机效率 $\eta_{动}=0.9$)。

解:(1)管道直径的确定。

依据前述允许流速的经验值,选取 $v_{吸}=2\ m/s$, $v_{压}=2.5\ m/s$,则相应的管径为

$$d_{吸}=\sqrt{\frac{4Q}{\pi v_{吸}}}=\sqrt{\frac{4\times 28}{3.14\times 2\times 3\ 600}}=0.07\ (m)$$

$$d_{压}=\sqrt{\frac{4Q}{\pi v_{压}}}=\sqrt{\frac{4\times 28}{3.14\times 2.5\times 3\ 600}}=0.063\ (m)$$

根据计算结果,并考虑施工、安装的方便,选用标准管径,$d_{吸}=d_{压}=d=75\ m$,则吸、压水管的流速为

$$v=\frac{Q}{A}=\frac{4\times 28}{3.14\times 0.075^2\times 3\ 600}=1.76\ (m/s)$$

(2)计算水泵安装高度 h_s。

以水池水面 0—0 为基准面,对 1—1 断面和 2—2 断面(水泵进口断面)列能量方程,并取 $\frac{\alpha v_1^2}{2g}\approx 0$, $\alpha=1$,得

$$0+\frac{p_a}{\gamma}+0=h_s+\frac{p_2}{\gamma}+\frac{v^2}{2g}+h_{w吸}$$

$$h_s=\left(\frac{p_a}{\gamma}-\frac{p_2}{\gamma}\right)-\frac{v^2}{2g}-h_{w吸}$$

式中$\left(\frac{p_a}{\gamma}-\frac{p_2}{\gamma}\right)$为水泵的允许真空高度 h_v,整理上式后得

$$h_s=h_v-\left(1+\lambda\frac{l}{d}+\sum\zeta\right)\frac{v^2}{2g} \tag{4-21}$$

将已知值代入式(4-21)得水泵的安装高度为

$$h_s=6-\left(1+0.046\times\frac{5}{0.075}+8.5+0.17\right)\times\frac{1.76^2}{19.6}=3.99\ (m)$$

即安装高度最大不得超过3.99 m,否则,将抽不上水或水泵出水量很小。

(3)水泵的扬程 H。

水泵的扬程就是单位重量的水体从水泵中获得的外加机械能,用 H 表示。

以吸水池水面0—0为基准面,对吸、压水池水面列能量方程为

$$0+0+H=z+h_w$$

式中 z——水泵的提水高度;

h_w——吸、压水管中的总水头损失,即 $h_w=h_{w吸}+h_{w压}$。

整理上式可得水泵的扬程为

$$H=z+h_{w吸}+h_{w压} \tag{4-22}$$

式(4-22)表明,水泵的扬程等于提水高度 z 加上吸水管路和压水管路的水头损失之和。

本例中:

$$h_{w吸}=(\lambda_{吸}\frac{l_{吸}}{d_{吸}}+\zeta_{网}+\zeta_{弯})\frac{v_{吸}^2}{2g}=(0.046\times\frac{5}{0.075}+8.5+0.17)\times\frac{1.76^2}{19.6}=1.85(\text{m})$$

$$h_{w压}=(\lambda_{压}\frac{l_{压}}{d_{压}}+\sum\zeta)\frac{v_{压}^2}{2g}=(0.046\times\frac{18}{0.075}+2\times0.17+1.0)\times\frac{1.76^2}{19.6}=1.96(\text{m})$$

故

$$H=z+h_{w吸}+h_{w压}=18+1.85+1.96=21.81\ (\text{m})$$

(4)计算水泵的电动机的功率。

单位时间内重量为 γQ 的水体从水泵获得的能量为 γQH,称为水泵的有效功率。水泵和电动机传动时会有能量损失,因此电动机的功率应大于水泵的有效功率,即水泵的电动机功率为水泵所具有的总功率。其计算公式为

$$N=\frac{\gamma QH}{\eta_{泵}\eta_{动}} \tag{4-23}$$

式中 $\eta_{泵}$、$\eta_{动}$——水泵、动力机的效率。

将已知值代入式(4-23)得

$$N=\frac{\gamma QH}{\eta_{泵}\eta_{动}}=\frac{9.8\times28\times21.81}{0.8\times0.9\times3\ 600}=2.31(\text{kW})$$

任务3 长管水力计算

本项目任务1介绍了长管的概念,当管中水流的局部水头损失与流速水头之和占沿程水头损失的比例小于5%时,可认为是长管,计算式如下:

$$\frac{\sum h_j+\sum\frac{\alpha v^2}{2g}}{\sum h_f}\leqslant5\% \tag{4-24}$$

式中 $\sum h_j$——管道中局部水头损失之和;

$\sum\frac{\alpha v^2}{2g}$——管道中的流速水头之和;

$\sum h_f$ ——管道中的沿程水头损失。

因而,在计算长管时,常常将局部水头损失与流速水头之和按沿程水头损失的某一百分数估算或完全忽略不计。一般情况下,给水管道、抽水机的压水管、输油管道等均按照长管计算,这样很大程度地简化了计算,也不会影响计算精度。

1　简单长管

1.1　简单长管的计算公式

简单管道即管径、管材沿程不变且无分支的管道。对于简单长管,其水力计算方法如下。

如图4-16所示为一简单长管,建立1—1断面和2—2断面之间的能量方程,忽略流速水头和局部水头损失,可得

$$H = h_w = h_f \tag{4-25}$$

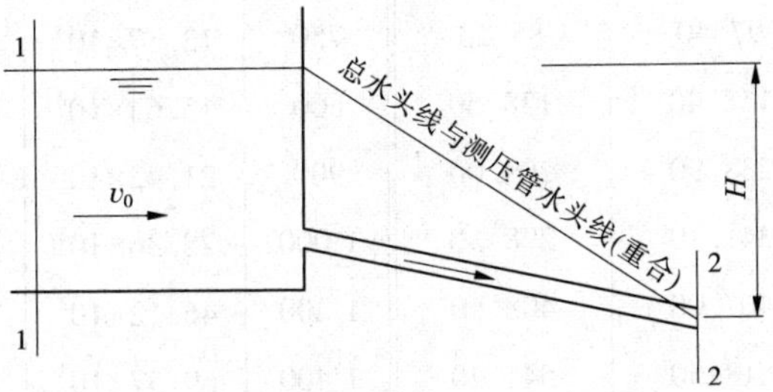

图4-16

在谢才公式 $Q = AC\sqrt{RJ}$ 及水力坡降表达式 $J = \dfrac{H}{l}$ 的基础上,令 $K = AC\sqrt{R}$,则

$$Q = K\sqrt{J} = K\sqrt{\frac{h_f}{l}} = K\sqrt{\frac{H}{l}}$$

即

$$Q = K\sqrt{\frac{H}{l}} \tag{4-26}$$

$$H = \frac{Q^2}{K^2}l \tag{4-27}$$

式中　K ——流量模数,表示水力坡度 $J = 1$ 的流量,m^3/s。

式(4-26)和式(4-27)是长管水力计算的基本公式。

为便于计算,不同直径及糙率的铸铁管的流量模数 K 值,可由表4-5查出。需要说明的是,当由流量模数查管径时,管径不能内插,只能用表中的标准管径。

需要补充的是,由于式(4-26)和式(4-27)是以谢才公式为理论基础推求来的,而谢才公式的适用条件是阻力平方区水流,即对于流速 $v \geq 1.2$ m/s 的水流。当流速小于1.2 m/s时,管道可能在过渡区工作,h_f 近似与 $v^{1.8}$ 成正比,计算水头损失时,应在式(4-26)或式(4-27)中乘以修正系数 k ,即

$$Q = K\sqrt{\frac{H}{kl}} \tag{4-28}$$

$$H = k\frac{Q^2}{K^2}l \tag{4-29}$$

式中　k——修正系数,可在表 4-6 中查出。

表 4-5　给水管道流量模数 K 值(按 $C = \frac{1}{n}R^{1/6}$)

标准管道直径(mm)	清洁管(L/s)(n=0.011)	正常管(L/s)(n=0.012 5)	污秽管(L/s)(n=0.014 3)	标准管道直径(mm)	清洁管(L/s)(n=0.011)	正常管(L/s)(n=0.012 5)	污秽管(L/s)(n=0.014 3)
50	9.624	8.460	7.403	500	4.467×10^3	3.927×10^3	3.436×10^3
75	28.37	24.94	21.83	600	7.264×10^3	6.386×10^3	5.587×10^3
100	61.11	53.72	47.01	700	10.96×10^3	9.632×10^3	8.428×10^3
125	110.80	97.40	85.23	750	13.17×10^3	11.58×10^3	10.13×10^3
150	180.20	158.40	138.60	800	15.64×10^3	13.57×10^3	12.03×10^3
175	271.80	238.90	209.00	900	21.42×10^3	18.83×10^3	16.47×10^3
200	388.00	341.10	298.50	1 000	28.36×10^3	24.93×10^3	21.82×10^3
225	531.20	467.00	408.60	1 200	46.12×10^3	40.55×10^3	35.48×10^3
250	703.50	618.50	541.20	1 400	69.57×10^3	61.16×10^3	53.52×10^3
300	1.144×10^3	1.006×10^3	880.00	1 600	99.33×10^3	87.32×10^3	76.41×10^3
350	1.726×10^3	1.517×10^3	1.327×10^3	1 800	136.00×10^3	119.50×10^3	104.60×10^3
400	2.464×10^3	2.166×10^3	1.895×10^3	2 000	180.00×10^3	158.30×10^3	138.50×10^3
450	3.373×10^3	2.965×10^3	2.594×10^3				

表 4-6　钢管及铸铁管修正系数 k 值

v(m/s)	k	v(m/s)	k
0.20	1.41	0.65	1.10
0.25	1.33	0.70	1.085
0.30	1.28	0.75	1.07
0.35	1.24	0.80	1.06
0.40	1.20	0.85	1.05
0.45	1.175	0.90	1.04
0.50	1.15	1.00	1.03
0.55	1.13	1.10	1.015
0.60	1.115	1.20	1.00

1.2　简单长管的计算任务

简单长管的水力计算任务一般有以下三种情况：

(1)已知水头 H、管长 l、管径 d，计算流量 Q。

(2)已知管长 l、管径 d、流量 Q，计算水头 H。

(3)已知流量 Q、水头 H、管长 l，计算所需的管径 d。

【例 4-8】　由水塔供水的简单管道如图 4-17 所示。管长为 1 600 m，直径为 200 mm，管道为铸铁管。水塔水面高程为 18.0 m，管道末端 B 点的高程为 8.0 m。计算：

(1)管道的供水流量 Q。

(2)当管径不变时，供水流量增加为 50 L/s，水塔的水面高程。

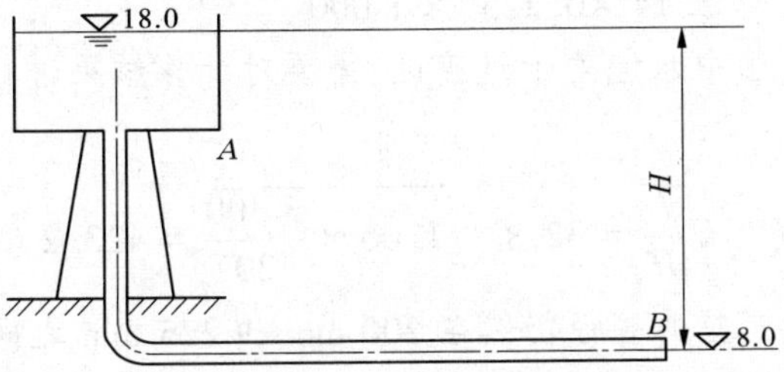

图 4-17

解：(1)已知水头求流量。水塔供水的水头为 $H = 18.0 - 8.0 = 10$(m)。按正常管考虑，即取 $n = 0.012\,5$，则由表 4-5 查得 $d = 200$ mm 时，流量模数 $K = 341.10$ L/s，故管道的供水流量为

$$Q = K\sqrt{\frac{H}{l}} = 341.10 \times \sqrt{\frac{10}{1\,600}} = 26.97\ (\text{L/s}) = 0.026\,97\ \text{m}^3/\text{s}$$

则
$$v = \frac{Q}{A} = \frac{4Q}{\pi d^2} = \frac{4 \times 0.026\,97}{3.14 \times 0.2^2} = 0.859\ (\text{m/s})$$

因为 $v < 1.2$ m/s，属于紊流过渡区，需要修正。由表 4-6 内插得 $v = 0.859$ m/s 时的修正系数 $k = 1.042$，则

$$Q = K\sqrt{\frac{H}{kl}} = 341.10 \times \sqrt{\frac{10}{1.042 \times 1\,600}} = 26.42\ (\text{L/s}) = 0.026\,42\ \text{m}^3/\text{s}$$

(2)已知 $Q = 50$ L/s，求水塔的水面高程。先计算流速为

$$v = \frac{Q}{A} = \frac{4Q}{\pi d^2} = \frac{4 \times 50}{3.14 \times 0.2^2 \times 1\,000} = 1.59\ (\text{m/s})$$

即 $v > 1.2$ m/s，水流处于紊流粗糙区，故

$$H = \frac{Q^2}{K^2} l = \left(\frac{50}{341.10}\right)^2 \times 1\,600 = 34.38\ (\text{m})$$

水塔水面高程为水管末端 B 点的高程加上作用水头 H，即水塔水面高程为

$$8.0 + 34.38 = 42.38\ (\text{m})$$

【例 4-9】　有一条长 $l = 3\,300$ m 的灌溉管道(旧铸铁管)，作用水头 $H = 20$ m，需要通过的流量 $Q = 32$ L/s，试确定管道直径 d。

解:考虑到管道为正常使用的管道,取糙率 $n = 0.0125$。

由式(4-26)得流量模数

$$K = Q\sqrt{\frac{l}{H}} = 32 \times \sqrt{\frac{3\,300}{20}} = 411(\text{L/s})$$

查表4-5得,当 $K = 411$ L/s 时,对应的管径在 200 mm 和 225 mm 之间,因表中管径均为标准管径,不可内插求解,同时为了保证灌溉供水的需要,宜选用 $d = 225$ mm 的管径,查得其所对应的流量系数 $K = 467.00$ L/s。

此时,管中流速为

$$v = \frac{4Q}{\pi d^2} = \frac{4 \times 32}{3.14 \times 0.225^2 \times 1\,000} = 0.81(\text{m/s}) < 1.2\ \text{m/s}$$

由于 $v < 1.2$ m/s,管中水流处于过渡区,需要对计算结果进行修正,查表4-6修正系数 k 取1.06。

则
$$K = Q\sqrt{k\frac{l}{H}} = 32 \times \sqrt{1.06 \times \frac{3\,300}{20}} = 423.2\ (\text{L/s})$$

修正后的流量模数对应的管径仍然在 200 mm 和 225 mm 之间,故该灌溉管道的管径取 225 mm。

从以上两个案例可以看出,分析长管问题时,特别要注意管中流速的问题,因基本公式[式(4-26)和式(4-27)]是在谢才公式的基础上推求出的,故当管道流速 $v < 1.2$ m/s 时,其计算结果应该用修正系数 k 进行修正。而对于例4-9的补充说明,当实际工程对水头 H 没有具体要求(或题目中没有告知水头 H)时,管径的求解仍用项目4任务1中介绍的"允许流速法"求解,此处不再赘述。

2　串联管路

串联管道是指管径或材料发生变化的管道,如图4-18所示。

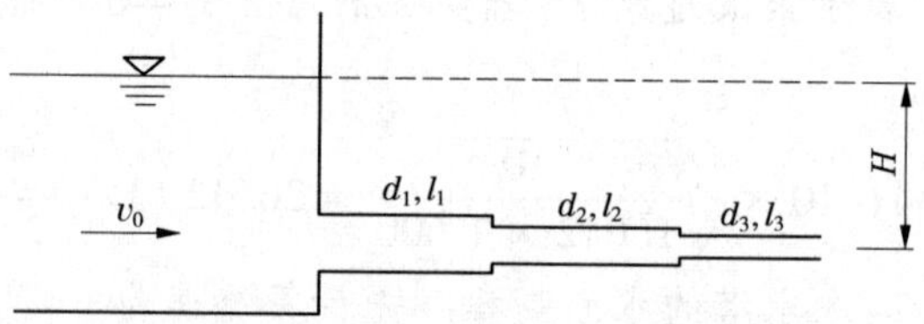

图4-18

串联管道的特征:(1)各管段流量相同,即 $Q_1 = Q_2 = Q_3 = \cdots$;

(2)水头损失为各段水头损失之和,$h_w = \sum h_f + \sum h_j$。

如图4-18所示,每一段管道都可以按照一个简单管道计算。

$$h_{fi} = \frac{Q_i^2}{K_i^2}l_i$$

且
$$H = \sum h_f = h_{f1} + h_{f2} + h_{f3}$$

则
$$H = Q^2 \sum \frac{l_i}{K_i^{\ 2}} \tag{4-30}$$

从而
$$Q = \sqrt{\frac{H}{\sum (\frac{l_i}{K_i^2})}} \tag{4-31}$$

式(4-30)和式(4-31)就是长管串联计算的基本公式。

【例 4-10】 如图 4-18 所示,由三段简单管道组成的串联管道。管道为铸铁管,糙率 $n = 0.0125$; $d_1 = 200$ mm, $l_1 = 400$ m; $d_2 = 175$ mm, $l_2 = 300$ m; $d_3 = 150$ mm, $l_3 = 500$ m; 总水头 $H = 42$ m。求管道通过的流量 Q 及各管段的水头损失。

解:由表 4-5 查得 $d_1 = 200$ mm 时, $K_1 = 341.10$ L/s; $d_2 = 175$ mm 时, $K_2 = 238.90$ L/s; $d_3 = 150$ mm 时, $K_3 = 158.40$ L/s。各值代入式(4-31)可得管道通过的流量 Q 为

$$Q = \sqrt{\frac{H}{\sum\left(\frac{l_i}{K_i^2}\right)}} = \sqrt{\frac{H}{\frac{l_1}{K_1^2} + \frac{l_2}{K_2^2} + \frac{l_3}{K_3^2}}} = \sqrt{\frac{42}{\frac{400}{341.1^2} + \frac{300}{238.9^2} + \frac{500}{158.4^2}}} = 38.31\ (\text{L/s})$$

各管段的水头损失分别为

$$h_{f1} = \frac{Q^2}{K_1^2} l_1 = \frac{38.31^2}{341.10^2} \times 400 = 5.05\ (\text{m})$$

$$h_{f2} = \frac{Q^2}{K_2^2} l_2 = \frac{38.31^2}{238.90^2} \times 300 = 7.71\ (\text{m})$$

$$h_{f3} = \frac{Q^2}{K_3^2} l_3 = \frac{38.31^2}{158.40^2} \times 500 = 29.25\ (\text{m})$$

此时,三段管中流速分别为 $v_1 = 1.22$ m/s, $v_2 = 1.59$ m/s, $v_3 = 2.17$ m/s,流速均大于 1.2 m/s,均是阻力平方区水流。

3　并联管路

在两节点(分叉点)之间并设两条以上管段的管道称为并联管道。并联管道一般按长管计算。

如图 4-19 所示,在 B、C 两节点间有 3 个管段并联,而并联前后的 A—B 管段和 C—D 管段与中间并联管道又形成串联管道。如在 B、C 两点分别设置测压管,各测压管只能有一个水面高程。所以,单位重量液体通过 B、C 间任何一条管道,所产生的能量损失都是相同的。

故并联管道的水力学特征如下:

(1)总流量等于各分流量之和,即 $Q = \sum Q_i$ 。

(2)各管段的水头损失相同,即 $h_{f1} = h_{f2} = h_{f3} = h_f$ 。

一般情况下,若管道系统的总流量 Q 及各并联支管的 d 、l 和 n 值为已知,以图 4-19 为例。

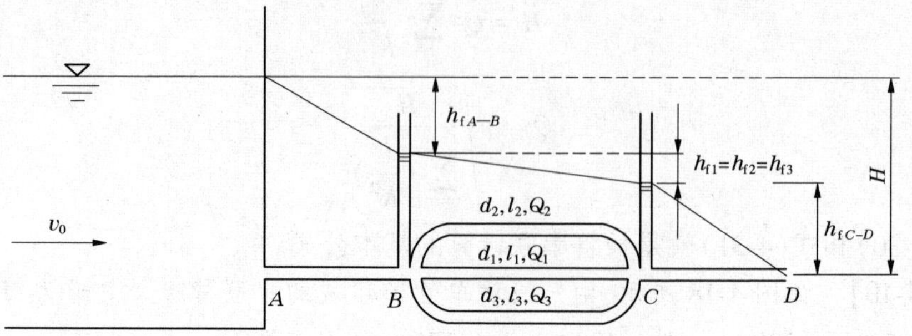

图 4-19

$$Q_1 = \frac{K_1}{l_1}\sqrt{h_f}$$

$$Q_2 = \frac{K_2}{l_2}\sqrt{h_f}$$

$$Q_3 = \frac{K_3}{l_3}\sqrt{h_f}$$

则

$$Q = \left(\frac{K_1}{\sqrt{l_1}} + \frac{K_2}{\sqrt{l_2}} + \frac{K_3}{\sqrt{l_3}}\right)\sqrt{h_f}$$

则

$$h_f = \frac{Q^2}{\left(\frac{K_1}{\sqrt{l_1}} + \frac{K_2}{\sqrt{l_2}} + \frac{K_3}{\sqrt{l_3}}\right)^2}$$

总结规律,对于具有 n 个分管的并联管道,其基本公式为

$$Q = \sqrt{h_f}\sum\frac{K_i}{\sqrt{l_i}} \tag{4-32}$$

$$h_f = \frac{Q^2}{\left(\sum\frac{K_i}{\sqrt{l_i}}\right)^2} \tag{4-33}$$

【例 4-11】 如图 4-19 所示,由三段简单管道组成的并联管道,管道为铸铁管,糙率 $n = 0.0125$, $l_1 = 500$ m, $l_2 = 300$ m, $l_3 = 400$ m, $d_1 = 150$ mm, $d_2 = 100$ mm, $d_3 = 150$ mm,通过的总流量 $Q = 75$ L/s,求管道通过各管段流量 Q 及管道的水头损失。

解:由表 4-5 查得各管段的流量模数 $K_1 = 158.40$ L/s, $K_2 = 53.72$ L/s, $K_3 = 158.40$ L/s,将各管段的参数代入式(4-33)得水头损失

$$h_f = \frac{Q^2}{(\sum\frac{K_i}{\sqrt{l_i}})^2} = \frac{75^2}{\left(\frac{158.40}{\sqrt{500}} + \frac{53.72}{\sqrt{300}} + \frac{158.40}{\sqrt{400}}\right)^2} = 17.16\ (\text{m})$$

因管 1、管 2、管 3 水头损失相等,均为 17.16 m,则通过各段的流量为

$$Q_1 = K_1\sqrt{\frac{h_f}{l_1}} = 158.40 \times \sqrt{\frac{17.16}{500}} = 29.34\ (\text{L/s})$$

$$Q_2 = K_2\sqrt{\frac{h_f}{l_2}} = 53.72 \times \sqrt{\frac{17.16}{300}} = 12.85\ (\text{L/s})$$

$$Q_3 = K_3\sqrt{\frac{h_f}{l_3}} = 158.40 \times \sqrt{\frac{17.16}{400}} = 32.81\ (\text{L/s})$$

管中流速分别为 $v_1 = 1.66$ m/s，$v_2 = 1.64$ m/s，$v_3 = 1.86$ m/s，流速均大于 1.2 m/s，均是阻力平方区水流，无须修正。

任务 4　水击简介

1　水击现象及水击分类

1.1　水击现象

物理学中把扰动在介质中的传播现象称为波。管道中的非恒定流也是一种波，它们是由某种原因引起水中某处水力要素如流速、流量、压强等变化，并沿管道传播和反射的现象。波所到之处，破坏了原先恒定流状态，使该处水力现象发生显著的变化。引起水流扰动的原因是多方面的，如水电站和水泵站在运行时，系统中发生突然事故，或某个大型用电设备启动或停机，则要求迅速增加或减少负荷，即要求迅速调节引水管道的阀门（或水轮机的导叶）的开度，改变电站（或水泵站）的引用流量。当管道阀门（或导叶）突然关闭时，由于管中流速突然减小，压强急剧增加。反之当阀门突然开启时，管中流速突然增大，则压强急剧减小。如果在管道上安装测压设备，可以直接观测到管中出现大幅度变化的压强波动现象。由于管中压强迅速变化，且幅度大，易于引起管道变形，甚至破裂。

这些都是管道非恒定流现象。压力管道中，由于管中流速突然发生变化，引起管中压强急剧升高（或降低），从而使管道断面上发生压力交替升降的现象，称为水击。

1.2　水击分类

以压强升高为特征的水击，称为正水击；反之，以压强降低为特征的水击，称为负水击。正水击时的压强升高可以超过管中正常压强的许多倍，可能导致压力管道破裂和水电站（或水泵站）的破坏。负水击时的压强降低，可能使管中发生不利的真空。因此，必须对水击这一特殊的水流现象加以研究，以便采取一些工程措施，减小水击的危害。

根据阀门开闭的快慢，又可以将水击分为直接水击和间接水击。

1.3　水击波传播过程

下面以压力管道的阀门突然关闭为例，说明水击波的传播过程。

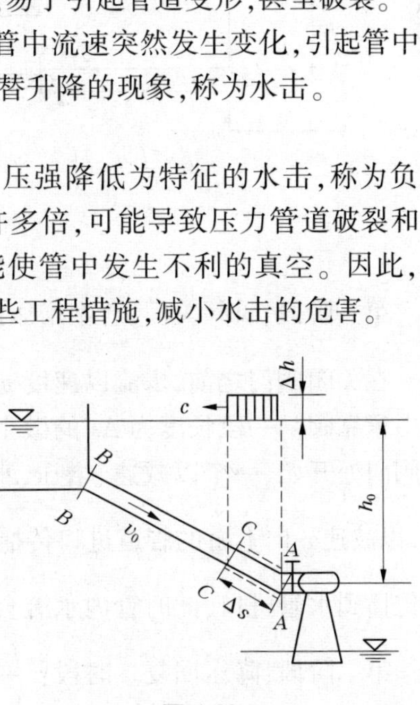

图 4-20

如图 4-20 所示，当阀门突然关闭时，靠近阀门处一个微小流段 Δs 的水体被迫停止运动。由于水流的惯性，就有一个力作用在阀门上。同时，阀门也有同样大小的反作用力作用在此微小水体上，由于水的特性，这个力也要传到管壁上。但是，这个微小流段上游面，与它相邻的水体，仍然以原有的速度 v_0 继续前进。当受到已停止流动的微小流段的阻挡后，同样有一个力作用在前面的流段上，使前一微小流段的水体受到压缩，从而使水体的压强升高，密度加大，管壁也相应地发生膨胀。接着第二个微小流段也相继停止流动，同时也伴随着压强升高，密度加大，管壁膨胀。如此连续下去，第三、第四……微小流段依次停止流动，形成一个从阀门处向上游传递的减速、增压运动，并以水击波速（水击波的传播速度）c 向压力管道进口推进，这种现象，称为水击波的传播。

以上分析只是水击传播过程中的一个阶段。实际中，水击是从阀门处开始的，传播到管道进口，再由进口传播到阀门，如此循环往复，直到水流的阻力作用使水击波的传播逐渐减弱，达到新的平衡。

水击波传播的每一个循环过程可以分为四个阶段。现以图 4-21 所示的压力管道为例加以说明。

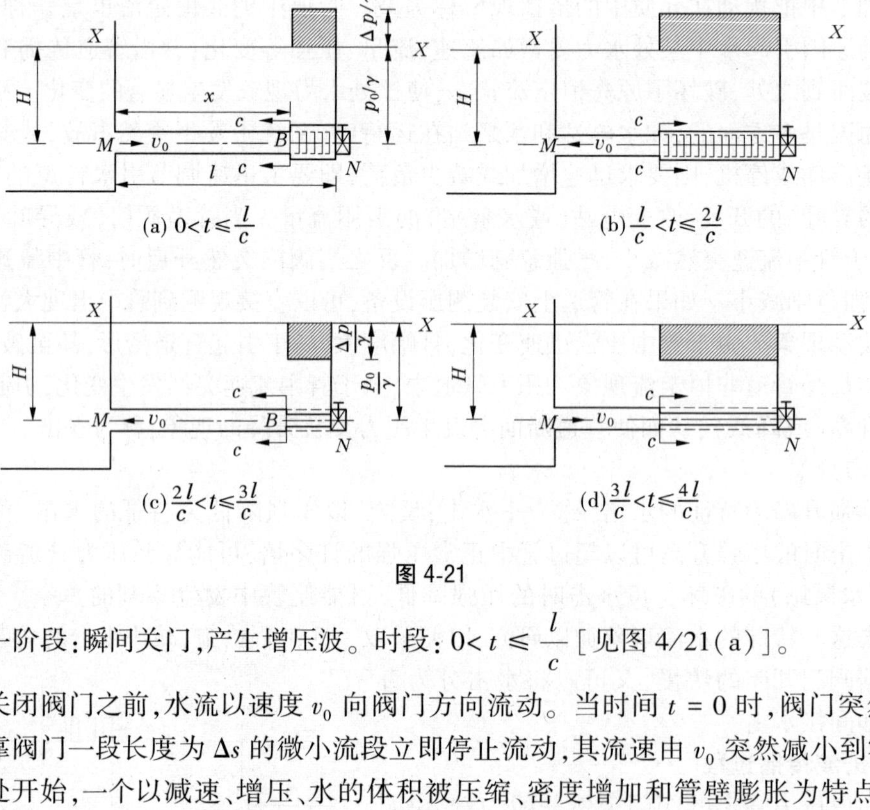

图 4-21

第一阶段：瞬间关门，产生增压波。时段：$0< t \leq \dfrac{l}{c}$［见图 4/21(a)］。

在关闭阀门之前，水流以速度 v_0 向阀门方向流动。当时间 $t=0$ 时，阀门突然关闭。管中紧靠阀门一段长度为 Δs 的微小流段立即停止流动，其流速由 v_0 突然减小到零，这时从阀门处开始，一个以减速、增压、水的体积被压缩、密度增加和管壁膨胀为特点的水击波，以波速 c 向上游的管道进口传播。设管长为 l，则在时间 $t=\dfrac{l}{c}$ 时，水击波正好由阀门处传播到水管进口，此时管内水流会全部停止流动。

第二阶段：降压回复。时段：$\dfrac{l}{c} < t \leq \dfrac{2l}{c}$。

如图 4-21(b)所示，上述的增压波刚好传播到管口，由于管道进口上游水库中水的体积庞大，水库水位不会因管中水击引起变化，所以管道进口处的压强、密度正常。这时在管进口 M 处出现压强、密度差。处在管口以内的压强大、密度大的水流就必然向水库（压强、密度正常）的方向流动。因此，从时间 $t=\frac{l}{c}$ 时起，开始了水击波传播的第二阶段，即从管口 M 处的微小流段开始，产生一个向水库方向流动的反向流速 $-v_0$，使该微小流段的压强和密度恢复到正常（和水库中的水体一样），管壁也收缩回原状。这时，从进口 M 开始，水击波以波速 c 向阀门方向传播，到 $t=\frac{2l}{c}$ 时，传播到阀门 N 处，结束了水击波传播的第二阶段。这时，全管水流的压强、密度和管壁状况都已恢复正常，只有全管水流都有一个反向流速 $-v_0$ 向水库方向流动。

第三阶段：减压收缩。时段：$\frac{2l}{c}<t\leqslant\frac{3l}{c}$［见图4-21(c)］。

在 $t=\frac{2l}{c}$ 时，全管水流以一个反向流速 $-v_0$ 向水库方向流动着，但因阀门完全关闭，水得不到补充，水流被迫停止流动，流速又由 $-v_0$ 减小到零。这时，由于水流的惯性作用，水体有脱离阀门的趋势，致使阀门处压强降低。由于流速只有方向上的改变，在数值上与第一阶段是相同的，故相应的压强降低值仍为 Δp。与此同时，伴随着水体膨胀，密度减小，管壁收缩，这个减压波仍以波速 c 向上游水库方向传播。到 $t=\frac{3l}{c}$ 时，减压波传到管道进口 B 处，全管水体处于静止状态。这就是水击波传播的第三个阶段。

第四阶段：增压恢复。时段：$\frac{3l}{c}<t\leqslant\frac{4l}{c}$［见图4-21(d)］。

在 $t=\frac{3l}{c}$ 时，减压波正好由阀门传播到管道进口，这时管道进口 M 的下游面（管道的一面）水流的压强较 M 的上游面（水库的一面）水流的压强低 Δp。在压强差 Δp 的作用下，水库中水体所具有的正常压强又迫使水体又以流速 v_0 向阀门方向流动，水体的压强和密度以及收缩的管壁又开始恢复正常，并且仍以波速 c 向下游方向传播，直到 $t=\frac{4l}{c}$ 时到达阀门处 N。这时全管水流的压强和密度以及管壁都恢复正常。但水流具有向下游阀门方向流动的速度 v_0，这就结束了水击波传播的第四阶段。这时全管水流的状态与 $t=0$ 时完全一样。即当 $t=\frac{4l}{c}$ 时，水击波传播完成了一个全过程。以后，水击现象的传播将依次重复上述各个阶段，直至水流阻力作用，使水击波的传播逐渐减弱，最后达到新的平衡。

下面着重分析管道 N 端阀门处的压强水头随着时间的变化过程。

如图4-22所示，以时间 t 为横坐标，压强水头 h 为纵坐标。$t=0$（阀门突然关闭的瞬间）时，阀门处压强水头由原来的 h_0 增加到 $h_0+\Delta h$，并一直保持到 $t=\frac{2l}{c}$ 时为止。

在 $t = \dfrac{2l}{c}$ 时,水击的减压波已从水库反射回来到达阀门处。这时,阀门处的压强水头降低至 $h_0 - \Delta h$,并一直保持到 $t = \dfrac{4l}{c}$ 时为止。此后将重复上述过程而呈周期性变化。如果不考虑水流阻力作用,则水击波的传播现象将永无休止地按上述顺序循环下去,如图 4-22 中的虚线所示。但实际上,水流阻力是存在的,阀门处水击压强水头的变化,如图 4-22 中的实线那样,是一个逐渐减弱以致消失的过程。

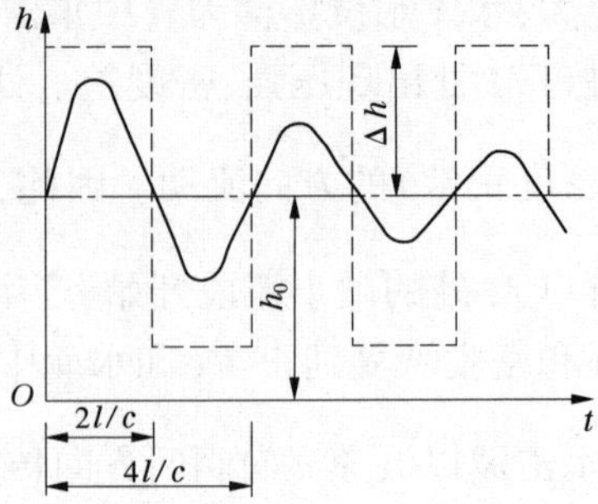

图 4-22

2　水击压强及水击波速

根据前面对水击的分析,可知阀门断面处的压强总是最先升高或降低,且时间最长,变幅最大;管道进口断面处压强增高或降低都发生在瞬间;对管中任一断面而言,其压强的变幅与持续时间介于上述两者之间。所以,阀门断面的水击最严重,它通常是水击压强的主要计算断面。

2.1　水击压强

设阀门瞬时关闭, $v = 0$,波速为 c ,应用牛顿第二定律,在忽略阻力的情况下,推得直接水击压强最大值公式为

$$\Delta p = \rho c v_0 \tag{4-34}$$

或

$$\Delta h = \frac{\Delta p}{\gamma} = \frac{c}{g} v_0 \tag{4-35}$$

水击压强在阀门突然关闭时可达到最大值,如果采用波速 $c = 1\ 000$ m/s,管中原流速 $v_0 = 1$ m/s,则由式(4-35)得

$$\Delta h = \frac{\Delta p}{\gamma} = \frac{c}{g} v_0 = \frac{1\ 000 \times 1}{9.8} \approx 100\ (\text{m 水柱})$$

相当于 10 个工程大气压,可知水击的破坏力多大。

当阀门突然变化但并未完全关闭,管中后来的流速 $v \neq 0$,则式(4-34)和式(4-35)对应变为

$$\Delta p = -\rho c (v_0 - v) \tag{4-36}$$

或

$$\Delta h = \frac{\Delta p}{\gamma} = \frac{c}{g} (v_0 - v) \tag{4-37}$$

式(4-37)是 1988 年提出的儒柯夫斯基公式,该公式表明,水击压强 Δp 和管长无关,只取决于管中的原流速和变化的流速。关闭阀门后,阀门处的总压强应为 $p_0 + \Delta p$,其中 p_0 为关阀前阀门处的正常压强。

2.2　水击波的传播速度

当液体运动突然停止时,升高的压强首先发生在阀门旁,随后又沿着管路以速度 c 逆流传播,这个速度 c 称为水击波的传播速度。

如果将管壁视为无弹性的绝对刚体,当发生水击波传播时,可以推求其波速为

$$c_0=\sqrt{\frac{K}{\rho}}=\sqrt{\frac{g}{\gamma}K} \tag{4-38}$$

式中　K——液体的体积弹性系数。

一般水的体积弹性系数 $K=1.96\times10^6$ kPa,代入式(4-38)可得水击波的传播速度 $c_0=1\ 435$ m/s 。实际上,管壁是有弹性的,当管中压强增高时,管壁产生膨胀。弹性的液体在弹性的管壁中流动时,发生的水击波 c 可按下式计算,即

$$c=\frac{c_0}{\sqrt{1+\frac{DK}{\delta E}}} \tag{4-39}$$

式中　K——弹性模量,$K=2.01\times10^9$ Pa;

D——管道的直径,m;

δ——管壁厚度,m;

E——管壁材料的弹性模量,可在表4-7中查取;

c_0——弹性液体在绝对刚体管道中的波速,m/s。

表4-7　几种常见管壁材料的弹性模量

管壁材料	E(Pa)	管壁材料	E(Pa)
钢管	2.06×10^{11}	混凝土管	2.06×10^{11}
铸铁管	8.73×10^{10}	木管	6.86×10^9

注:数据来源于武汉大学《水力学》,李大美、杨小亭。

式(4-39)说明,管道的直径 D 大,管壁厚度 δ 小,则水击波传播的速度 c 就较小;反之则较大。一般钢管的管径与管壁厚度的比值 $\frac{D}{\delta}$ 在50~200的范围内,相应的水击波传播速度 c 为800~1 200 m/s。大多数水电站的压力钢管 $\frac{D}{\delta}$ 值约为100,相应的水击波的传播速度约为1 000 m/s。

3　水击压强计算

正水击有两种形式,即直接水击和间接水击。

当关闭阀门所需的时间 $t<\frac{2l}{c}$ 时,从水库反射回来的减压波还没有到达阀门处,因此阀门处的最大水击压强就不会受到从水库反射回来的减压波的影响。工程上把这种关闭阀门时间 $t<\frac{2l}{c}$ 时所发生的水击叫作直接水击。

当关闭阀门所需时间 $t>\frac{2l}{c}$,阀门处产生的水击压强还没有达到最大值时,就会受到从水库反射回来的减压波的影响,使阀门处的压强不会达到直接水击的最大压强值。在

工程上，把关闭阀门时间 $t > \frac{2l}{c}$ 时所发生的水击叫作间接水击。

3.1　直接水击最大水击压强的计算

在直接水击情况下，由于管道进口反射回来的减压波尚未到达阀门时，阀门已关闭，阀门处的压强未能受到减压波的影响。

如果阀门部分关闭，使管道内流速 v_0 减少到 v，并且发生了直接水击，则阀门处的最大水击压强值由式(4-37)进行计算，即

$$\Delta h = \frac{c}{g}(v_0 - v)$$

如果直接水击是因阀门完全关闭而引起的，则管道内流速由 v_0 变为零，这时其阀门处的最大水击压强值应按下式计算，即

$$\Delta h = \frac{cv_0}{g}$$

例如，在水电站压力钢管中，流速 v_0 若为 3~5 m/s，水击波速 c=1 000 m/s，如阀门或导叶迅速完全关闭，并发生直接水击，则最大水击压强值由式(4-35)可求得 $\Delta h \approx 300 \sim 500$ m 水柱，相当于 30~50 个工程大气压。这是一个很大的数值，因此在工程设计中，对水击问题，要认真研究。

3.2　间接水击最大水击压强的计算

在间接水击情况下，由管道进口反射回来的减压波到达阀门时，阀门还未完全关闭。不但阀门处的压强还未升到最大值，而且反射回来的减压波还会使阀门处的压强降低。所以，阀门处的压强增值要比直接水击时小。

间接水击情况比较复杂，决定水击压强值也比较困难，这里，可用近似公式莫洛索夫公式来确定压强增高值 Δh，即

$$\Delta h = \frac{\Delta p}{\gamma} = \frac{2\sigma}{2 - \sigma}h_0 \tag{4-40}$$

$$\sigma = \frac{v_0 l}{g h_0 T} \tag{4-41}$$

式中　σ——与管道特性有关；

h_0——管道阀门处的静水头 p_0/γ，m；

v_0——管道内未发生水击前的流速，m/s；

T——阀门完全关闭所需的时间。

当 σ 小于 0.5 且压力增高值较小时，式(4-40)可得到相当准确的结果。

试验证明，在阀门缓慢关闭而且发生间接水击时，管中所发生的压强增值 Δp，从阀门处均匀地减小，到进口处为零，即按直线变化。此时的间接水击压强也可近似地按下式计算：

$$\Delta p \approx \frac{2\gamma l v_0}{gT} \tag{4-42}$$

式中　T——关闭阀门所用的时间，s。

【例4-12】 焊接钢管内径 $D = 1.2\ \text{m}$，壁厚 $\delta = 10\ \text{mm}$，流速 $v = 2.5\ \text{m/s}$，管端处(阀门前)的压强水头 $h_0 = 55\ \text{m}$，试求阀门迅速关闭时的压强值。

解：因阀门属于“迅速”关闭，可理解为关闭时间极短，管中将发生直接水击。查表4-7得，钢管管壁弹性模量 $E = 2.06 \times 10^{11}\ \text{Pa}$。

首先由水击波速公式(4-39)计算水击波速

$$c = \frac{c_0}{\sqrt{1 + \dfrac{DK}{\delta E}}} = \frac{1\,435}{\sqrt{1 + \dfrac{1.2}{0.01} \times \dfrac{2.04 \times 10^9}{2.06 \times 10^{11}}}} = 970.0\ (\text{m/s})$$

由直接水击压强计算公式(4-37)得水击发生时，压强增值

$$\frac{\Delta p}{\gamma} = \frac{c}{g}(v_0 - v) = \frac{970.0}{9.8} \times (2.5 - 0) = 247.46(\text{kPa})$$

则水击发生时，阀门前处的压强值为

$$h_0 + \Delta p = 55 + 247.46 = 302.46(\text{m})$$

【例4-13】 某水电站工程中，已知引水钢管长 $l = 60\ \text{m}$，管中原始流速 $v_0 = 2.5\ \text{m/s}$，管端处正常压强 $h_0 = 60\ \text{m}$，水击波速 $c = 950\ \text{m/s}$，现将阀门关闭，关闭时长 $T = 2.0\ \text{s}$，求水击压强。

解：确定水击波往返的时间

$$t = \frac{2l}{c} = \frac{2 \times 60}{950} = 0.13(\text{s})$$

因为 $T = 2.0 > t$，所以为间接水击，按式(4-41)

$$\sigma = \frac{v_0 l}{g h_0 T} = \frac{2.5 \times 60}{9.8 \times 60 \times 2} = 0.13$$

因 $\sigma < 0.5$，故水击压强可以按式(4-40)计算

则压强增值
$$\Delta h = \frac{2\sigma}{2 - \sigma} h_0 = \frac{2 \times 0.13}{2 - 0.13} \times 60 = 8.34(\text{m})$$

故在阀门处的最大压强值为

$$60 + 8.34 = 68.34(\text{m})$$

4 减小水击压强的措施

通过前面的分析，我们知道了水击的危害性，因此在实际工程中，必须设法减小由水击所造成的危害。工程上常常采取以下措施来减小水击压强。

(1)延长阀门(或导叶)的启闭时间 T。

从水击波的传播过程可以看出，关闭阀门所用的时间愈长，从水库发射回来的减压波所起的抵消作用愈大，因此阀门处 A—A 断面的水击压强也就愈小。工程中总是力求避免发生直接水击，并尽可能地设法延长阀门的启闭时间。但要注意，根据水电站运行的要求，阀门启闭时间的延长是有限度的。

(2)缩短压力水管的长度。

压力管道愈长，则水击波以速度 c 从阀门处传播到水库，再由水库反射回阀门处所需

要的时间也愈长(相长 $\frac{2l}{c}$ 愈大),这样,在阀门处所引起的最大水击压强也就愈不容易得到缓解。因此,在水电站或水泵站等工程设计中,应尽可能缩短压力管道的长度。

(3)在压力管道中设置调压室。

若压力管道的缩短受到条件的限制,可根据具体情况,在管道中设置调压室(有关调压室的布置,可参阅有关水电站等工程设计资料)。这时水击的影响主要限制在调压室与水轮机间的管段内,实际上等于缩短了压力管道的长度。

(4)减小压力管道中的流速。

减小压力管道中的流速,实际上相当于减小了发生水击时流速改变的幅度,从而可降低水击压强。但要减小流速,必然要加大管径,增加工程投资。

(5)安装水击消除阀。水击消除阀安装在管道上,当产生水击时,压力达到一定数值,则阀门自动打开,将一部分水从管道中放出,以达到降低水击压强的目的。当水击压强减小时,又自动关闭。

项目小结

一、基本概念

1. 一般来说,管流指的是有压管流,无压管流一般纳入明渠流的计算范畴。

2. 根据管道的复杂程度,可以将管道分为简单管道和复杂管道。常见的复杂管道包括串联管道、并联管道、分叉管网和环状管网等。

根据管道的出流状态,可以将管流分为自由出流和淹没出流。

根据管道中水头损失之间的比例关系(或流速水头与局部水头损失是否可以忽略),可将管道分为长管和短管。

二、有压短管水力计算

1. 对于有压短管,其基本公式为

自由出流:$Q=\mu_c A\sqrt{2gH_0}$,其中 $\mu_c=\dfrac{1}{\sqrt{1+\lambda\dfrac{l}{d}+\sum\zeta_i}}$

淹没出流:$Q=\mu_c A\sqrt{2gz}$,其中 $\mu_c=\dfrac{1}{\sqrt{\lambda\dfrac{l}{d}+\sum\zeta_i}}$

以上两个公式是有压短管水力分析的基本公式。

2. 有压短管可绘制两条水头线:总水头线和测压管水头线,一段等径管道的总水头线和测压管水头线总是平行的,且总水头线比测压管水头线高 1 个流速水头 $v^2/2g$ 。

3. 有压管道直径的确定方法有两种:“允许流速法”和“水力学法”。

当只知管道流量要求、管道材料、管道布置,但作用水头未知情况下,用“允许流速法”,其基本思路为“ 选定允许流速 → $d=\sqrt{\dfrac{4Q}{\pi v_{允}}}$ → 选定标准管径 → 确定设计流速 ”。

当管道流量要求、水头要求、管道材料、管道布置等均已知时,用"水力学法",常用的方法有试算法和迭代法。

4. 虹吸管、倒虹吸管、水泵(进水管)一般按有压短管进行水力计算。

三、有压长管水力计算

1. 长管水力分析计算时,不考虑流速水头 $v_0^2/2g$ 及局部水头损失 $\sum \zeta_i$,基于此,可以得知长管的水头均消耗在沿程水头损失方面,即 $H = \sum h_f$。

2. 长管水力计算的基本公式

$$H = \frac{Q^2}{K^2} l ; \quad Q = K\sqrt{\frac{H}{l}}$$

需要注意的是,以上两个公式的默认条件是阻力平方区水流(流速 $v > 1.2$ m/s),当管道中水流不是阻力平方区水流时,应进行修正。

3. 串联管道中,各段流量相同,各段水头损失之和等于总水头。

4. 并联管道中,各段流量之和等于总流量,各段水头损失相同。

四、水击问题

1. 水击是工程中一种有害的水力现象,分为正水击和负水击,正水击又分为直接水击和间接水击,相对来说,直接水击产生的压强比间接水击大。

2. 采用延长启闭阀时间、缩短管长、设调压室、减小流速、装水击消除阀等措施可减小水击的危害。

技能训练题

一、填空题

1. 管流的特点是没有________,水流各点的压强一般都不等于________。

2. 管流是靠________的作用流动的,因此管流又称________。

3. 压力管道中的水流有________和________两种。

4. 短管在自由出流时,它的上游总水头都变成________和________。

项目4自测题

5. 在管道断面突然扩大处,测压管水头线沿程________________;在管道断面突然缩小处,测压管水头线沿程________________。

6. 图4-23所示为一串联管段恒定流。各管段流量 q_{v_1}、q_{v_2}、q_{v_3} 的关系为________。各管段流速 v_1、v_2、v_3 的关系为________。

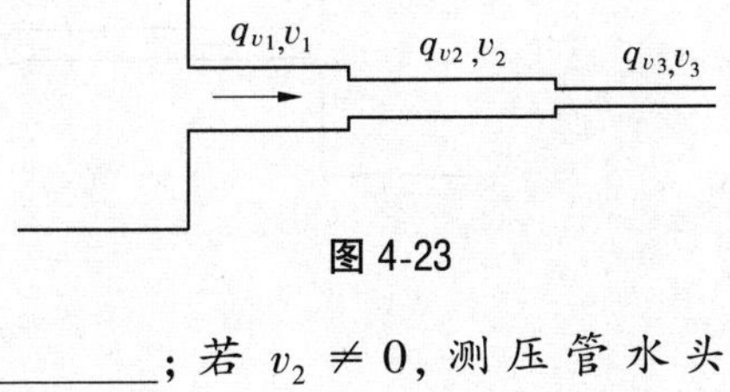

图4-23

7. 对于有压管流出口为自由出流时,测压管水头线终点在________________;出口为淹没出流时,若下游水池中流速 $v_2 = 0$,测压管水头线终点在________________;若 $v_2 \neq 0$,测压管水头线应

__________________下游水面。

8. 有压管道中__________________和__________________两项只占总水头的5%以下，此管道称为__________________。

9. 有一逐渐扩大的管道水平置放，当管中水流为恒定流时，其流速沿程__________，动水压强沿程__________。

10. 两根串联管道，小管管径为 D_1，大管径 $D_2=2D_1$，大管平均流速 $v_2=1$ m/s，小管平均流速 v_1 为__________。

11. 当测压管水头线低于管轴线时，则该处的压强水头为________，说明该处出现了________。

12. 从能量的观点来看，电动机和抽水机给________做功，将外面输入的电能转化为水的________。

13. 水泵抽水的原理，是使吸水管内形成________，水源的水在________作用下，源源不断地被吸入泵壳，再经压水管流入水塔。

14. 当 $t=$________至 $t=$________时，水击波以减压波的形式向________方向传播。

15. 发生水击时，当 $t=$________至 $t=$________时，管内水流全部停止流动。

16. 水击以波的形式传播，称为________。

17. 长度 $l=1\ 000$ m 的有压管道，发生水击时的水击波速 $c=1\ 000$ m/s，则水击波相长为________。

二、作图题

1. 定性绘出图 4-24 中短管道的总水头线和测压管水头线，并标明符号及真空区范围。（以管轴为基准）

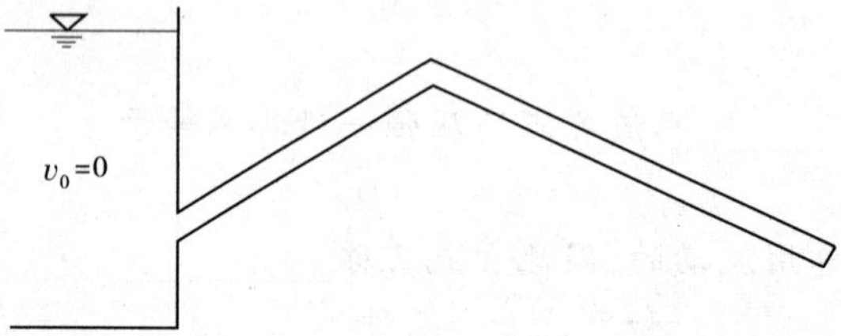

图 4-24

2. 定性绘出图 4-25 中短管道的总水头线和测压管水头线，并标明符号。

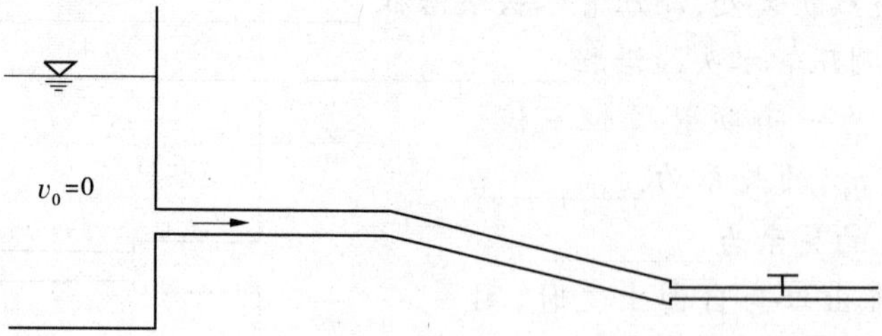

图 4-25

3. 定性绘出图4-26中短管道的总水头线和测压管水头线，并标明符号。

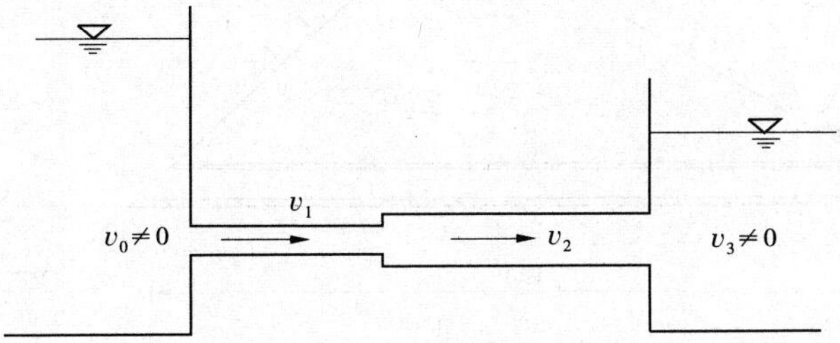

图4-26

4. 定性绘出图4-27中短管道的总水头线和测压管水头线，并标明符号。

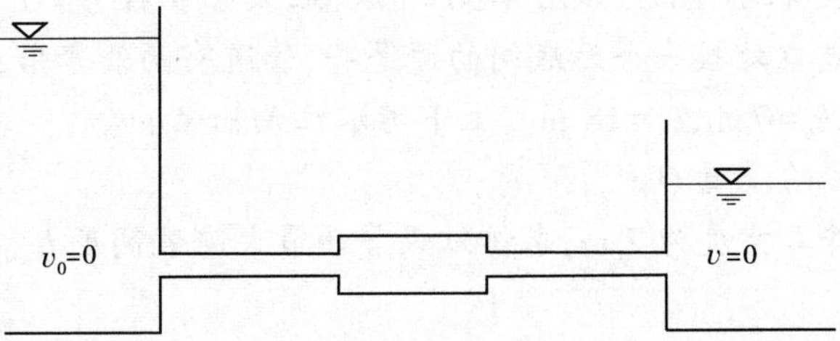

图4-27

三、简答题

1. 长管和短管有什么区别？它们是用管道长度来区分的吗？

2. 管径不变的一段有压管流，其测压管水头线和总水头线是什么关系？

3. 虹吸管的工作原理是什么？水泵(离心泵)的工作原理是什么？

4. 什么是直接水击？什么是间接水击？

5. 减小水击危害的工作措施有哪些？

四、计算题

1. 某水电站的施工导流隧洞，如图4-28所示。上游是水库，下游河道开阔，洞长 $L=400$ m，洞径 $D=4$ m，平均坡度 $i=\Delta H/L=0.015$，开挖后不衬砌，糙率 $n=0.035$，水头 $H=11$ m，求泄流量。

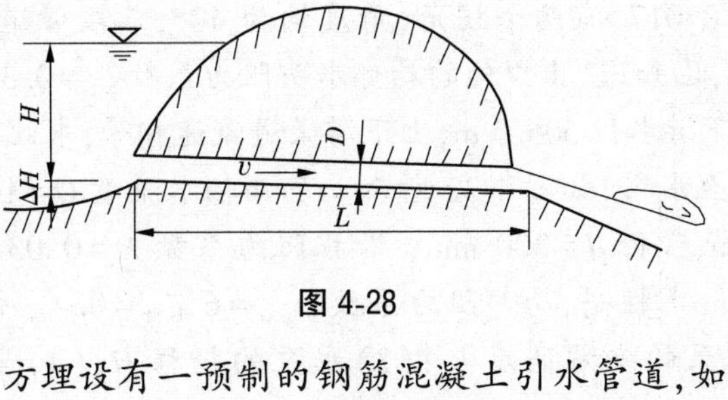

图4-28

2. 某小型均质坝下方埋设有一预制的钢筋混凝土引水管道，如图4-29所示，管道内径 $d=1.2$ m，总长 $L=135$ m，管道纵坡为1%，管道糙率 $n=0.014$，在管道进口处装有一平板闸门来控制流量，水库正常蓄水位422.0 m，对应的下游水位400 m，闸门全开时管道进口处的局部水头损失系数 $\zeta=0.4$，求在正常蓄水位闸门全开情况时的引水流量。

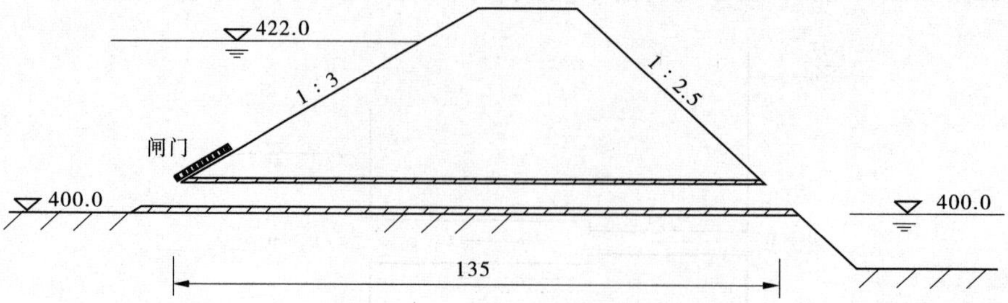

图 4-29　(单位:m)

3. 用虹吸管从蓄水池取水灌溉,如图 4-30 所示,虹吸管管径 $d=0.4$ m,材质为钢管(糙率 $n=0.011$),管道进口处接一个无底阀的莲蓬头,管道有两处弯角,角度均为 50°,管段长度分别为 $l_1=11$ m,$l_2=7$ m,$l_3=18$ m。上下游水位差 $z=4$ m。

(1)计算通过虹吸管的流量 Q;

(2)若该虹吸管允许真空度为 7 m,求该虹吸管的最大安装高度 h_s。

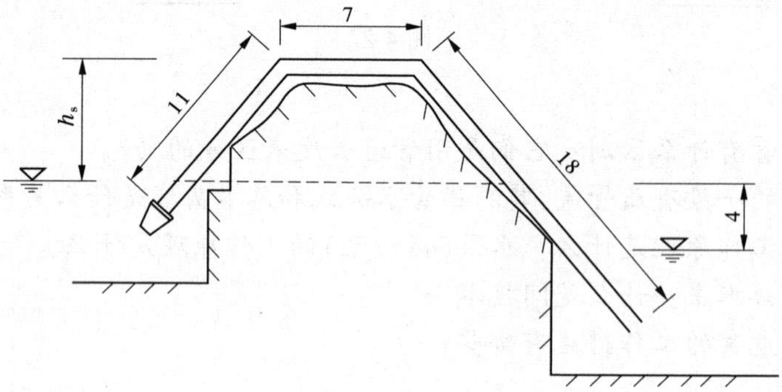

图 4-30　(单位:m)

4. 某农田灌溉斗渠与一道路相交,用一折线式倒虹吸连接,如图 4-31 所示,倒虹吸管径 $d=1.0$ m,糙率 $n=0.017$,有两个拐角,角度均为 40°,三段管道长度分别为 $L_1=30$ m、$L_2=10$ m 和 $L_3=29$ m,已知进、出口处的局部水头阻力系数 $\zeta_1=0.32$、$\zeta_4=0.2$。某次灌水时上游水位为 507.0 m,下游水位 506.5 m,上下游渠道流速相等,求此时通过倒虹吸的流量 Q。

5. 一水泵将水抽至水塔,如图 4-32 所示。已知抽水流量 $Q=100$ L/s,吸水管长 $l_1=15$ m,压水管长 $l_2=300$ m,管径 $d=300$ mm,沿程阻力系数 $\lambda=0.03$,上下水池水面差为 30 m,允许真空值 $h_v=6$ m 水柱高,局部阻力系数 $\zeta_{进口}=6$,$\zeta_{弯}=0.4$。计算:(1)确定吸水管和压水管的管径;(2)水泵的安装高度 h_s;(3)水泵的扬程 H;(4)当水泵和电动机总效率 $\eta=0.75$ 时,电动机的功率。

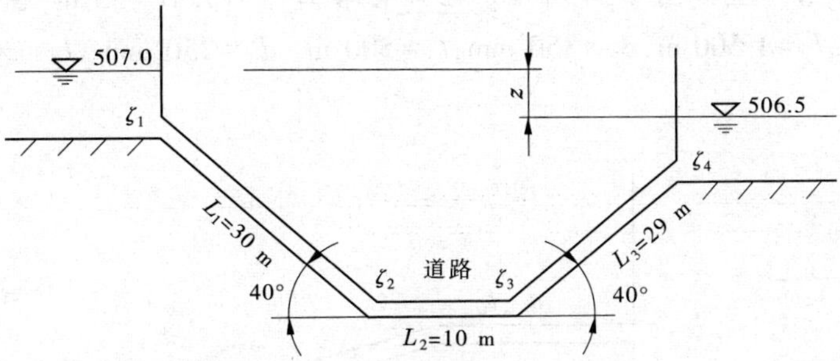

图 4-31

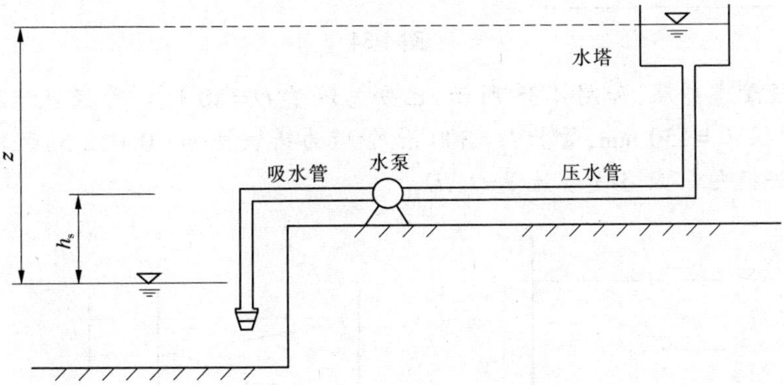

图 4-32

6. 某水库泄洪压力隧洞如图 4-33 所示，洞身断面为圆形，内径 $d=5.0$ m，洞长 $L=160.0$ m，进口有渐变段及闸门槽，其局部水头损失系数 $\zeta_1=0.2$，中间有一弯段，局部水头损失系数 $\zeta_2=0.15$，洞壁糙率 $n=0.012\,5$，隧洞出口底部高程 200.0 m，水库水位 237.5 m，试计算隧洞为自由出流时的泄流量。

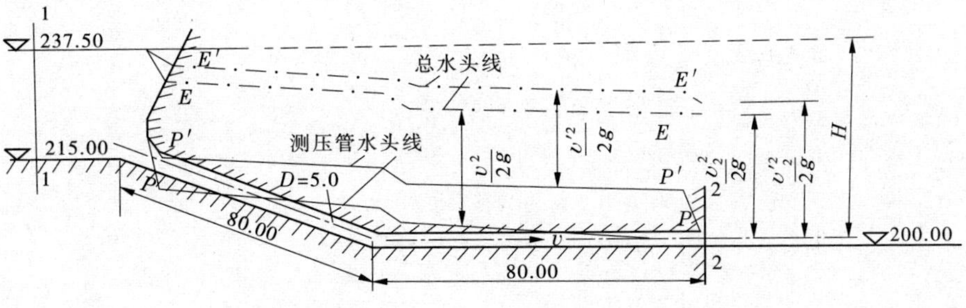

图 4-33　(单位:m)

7. 有一输水管路，由山上引泉水作生活用水，水管采用铸铁管，水源至用户距离 $L=280$ m，作用水头 $H=30$ m，流量 $Q=200$ L/s，为了完全利用这一水头，问水管直径应为多大？($n=0.012\,5$)

8. 某输水铸铁管布置如图 4-34 所示。已知管路工作水头 $H=35$ m，各管段的直径与长度：$d_1=300$ mm，$l_1=1\,500$ m，$d_2=350$ mm，$l_2=500$ m，$d_3=250$ mm，$l_3=300$ m。试求管道的供水流量。

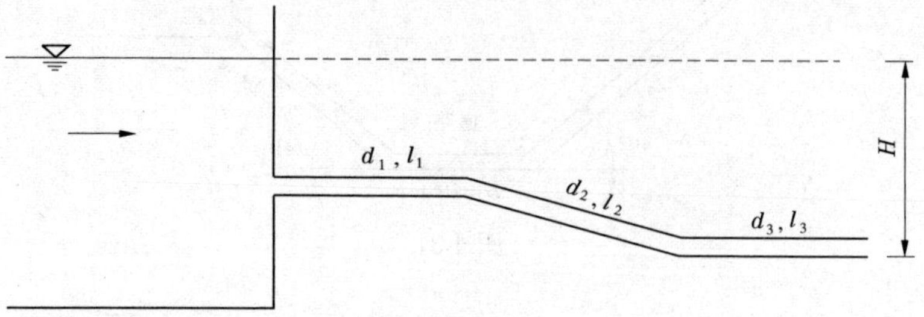

图 4-34

9. 有两段管道并联，如图 4-35 所示，已知总流量 $Q=80$ L/s，管径 $d_1=200$ mm，管长 $l_1=500$ m；管径 $d_2=150$ mm，管长 $l_2=300$ m，管道为铸铁管（$n=0.012\,5$）。求并联管道两节点间的水头损失 h_f 及各支管流量 Q_1、Q_2。

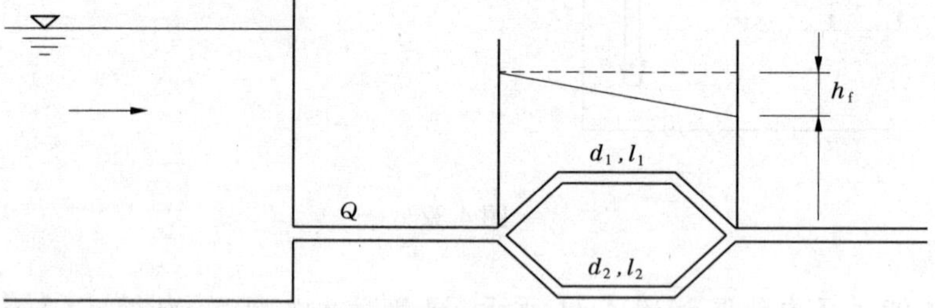

图 4-35

10. 设一钢管全长 $l=1\,200$ m，管径 $d=300$ mm，管壁厚度 $\delta=10$ mm，管中流速 $v=10$ m/s。当阀门在 1 s 内关闭完成而发生水击现象时，其压强增量是多少？

项目5 渠系与渠系建筑物水力分析与计算

【学习目标】

知道明渠水流的基本特点以及明渠的基本形式;知道明渠恒定均匀流及明渠恒定非均匀流的特点;知道水面曲线的类型;知道水跌与水跃现象的特点;知道明渠恒定均匀流的发生条件;会进行明渠恒定均匀流水力计算;会水跃水力计算;会进行明渠恒定非均匀渐变流水面线水力计算;熟悉渠系连接建筑物类型;会进行渡槽水力计算;会进行明渠渐变段水力计算,会进行渠道跌水计算。

【课程思政】

习近平总书记在推进南水北调后续工程高质量发展座谈会上强调:水是生存之本、文明之源。自古以来,我国基本水情一直是夏汛冬枯、北缺南丰,水资源时空分布极不均衡。新中国成立后,我们党领导开展了大规模水利工程建设。党的十八大以来,党中央统筹推进水灾害防治、水资源节约、水生态保护修复、水环境治理,建成了一批跨流域跨区域重大引调水工程。南水北调是跨流域跨区域配置水资源的骨干工程。南水北调东线、中线一期主体工程建成通水以来,已累计调水400多亿m^3,直接受益人口达1.2亿人,在经济社会发展和生态环境保护方面发挥了重要作用。实践证明,党中央关于南水北调工程的决策是完全正确的。渠道水力计算的知识和技能是进行引调水工程设计、施工、管理的基础,学好本项目内容对今后从事有关方面的工作具有重要意义。

任务1 明渠恒定均匀流水力计算

1 明渠的几何特性及分类

1.1 明渠水流

天然河道、人工渠道中的水流通称为明渠水流。明渠水流具有自由水面,表面压强为一个大气压,相对压强为零,故又称为无压流。其流动主要是靠重力流动,不但天然河道、人工渠道中的水流为明渠水流,只要管道、隧洞等建筑物中的水流未充满整个断面,水面是大气压的,均为明渠水流。

明渠水流根据水流运动要素是否随时间发生变化,分为明渠恒定流和明渠非恒定流。根据水流运动要素是否沿程变化,分为明渠恒定均匀流和明渠恒定非均匀流。

明渠均匀流是指渠道中的流速及流速分布沿流程不变的水流。

1.2 明渠的过水断面形式

人工修建的渠槽一般为对称断面,其基本形状有矩形、梯形、U形、圆形和复式断面等。当明渠修在土基上时,为避免崩塌和便于施工,以及从优化的角度考虑,多做成梯形断面;矩形断面多用于岩石中开凿或混凝土衬砌的渠道;圆形断面则常用于无压输水涵管或下水道;而复式断面则多用于大型或地基比较特殊的、水位变化较大的渠道。如图 5-1 所示。

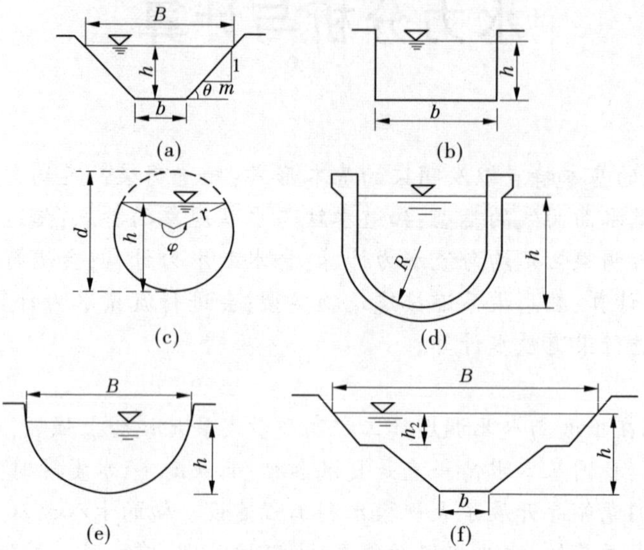

图 5-1

天然河道的横断面形状往往是不规则的,常见的形式多是由主槽和边滩组成的复式断面,如图 5-2 所示。

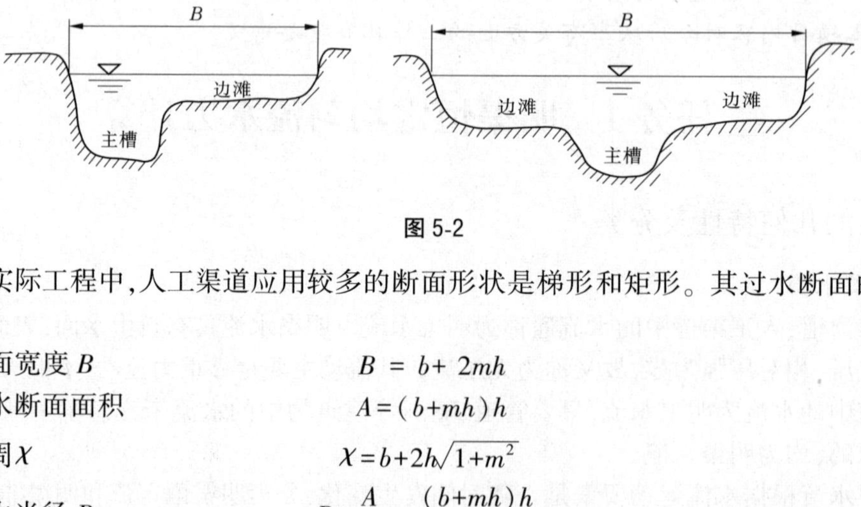

图 5-2

在实际工程中,人工渠道应用较多的断面形状是梯形和矩形。其过水断面的水力要素如下:

水面宽度 B $$B = b + 2mh \tag{5-1}$$

过水断面面积 $$A = (b+mh)h \tag{5-2}$$

湿周 χ $$\chi = b + 2h\sqrt{1+m^2} \tag{5-3}$$

水力半径 R $$R = \frac{A}{\chi} = \frac{(b+mh)h}{b+2h\sqrt{1+m^2}} \tag{5-4}$$

式中 b——渠底宽度;

m——边坡系数,即为渠道侧坡的水平投影长度与垂直投影高度的比值,它表示梯形断面两侧边壁的倾斜程度,$m = \cot\theta$,常取垂直方向为 1 m 时水平方向的长度来表示,θ 为边坡与水平线的夹角,m 的大小取决于土壤的种类和护面情况,其值由土力学试验研究确定,也可参考表5-1选取。

表5-1 梯形断面边坡系数值

岩土种类	边坡系数 m	岩土种类	边坡系数 m
粉砂	3.0~3.5	黄土或黏土	1.0~1.5
细砂、中砂和粗砂		卵石和砂砾	1.25~1.5
1.疏松的和中等密实的	2.0~2.5	半岩性耐水土壤	0.5~1.0
2.密实的	1.5~2.0	风化的岩石	0.25~0.5
黏壤土或砂壤土	1.25~2.0	未风化的岩石	0~0.25

对于矩形断面的水力要素,可看作是边坡系数 $m=0$ 的梯形断面,则

$$B=b \qquad A=bh \qquad x=b+2h$$

对于圆形断面、U形断面的水力要素,可根据它们的几何尺寸来确定。

1.3 渠道的底坡

渠段首末两端底部高差与渠段长度的比值,称为渠道的底坡,它等于渠底线与水平线的夹角 θ 的正弦,用字母 i 表示。如图5-3所示,在渠道中取1—1断面和2—2断面,两断面间的渠底线长度为 Δl,1—1断面的渠底高程为 z_1,2—2断面的渠底高程为 z_2,则此段渠道的底坡为

$$i=\sin\theta=\frac{z_1-z_2}{\Delta l} \tag{5-5}$$

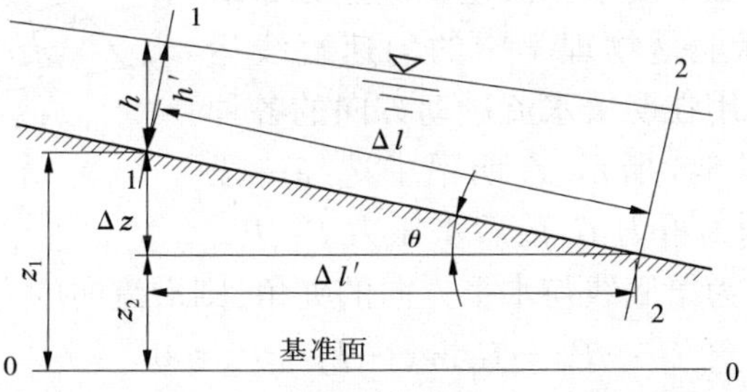

图5-3

一般当底坡较小($i<0.10$,$\theta\leqslant6°$)时,$\sin\theta\approx\tan\theta$,即水平距离 Δl 与渠底线距离 $\Delta l'$ 相差很小,则渠底坡度可用式(5-6)替代

$$i\approx\tan\theta=\frac{z_1-z_2}{\Delta l'} \tag{5-6}$$

注意:明渠水流的过水断面是垂直于水流方向的横断面,渠道的水深,应为垂直于流向的水深 h'。但为了测量的方便,当坡度较小时($\theta\leqslant6°$),常用铅直水深 h 替代(见图5-3)、当坡度较大时,则另当别论。

根据底坡沿程的变化,明渠的底坡分为三类:渠底沿程下降的称为顺坡(或正坡)($i>0$);渠底水平的称为平坡($i=0$);坡的倾斜方向与水流方向相反,渠底高程沿程升高的称为逆坡($i<0$)(见图5-4)。

天然河道的河底起伏不平,底坡沿程变化,在进行河道水力计算时,常用一个平均底

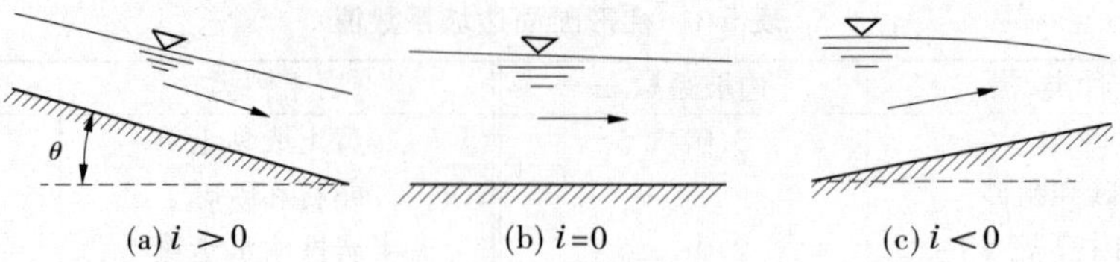

图 5-4

坡来替代河道的实际底坡。

1.4　棱柱体渠道及非棱柱体渠道

断面形状和尺寸沿程不变且渠道轴线为直线的渠道称为棱柱体渠道。如轴线顺直且断面形状大小不变的人工渠道、渡槽等，都属于棱柱体渠道。在棱柱体渠道中，水流的过水断面面积仅随水深而变，即 $A=f(h)$。

断面形状和尺寸沿程变化的渠道称为非棱柱体渠道。如梯形断面和矩形断面的渠道间的过渡段，人工渠道的弯段、一般的天然河道等，都属于非棱柱体渠道。在非棱柱体渠道中，过水断面面积即随水深 h 变化，又沿流程 l 变化，即 $A=f(h,l)$。

2　明渠均匀流的特性及其产生条件

2.1　明渠均匀流的特性

明渠均匀流是指渠道中的水流流速及流速分布沿程不变的水流。其实际上是物理学中的匀速直线运动，从力学角度分析，作用在明渠水流运动方向的各种力必须相互平衡。如图 5-5 所示，在明渠中选择一段水体 $ABCD$，其受力分别为重力 G，前后水压力 P_1、P_2，周界的摩擦阻力 F_f。α 为渠底线与水平方向的夹角，则沿流向的力的平衡方程为

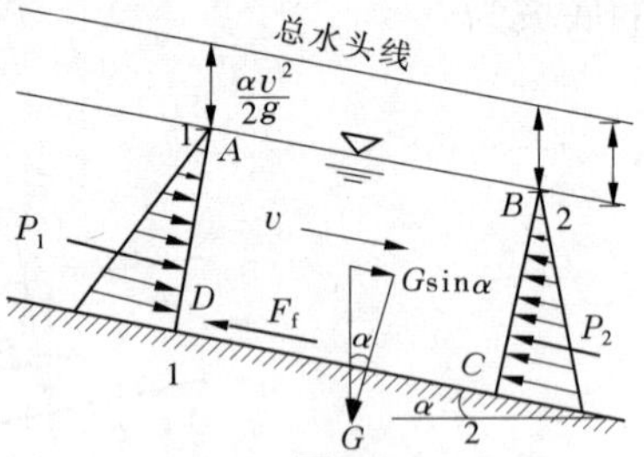

图 5-5

$$P_1+G\sin\alpha-F_f-P_2=0$$

因为均匀流中过水断面上的动水压强按静水压强分布，且各过水断面水深的过水断面面积相等，则有 $P_1=P_2$，且 $G\sin\alpha=F_f$。

这说明，在明渠均匀流中，水流阻力与重力在水流方向上的分力相平衡。同理，对于非均匀流 $G\sin\alpha\neq F_f$，明渠水流做加速或减速运动。

在明渠均匀流段选择两断面 1—1 、2—2 列能量方程

$$z_1+\frac{p_1}{\gamma}+\frac{\alpha_1 v_1^2}{2g}=z_2+\frac{p_2}{\gamma}+\frac{\alpha_2 v_2^2}{2g}+h_w$$

因为是均匀流，则有 $h_w=JL, v_1=v_2, \alpha_1=\alpha_2, p_1=p_2$，则可得明渠均匀流的基本特征为

$$J=J_p=i \tag{5-7}$$

即明渠水流的水面线、渠底线和总水头线三线平行，三坡相等。

2.2　明渠均匀流的产生条件

由以上明渠均匀流特性可知，明渠水流必须具备以下条件，才能形成恒定均匀流：

(1)明渠水流为恒定流。

(2)流量沿程保持不变。在明渠中,沿程无水流汇入和分出。

(3)明渠必须是正坡($i>0$)的棱柱体渠道。非正坡渠道,重力与阻力不可能平衡,不能形成均匀流。非棱柱体渠道,则流速会发生变化;不能形成均匀流。

(4)明渠糙率沿程不变。糙率如沿程发生变化,则摩擦阻力也将变化,重力与阻力失去平衡,则不能形成均匀流。

(5)渠道上不应有建筑物对水流的干扰。如闸、坝、桥墩等建筑物。因为建筑物上下游水流衔接,必然有一段非均匀流,要经过一段距离才能达到均匀流。

由上述内容可知,明渠水流运动受到各种因素的影响,从理论上讲要产生真正的均匀流是很少的,实际明渠中大量存在的是非均匀流。但是,足够长的正坡棱柱体渠道中的水流运动过程中,各种促使水流加速运动的主动力和阻滞水流的阻力,互相消长,总有接近平衡而形成均匀流的趋势。一般情况下,只要是正坡棱柱体渠道,且采用同一种材料建成,流量沿程不变,渠段上没有建筑物的影响或离建筑物很远,基本能满足均匀流条件时,即可按均匀流计算,其产生的误差很小。在非均匀流中,也常常假设在很短的距离近似按均匀流考虑,其产生的误差,通过试验来修正。

一般天然河道断面形状、尺寸、底坡、糙率等沿程多变,不容易形成均匀流,但对于某些顺直整齐一致的河段,也可按均匀流做近似计算。因此,明渠均匀流虽然是明渠水流最简单的流动形式,其理论却是分析明渠水流的重要基础,也是渠道设计的重要依据。

2.3 明渠均匀流基本公式

由于工程中明渠水流一般在阻力平方区,则其流速可用谢才公式 $v=C\sqrt{RJ}$ 计算,则根据流量公式 $Q=vA$ 得:

$$Q = AC\sqrt{RJ}$$

根据明渠均匀流的基本特征有:$J=J_p=i$ 代入上式得明渠均匀流基本公式:

$$Q = AC\sqrt{Ri} \tag{5-8}$$

令 $K=AC\sqrt{R}$,则有

$$Q = K\sqrt{i} \tag{5-9}$$

式中 K——流量模数,m^3/s。

流量模数综合反映明渠断面形状、尺寸和糙率对过水能力的影响。其表示当渠道的底坡$i=1$ 时渠道能通过的流量。在底坡为定值时,流量与流量模数成正比。

当谢才系数用曼宁公式 $C=\frac{1}{n}R^{\frac{1}{6}}$ 计算时,则式(5-8)可整理为

$$Q = \frac{A}{n}R^{2/3}i^{1/2} \tag{5-10}$$

或

$$Q = \frac{\sqrt{i}}{n}\frac{A^{5/3}}{\chi^{2/3}} \tag{5-11}$$

水力学中常把均匀流水深叫正常水深,用 h_0 表示;相应于正常水深的过水断面面积、湿周、水力半径、谢才系数、流量模数也同样以 A_0、χ_0、C_0、R_0、K_0 表示。

3　明渠均匀流的有关问题

3.1　渠道水力最佳断面

由均匀流公式可知，明渠的输水能力，主要取决于过水断面的形状、尺寸、底坡和糙率的大小。设计渠道时，底坡和糙率由具体情况选定。在底坡和糙率已定的前提下，渠道的过水能力则取决于渠道的横断面形状和尺寸。从设计的角度上，总是希望所选定的渠道的流量、底坡、糙率一定时，过水断面的面积最小；或者在渠道的过水断面面积、底坡、糙率一定时，通过的流量最大，符合这个条件的断面，称为水力最佳断面。

由明渠均匀流公式(5-11)分析可知：当渠道的底坡 i、糙率 n 及过水断面面积 A 一定时，湿周χ 最小(水力半径最大)通过的流量 Q 最大；或者说，当 i、n、Q 一定时，湿周χ 最小(或水力半径最大)，所需的过水断面面积 A 最小。

由几何学可知，面积一定时，圆形断面的湿周最小，水力半径最大；又因半圆形的过水断面与圆形断面的水力半径相同，所以在明渠的各种断面形状中，半圆形是水力最佳断面。但半圆形施工难度大、造价高，不能普遍应用，只有在钢筋混凝土或钢丝网水泥做成的渡槽等建筑物中才采用类似半圆形的断面(如 U 形断面)。因此，以下主要内容均以常见的梯形断面和矩形断面为例。

3.1.1　梯形水力最佳断面的宽深比公式

工程中多采用梯形断面，其边坡系数 m 可以直接由边坡稳定确定。因而在 m 一定的情况下，同样的过水断面面积 A，湿周的大小因底宽与水深的比即宽深比 b/h 而异。根据水力最佳断面的条件有：A、i、n 一定，最小湿周χ 应满足$\dfrac{d\chi}{dh}=0(\dfrac{d^2\chi}{dh^2}>0)$，由 $A=(b+mh)h$ 得 $b=\dfrac{A}{h}-mh$，代入$\chi=b+2h\sqrt{1+m^2}$，求χ 对 h 的一阶导数并使之为零，可推得梯形水力最佳断面的宽深比公式

$$\beta_m=\frac{b}{h}=2(\sqrt{1+m^2}-m) \tag{5-12}$$

式(5-12)表明：梯形水力最佳断面的宽深比 b/h 值仅与边坡系数有关。

3.1.2　梯形水力最佳断面的特征

因 $R=\dfrac{A}{\chi}=\dfrac{(b+mh)h}{b+2h\sqrt{1+m^2}}$，将 $b=\beta h$，$\beta_m=2(\sqrt{1+m^2}-m)$ 代入即可得：

$$R_m=\frac{h}{2}$$

上式说明：梯形水力最佳断面的水力半径只与水深有关且等于水深的 1/2，而与渠道的底坡及边坡系数无关。

对于矩形断面，因可看作是 $m=0$ 的梯形，则由前式可得

$$\beta_m=\frac{b}{h}=2$$

也就是说，矩形水力最佳断面的特征是：底宽为水深的 2 倍。

必须说明：水力最佳断面的特点一般为窄深式。其具有工程量省、占地少、过流量大的优点，但施工中由于开挖深、土方单价高，易受地质条件等因素的影响，所以并不一定是经济实用断面。对于大型或较大型的渠道，渠线很长，因此在渠道设计中要综合考虑各种条件，进行经济技术比较。一般不能把水力最佳断面看作是设计渠道的唯一条件。

3.2 渠道实用经济断面

渠道实用经济断面是指既符合水力最佳断面的要求，又比水力最佳断面经济实用的断面。实用经济断面是一种渠道宽深比 β 大于最佳宽深比 β_m 的断面。虽然它比水力最佳断面宽浅很多，但其过水断面面积 A 仍然十分接近水力最佳断面 A_m。

实用经济断面（以右下标"e"表示实用经济断面的水力要素，以右下标"m"表示水力最佳断面的水力要素）的设计方法如下：

（1）求出水力最佳断面的正常水深 h_m。

（2）选取 $\alpha=1.00\sim1.04$（$\alpha=\dfrac{A_e}{A_m}$，α 称偏离系数），如 $\alpha=1.01$。

（3）根据 h_m 和土质查表5-2选取边坡系数 m，如 $h_m=1.50$ m，土质为砂壤土，则 $m=1.50$。

表5-2 边坡系数 m 与土质及正常水深关系

渠道土质	灌溉渠道正常水深 h_m(m)		
	<1.00	1.00~2.00	2.00~3.00
黏土、重壤土	1.00	1.00	1.25
轻壤土	1.00	1.25	1.50
砂壤土	1.50	1.50	1.75
砂土	1.75	2.00	2.25

（4）再由 $\alpha=1.01$、$m=1.50$ 查表5-3得 $\dfrac{h_e}{h_m}=0.822$，$\beta_e=1.653$。

表5-3 实用经济断面宽深比 β_e

α	1.00	1.01	1.02	1.03	1.04
h_e/h_m	1.000	0.822	0.760	0.718	0.683
m	β_e				
0.00	2.000	2.922	3.530	3.996	4.462
0.25	1.561	2.459	2.946	3.368	3.790
0.50	1.236	2.097	2.564	2.968	3.373
0.75	1.000	1.868	2.339	2.746	3.154
1.00	0.828	1.734	2.226	2.652	3.078
1.25	0.704	1.673	2.110	2.654	3.109
1.50	0.608	1.653	2.221	2.712	3.202
1.75	0.528	1.658	2.271	2.802	3.332
2.00	0.480	1.710	2.377	2.955	3.533
2.25	0.420	1.744	2.463	3.058	3.707

则实用经济断面的正常水深：

$$h_e=0.822h_m=0.822\times1.5=1.233(\text{m})$$

该实用经济渠道断面的渠底宽度：

$$b_e=\beta_e h_e=1.653\times1.233=2.04(\text{m})$$

3.3 渠道中的允许流速

当渠道通过不同流量时,对应的流速是不同的。如果流速过大可能引起渠床冲刷而使渠道破坏;如果流速过小,又会导致水流挟带的泥沙淤积,降低渠道过流能力;对于水电站的引水渠道,流速的大小还影响着电站的动力经济性。此外,某些渠道还有特殊要求,例如,为使渠道中不致滋生水草的允许流速限制。所以,必须对渠道断面平均流速加以限制。这种既不使渠道产生冲刷,又不使渠道发生淤积的流速限制值称为允许流速,即

$$v_{不淤} < v < v_{不冲} \tag{5-13}$$

式中 $v_{不冲}$——允许不冲流速,它主要与渠道边壁土壤类型或护砌材料的性质有关,也与流量、水力半径、水深等水力要素有关,可参照表 5-4~表 5-7 选取。

$v_{不淤}$——允许不淤流速,它主要与渠水中含沙量的大小、泥沙颗粒性质及组成有关,可查阅有关手册,在清水土渠中的流速一般应不小于 0.5 m/s。

由《水利技术标准汇编》可知,土渠设计平均流速宜控制为 0.6~1.0 m/s,但不宜小于 0.3 m/s;寒冷地区冬、春季灌溉的渠道,设计平均流速不宜小于 1.5 m/s。

表 5-4 黏性土渠道的允许不冲流速 (单位:m/s)

土质	允许不冲流速	土质	允许不冲流速
轻壤土	0.060~0.80	重壤土	0.70~0.95
中壤土	0.65~0.85	黏土	0.75~1.00

表 5-5 非黏性土渠道允许不冲流速

土质	粒径(mm)	不同水深(m)允许不冲流速(m/s)			
		0.4	1.0	2.0	≥3.0
淤泥	0.005~0.050	0.12~0.17	0.15~0.21	0.17~0.24	0.19~0.26
细砂	0.050~0.250	0.17~0.27	0.21~0.32	0.24~0.37	0.26~0.40
中砂	0.250~1.000	0.27~0.47	0.32~0.57	0.37~0.65	0.40~0.70
粗砂	1.000~2.500	0.47~0.53	0.57~0.65	0.65~0.75	0.70~0.80
细砾石	2.500~5.000	0.53~0.65	0.65~0.80	0.75~0.90	0.80~0.95
中砾石	5.000~10.000	0.65~0.80	0.80~1.00	0.90~1.10	0.95~1.20
大砾石	10.000~15.000	0.80~0.95	1.00~1.20	1.10~1.30	1.20~1.40
小卵石	15.000~20.000	0.95~1.20	1.20~1.40	1.30~1.60	1.40~1.80
中卵石	20.000~40.000	1.20~1.50	1.40~1.80	1.60~2.10	1.80~2.20
大卵石	40.000~70.000	1.50~2.00	1.80~2.40	2.10~2.80	2.20~3.00
小漂石	75.000~100.000	2.00~2.30	2.40~2.80	2.80~3.20	3.00~3.40
中漂石	100.000~150.000	2.30~2.80	2.80~3.40	3.20~3.90	3.40~4.20
大漂石	150.000~200.000	2.80~3.20	3.40~3.90	3.90~4.50	4.20~4.90
顽石	>200.000	>3.20	>3.90	>4.50	>4.90

注:表 5-4、表 5-5 中所列允许不冲流速值为水力半径 $R=1.0$ m 时的情况;当 $R\neq1.0$ m 时,表中所列数值应乘以 R^{α} 才得相应的允许不冲流速值,即 $v_{不冲}=v_{表}R^{\alpha}$。对于砂、砾石、卵石、疏松的壤土、黏土:$\alpha=1/3\sim1/4$;对于密实的壤土、黏土:$\alpha=1/4\sim1/5$;对于非黏性土:$\alpha=1/3\sim1/5$。

表 5-6 防渗衬砌渠道允许不冲流速 （单位:m/s）

防渗衬砌结构类别			允许不冲流速	防渗衬砌结构类别		允许不冲流速
土料	黏土、黏砂混合土		0.75~1.00	膜料（土料保护层）	砂壤土、轻壤土	<0.45
	灰土、三合土、四合土		<1.00		中壤土	<0.60
水泥土	现场填筑		<2.50		重壤土	<0.65
	预制铺砌		<2.00		黏土	<0.70
砌石	干砌卵石(挂淤)		2.50~4.00		砂砾料	<0.90
	浆砌块石	单层	2.50~4.00	沥青混凝土	现场浇筑	<3.00
		双层	3.50~5.00		预制铺砌	<2.00
	浆砌料石		4.0~6.0	混凝土	现场浇筑	<8.00
	浆砌石板		<2.50		预制铺砌	<5.00
					喷射法施工	<10.00

注: 表中土料类和膜料类（土料保护层）防渗衬砌结构允许不冲流速值为水力半径 $R=1.0$ m 时的情况；当 $R\neq1.0$ m 时，表中所列数值应乘以 R^{α}。指数值可按下列情况采用：①疏松的土料或土料保护层，$\alpha=1/3\sim1/4$；②中等密实和密实的土料或土料保护层，$\alpha=1/4\sim1/5$。

表 5-7 石渠允许不冲流速 （单位:m/s）

岩性	水深(m)			
	0.4	1.0	2.0	3.0
砾岩、泥灰岩、页岩	2.0	2.5	3.0	3.5
石灰岩、致密的砾岩、砂岩、白云石灰岩	3.0	3.5	4.0	4.5
白云砂岩、致密的石灰岩、硅质石灰岩、大理岩	4.0	5.0	5.5	6.0
花岗岩、辉绿岩、玄武岩、安山岩、石英岩、斑岩	15.0	18.0	20.0	22.0

【例 5-1】 有一梯形断面中壤土土渠，平整顺直，养护一般，边坡系数 $m=1.5$，底宽 $b=1.5$ m，水深 $h=1.2$ m，底坡 $i=0.000\,35$，求渠道的过水能力，并校核渠道中的流速是否满足要求。

解:(1)渠道过水能力计算。

查土渠糙率表 5-8，对于土渠，平整顺直、养护一般的糙率值为 0.025。渠道断面的水力要素为

过水断面面积：$A=(b+mh)h=(1.5+1.5\times1.2)\times1.2=3.96\ (\text{m}^2)$

湿周 χ： $\chi=b+2h\sqrt{1+m^2}=1.5+2\times1.2\times\sqrt{1+1.5^2}=5.83(\text{m})$

水力半径 R： $R=\dfrac{A}{\chi}=\dfrac{3.96}{5.83}=0.679(\text{m})$

则流量 Q 可用明渠均匀流公式(5-10)计算

$$Q=\frac{A}{n}R^{2/3}i^{1/2}=\frac{3.96}{0.025}\times(0.679)^{\frac{2}{3}}\times(0.00035)^{\frac{1}{2}}=2.29(\text{m}^3/\text{s})$$

(2)校核流速。

因是土渠，流量 2.29 m^3/s，中壤土，查表 5-4 得，$R=1$ m 时的 $v_{表}=0.70$ m/s，则当 $R=0.679$ m 时的允许不冲流速为

$$v_{不冲}=v_{表}R^{\alpha}=0.70\times(0.679)^{\frac{1}{4}}=0.635(\text{m/s})$$

渠中流速为

$$v=\frac{Q}{A}=\frac{2.29}{3.96}=0.578(\text{m/s})$$

渠中最小流速选择为 $v_{不淤}=0.5$ m/s。

则渠道满足 $v_{不淤}<v<v_{不冲}$ 的设计要求。

3.4 复式断面渠道的水力计算

复式断面多用于流量变化比较大的渠道中，如图 5-6(a)所示。这种渠道在小流量时，水流由主槽通过；在较大流量时，两边滩才能过水。复式断面的各部分的流速分布极不均匀，变化很大。当水深由 $h<h'$ 增加到 $h>h'$ 时，在某一范围内流量不但不增加，反而会减小，如图 5-6(b)所示。这是由于水深 $h<h'$ 增加到 $h>h'$ 时，过水断面面积虽然增加了，但湿周突然增加许多，使水力半径骤然减小。图 5-6(b)中虚线即是按式(5-8)计算出的水深与流量的关系曲线，而实际的水深与流量的关系曲线为图中实线部分。

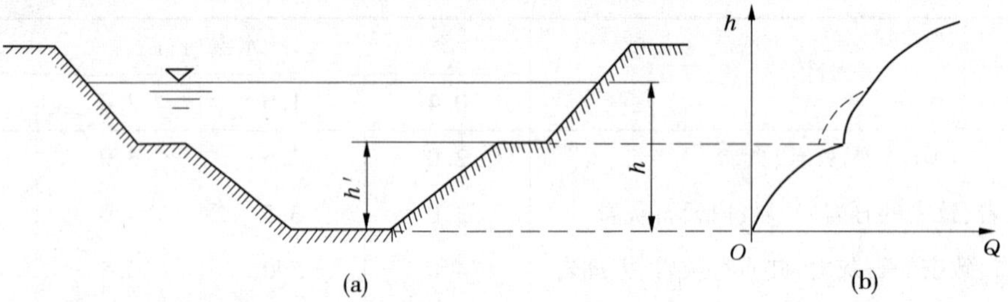

图 5-6

复式断面通常采用近似计算，从断面变化处用垂线将断面分为几个断面，按其流速分布和水深基本接近为一部分，分别按式(5-8)计算每部分的流速或流量，最后相加得到总流的流量，如图 5-7 所示。

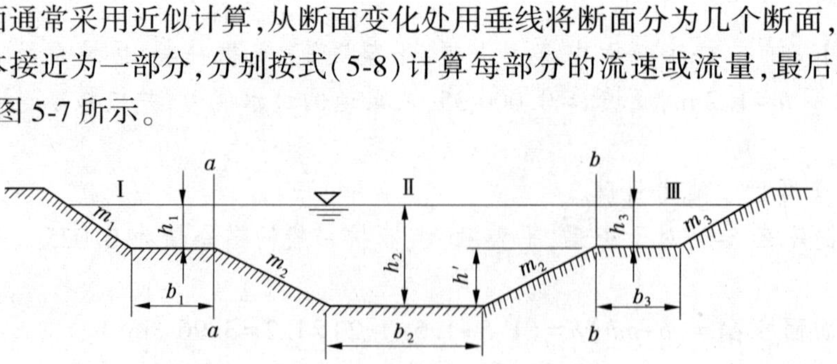

图 5-7

用铅垂线 $a—a$ 及 $b—b$ 将复式断面分成Ⅰ、Ⅱ、Ⅲ三个部分，然后再对每一部分应用公式(5-8)得

$$Q_1=A_1C_1\sqrt{R_1i}=K_1\sqrt{i}$$

$$Q_2=A_2C_2\sqrt{R_2i}=K_2\sqrt{i}$$

$$Q_3=A_3C_3\sqrt{R_3i}=K_3\sqrt{i}$$

总流的流量为

$$Q=Q_1+Q_2+Q_3=(K_1+K_2+K_3)\sqrt{i} \tag{5-14}$$

【例 5-2】 如图 5-7 所示复式断面渠道。已知 $b_1=b_3=6$ m，$b_2=10$ m；$h_2=4$ m，$h_1=h_3=1.8$ m；$m_1=m_3=1.5$，$m_2=2.0$；糙率 $n=0.02$，底坡均为 $i=0.000\,2$。求流量 Q。

解：用铅垂线 $a—a$ 及 $b—b$ 将复式断面分成Ⅰ、Ⅱ、Ⅲ三个部分，各部分的面积分别为：

$$A_1=A_3=\left(b_1+\frac{m_1h_1}{2}\right)h_1=\left(6+\frac{1.5\times1.8}{2}\right)\times1.8=13.23(\text{m}^2)$$

$$\begin{aligned}A_2&=(b_2+m_2h')h'+(b_2+2m_2h')h_1\\&=[10+2\times(4-1.8)]\times(4-1.8)+[10+2\times2\times(4-1.8)]\times1.8\\&=65.52(\text{m}^2)\end{aligned}$$

各部分的湿周分别为

$$\chi_1=\chi_3=b_1+h_1\sqrt{1+m_1^2}=6+1.8\times\sqrt{1+1.5^2}=9.24(\text{m})$$

$$\chi_2=b_2+2h_2\sqrt{1+m_2^2}=10+2\times(4-1.8)\times\sqrt{1+2^2}=19.83(\text{m})$$

各部分的水力半径为

$$R_1=R_3=\frac{A_1}{\chi_1}=\frac{13.23}{9.24}=1.43(\text{m})$$

$$R_2=\frac{A_2}{\chi_2}=\frac{65.52}{19.83}=3.31(\text{m})$$

各部分的流量模数分别为

$$K_1=K_3=A_1C_1\sqrt{R_1}=\frac{1}{n}A_1R_1^{\frac{2}{3}}=\frac{1}{0.02}\times13.23\times1.43^{\frac{2}{3}}=840(\text{m}^3/\text{s})$$

$$K_2=A_2C_2\sqrt{R_2}=\frac{1}{n}A_2R_2^{\frac{2}{3}}=\frac{1}{0.02}\times65.52\times3.31^{\frac{2}{3}}=7\,276(\text{m}^3/\text{s})$$

则复式断面的流量为

$$\begin{aligned}Q&=Q_1+Q_2+Q_3=(K_1+K_2+K_3)\sqrt{i}\\&=(840+7\,276+840)\times\sqrt{0.000\,2}=127(\text{m}^3/\text{s})\end{aligned}$$

3.5 渠道糙率的确定及综合糙率

明渠糙率 n 值表示渠道表面粗糙程度的无因次数。设计时必须合理选定 n 值，尽量使选定的 n 值和实际的大致相近。影响 n 值的主要因素有：渠床状况、渠道流量、渠水含沙量、渠道弯曲情况、施工质量、养护情况等。一般情况下，渠床糙率可根据渠道特性、渠道流量等参考表 5-8～表 5-10 选择。对于大型渠道的糙率值，则要进行试验测定。

3.5.1 均质渠道糙率的确定

均质渠道是指在同一横断面上，各边界湿周上的材料相同，糙率也相同。

表 5-8 土渠糙率

渠道流量(m^3/s)	渠槽特征	灌溉渠道糙率	泄(退)水渠道糙率
>20	平整顺直,养护良好	0.020 0	0.022 5
	平整顺直,养护一般	0.022 5	0.025 0
	渠床多石,杂草丛生,养护较差	0.025 0	0.027 5
20~1	平整顺直,养护良好	0.022 5	0.025 0
	平整顺直,养护一般	0.025 0	0.027 5
	渠床多石,杂草丛生,养护较差	0.027 5	0.033 0
<1	渠床弯曲,养护一般	0.025 0	0.027 5
	支渠以下的固定渠道	0.027 5	0.030 0
	渠床多石,杂草丛生,养护较差	0.030 0	0.035 0

表 5-9 石渠糙率

渠槽表面特征	糙率	渠槽表面特征	糙率
经过良好修整	0.025 0	经过中等修整,有凸出部分	0.033 0
经过中等修整,无凸出部分	0.030 0	未经修整,有凸出部分	0.035~0.045 0

表 5-10 防渗衬砌渠槽糙率

防渗衬砌结构类别及特征		糙率	防渗衬砌结构类别及特征		糙率
黏土、黏砂混合土、膨润混合土	平整顺直,养护良好	0.022 5	沥青混凝土	机械现场浇筑,表面光滑	0.012 0~0.014 0
	平整顺直,养护一般	0.025 0		机械现场浇筑,表面粗糙	0.015 0~0.017 0
	平整顺直,养护较差	0.027 5		预制板砌筑	0.016 0~0.018 0
灰土、三合土、四合土	平整、表面光滑	0.015 0~0.017 0	混凝土	抹光的水泥砂浆面	0.012 0~0.013 0
	平整、表面较粗糙	0.018 0~0.020 0		金属模板浇筑,平整顺直,表面光滑	0.012 0~0.014 0
水泥土砌石	平整、表面光滑	0.014 0~0.016 0			
	平整、表面较粗糙	0.016 0~0.018 0		刨光木模板浇筑,表面一般	0.015 0
	浆砌料石、石板	0.015 0~0.023 0		表面粗糙,缝口不齐	0.017 0
	浆砌块石	0.020 0~0.025 0		修整及养护较差	0.018 0
	干砌块石	0.025 0~0.033 0		预制板砌筑	0.016 0~0.018 0
	浆砌卵石	0.023 0~0.027 5		预制渠槽	0.012 0~0.016 0
	干砌卵石、砌工良好	0.025 0~0.032 5		平整的喷浆面	0.015 0~0.016 0
	干砌卵石、砌工一般	0.027 5~0.037 5		不平整的喷浆面	0.017 0~0.018 0
	干砌卵石、砌工粗糙	0.032 5~0.042 5		波状断面的喷浆面	0.018 0~0.025 0

注意:在设计渠道断面时,要慎重选取糙率。如果对边壁糙率取得大了,则按一定流量设计的过水断面面积或底坡就会偏大,增大了工程量和造价;渠道建成后运行时,渠中实际流速大于设计流速,可能产生渠道冲刷,并造成实际水位降低,导致次级渠道进水困难,减小经济效益(如减小自流灌溉面积)。反之,如果糙率选得比实际的小了,则按设计流量确定的过水断面面积或渠道底坡就会偏小,而实际糙率大,边壁对水流的阻力大,渠道过水时实际流速小,不能满足流量的要求或可能造成渠水漫堤事故;实际流速小于设计流速还可能导致挟沙水流的淤积等。因而糙率的确定非常重要,在渠道断面设计时,选择合适的糙率,直接影响到断面的大小和工程的造价。

3.5.2 综合糙率的确定

在水利工程中,一些傍山渠道,常采用渠道断面一侧及渠底为岩石而边坡用另一种材料做面的渠道。这种渠道在同一过水断面上各部分湿周的糙率不同,因此称为非均质渠道。非均质渠道的水力计算一般按均匀流公式计算,但为了反映同一断面各周界上不同糙率的影响,明渠均匀流公式 $Q=\frac{A}{n}R^{2/3}i^{1/2}$ 中的糙率 n 应采用综合糙率 n_e 代替。n_e 与各部分湿周 $\chi_1,\chi_2,\cdots$ 及其相应的糙率 $n_1,n_2,\cdots$ 有关(见图5-8)。

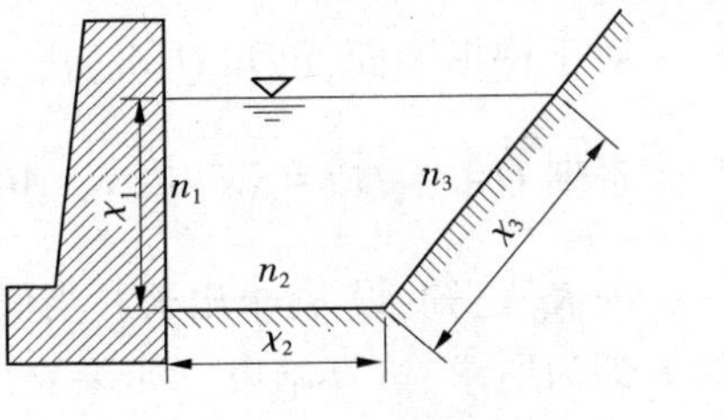

图 5-8

当渠道底部的糙率小于侧壁的糙率时按式(5-15)计算:

$$n_e=\sqrt{\frac{n_1^2\chi_1+n_2^2\chi_2+n_3^2\chi_3}{\chi_1+\chi_2+\chi_3}} \tag{5-15}$$

在一般情况下,n_e 也可用加权平均法估算,即

$$n_e=\frac{n_1\chi_1+n_2\chi_2+n_3\chi_3}{\chi_1+\chi_2+\chi_3} \tag{5-16}$$

4 明渠均匀流水力计算的类型

在水利工程中,梯形渠道应用最为广泛,因此本部分将以梯形断面为代表,讨论渠道的水力计算方法。

因明渠均匀流流量计算公式 $Q=\frac{A}{n}R^{\frac{2}{3}}i^{\frac{1}{2}}=\frac{\sqrt{i}}{n}\frac{A^{5/3}}{\chi^{2/3}}$,将梯形的面积 $A=(b+mh)h$、湿周 $\chi=b+2h\sqrt{1+m^2}$ 代入得

$$Q=\frac{\sqrt{i}}{n}\frac{[(b+mh)h]^{5/3}}{(b+2h\sqrt{1+m^2})^{2/3}} \tag{5-17}$$

则 $Q=f(b,h,m,n,i)$,这说明,梯形断面水力计算存在着 Q、b、h、m、n、i 六个变量。通常渠道的边坡系数 m 和糙率 n 可由渠的地质情况、施工条件、护面材料等实测确定,或由经验查规范确定。则渠道的水力计算主要是流量计算、正常水深计算、渠宽度计算及渠底坡度计算。明渠均匀流的水力计算问题,可分为两大类:一类是对已建成的渠道进行计

算，如校核流速、流量、糙率和底坡；另一类是按要求设计新渠道，如确定底宽、水深、底坡、边坡系数或超高等。

4.1　新渠道断面尺寸计算

新设计渠道水力计算的任务主要是根据具体土质、地形、渠道设计流量和使用要求等选择断面形式，设计过水断面尺寸，或确定渠道的底坡 i。

对梯形和矩形断面主要计算渠底宽 b、正常水深 h_0，主要有三种形式：

(1) 已知：Q、m、n、i、b 求 h_0。

(2) 已知：Q、m、n、i、h_0 求 b。

(3) 已知：Q、m、n、i、宽深比 β，求 b 和 h_0。

下面介绍各种计算方法。

4.1.1　试算法求 h_0

对于梯形断面，已知 Q、m、n、i、b，求 h_0。

根据 $Q=AC\sqrt{Ri}=K\sqrt{i}$（因 $K=AC\sqrt{R}$），令 $\dfrac{Q}{\sqrt{i}}=K_0$，则明渠水流应满足 $K=K_0$。

因 K_0 已知，设 h，求出 K。当假设 h 后求出的 K 与 K_0 相等时，则说明假设成立，假设的 h 即为所求，试算结束。如果 $K\neq K_0$，则要继续假设 h，求出 K 值，直到 $K\approx K_0$。

4.1.2　梯形断面的迭代试算法

(1) 已知 Q、m、n、i、b，求 h_0。

根据式(5-17)整理得迭代公式如下：

$$h_{j+1}=\left(\frac{nQ}{\sqrt{i}}\right)^{\frac{3}{5}}\frac{\left(b+2h_j\sqrt{1+m^2}\right)^{\frac{2}{5}}}{b+mh_j} \tag{5-18}$$

迭代水深初值可取
$$h_0=\left(\frac{nQ}{\sqrt{i}}\right)^{\frac{3}{5}}$$

将式中的边坡系数 m 取为零，可得矩形断面正常水深的迭代计算公式：

$$h_{j+1}=\left(\frac{nQ}{\sqrt{i}}\right)^{\frac{3}{5}}\frac{(b+2h_j)^{\frac{2}{5}}}{b} \tag{5-19}$$

(2) 已知 Q、m、n、i、h，求 b。

由面积公式直接导出迭代公式：

$$b_{j+1}=\left(\frac{nQ}{\sqrt{i}}\right)^{\frac{3}{5}}\frac{\left(b_j+2h\sqrt{1+m^2}\right)^{\frac{2}{5}}}{h}-mh \tag{5-20}$$

以上各式中 j 代表迭代次数。具体的迭代过程为：先计算出式中的常数项，然后设一初值(h_0)或(b_0)，代入迭代式的右边，解出 h_1；将 h_1 代回到公式右边的未知项中，解出 h_2，即完成了一个迭代过程。如此重复迭代，直到代入的 h 值与计算出的值十分接近，差值小于 0.01 即可，则最后计算得到的水深即为正常水深。

【例 5-3】　设梯形断面尺寸渠道，已知 $Q=0.80\ \mathrm{m^3/s}$，$i=1/1\ 000$，$n=0.025$，$m=1.0$

（重壤土），$b=0.8$ m，试求正常水深 h_0。

解：(1)试算法。

①求出：$K_0=\frac{Q}{\sqrt{i}}=\frac{0.8}{\sqrt{0.001}}=25.3(m^3/s)$

②设水深 $h=0.6$ m，求出相应的 K 值，看与 K_0 值是否相等。

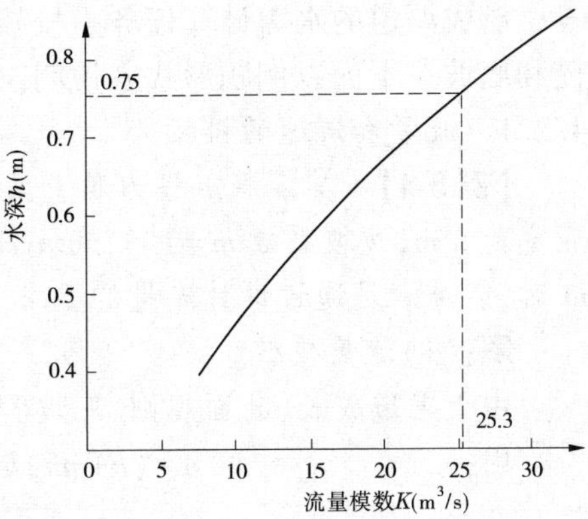

$$A=(b+mh)h=(0.8+1.0\times0.6)\times0.6=0.84(m)$$

$$\chi=b+2h\sqrt{1+m^2}=0.8+2\times0.6\times\sqrt{1+1.0^2}=2.5(m)$$

$$R=\frac{A}{\chi}=\frac{0.84}{2.5}=0.336(m)$$

$$C=\frac{1}{n}R^{\frac{1}{6}}=\frac{1}{0.025}\times0.336^{\frac{1}{6}}=33.352(m^{1/2}/s)$$

$$K=AC\sqrt{R}=0.84\times33.352\times\sqrt{0.336}=16.24(m^3/s)\neq25.3\ m^3/s$$

则重新假设水深，进行试算，列于表5-11，并绘制 $K\sim h$ 曲线，查曲线得 $h_0=0.75$ m。

表5-11 正常水深试算

假设水深 h(m)	面积 $A(m^2)$	湿周 χ(m)	水力半径 R(m)	谢才系数 $C(m^{1/2}/s)$	流量模数 $K(m^3/s)$
0.4	0.48	1.931	0.249	31.717	7.602
0.5	0.65	2.214	0.294	32.610	11.485
0.6	0.84	2.497	0.336	33.352	16.24
0.7	1.05	2.790	0.378	34.008	21.947
0.8	1.28	3.062	0.418	34.587	28.62

(2)迭代试算法。

将已知数代入试算公式 $h_{j+1}=(\frac{nQ}{\sqrt{i}})^{\frac{3}{5}}\frac{(b+2h_j\sqrt{1+m^2})^{\frac{2}{5}}}{b+mh_j}$，整理得：

$$h_{j+1}=0.759\times\frac{(0.8+2.828h_j)^{\frac{2}{5}}}{0.8+h_j}$$

首先设水深 h 趋近于零，代入上式则得 $h_1=0.868$，再将 $h_1=0.868$ 代入上式得 $h_2=0.730$，如此迭代如表5-12所示，最后得 h_0 为0.75 m。

表5-12 正常水深迭代试算

迭代次数	0	1	2	3	4	5
水深 h_j	→0	0.868	0.730	0.756	0.751	0.752
水深 h_{j+1}	0.868	0.730	0.756	0.751	0.752	0.752

4.2　旧渠道水力计算

已成渠道的水力计算任务是校核过水能力及流速，或由实测过水断面的流量反推粗糙和底坡。下面以例题形式来说明。

4.2.1　流量和流速的校核

【例 5-4】　某灌溉工程为黏土渠道，总干渠全长 70 km，糙率 $n=0.028$，断面为梯形，底宽为 8 m，边坡系数 $m=1.5$，底坡 $i=1/8\ 000$，设计流量 $Q=40\ m^3/s$。试校核当水深为 4 m 时，能否满足通过设计流量的要求。

解：(1) 流量校核。

由于渠道较长，断面规则，底坡和糙率固定，故可按明渠均匀流计算。

因：
$$A=(b+mh)h=(8+1.5\times4)\times4=56(m^2)$$
$$\chi=b+2h\sqrt{1+m^2}=8+2\times4\times\sqrt{1+1.5^2}=22.42(m)$$

水力半径：
$$R=\frac{A}{\chi}=\frac{56}{22.42}=2.498(m)$$

谢才系数：
$$C=\frac{1}{n}R^{\frac{1}{6}}=\frac{1}{0.028}\times2.498^{\frac{1}{6}}=41.6(m^{1/2}/s)$$

流　　量：
$$Q=AC\sqrt{Ri}=56\times41.6\times\sqrt{2.498\times(1/8\ 000)}=41.17(m^3/s)$$

(2) 流速校核。

$$v=\frac{Q}{A}=\frac{41.17}{56}=0.74(m/s)>v_{不淤}=0.5\ m/s$$

查表 5-4 黏土渠道，允许不冲流速值为 0.75~1.00 m/s，水力半径为 2.498 m，则实际允许流速为

$$v_{不冲}=v_{表}R^{\alpha}=(0.75\sim1.00)\times(2.498)^{\frac{1}{4}}=(0.942\sim1.26)(m/s)$$

因计算流量大于设计流量，能满足设计流量的要求；实际流速满足不冲、不淤允许流速要求。

4.2.2　计算底坡

【例 5-5】　根据某渡槽中部水流为明渠均匀流，$n=0.017$，$L=200$ m，矩形断面，底宽 $b=2$ m，当水深 $h=1.0$ m 时，通过的流量 $Q=3.30\ m^3/s$。问该渡槽底坡为多少？两断面的水面落差为多少？

分析：根据明渠均匀流特性可知，底坡 $i=J_p=\Delta z/l$，则水面落差等于渠底高差。

解：根据明渠均匀流公式 $Q=AC\sqrt{Ri}$ 推得如下公式：

$$i=\frac{Q^2}{A^2C^2R}$$
$$A=bh=2\times1=2(m^2)$$
$$\chi=b+2h=2+2\times1.0=4(m)$$
$$R=\frac{A}{\chi}=\frac{2}{4}=0.5(m)$$
$$C=\frac{1}{n}R^{\frac{1}{6}}=\frac{1}{0.017}\times0.5^{\frac{1}{6}}=52.4(m^{1/2}/s)$$

$$i=\frac{Q^2}{A^2C^2R}=\frac{3.3^2}{2^2\times 52.4^2\times 0.5}=0.002$$

$$\Delta z=il=0.002\times 200=0.4(\mathrm{m})$$

该渡槽底坡为0.002,水面落差为0.4 m。

4.2.3 糙率 n 计算

对于已成渠道,为了检验采用的糙率是否符合实际,或当渠道运行一段时间后,为了检验糙率是否发生变化,选择一段长度适中的明渠均匀流段,实测 A、Q、i,反推糙率 n。

【例5-6】 某矩形有机玻璃水槽,底宽 $b=15$ cm,水深 $h=6.5$ cm,底坡 $i=0.02$,槽内水流系均匀流动,实测该槽通过的流量 $Q=17.3$ L/s,求糙率为多少?

解:根据明渠均匀流公式 $Q=AC\sqrt{Ri}$ 推导得:

$$n=\frac{A}{Q}R^{\frac{2}{3}}i^{\frac{1}{2}}$$

因

$$A=bh=0.15\times 0.065=0.00975(\mathrm{m}^2)$$

$$\chi=b+2h=0.15+2\times 0.065=0.28(\mathrm{m})$$

$$R=\frac{A}{\chi}=\frac{0.00975}{0.28}=0.0348(\mathrm{m})$$

则

$$n=\frac{A}{Q}R^{\frac{2}{3}}i^{\frac{1}{2}}=\frac{0.00975}{0.0173}\times 0.0348^{\frac{2}{3}}\times 0.02^{\frac{1}{2}}=0.0085$$

该有机玻璃槽的糙率为0.008 5。

5 无压圆管均匀流水力分析与计算

水工隧洞和下水道,因为不是土料建造,所以常采用圆形管道。在管径 d、过水断面充水深度 h 和中心角 φ(见图5-9)已知时,明渠圆管断面的各项水力要素,很容易由几何关系推求。

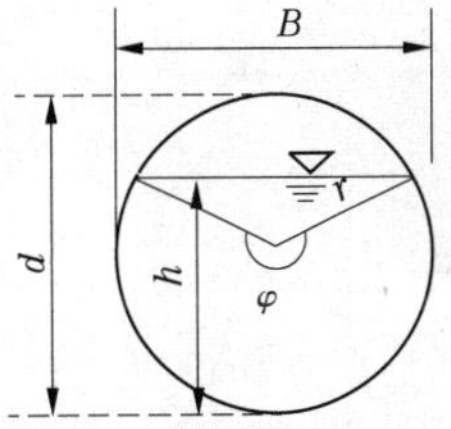

图5-9

过水断面面积 $$A=\frac{d^2}{8}(\varphi-\sin\varphi) \quad (5\text{-}21)$$

湿周: $$\chi=\frac{1}{2}\varphi d$$

水面宽度: $$B=d\sin\frac{\varphi}{2}$$

水力半径: $$R=\frac{d}{4}\left(1-\frac{\sin\varphi}{\varphi}\right) \quad (5\text{-}22)$$

根据谢才公式,流速: $$v=\frac{C}{2}\sqrt{\left(1-\frac{\sin\varphi}{\varphi}\right)di} \quad (5\text{-}23)$$

流量: $$Q=\frac{C}{16}\frac{(\varphi-\sin\varphi)^{3/2}}{\sqrt{\varphi}}d^{5/2}\sqrt{i} \quad (5\text{-}24)$$

充水深度 h 和中心角 φ 的关系

$$h=\frac{d}{2}\left(1-\cos\frac{\varphi}{2}\right)=d\sin^2\frac{\varphi}{4} \quad (5\text{-}25)$$

$$\alpha = \frac{h}{d} = \sin^2\frac{\varphi}{4} \tag{5-26}$$

式中　α——充满度。

设 Q_1 和 v_1 为充水深度 $h=d$ 时的流量和流速，Q 和 v 为充水深度 $h<d$ 时的流量和流速。根据不同的充满度 $\alpha=\frac{h}{d}$，可由上述各式的关系，算出流量比 $\frac{Q}{Q_1}$ 和流速比 $\frac{v}{v_1}$。以 $\frac{h}{d}$ 为纵坐标，以 $\frac{Q}{Q_1}$ 和 $\frac{v}{v_1}$ 为横坐标，画出曲线图 5-10，可借以进行明渠圆管的水力计算。从图 5-10 可知，在 $\frac{h}{d}=0.95$ 时，明渠圆管的流量为最大，此时充满角 $\varphi=308°$，$Q=1.087Q_1$；在 $\frac{h}{d}=0.81$ 时，明渠圆管的流速为最大，此时充满角 $\varphi=257°27'$，$v=1.16v_1$。

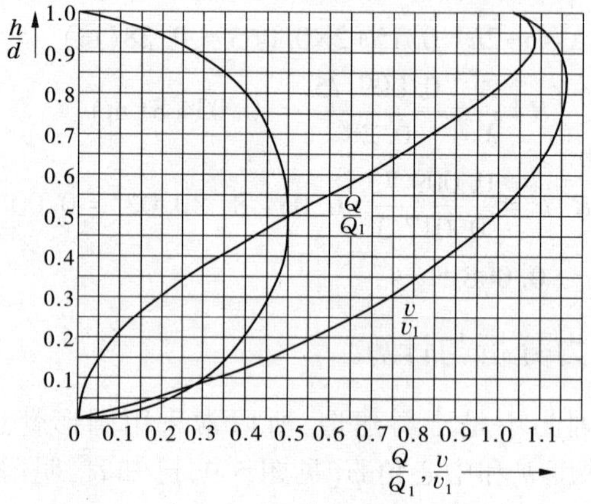

图 5-10

在进行无压管道水力计算时，还要参考国家建设部颁发的《室外排水设计规范》（GB 50014—2006）中的有关条款。其中，污水管道应按不满流计算，其最大设计充满度按表 5-13 选用；雨水管道和合流管道应按满流计算；排水管的最大设计流速，金属管为 10 m/s，非金属管为 5 m/s；排水管的最小设计流速，在设计充满度下，对污水管道，当管径≤500 mm 时，为 0.7 m/s；当管径>500 mm 时，为 0.8 m/s。另外，对最小管径和最小设计坡度等也有规定，在实际工作中可参阅有关手册与规范。

表 5-13　最大设计充满度

管径(d)或暗渠深(H)(mm)	最大设计充满度$\left(\alpha=\frac{h}{d}或\frac{h}{H}\right)$
150~300	0.60
350~450	0.70
500~900	0.75
≥1 000	0.80

任务2　明渠恒定非均匀流水力计算

由于明渠均匀流的产生条件非常苛刻，所以自然界渠道中的水流，绝大多数是非均匀流。这是因为产生非均匀流的因素很多，如过水断面形状及尺寸的改变；糙率或底坡的沿程变化；河道或渠道中修建的水工建筑物的影响等，都可以形成非均匀流。如图5-11所示，渠道上的水闸前后，渠道底坡变化处上下游的水流都属于明渠非均匀流。

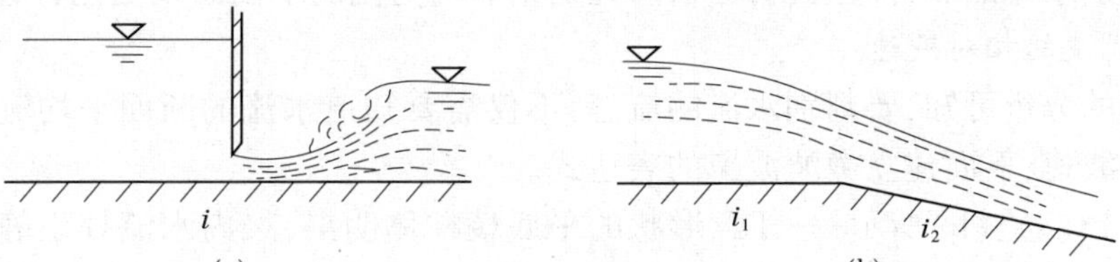

图5-11

明渠非均匀流的渠道底坡 i，水面坡度 J_p 和水力坡度 J 不相等，流速、水深沿程变化，流线不是平行直线。如果明渠非均匀流的流线间的夹角较小，曲率半径较大，称为明渠渐变流，反之为急变流。

河道或渠道的纵剖面与水面的交线，称为水面线。非均匀流的水面线不是直线而是曲线，水面线的壅高或降低，不仅影响河道或渠道的堤防和护岸的高程，而且对河道、渠道的淤积、冲刷也会造成直接影响。因此，分析和计算明渠非均匀流的水面线，在实际工程中有着十分重要的意义。本任务重点研究明渠恒定非均匀渐变流水面线的变化规律和计算方法。

1　明渠非均匀流的一些基本概念

1.1　干扰波的传播与明渠水流的三种流态

1.1.1　明渠水流的三种流态

在生活中大家会观察到一种现象，在平静的湖面上投一颗石子，水面就会产生一个干扰波，而且这个波动是以石子的着水点为中心，以一定的速度 v_w 向四周传播。平面上干扰波的波形是半径不等的同心圆，如图5-12(a)所示。如果在流动的水中投一颗石子，设水流的断面平均流速为 v，那么水面波的传播速度应是水流的速度与波速的矢量和。根据 v 和 v_w 的大小，水面波的传播图形如图5-12(b)、(c)、(d)所示。当 $v<v_w$ 时，水面波将以 $v'_w=v_w-v$ 的速度向上游传播，以速度 $v'_w=v_w+v$ 向下游传播；当 $v\geqslant v_w$ 时，水面波不能向上游传播，只能向下游传播，向下游传播的速度为 $v+v_w$；当 $v=v_w$ 时，$v+v_w=2v_w$。在水力学研究中，根据干扰微波能否向上游传播，将水流分为缓流、急流和临界流。

当 $v<v_w$ 时，干扰波能向上游传播，称为缓流；

当 $v>v_w$ 时，干扰波不能向上游传播，称为急流；

当 $v=v_w$ 时，干扰波不能向上游传播，但处于临界状态，称为临界流。

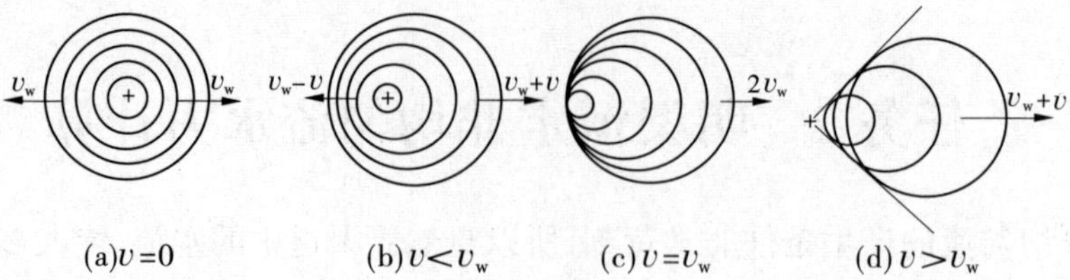

图 5-12

正确判别水流的三种流态，对分析研究明渠非均匀流的水面曲线变化有着重要作用。

1.1.2　干扰波的相对波速

由上面的分析可知，要判别水流的流态，不仅需要知道水流的断面平均流速，还必须求出微波的波速，下面建立微波波速的表达式。

如图 5-13(a)、(b)所示，一任意形状的平底棱柱体明渠，渠内水流处于静止状态，水深为 h，断面面积为 A，水面宽度为 B。若用一竖直平板，以一定的速度向左拨动一下，水面将产生一个向左移动的干扰微波。设微波的波高为 Δh，波速为 v_w，如果忽略摩阻力的影响，则微波将保持开始的形状和速度一直传到无限远处。若用相对运动的概念，也可认为干扰波是静止的，水体以速度 v_w 向右运动，如同观察者坐在火车上看到车厢是不动的，铁路两侧的物体向后跑一样。对于以速度 v_w 自右向左运动的坐标系而言，明槽中的水流运动是不随时间而变化的恒定流，但因水深沿流程变化，所以是非均匀流动。如图 5-13(c)所示，以渠底为基准，对相距很近的 1—1 断面和 2—2 断面列能量方程，不计两断面间的能量损失，则微波波速 v_w 的表达式为

$$v_w = \sqrt{g\frac{A}{B}} \tag{5-27}$$

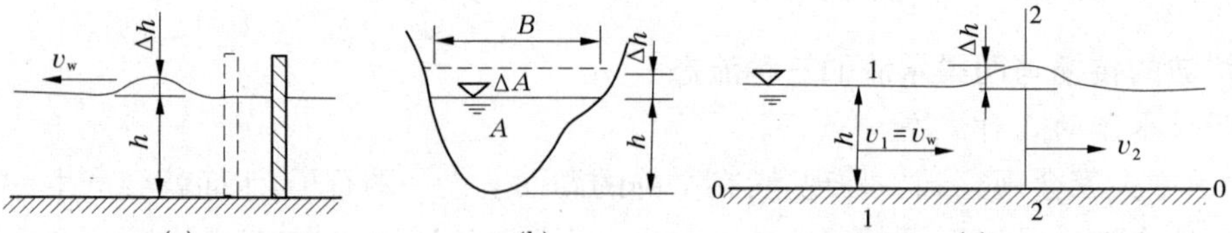

图 5-13

若明槽的断面形状为矩形，$A=Bh$，则

$$v_w = \sqrt{gh} \tag{5-28}$$

断面为任意形状时，式(5-27)可简化为

$$v_w = \sqrt{g\bar{h}} \tag{5-29}$$

式中　$\bar{h}$——断面平均水深。

由式(5-29)可以看出，在忽略摩阻力的情况下，微波的波速与断面平均水深的 1/2 次

方成比例，水深愈大，波速亦愈大。

【例5-7】 有一矩形渠道，渠底宽1.5 m，水深1.0 m，渠道中通过的流量为$Q=2.0\ m^3/s$，试判别渠道中水流的流态。

解：矩形断面的平均流速为

$$v=\frac{Q}{A}=\frac{Q}{bh}=\frac{2.0}{1\times 1.5}=1.33(m/s)$$

微波的相对波速　$v_w=\sqrt{gh}=\sqrt{9.8\times1}=3.13(m/s)$

因为$v<v_w$，所以水流为缓流。

1.1.3　流态判别数

当求出明渠中的断面平均流速和干扰波的波速之后，将二者比较，就可以判别水流的流态。但在水力学研究中，通常是以水流的流速和波速的比值作为流态的判别数，称为弗劳德数，用符号Fr表示

$$Fr=\frac{v}{v_w}=\frac{v}{\sqrt{g\frac{A}{B}}}=\frac{v}{\sqrt{g\bar{h}}} \tag{5-30}$$

当$Fr<1$时，则$v<v_w$，水流为缓流；

当$Fr>1$时，则$v>v_w$，水流为急流；

当$Fr=1$时，则$v=v_w$，水流为临界流。

弗劳德数是一个无量纲数，是水力学中的一个极其重要的判别数。为了理解其物理意义，可以将弗劳德数改变一下形式，写为

$$Fr=\frac{v}{\sqrt{g\bar{h}}}=\sqrt{2\frac{\frac{v^2}{2g}}{\bar{h}}} \tag{5-31}$$

显而易见，弗劳德数Fr反映了过水断面上单位重量的液体所具有的平均动能与平均势能之比。Fr愈大，水流的平均动能所占的比重愈大，当平均单位动能等于平均单位势能的1/2时，$Fr=1$，水流为临界流。当平均单位动能大于或小于平均单位势能的1/2时，$Fr>1$或$Fr<1$，水流分别为急流或缓流。

通过量纲分析可以看出，弗劳德数表示了水流的惯性力与重力作用的对比关系。当$Fr<1$时，惯性力的作用小于重力的作用，水流为缓流；当$Fr>1$时，惯性力的作用大于重力的作用，水流为急流；当$Fr=1$时，惯性力与重力的作用相等，水流为临界流。

【例5-8】 在某河道中，已测得其过水断面面积$A=524\ m^2$，水面宽度$B=119\ m$，流量$Q=1\ 620\ m^3/s$，试用流态判别数Fr判别水流流态。

解：河道中的断面平均流速为

$$v=\frac{Q}{A}=\frac{1\ 620}{524}=3.09(m/s)$$

断面平均水深：　$\bar{h}=\frac{A}{B}=\frac{524}{119}=4.40(m)$

则 $$Fr=\frac{v}{\sqrt{gh}}=\frac{3.09}{\sqrt{9.8\times4.40}}=0.471$$

因为 $Fr<1$，则河道中水流为缓流。

1.2 断面单位能量(断面比能)

如图 5-14 所示，明渠的底坡与水平面的夹角为 θ，水流为非均匀渐变流。任取一过水断面，设水深为 h、流速为 v。若以过水断面最低点的水平面为基准面，以水面为代表点，断面上单位重量的液体所具有的机械能，称为断面单位能量或断面比能，以 E_s 表示。

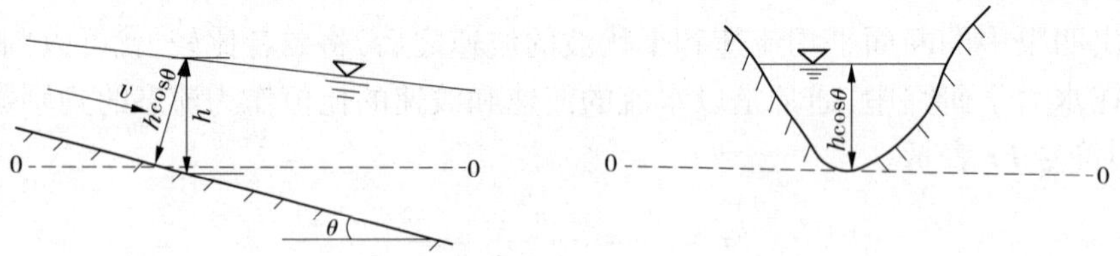

图 5-14

$$E_s=h\cos\theta+\frac{\alpha v^2}{2g} \tag{5-32}$$

当底坡较小(工程中一般当底坡 $i<10\%$)时，$\cos\theta\approx1$，常采用

$$E_s=h+\frac{\alpha v^2}{2g} \tag{5-33}$$

式(5-33)可改写为

$$E_s=h+\frac{\alpha Q^2}{2gA^2} \tag{5-34}$$

由式(5-34)可以看出，当流量 Q 和渠道的过水断面的形状和尺寸一定时，断面比能仅仅是水深的函数，即 $E_s=f(h)$。在非均匀流中，由于边界条件的影响，同一流量可能会以不同的水深通过某一过水断面，水深不同，过水断面面积 A 和流速 v 也不同，可以计算出不同的断面比能 E_s 值。以水深 h 为纵坐标，以 E_s 为横坐标，可以绘制出 $h\sim E_s$ 关系曲线。$h\sim E_s$ 关系曲线，称为比能曲线。下面首先定性分析一下比能曲线的变化规律。

由式(5-34)可以看出：当 $h\to0$ 时，$A\to0$，$\frac{\alpha Q^2}{2gA^2}\to\infty$，$E_s\to\infty$，比能曲线以横坐标轴为渐近线；当 $h\to\infty$ 时，$A\to\infty$，$\frac{\alpha Q^2}{2gA^2}\to0$，$E_s\to\infty$，比能曲线以 45°线为渐近线。因为断面比能是水深的连续函数，并且水深 h 从 0 增加到∞，断面单位能量 E_s 从∞先是减小，而后再增加到∞，故比能曲线中间必有一拐点，拐点所对应的断面比能为最小值。根据上面的讨论，定性绘制出的比能曲线如图 5-15 所示。

1.3 临界水深 h_k

为了解断面比能最小值所对应的水深的意义，可以将式(5-34)对 h 求一阶导数，并令其等于零。

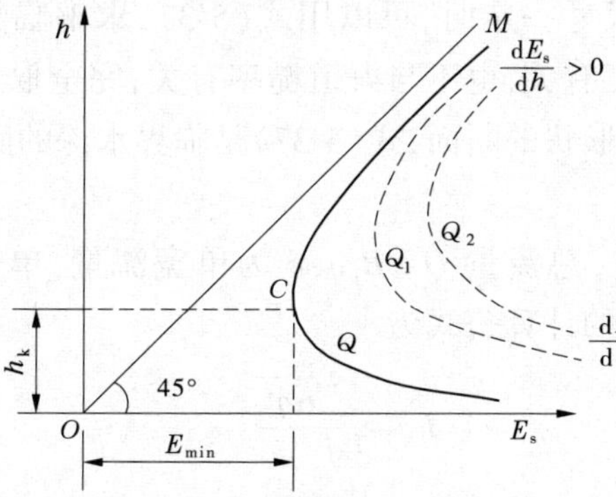

图 5-15

$$\frac{dE_s}{dh}=\frac{d}{dh}\left(h+\frac{\alpha Q^2}{2gA^2}\right)=1-\frac{\alpha Q^2}{gA^3}\frac{dA}{dh} \tag{a}$$

式中，dA 是水深变化 dh 而引起的过水断面面积的变化，故$\frac{dA}{dh}=B$，B 为过水断面的水面宽度，代入式(a)得

$$\frac{dE_s}{dh}=1-\frac{\alpha Q^2}{gA^3}\frac{dA}{dh}=1-\frac{\alpha v^2}{g\dfrac{A}{B}} \tag{5-35}$$

取 $\alpha=1$，则式(5-35)可写为

$$\frac{dE_s}{dh}=1-Fr^2=0 \tag{5-36}$$

式(5-36)表明，断面比能最小时，$Fr=1$，这就是前面讲到的临界流动。因此，把断面比能最小值所对应的水深称为临界水深，用 h_k 表示。图 5-15 中，临界水深在比能曲线上所对应的点 C，将比能曲线分成上下两支，曲线上半支随水深的增大，断面比能 E_s 增大，即$\frac{dE_s}{dh}>0$，$Fr<1$，为缓流；曲线下半支随水深 h 的增大，断面比能 E_s 减小，即$\frac{dE_s}{dh}<0$，$Fr>1$，为急流。断面比能曲线是对某一固定断面而言的，且与流量有关。对于同一断面，不同流量可以得出不同的比能曲线及相应的临界水深，如图 5-15 中虚线所示。当渠道中通过某一流量时，实际水深 h 大于临界水深 h_k，相应于比能曲线上支，为缓流；实际水深 h 小于临界水深 h_k，相应于比能曲线下支，为急流；实际水深 $h=h_k$，则为临界流。故用临界水深也可判别水流的流态。

若以 A_k、B_k 分别表示临界水深 h_k 所对应的过水断面面积和水面宽度，由式(5-35)可以得到临界水深的计算公式为

$$1-\frac{\alpha Q^2}{gA^3}\frac{dA}{dh}=0$$

即

$$\frac{\alpha Q^2}{g}=\frac{A_k^3}{B_k} \tag{5-37}$$

当流量 Q、断面形状和尺寸一定时，可以用式(5-37)求解临界水深。由式(5-37)可知，临界水深既不与渠底坡度有关，也不与渠道糙率有关，完全取决于渠道通过的流量及明渠的断面形状。对于任意形状的断面，式(5-37)是临界水深的隐函数形式，求解临界水深需要试算。

对于矩形断面 $A_k = B_k h_k$，总流量 $Q = B_k q$，q 为单宽流量，单位是 $m^3/(s \cdot m)$，代入式(5-37)可以得到临界水深的计算公式为

$$h_k = \sqrt[3]{\frac{\alpha q^2}{g}} \tag{5-38}$$

下面再分析一下矩形明槽中的临界流动的水深、流速水头和断面单位能量间的关系。将 $q = h_k v_k$ 代入式(5-38)，整理得

$$h_k = 2\frac{\alpha v_k^2}{2g} \tag{5-39}$$

临界流动的断面比能为

$$E_s = h_k + \frac{h_k}{2} = \frac{3}{2}h_k$$

或

$$h_k = \frac{2}{3}E_s \tag{5-40}$$

由上面可以看出，矩形明槽中的临界流动，临界水深是临界流速水头的 2 倍，是断面单位能量的 2/3。

前面分析了一定流量通过固定断面时断面比能与水深的关系，下面以矩形明槽为例，进一步分析对某一固定断面，若断面比能一定，水深与单宽流量之间的关系。

将 $v = q/h$ 代入式(5-33)，并取 $\alpha = 1$，可得

$$q = h\sqrt{2g(E_s - h)} \tag{5-41}$$

由式(5-41)可知：若 $E_s = \text{const}$，$q = 0$ 时，水深存在最小值 $h = 0$ 和最大值 $h = E_s$，在 $0 < h < E_s$ 区间，$q > 0$。因此，水深由 $h = 0$ 增大到 $h = E_s$，单宽流量则经历由 0 增大再减小至 0 的变化过程，单宽流量必定存在最大值，它所对应的水深可以从 $\frac{dq}{dh} = 0$ 求出，求解得 $h = \frac{2}{3}E_s$。

前面已证明，水深 $h = \frac{2}{3}E_s$ 时，为临界水深，即 $h = h_k$，故 $E_s = \text{const}$ 时，临界流动的过流量最大。以 h 为纵坐标，q 为横坐标，点绘 h—q 关系曲线，如图 5-16 所示。

从图 5-16 中可以看出，当断面比能不变时，对于缓流（曲线上半支），单宽流量愈大，水深愈小，$\frac{dq}{dh} < 0$；对于急流（曲线下半支），单宽流量愈大，水深愈大，$\frac{dq}{dh} > 0$。

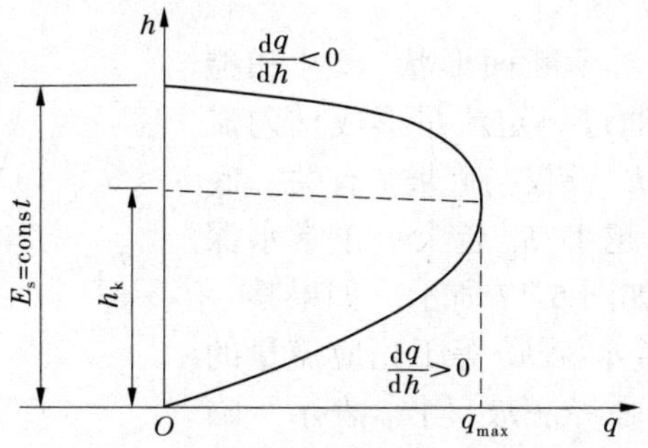

图 5-16

【例 5-9】 某梯形断面渠道，底宽 $b=2.0$ m，边坡系数 $m=1.5$，当通过流量 $Q=10$ m^3/s 时，渠道中的实际水深 $h=1.0$ m。试用试算法计算临界水深 h_k，并判别水流的流态。

解：计算公式为

$$\frac{\alpha Q^2}{g}=\frac{A_k^3}{B_k};A=(b+mh)h;B=b+2mh$$

首先算出已知值

$$\frac{\alpha Q^2}{g}=\frac{1\times 10^2}{9.8}=10.2$$

然后假设不同的水深 h，算出相应的比值$\frac{A^3}{B}$，计算结果列于表 5-14 中。

表 5-14 计算结果

水深 h(m)	$A(m^2)$	B(m)	A^3/B
0.5	1.375	3.50	0.743
0.8	2.56	4.40	3.81
1.0	3.50	5.00	8.58
1.05	3.75	5.15	10.2
1.1	4.02	5.30	12.26

从表 5-14 中的数据可以看出，当 $h=1.05$ m 时，$\frac{A^3}{B}=10.2=\frac{\alpha Q^2}{g}$，所以 $h_k=1.05$ m。

因为渠道实际水深 $h=1$ m$<h_k=1.05$ m，所以水流为急流。

【例 5-10】 有一矩形断面明渠流量 $Q=25$ m^3/s，底宽 $b=6$ m，渠道中实际水深 $h=3.0$ m，求渠道中的临界水深 h_k 并判别水流的流态。

解：

$$q=\frac{Q}{b}=\frac{25}{6}=4.17[m^3/(s\cdot m)]$$

临界水深：

$$h_k=\sqrt[3]{\frac{\alpha q^2}{g}}=\sqrt[3]{\frac{1\times 4.17^2}{9.8}}=1.21(m)$$

因为渠道水深 $h=3.0$ m$>h_k=1.21$ m，所以渠道中的水流为缓流。

1.4 **陡坡、缓坡和临界坡**

从明渠均匀流知道，对于断面形状、尺寸和糙率一定的棱柱体明渠，当通过一定流量形成均匀流动时，渠道中的正常水深 h_0 仅仅与底坡 i 有关。底坡 i 越大，h_0 越小；底坡 i 越小，h_0 越大。正常水深 h_0 与底坡 i 的关系曲线，如图 5-17 所示。如果某一底坡正好使渠道中的正常水深 h_0 等于相应流量的临界水深 h_k，该底坡称为临界底坡，用 i_k 表示。临界底坡上的流动应满足两个条件：一是均匀流动；二是临界流动。应同时满足关系式

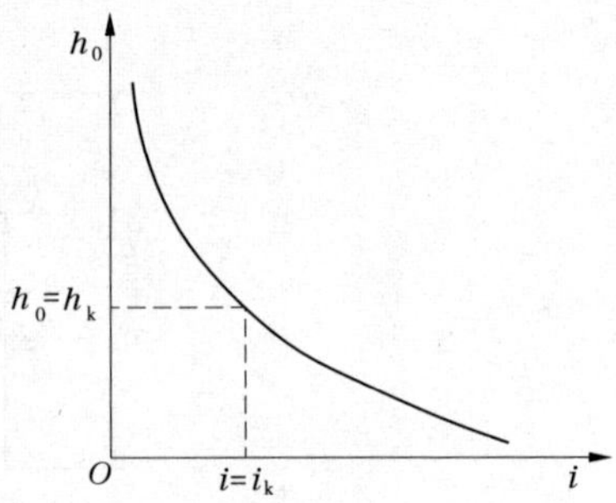

图 5-17

$$\left.\begin{aligned} Q &= A_k C_k \sqrt{R_k i_k} \\ \frac{\alpha Q^2}{g} &= \frac{A_k^3}{B_k} \end{aligned}\right\}$$

联解上两式可得临界底坡的计算式为

$$i_k = \frac{g_k \chi_k}{\alpha C_k^2 B_k} \tag{5-42}$$

对于宽浅渠道，$\chi_k \approx B_k$，式(5-42)可简化为

$$i_k = \frac{g}{\alpha C_k^2} \tag{5-43}$$

式中 A_k、C_k、R_k、B_k、χ_k——临界水深所对应的过水断面面积、谢才系数、水力半径、水面宽度和湿周。

由式(5-42)可知，临界底坡 i_k 与流量、断面形状及尺寸、糙率有关，与渠道的实际底坡 i 无关。对于一定的流量，如果渠中形成均匀流动，渠道的底坡与临界底坡比较，存在三种情况：①$i<i_k$，$h_0>h_k$，为缓流，渠道的底坡称为缓坡；②$i>i_k$，$h_0<h_k$，为急流，称为陡坡；③$i=i_k$，$h_0=h_k$，为临界流，称为临界坡。所以，在均匀流的情况下，根据临界底坡即可判别水流的流态。但是，对于非均匀流，由于边界条件的控制，渠中的水深不等于正常水深 h_0，所以在缓坡上可能会出现急流，陡坡上也可能出现缓流，不能用临界坡判别急流和缓流。还需要注意的是，临界坡与流量有关，对于同一渠道，流量不同，临界坡也不同，所以，要判别渠道底坡的类型，必须求出相应流量下的临界底坡。

【例 5-11】 一梯形断面渠道，$Q=65\ m^3/s$，底宽 $b=8$ m，边坡系数 $m=2.5$，糙率 $n=0.022\ 5$，底坡 $i=0.000\ 4$，渠中水流为明渠均匀流。试计算临界底坡 i_k，并判别渠道的底坡是缓坡还是陡坡？

解：要计算临界底坡 i_k，首先应计算临界水深 h_k。

$$\frac{\alpha Q^2}{g} = \frac{A_k^3}{B_k} = \frac{[(b+mh_k)h_k]^3}{b+2mh_k} = \frac{[(8+2.5h_k)h_k]^3}{8+5h_k} = \frac{65^2}{9.8} = 431.1$$

经试算得

$$h_k = 1.59\ \text{m}$$

$$\chi_k = b + 2h_k\sqrt{1+m^2} = 8 + 2\times 1.59\times\sqrt{1+2.5^2} = 16.56(\text{m})$$

$$A_k = (b + mh_k)h_k = (8 + 2.5 \times 1.59) \times 1.59 = 19.04(\text{m})$$

$$B_k = b + 2mh_k = 8 + 2 \times 2.5 \times 1.59 = 15.95(\text{m})$$

$$R_k = \frac{A_k}{\chi_k} = \frac{19.04}{16.56} = 1.15(\text{m})$$

$$C_k = \frac{1}{n}R^{1/6} = \frac{1}{0.0225} \times 1.15^{1/6} = 45.49(\text{m}^{1/2}/\text{s})$$

$$i_k = \frac{g\chi_k}{\alpha C_k^2 B_k} = \frac{9.8 \times 16.56}{1 \times 45.49^2 \times 15.95} = 0.0049 > 0.0004$$

因为 $i_k > i$，所以此渠道为缓坡渠道。

2　水跌和水跃

缓流和急流是明渠水流两种不同的流态。当水流由一种流态转换为另一种流态时，会产生局部水力现象——水跌和水跃。下面分别讨论这两种水力现象的特点及有关问题。

2.1　水跌现象

水跌是明渠水流由缓流状态过渡到急流状态产生的水面连续跌落现象。如图 5-18 所示，在缓坡上处于缓流状态的明渠水流，因渠底变为陡坡或末端存在跌坎，水流在底坡改变的 $C—C$ 断面的上下游一段距离内，由于重力作用增大，将水流的势能转变为动能，因此水面会发生急剧降落，并以临界流动状态通过 $C—C$ 断面，转变为急流，这就是水跌现象。

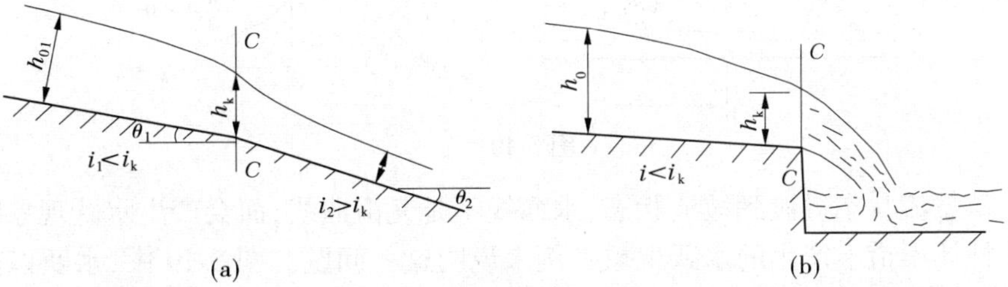

图 5-18

下面以图 5-18(a)渠道底坡由缓坡转变为陡坡的情况为例，说明 $C—C$ 断面处的水深为什么等于临界水深。根据比能曲线图 5-15 可以知道，当上游段水深由正常水深 h_{01} 减小时，断面比能 E_s 将随之减小，但转折断面 $C—C$ 的水深最低只能降至临界水深 h_k。因为如果在 $C—C$ 断面之前已小于临界水深，水流将成为急流状态，根据比能曲线，若水深继续减小，将会形成在缓坡上（重力在运动方向的分量没有变化）水流一边克服阻力流动，断面比能反而增大的现象，这显然是不可能的，故 $C—C$ 断面的最小极限水深是临界水深。在 $C—C$ 断面之后的一段距离内，因底坡变为陡坡，重力在运动方向的分量增大，并大于下游均匀流段的沿程阻力 F_{f2}，即 $G\sin\theta_2 > F_{f2}$，所以在 $C—C$ 断面之后的一段距离内，渠道水流的断面比能沿程增加，$C—C$ 断面下游必定是急流，因为只有急流，水深减小，比能才会增加。随水深进一步减小，流速增大，沿程阻力增大，经过一定距离 $G\sin\theta_2 = F_{f2}$，断面比能不再变化，恢复为均匀流动。从上面的分析可知，$C—C$ 断面之前不可能是急流，$C—C$ 断面下游必定是急流，故 $C—C$ 断面的水深一定是临界水深。根据试验观测，$C—C$ 断面的水深并不等于 h_k，h_k 出现在 $C—C$ 断面的上游，距 $C—C$ 断面的距离为 $(3\sim4)h_k$ 处。这是因为水跌属于急变流动，前面分析是根据渐变流条件得出的结果，没有考虑流线弯曲的影响。由于这种影响很小，在实际工程中，一般仍近似认为转折断面 $C—C$ 处的水深为 h_k。

2.2 水跃

2.2.1 水跃现象

水跃是明渠水流从急流状态过渡到缓流状态时，水面突然跃起的局部水力现象。例如，在水闸、溢流堰的下游，下泄的水流多为急流状态，如果下游河(渠)道中为缓流，就会产生水跃现象。如图 5-19 所示，为水闸下游产生的水跃。水跃区的流动可以分为主流区和表面漩滚区。主流区位于水跃的下部，在流动过程中，水流急剧扩散，水深增大，流速减小。主流区的上面有一个回漩翻腾的表面漩滚，水流饱掺空气。主流区与表面漩滚区的交界面上的流速梯度很大，水流紊动混掺强烈，水质点不断交换，致使造成大量的能量损失，使流速急剧下降，很快转化为缓流状态。由于水跃的消能效果好，所以常作为泄水建筑物下游消除动能，减小河(渠)道冲刷的有效方法。

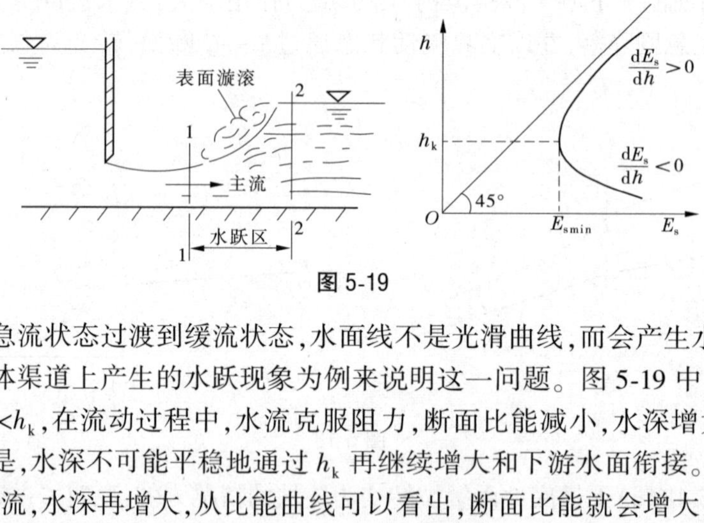

图 5-19

为什么从急流状态过渡到缓流状态，水面线不是光滑曲线，而会产生水跃现象呢？下文以平底棱柱体渠道上产生的水跃现象为例来说明这一问题。图 5-19 中，水跃以前水流为急流，水深 $h<h_k$，在流动过程中，水流克服阻力，断面比能减小，水深增大，符合能量的变化规律。但是，水深不可能平稳地通过 h_k 再继续增大和下游水面衔接。因为水深一旦大于 h_k 成为缓流，水深再增大，从比能曲线可以看出，断面比能就会增大，即水流的单位机械能增大。水流边克服阻力流动，能量边增大，这是不可能的。因此，水流必然垂直跃起通过临界水深，在跃后水压力的作用下，垂直跃起的水流向前倾倒，形成水跃现象。

水跃发生在什么位置，主要取决于跃前断面 1—1 和跃后断面 2—2 的水深，分别称为跃前水深和跃后水深，二者必须满足一定的关系才能发生水跃，这一对水深称为共轭水深。跃后水深与跃前水深之差叫水跃高度。跃前与跃后两断面间的水平距离，叫水跃长度。水跃的主要计算任务是求解共轭水深和计算水跃的长度。

2.2.2 棱柱体平底明渠中的水跃方程

共轭水深的关系式，即水跃方程式。图 5-20 示出一棱柱体水平明渠中的水跃，这种不采取任何工程措施而产生的水跃,称为自由水跃。由于水跃区的水流非常紊乱,能量损失很大,且不能求出,所以无法应用能量方程建立自由水跃的共轭水深关系,只能应用动量方程推求。

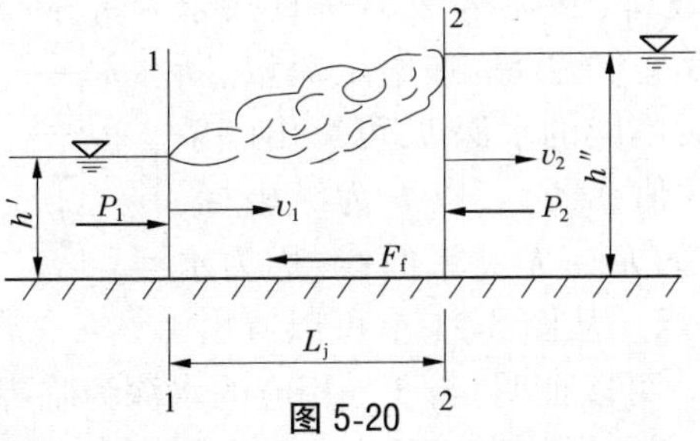

图 5-20

设渠道中通过的流量为 Q,跃前断面 1—1 的水深为 h',断面平均流速为 v_1;跃后断面 2—2 的水深为 h'',断面平均流速为 v_2;水跃长度为 L_j。取跃前断面 1—1 和跃后断面 2—2 之间的水体为隔离体,并做如下假定:

(1)因水跃长度不大,水流与槽身之间的摩擦力与水跃两端的水压力相比甚小,可以忽略不计。

(2)跃前、跃后两断面上的水流满足渐变流条件,动水压强分布可以按静水压的分布规律计算,故作用于跃前和跃后两断面上的动水总压力分别为 $P_1=\gamma h_{c1}A_1$,$P_2=\gamma h_{c2}A_2$。式中 A_1、A_2 分别表示跃前断面和跃后断面的面积,h_{c1}、h_{c2} 分别表示跃前、跃后断面形心处的水深。

(3)跃前、跃后断面的动量修正系数 $\beta_1=\beta_2=1$。

对 1—1 断面和 2—2 断面写动量方程,得

$$\gamma h_{c1}A_1-\gamma h_{c2}A_2=\frac{\gamma Q}{g}(v_2-v_1) \tag{5-44}$$

根据连续方程 $v_1=\dfrac{Q}{A_1}$; $v_2=\dfrac{Q}{A_2}$

代入式(5-44),整理可得

$$\frac{Q^2}{gA_1}+A_1h_{c1}=\frac{Q^2}{gA_2}+A_2h_{c2} \tag{5-45}$$

式(5-45)就是棱柱体水平明渠的水跃方程式。

当渠道的断面形状、尺寸一定时,上式中的断面面积 A 和形心在水面以下的深度 h_c,都是水深 h 的函数。所以当流量 Q 一定时,水跃方程的左右两边分别是跃前水深 h' 和跃后水深 h'' 的函数,此函数称为水跃函数,并以 $J(h)$ 表示,即

$$J(h)=\frac{Q^2}{gA}+Ah_c$$

水跃方程可以写为

$$J(h')=J(h'') \tag{5-46}$$

式(5-46)表明,对于平底棱柱体明槽,跃前水深与跃后水深所对应的水跃函数值应相等。

2.2.3　矩形断面棱柱形平底明渠中水跃共轭水深计算

根据水跃方程,只要已知共轭水深中的一个便可求出另一个。但水跃方程中的 A 和 h_c 都与共轭水深有关,除矩形断面外,一般讲,共轭水深不易直接求出,通常需采用图解法求解。方法是:在给定流量、断面形状和尺寸的情况下,设不同的水深 h,可算出一系列与水深相应的水跃函数值 $J(h)$。以 h 为纵坐标,$J(h)$ 为横坐标,可以绘出 $J(h)—h$ 关系曲线,称为水跃函数曲线,如图 5-21 所示。从图 5-21 上可以看出,水跃函数存在最小值 J_{min}。可以证明,与 J_{min} 相应的水深为临界水深 h_k,水跃函数的上半支 $h>h_k$,为缓流;下半支 $h>h_k$,为急流。同一水跃函数值在水跃函数曲线上对应的两个水深,必为共轭水深。因此,当已知一个共轭水深 h'(或 h''),以该水深作水平线交 $J(h)—h$ 关系曲线下半支 a 点(或上半支 b 点),自该点作平行于 h 轴的直线交 $J(h)—h$ 关系曲线的另一支 b 点(或 a 点),该点所对应的水深 h''(或 h'),即为所求的另一共轭水深。

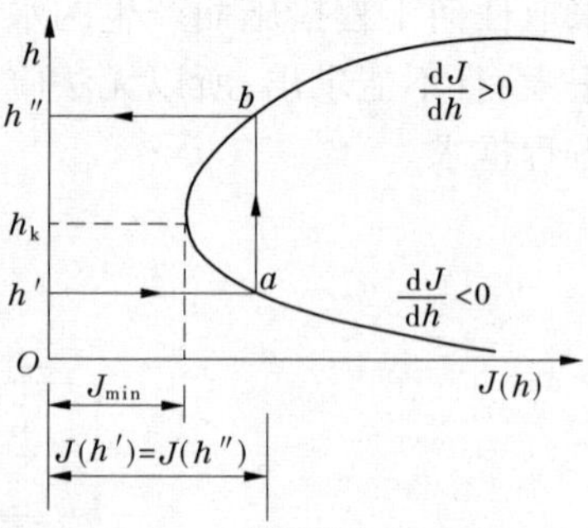

图 5-21

从 $J(h)—h$ 关系曲线上还可以看出,跃前水深 h'愈小,对应的跃后水深愈大;跃前水深 h'愈大,对应的跃后水深愈小。

泄水建筑物下游明槽的断面多为矩形,讨论求解矩形断面明槽中的水跃共轭水深更具有实际意义。

设矩形断面明槽的底宽为 b,则单宽流量 $q=\dfrac{Q}{b}$。将 $Q=bq$, $A=bh$, $h_c=\dfrac{h}{2}$代入式(5-45),得

$$\frac{b^2q^2}{gbh'}+\frac{h'}{2}bh'=\frac{b^2q^2}{gbh''}+\frac{h''}{2}bh''$$

两端消去 b,经整理得

$$h'h''(h'+h'')=\frac{2q^2}{g} \tag{5-47}$$

分别以跃后水深 h''和跃前水深 h'为未知数,求解式(5-47)可得

$$h''=\frac{h'}{2}\left(\sqrt{1+\frac{8q^2}{gh'^3}}-1\right) \tag{5-48}$$

$$h'=\frac{h''}{2}\left(\sqrt{1+\frac{8q^2}{gh''^3}}-1\right) \tag{5-49}$$

式(5-48)、式(5-49)即矩形棱柱体水平明渠的水跃方程。因 $\dfrac{q^2}{gh'^3}=Fr_1^2$; $\dfrac{q^2}{gh''^3}=Fr_2^2$,式(5-48)、式(5-49)可改写为

$$h''=\frac{h'}{2}(\sqrt{1+8Fr_1^2}-1) \tag{5-50}$$

$$h'=\frac{h''}{2}(\sqrt{1+8Fr_2^2}-1) \tag{5-51}$$

式中 Fr_1 和 Fr_2——跃前断面和跃后断面的弗劳德数。

利用上面的式子可直接计算棱柱体矩形平底明槽中的水跃共轭水深。

2.2.4 棱柱体水平明渠中的水跃长度

水跃区水流紊动强烈,底部流速大,冲刷能力强,一般在水跃区均需建造护坦。因此,水跃长度是泄水建筑物消能设计的主要依据之一。由于水跃现象非常复杂,迄今理论分析还没有成熟的结果,还只能依据试验研究得出的经验公式计算水跃的长度。常用的自由水跃长度的计算公式有以下几种。

2.2.4.1 矩形断面的跃长公式

(1)欧勒佛托斯基公式

$$L_j = 6.9(h'' - h') \tag{5-52}$$

(2)切尔托乌索夫公式

$$L_j = 10.3h'(Fr_1 - 1)^{0.81} \tag{5-53}$$

(3)陈椿庭公式

$$L_j = 9.4(Fr_1 - 1)h' \tag{5-54}$$

式中 h'、h''——跃前、跃后水深;

Fr_1——跃前断面的弗劳德数。

2.2.4.2 梯形断面的跃长公式

梯形断面明渠中的水跃,工程中遇到的较少,对水跃长度的计算至今没有确切的解答,一般可按下列经验公式估算

$$L_j = 5h''\left(1 + 4\sqrt{\frac{B_2 - B_1}{B_1}}\right) \tag{5-55}$$

式中 B_1、B_2——跃前、跃后断面的水面宽度。

平底棱柱体明渠中的水跃,尤其是矩形断面,在工程设计中应用最多。但在非棱柱体渠道中,如果水流由急流过渡为缓流,也会产生水跃。推求非棱柱体明渠中水跃共轭水深的关系式,仍然要用动量方程。它与棱柱体明渠的主要区别在于槽身的横断面尺寸沿程变化,使得作用于水跃区水体上的外力较为复杂,推求的共轭水深的关系也较复杂。这里不再进行详细讨论,有需要时可查阅有关水跃问题的专著和水力计算手册。

【例5-12】 某棱柱体渠道断面为矩形,底宽 $b=5.0$ m。渠道上建一水闸,闸门与渠道等宽。当闸门局部开启时,通过的流量 $Q=20.4$ m³/s,闸后产生一自由水跃,跃前水深 $h'=0.62$ m,求:(1)跃后水深 h'';(2)计算水跃的长度。

解:(1)求跃后水深 h''。

跃前断面流速 $$v=\frac{Q}{bh'}=\frac{20.4}{5\times0.62}=6.581(\text{m/s})$$

跃前弗劳德数 $$Fr_1=\frac{v_1}{\sqrt{gh'}}=\frac{6.581}{\sqrt{9.8\times0.62}}=2.67$$

跃后断面水深 $$h''=\frac{h'}{2}(\sqrt{1+8Fr_1{}^2}-1)$$

$$=\frac{0.62}{2}\times(\sqrt{1+8\times2.67^2}-1)=2.05(\text{m})$$

(2)计算水跃长度。

用式(5-52)计算 $L_j=6.9(h''-h')=6.9\times(2.05-0.62)=9.87(\text{m})$

用式(5-53)计算 $L_j=10.3h'(Fr_1-1)^{0.81}$

$=10.3\times0.62\times(2.67-1)^{0.81}=9.67(\text{m})$

用式(5-54)计算

$$L_j=9.4(Fr_1-1)h'=9.4\times(2.67-1)\times0.62=9.73(\text{m})$$

从上面的计算结果看,只要在公式的应用范围内,各公式的计算结果相差不大。

3 明渠恒定非均匀渐变流的基本方程

分析计算明渠均匀流问题,必须遵循非均匀流的基本方程。下面利用能量方程,首先推导非均匀渐变流微分方程的一般形式。

3.1 明渠恒定非均匀渐变流的微分方程

图 5-22 表示底坡为 i 的明渠非均匀渐变流。沿流动方向任取 1—1 断面和 2—2 断面。间距为 dl。设 1—1 断面的水深为 h,水位为 z,断面平均流速为 v,底部高程为 z。由于非均匀流的水力要素沿流程是变化的,经过微分流段 dl,2—2 断面的水深、水位、断面平均流速、渠底高程可分别表示为 $h+\mathrm{d}h$、$z+\mathrm{d}z$、$v+\mathrm{d}v$ 和 z_0+dz_0。以 0—0 基准面,对 1—1 断面和 2—2 断面建立能量方程,得

$$z_0+h\cos\theta+\frac{\alpha_1v^2}{2g}=(z_0+\mathrm{d}z_0)+(h+\mathrm{d}h)\cos\theta+\frac{\alpha_2(v+\mathrm{d}v)^2}{2g}+\mathrm{d}h_f+\mathrm{d}h_j \quad (5\text{-}56)$$

式中,$\mathrm{d}h_f$ 和 $\mathrm{d}h_j$ 表示 1—1 断面和 2—2 断面间的沿程水头损失和局部水头损失。

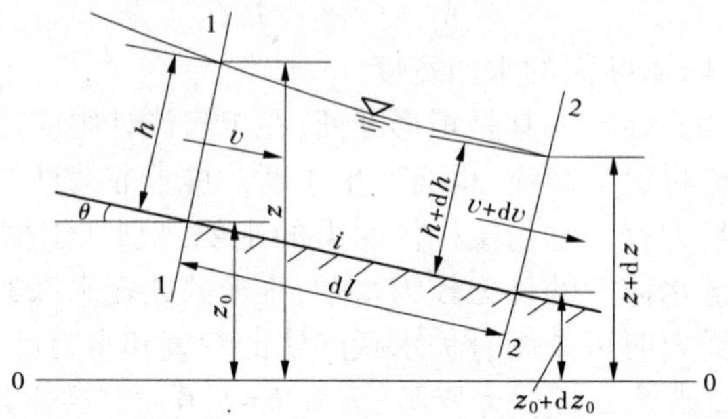

图 5-22

因为 $$\frac{\alpha_2(v+\mathrm{d}v)^2}{2g}=\frac{\alpha_2}{2g}[v^2+2v\mathrm{d}v+(\mathrm{d}v)^2]$$

略去高阶微量,则

$$\frac{\alpha_2(v+\mathrm{d}v)^2}{2g}\approx\frac{\alpha_2}{2g}(v^2+2v\mathrm{d}v)=\frac{\alpha_2v_2^2}{2g}\mathrm{d}(\frac{\alpha_2v_2^2}{2g})$$

令 $\alpha_1=\alpha_2=1$,并将上式及 $\mathrm{d}z_0=-i\mathrm{d}l$ 代入式(5-56)化简得

$$i\mathrm{d}l=\mathrm{d}h\cos\theta+\mathrm{d}(\frac{\alpha v^2}{2g})+\mathrm{d}h_f+\mathrm{d}h_j \quad (5\text{-}57)$$

沿程水头损失 dh_f 近似用均匀流公式计算,则

$$dh_f = \frac{Q^2}{K^2}dl = Jdl$$

式中 K——流量模数;

J——沿程水头损失坡降,称为摩阻坡度。

局部水头损失可表示为 $dh_j=\zeta d(\frac{v^2}{2g})$。将 dh_f、dh_j 代入式(5-57),得

$$idl = dh\cos\theta + (\alpha + \zeta)d(\frac{\alpha v^2}{2g}) + Jdl \tag{5-58}$$

当底坡较小($i<\frac{1}{10}$)时,$\cos\theta\approx 1$,则式(5-58)可写作

$$idl = dh + (\alpha + \zeta)d(\frac{v^2}{2g}) + Jdl \tag{5-59}$$

式(5-58)、式(5-59)就是明渠恒定非均匀流的基本微分方程。

3.2 棱柱体明渠水深沿程变化的微分方程

对于人工渠道,渠底一般为平面,水深沿流程的变化能够反映出水面线的变化。为了便于分析人工棱柱体渠道的水面线,可将明渠非均匀流的基本微分方程变换为水深沿流程变化的形式。人工渠道的底坡一般都较小,可取 $\cos\theta=1$,下面仅讨论这种情况。

将式(5-59)两端同除以 dl,经整理则有

$$i - J = \frac{dh}{dl} + (\alpha + \zeta)\frac{d}{dl}(\frac{v^2}{2g}) \tag{5-60}$$

因为棱柱体渠道的过水断面面积 A 是水深的函数,即 $A=f(h)$,而非均匀流水深 h 又是流程 l 的函数,故 A 是 l 的复合函数,则

$$\frac{dA}{dl} = \frac{dA}{dh}\frac{dh}{dl} = B\frac{dh}{dl}$$

式中 B 为明渠的水面宽度,由此可得

$$\frac{d}{dl}(\frac{v^2}{2g}) = \frac{d}{dl}(\frac{Q^2}{2gA^2}) = -\frac{Q^2}{gA^3}\frac{dA}{dl}$$

代入式(5-60),整理得

$$i - J = [1 - (\alpha + \zeta)\frac{Q^2B}{gA^3}]\frac{dh}{dl}$$

对于棱柱体明渠中的渐变流,局部水头损失很小,可忽略不计,即 $\zeta=0$,于是上式可简化为

$$i - J = \frac{dh}{dl}(1 - \frac{\alpha v^2}{g\frac{A}{B}}) = \frac{dh}{dl}(1 - Fr^2)$$

$$\frac{dh}{dl} = \frac{i - J}{1 - Fr^2} \tag{5-61}$$

式(5-61)就是棱柱体明渠水深沿程变化的微分方程,主要用于分析棱柱体明渠非均匀渐变流水面线的变化规律。

3.3 明渠恒定非均匀渐变流断面比能沿流程变化的微分方程

对于人工渠道,不管是棱柱体渠道还是非棱柱体渠道,只要其水流为恒定非均匀渐变流,其局部水头损失 dh_j 都很小,可以忽略不计,沿程水头损失仍近似地用均匀流关系式 $dh_f=\frac{Q^2}{K^2}dl=Jdl$ 来计算。

于是非均匀渐变流的一般方程式(5-57)又可以改写成下面形式:

$$idl = dh + d(\frac{\alpha v^2}{2g}) + Jdl = d(h + \frac{\alpha v^2}{2g}) + Jdl$$

上式右边第一项就是断面比能 $E_s=h+\frac{\alpha v^2}{2g}$的微小增量。因此,方程式(5-57)又可用断面比能 E_s 沿流程的变化来表示:

$$idl = dE_s + Jdl$$

将上式两边同除以 dl,整理后得

$$\frac{dE_s}{dl} = i - J \tag{5-62}$$

式(5-62)就是人工渠道中恒定非均匀渐变流断面比能沿流程变化的微分方程。该式表明,断面比能沿程的变化与水流的均匀程度有关,它是一般明渠中的恒定非均匀渐变流水面曲线计算的基本公式。

3.4 天然河道恒定非均匀渐变流水位沿程变化的微分方程

天然河道与人工渠道不同,河底一般高低不平,底坡沿程变化,因此只能用水位反映水面线的变化。这就需要将基本方程式变换为水位沿流程变化的关系式。

由图 5-22 可以看出,水位 $z=z_0+h\cos\theta$,则 $dz=dz_0+dh\cos\theta$。又因 $dz_0=-idl$,故 $dz=-idl+dh\cos\theta$,也可写为

$$dh\cos\theta = dz + idl \tag{5-63}$$

将式(5-63)代入式(5-58),并以$\frac{Q^2}{K^2}$代替 J,可得恒定非均匀渐变流的水位沿程变化的微分方程

$$-\frac{dz}{dl} = (\alpha + \zeta)\frac{d}{dl}(\frac{v^2}{2g}) + \frac{Q^2}{K^2} \tag{5-64}$$

式(5-64)主要应用于分析、计算天然河道水面线。

4 棱柱体渠道中非均匀渐变流水面线的定性分析

明渠非均匀渐变流的水面线比较复杂,在进行定量计算之前,对水面线的性质、形状做定性分析是很有必要的。

利用式(5-61)可定性分析棱柱体渠道水面线的沿程变化。当$\frac{dh}{dl}>0$时,表明水深沿程增加,水流做减速流动,称为壅水曲线;当$\frac{dh}{dl}<0$时,水深沿程减小,水流做加速流动,称为降水曲线;当$\frac{dh}{dl}\to 0$时,水深沿程不变,趋于均匀流动;当$\frac{dh}{dl}\to\pm\infty$时,由式(5-61)可知

$Fr \to 1$，则水深趋于临界水深。这说明在非均匀流动中，当 $h \to h_k$ 时，水面线将与临界水深线垂直，即渐变流水面曲线的连续性在此中断。但是由于实际水流仍要向下游流动，因而水流便越出渐变流的范围而形成了急变流动的水跃或水跌现象。

4.1　水面线的分类

从式(5-61)可以看出，水深沿流程的变化率 $\frac{dh}{dl}$ 与渠道的底坡 i 有关，明渠的底坡不同，可以产生不同形式的水面线。为了便于分析，需要根据底坡对水面线进行分类。明渠的底坡分为：正坡($i>0$)，平坡($i=0$)和逆坡($i<0$)。在正坡棱柱体渠道中，水流既可能是均匀流动，也可能是非均匀流动；既可能是缓流，也可能是急流。如果用 $N—N$ 线表示渠道的正常水深线，用 $K—K$ 线表示渠道的临界水深线($N—N$ 线和 $K—K$ 线分别是水深等于正常水深 h_0 和临界水深 h_k，且与渠底平行的直线)，那么用 $N—N$ 线可以判别水流是均匀流还是非均匀流，用 $K—K$ 线可以判别水流是急流还是缓流。

正坡渠道又分为缓坡($i<i_k$)、陡坡($i>i_k$)和临界坡($i=i_k$)。三种情况的 $N—N$ 线和 $K—K$ 线的相对位置不同，缓坡 $h_0>h_k$，$N—N$ 线位于 $K—K$ 线之上；陡坡 $h_0<h_k$，$N—N$ 线位于 $K—K$ 线之下；临界坡 $h_0=h_k$，$N—N$ 线与 $K—K$ 线重合，如图 5-23 所示。根据渠道中的实际水面线相对于 $N—N$ 线和 $K—K$ 线的位置，可以将水面线分为三个区。位于 $N—N$ 线和 $K—K$ 线之上，为 a 区；位于二者之间，为 b 区；位于 $N—N$ 线和 $K—K$ 线之下，为 c 区；在临界底坡上 $N—N$ 线和 $K—K$ 线重合，没有 b 区，只有 a 区和 c 区，见图 5-23。

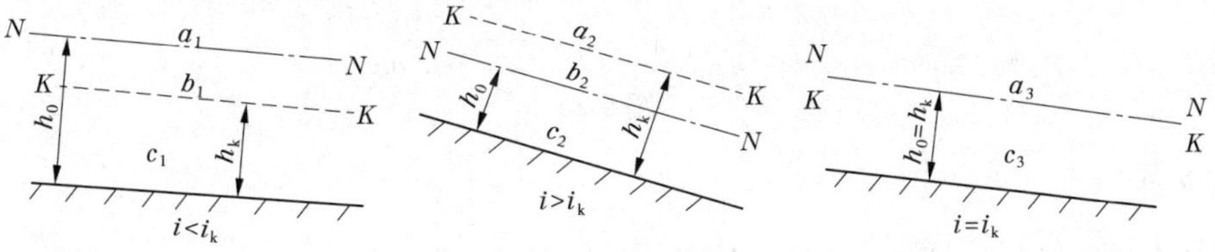

图 5-23

在平坡和逆坡棱柱体明渠中，不可能有均匀流，不存在正常水深 h_0，所以也不存在正常水深线 $N—N$。但平坡和逆坡渠道中的水流有可能是缓流，也可能是急流，判别急流和缓流需要计算出临界水深 h_k 并绘出 $K—K$ 线。因不存在 $N—N$ 线，或者可以设想 $N—N$ 线在无限远处，所以对于平坡和逆坡棱柱体明渠，只有 b 区和 c 区，如图 5-24 所示。

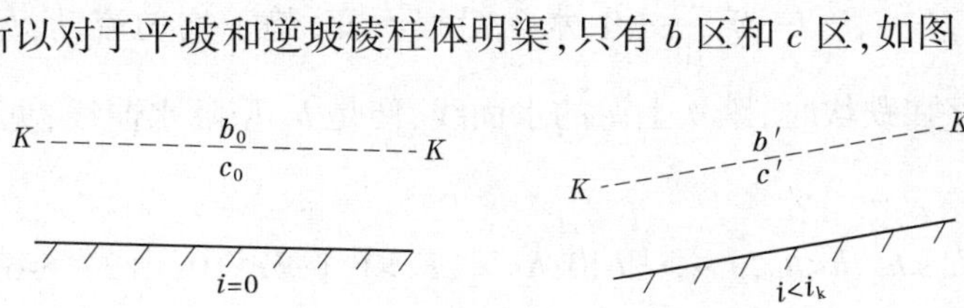

图 5-24

为了区分不同底坡上相同流区的水面线，在流区号上需加脚标。缓坡上加"1"；陡坡上加"2"；临界坡上加"3"；平坡上和逆坡上分别加"0"和"′"。通过以上分析可知，棱柱体明渠共有五种底坡，可以有 a_1、b_1、c_1；a_2、b_2、c_2；a_3、c_3；b_0、c_0 和 b'、c'等 12 种水面线。

4.2　**水面线分析**

棱柱体明渠中的各种水面线的定性分析,可以从式(5-61)得出。下面以缓坡渠道为例,分析各区水面线的形式。

4.2.1　a 区

该区水深 $h>h_0>h_k$,摩阻坡度 $J<i,i-J>0;h>h_k,Fr<1,1-Fr^2>0$,由式(5-61)可得$\frac{dh}{dl}>0$,水深沿程增加,为 a_1 型壅水曲线。当 $h\to\infty$ 时,$J\to0,Fr\to0,\frac{dh}{dl}=i$,不难证明,水面线趋近水平线。这就是说 a_1 型水面线的下游以水平线为渐近线。向上游水深减小,当 $h\to h_0$ 时,$J\to i,Fr\to0$,水深沿程不变,趋于均匀流动。所以 a_1 型水面线的上游端以正常水深线 $N—N$ 为渐近线,下游以水平线为渐近线,见图 5-25(a)。在缓坡渠道上修建的挡水建筑物,当抬高上游水位,使上游控制水深 $h>h_0$ 时,建筑物上游出现的水面线,就是 a_1 型壅水曲线,见图 5-25(b)。

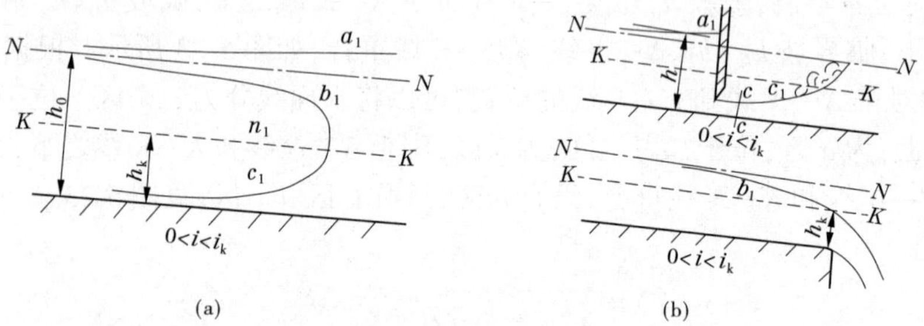

图 5-25

4.2.2　b 区

该区水深 $h<h_0<h_k,h>h_k,Fr<1,1-Fr>0;h<h_0,J>i,i-J<0$,由式(5-61)得$\frac{dh}{dl}<0$,故水深沿程减小,为 b_1 型降水曲线。向下游水深减小,当 $h\to h_k$ 时,$Fr\to1$、$1-Fr^2\to0,\frac{dh}{dl}\to\infty$,水面线与 $K—K$ 线有成正交的趋势,将出现从缓流向急流转换的水跌现象。向上游水深增大,当 $h\to h_0$ 时,$J\to i,i-J\to0,\frac{dh}{dl}\to0$,水深沿程不变,趋于均匀流动,见图 5-25(a)。当缓坡渠道的下游存在跌坎时,跌坎上游的水面线,便是 b_1 型降水曲线,见图 5-25(b)。

4.2.3　c 区

该区水深 $h<h_k<h_0,h<h_0,J>i,i-J<0;h<h_k,Fr>1,1-Fr^2<0$,由式(5-61)可得$\frac{dh}{dl}>0$,水深沿程增加,为 c_1 型壅水曲线。向下游水深增大,当 $h\to h_k$ 时,$Fr\to1,1-Fr^2\to0,\frac{dh}{dl}\to\infty$,水面线有与 $K—K$ 线成正交的趋势,将产生水跃现象,见图 5-25(a)。c_1 型水面线的上游端的水深不可能为0,其最小水深通常是由水工建筑物控制的。在缓坡渠道上修建的水闸,当闸门局部开启时,闸门后收缩断面 $c—c$ 的水深 $h_c<h_k$ 为急流,在流动过程中克服阻

力，断面单位能量减小，水深增大，自 $c—c$ 断面至跃前断面就是 c_1 型壅水曲线，如图 5-25(b)所示。

用同样的方法，可以分析陡坡、临界坡、平坡和逆坡棱柱体渠道上的水面线，这里不再一一进行讨论。图 5-26 给出了陡坡、临界坡、平坡和逆坡上各类水面线的型式及实例供参考。需要指出的是，a_3 型和 c_3 型水面线，当水深 $h \to h_k$ 时，水面线以水平线为渐近线，这两种水面线实际上是很少出现的。

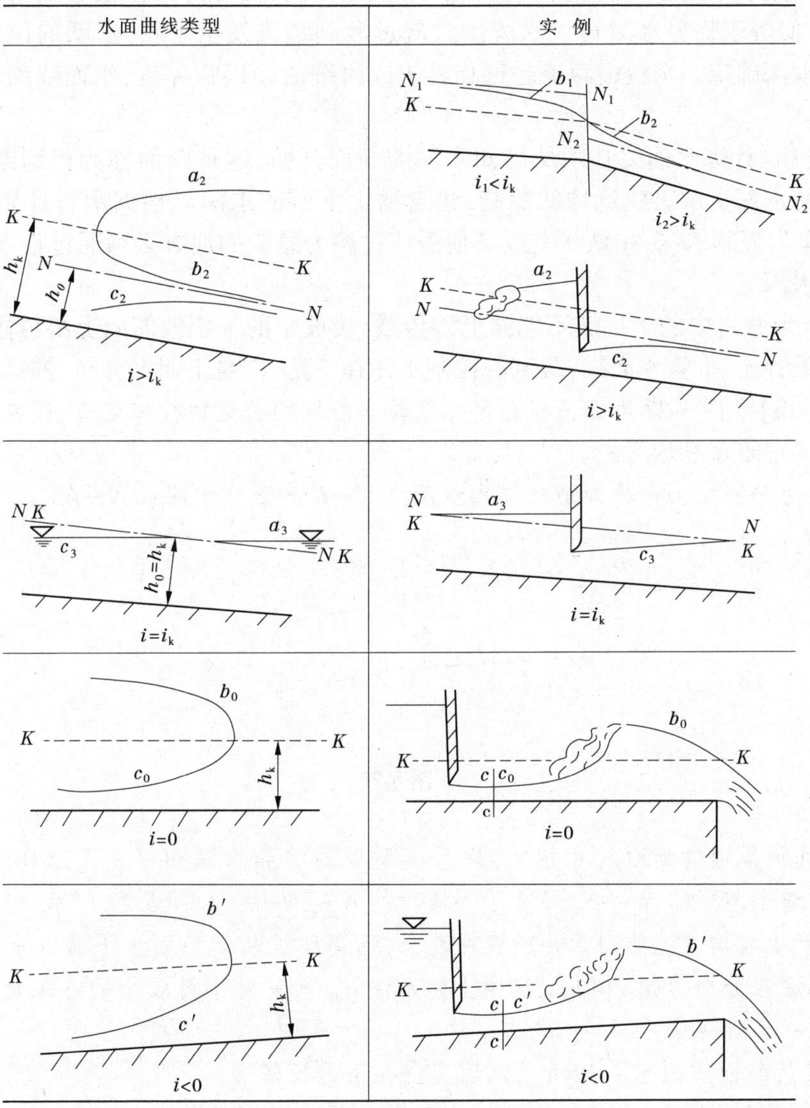

图 5-26

4.3 水面线分析应注意的问题

总结棱柱体明渠可能出现的 12 种水面线可以发现，它们既有共同的规律，又有各自的特点，进行水面线分析时应注意以下几个问题：

(1)所有 a 区和 c 区只能产生壅水曲线，b 区只能产生降水曲线。

(2)无论何种底坡，每一个流区只可能有一种确定的水面曲线型式。如缓坡上的 a 区，只能是 a_1 型壅水曲线，不可能有其他型式的水面线。

(3)对于正坡渠道，当渠道很长，在非均匀流影响不到的地方，水深 $h \to h_0$，水面线与 $N—N$ 线相切，水流趋近均匀流动。

(4)水流由缓流过渡为急流产生水跌，在底坡由缓坡变为陡坡或有跌坎的转折断面上，水深近似等于临界水深 h_k。水流由急流过渡到缓流发生水跃，水跃的位置应根据跃前与跃后水深确定。水流由急流趋近临界流或由缓流趋近临界流，水面线均以水平线为渐近线。

(5)分析、计算水面线必须从已知水深的断面开始，这种断面称为控制断面。例如，当明渠中的水深受水工建筑物的控制，建筑物上下游的水深可根据水力计算求出(详见项目6)，作为控制水深；在跌坎上或其他缓流过渡为急流的地方必须通过临界水深，则 h_k 即为控制水深。

(6)因为急流中的干扰波不能向上游传播，缓坡中的干扰波能向上游传播，所以急流应自上而下分析、推算水面线；缓流的控制水深在下游，应自下而上分析、推算水面线。

【例5-13】 图5-27为两段断面尺寸及糙率相同的长直棱柱体渠道，底坡 $0<i_1<i_2<i_k$，试分析渠道中水面线的形式。

解： 首先分别绘出两段渠道的临界水深线 $K—K$ 和正常水深线 $N—N$。

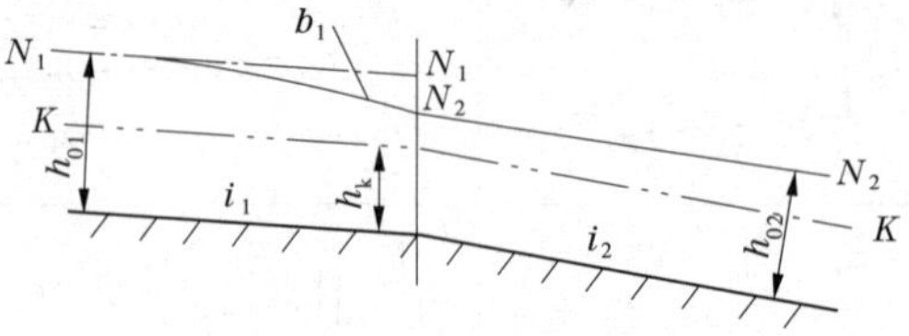

图5-27

由于两段渠道的断面尺寸相同，故两段渠道的临界水深相等。又因 $0<i_1<i_2<i_k$，则 $h_{01}>h_{02}$，渠道上游段的 $N_1—N_1$ 线高于下游段的 $N_2—N_2$ 线，如图5-27所示。

本题产生非均匀流的因素是底坡的改变，远离底坡转折断面上下游的水流均应趋近均匀流，水深应分别为 h_{01} 和 h_{02}，要由上游水深 h_{01} 转变到下游较小的水深 h_{02}，水面必然发生降落，有三种可能：

(1)转折断面上的水深 $h=h_{01}$，水面完全在下游段降落。

(2)转折断面上的水深 $h_{02}<h<h_{01}$，水面在上下游段各降落一部分。

(3)转折断面上的水深 $h=h_{02}$，水面在上游段降落。

在上述三种情况中，若是第一种情况或第二种情况，则在下游段 a 区将产生降水曲线，这和前面所讨论的 a 区只能是壅水曲线相矛盾，所以第一种水面线和第二种水面线的型式是不可能出现的。只有第三种情况在第一段产生 b_1 型降水曲线，上游水面线与正常

水深 N_1—N_1 线相切,符合水面的变化规律,是正确的。

【例 5-14】　水库溢洪道为棱柱体渠道,进口设有闸门控制流量,纵剖面如图 5-28 所示。已知 $i_1=0$、$i_2>i_k$,下游河道不影响陡坡上的流动,试定性分析闸门局部开启时的沿程水面线的变化。

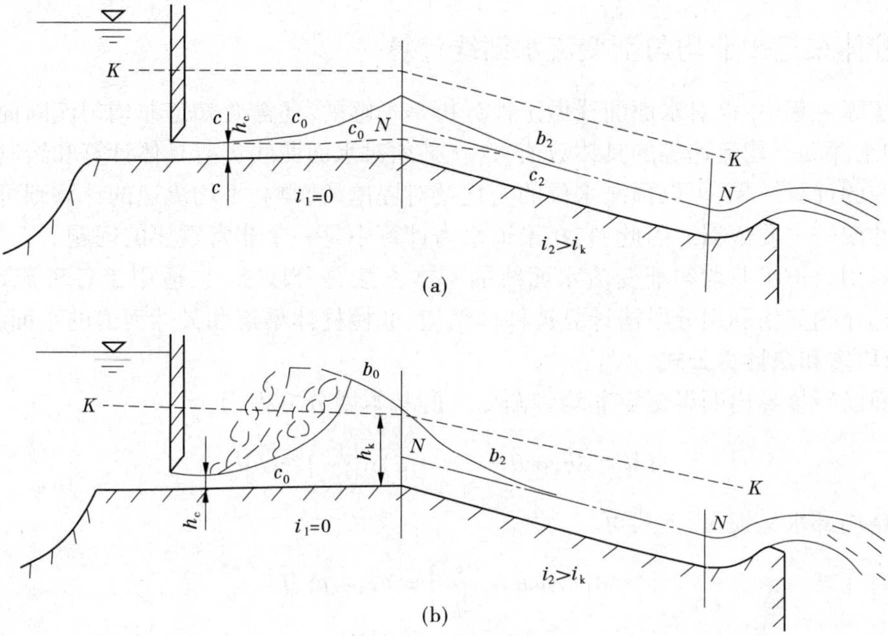

图 5-28

解:(1)根据已知条件,分别绘出 K—K 线和 N—N 线。

(2)确定控制断面,分析控制水深。

水流在进口处受到闸门的控制,由于惯性的作用,闸门后存在一最小水深小于闸门的开度,称为收缩断面水深。h_c 就是闸后急流段的控制水深。平坡与陡坡的转折断面为另一控制断面,其水深受上游水流条件的影响。

(3)水面线定性分析。

收缩断面水深位于 c 区,收缩断面之后将出现 c_0 型壅水曲线,根据平坡段的长度不同,可以出现两种情况。

一种情况如图 5-28(a)所示,平坡段较短,c_0 型水面线由于升高至水深 $h<h_k$ 已达底坡转折断面。如果 $h<h_{02}$,则在陡坡上形成 c_2 型壅水曲线,如图 5-28 中虚线所示;如果 $h_{02}<h<h_k$,则在陡坡上形成 b_2 型降水曲线,如图 5-28 中实线所示。陡坡上的流动为急流,如果陡坡段较长,在陡坡段下游水流趋于均匀流动,通过下游挑坎泄入下游河道。

另一种情况如图 5-28(b)所示,平坡段较长,当 c_0 型水面线趋近 h_k 时,距底坡转折断面尚远,在平坡段上出现急流向缓流转变,产生水跃。跃后断面的流动为缓流,下游陡坡为急流,则必然发生缓流向急流转变的水跌现象,转折断面上的水深为临界水深 h_k,陡坡

上产生 b_2 型降水曲线，平坡段水跃之后为 b_0 型降水曲线，如图 5-28 中实线所示。因为转折断面上的水深 h_k 是平坡段上缓流的控制水深（缓流的控制水深在下游），所以 b_0 型降水曲线的始端水深受平坡段上缓流长度的影响，该段愈长，b_0 型降水曲线的始端水深愈大，根据跃前、跃后水深的共轭关系，水跃位置将向闸门方向移动，如图 5-28 中虚线所示。当跃前水深为收缩断面水深 h_c 或收缩断面被淹没时，将不存在 c_0 型壅水曲线。

5　棱柱体渠道中非均匀渐变流水面线计算

在实际工程中，仅对水面曲线做定性分析是不够的，还需要知道非均匀流断面的水力要素，如水深和平均流速等的具体数值，这就必须对水面曲线进行具体计算和绘制。根据水面曲线的计算结果，可以预测水位的变化及对堤岸的影响，平均流速的计算则可提供渠道是否冲淤的主要依据。因此，它在渠道水力计算中是一个非常重要的问题。

计算明渠恒定非均匀渐变流水面线的基本方法是分段法，它适用于各种流动情况。下面分别介绍如何利用分段法计算棱柱体渠道、非棱柱体渠道和天然河道的水面线。

5.1　分段求和法计算公式

前面已经推导出明渠恒定非均匀渐变流的基本微分方程为

$$i\mathrm{d}l = \mathrm{d}h\cos\theta + (\alpha + \zeta)\mathrm{d}\left(\frac{v^2}{2g}\right) + J\mathrm{d}l$$

忽略局部水头损失，上式可写为

$$\mathrm{d}\left(h\cos\theta + \frac{\alpha v^2}{2g}\right) = (i - J)\mathrm{d}l$$

或

$$\mathrm{d}E_s = (i - J)\mathrm{d}l \tag{5-65}$$

式中　E_s——断面比能，$E_s = h\cos\theta + \frac{\alpha v^2}{2g}$。

分段法是将整个流动分为有限的几段，并近似认为在每个流段内，断面比能和沿程水头损失成线性变化，这样可以把式（5-65）改写成差分的形式

$$\Delta E_s = (i - \overline{J})\Delta l \quad 或 \quad \Delta l = \frac{\Delta E_s}{i - \overline{J}} \tag{5-66}$$

式（5-66）就是分段法计算棱柱体明渠水面线的基本公式。式中 ΔE_s 为流段 Δl 下游断面与上游断面比能的差值。用 E_{su} 和 E_{sd} 分别表示上下游断面的断面比能，则

$$\Delta E_s = E_{sd} - E_{su} \tag{5-67}$$

$\overline{J}$ 为流段的平均水力坡度，近似采用均匀流沿程水头损失的计算公式，则

$$\overline{J} = \frac{\overline{v}^2}{\overline{C}^2\overline{R}} \tag{5-68}$$

式中　$\overline{v}$、$\overline{C}$、$\overline{R}$——流段上下游断面的流速、谢才系数、水力半径的平均值，$\overline{v} = \frac{v_u + v_d}{2}$，$\overline{C} = \frac{C_u + C_d}{2}$，$\overline{R} = \frac{R_u + R_d}{2}$。

5.2　分段求和法计算方法

用分段求和法计算水面线，首先应从控制断面开始，把非均匀流分成若干流段。流段的长度应适宜，因分段法是由差分方程代替了微分方程，所以计算精度与流段划分的长短有关。流段愈短，精度愈高，但工作量愈大；反之，则精度愈低。划分流段时一般应注意以下两点：

(1)每段的断面形状及尺寸、糙率、底坡应尽可能一致，发生突变处，应在该断面上分段。

(2)一般情况下，降水曲线和急流壅水曲线水面变化较快，分段宜短些；缓流壅水曲线水面变化较缓，分段可长些。棱柱体渠道水面线计算一般有两种情况：第一种情况，已知流段两端断面的水深，求流段的距离 Δl，可直接用式(5-66)求出 Δl，无须试算。在实际计算过程中，可从已知控制断面的水深开始，直接按水深分段。例如，控制断面的水深为 h_0，依据水深变化情况，设水深 $h_2,h_3,h_4,\cdots$，则 $h_1\sim h_2$ 为第一流段，$h_2\sim h_3$ 为第二流段，$h_3\sim h_4$ 为第三流段。而后可按每一流段的两端水深，分别求出各流段相应的长度 Δl_1，$\Delta l_2,\Delta l_3,\cdots$，这样就可计算出非均匀流的水面线。第二种情况是已知流段一端的水深和流段长 Δl，求另一端的水深。可先假定另一端的水深，用式(5-66)计算出 Δl，若算出的 Δl 和已知流段的长度相等，则假定的水深即为所求。否则，重新假定水深再进行计算。例如，当棱柱体渠道的总长度一定，按第一种情况计算出前面各断面间的距离之后，要确定最后一个流段的末端水深，便属于此种情况。

【例5-15】　某排水渠如图5-29所示，断面为梯形，底宽 $b=8$ m，边坡系数 $m=2$，糙率 $n=0.025$，渠道纵坡 $i=0.0005$，渠道长 $l=3\,335$ m，退水流量 $Q=25$ m/s，退入下游河道。退水时由于下游河道排洪，水位上涨，使排水渠末端出口断面水深达3.5 m，试计算排水渠入口断面的水深。

解：(1)判别水面线类型。

经计算该渠道正常水深 $h_0=1.92$ m，临界水深 $h_k=0.921$ m。因 $h_0>h_k$，故渠道底坡为缓坡。又因排水渠末端水深 $h=3.5$ m$>h_k$，控制水深位于 a 区，所以为 a_1 型水面曲线。

(2)水面线计算。

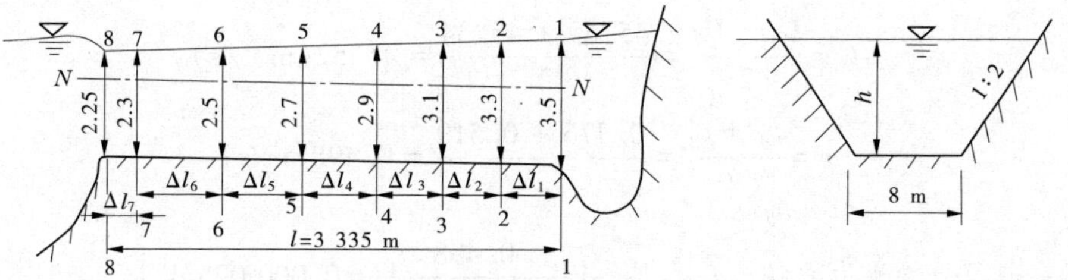

图5-29

从排水渠末端控制水深 $h=3.5$ m 开始，按水深分段。设上游各断面的水深分别为3.3 m，3.1 m，2.9 m，…，2.25 m，应用式(5-66)求出各相应流段的距离 $\Delta l_1,\Delta l_2,\Delta l_3,\cdots$，$\Delta l_6$，然后根据已知渠道的总长度 $l=3\,335$ m，用试算法求出排水渠进口处的水深，具体计算如下：

①已知流段两断面的水深，求流段的距离 Δl。

以 1—1 断面至 2—2 断面第一流段为例计算，1—1 断面 $h_1=3.5$ m，则

$$A_1=(b+mh_1)h_1=(8+2\times3.5)\times3.5=52.50(\mathrm{m}^2)$$

$$v_1=\frac{Q}{A_1}=\frac{25}{52.50}=0.476(\mathrm{m/s})$$

$$\frac{v_1^2}{2g}=\frac{0.476^2}{2\times9.8}=0.012\ (\mathrm{m})$$

断面比能　$E_{s1}=h_1+\dfrac{v_1^2}{2g}=3.5+0.012=3.512(\mathrm{m})$

同理可算得 2—2 断面

$$h_2=3.3\ \mathrm{m},A_2=48.18\ \mathrm{m}^2,v_2=0.519\ \mathrm{m/s},\frac{v_2^2}{2g}=0.014\ \mathrm{m}$$

断面比能　$E_{s2}=h_2+\dfrac{v_2^2}{2g}=3.3+0.014=3.314(\mathrm{m})$

1—1 断面和 2—2 断面的比能差

$$\Delta E_{s1-2}=3.512-3.314=0.198(\mathrm{m})$$

1—1 断面的水力要素

$$\chi_1=b+2h_1\sqrt{1+m^2}=8+2\times3.5\times\sqrt{1+2^2}=23.65(\mathrm{m})$$

$$R_1=\frac{A_1}{\chi_1}=\frac{52.5}{23.65}=2.22(\mathrm{m})$$

$$C_1=\frac{1}{n}R_1^{1/6}=\frac{1}{0.025}\times2.22^{1/6}=45.69(\mathrm{m}^{1/2}/\mathrm{s})$$

同理可算出 2—2 断面的水力要素

$$\chi_2=22.76\ \mathrm{m},\quad R_2=2.12\ \mathrm{m},\quad C_2=45.34\ \mathrm{m}^{1/2}/\mathrm{s}$$

两断面水力要素的平均值

$$\overline{R}=\frac{R_1+R_2}{2}=\frac{2.22+2.12}{2}=2.17(\mathrm{m})$$

$$\overline{C}=\frac{C_1+C_2}{2}=\frac{45.69+45.34}{2}=45.52(\mathrm{m}^{1/2}/\mathrm{s})$$

$$\overline{v}=\frac{v_1+v_2}{2}=\frac{0.476+0.519}{2}=0.498(\mathrm{m/s})$$

第一流段平均水力坡降　$\overline{J}_{1-2}=\dfrac{\overline{v}^2}{\overline{C}^2\overline{R}}=\dfrac{0.498^2}{45.52^2\times2.17^2}=0.000\,025\,4$

第一流段的长度　$\Delta l_1=\dfrac{\Delta E_{s1-2}}{i-\overline{J}}=\dfrac{0.198}{0.000\,5-0.000\,025\,6}=446(\mathrm{m})$

其他各流段的长度可参照以上方法列表计算，如表 5-15 所示。

表 5-15　列表计算结果

断面	h (m)	A (m^2)	v (m/s)	$\frac{v^2}{2g}$ (m)	E_s (M)	ΔE_s (m)	χ (m)	R (m)	C ($m^{1/2}/s$)	$\bar{v}$ (m/s)	$\bar{C}$ (m/s)	$\bar{R}$ (m)	$\bar{J}_f$ ($\times10^{-5}$)	$\Delta l=\frac{\Delta E_s}{i-\bar{J}_f}$ (m)	$\sum\Delta l$ (m)
1—1	3.5	52.50	0.476	0.012	3.512		23.65	2.22	45.69						
2—2	3.3	48.18	0.519	0.014	3.314	0.198	22.76	2.12	45.347	0.498	45.52	2.17	2.54	446	446
3—3	3.1	44.02	0.568	0.016	3.116	0.198	21.86	2.01	44.95	0.544	45.15	2.07	7.01	461	907
4—4	2.9	40.02	0.625	0.020	2.920	0.196	20.97	1.91	44.55	0.597	44.75	1.96	9.07	479	1 386
5—5	2.7	36.18	0.691	0.024	2.724	0.196	20.07	1.80	44.13	0.658	44.34	1.86	11.24	506	1 892
6—6	2.5	32.50	0.769	0.030	2.530	0.194	19.18	1.69	43.90	0.730	43.90	1.75	15.80	567	2 459
7—7	2.3	28.98	0.863	0.038	2.338	0.192	18.29	1.58	43.43	0.816	43.43	1.64	21.53	674	3 133
8—8	2.25	28.13	0.889	0.040	2.290	0.048	18.06	1.56	43.07	0.876	43.13	1.57	26.28	201	3 334

②已知末流段的间距 Δl_7 和下游断面的水深，求渠道进口 8—8 断面的水深。

从表 5-15 中的计算结果可知，1—1 断面至 7—7 断面的总长度为 3 133 m，比渠道全长少 3 335−3 133 = 202(m)。现已知 7—7 断面水深为 2.3 m，求渠道进口水深必须试算。设进口水深 h_8 = 2.25 m，求出 Δl_7 = 201 m ≈ 202 m，故渠道进口水深为 2.25 m。

【例 5-16】　如图 5-30 所示某水库溢洪道，由两段组成，断面为矩形。上游为直线收缩段，底坡 i_1 = 0.03，收缩段以下等宽，i_2 = 0.05。已知收缩段进口 1—1 断面宽 60 m，出口 3—3 断面宽 40 m，收缩段长 50 m。溢洪道用混凝土衬砌，糙率 n = 0.014。当通过设计流量 Q = 580 m^3/s 时，进口 1—1 断面的水深 h_1 = 2.12 m，求设计流量下收缩段的水面线。

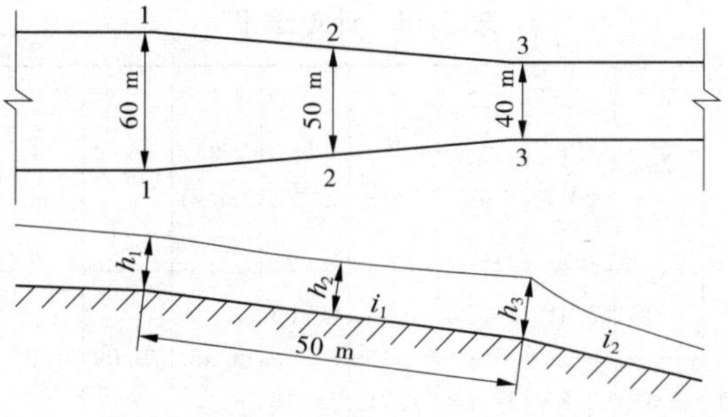

图 5-30

解：收缩段为非棱柱体明渠，需要先将渠道按流程分段，计算出断面尺寸。由于收缩段较短，可以分为两段，Δl_1 = 25 m，Δl_2 = 25 m。容易计算出中间 2—2 断面的底宽 b_2 = 50 m，利用公式

$$\Delta l = \frac{\Delta E_s}{i - \bar{J}} = \frac{E_{sd} - E_{su}}{i - \bar{J}}$$

进行试算，便可求出中间 2—2 断面的水深 h_2 和出口 3—3 断面的水深 h_3。

为了方便计算，可将上式改写为

$$E_{su}+i\Delta l=E_{sd}+\overline{J}\Delta l$$

进口 1—1 断面的水力要素

$$A_1=b_1h_1=60\times 2.12=127.2(\mathrm{m}^2)$$

$$\chi_1=b+2h_1=60+2\times 2.12=64.24(\mathrm{m})$$

$$R_1=\frac{A_1}{\chi_1}=\frac{127.2}{64.24}=1.98(\mathrm{m})$$

$$v_1=\frac{Q}{A_1}=\frac{580}{127.2}=4.56(\mathrm{m/s})$$

$$\frac{v_1^2}{2g}=\frac{4.56^2}{2\times 9.8}=1.06(\mathrm{m})$$

$$E_{s1}=h_1+\frac{v_1^2}{2g}=2.12+1.06=3.18(\mathrm{m})$$

$$E_{s1}+i\Delta l_1=3.18+0.03\times 25=3.93(\mathrm{m})$$

因溢洪道泄流为急流，水面线总趋势为降水曲线，2—2 断面水深小于 1—1 断面水深，设 2—2 断面水深 h_2=1.84 m，同样可计算出 2—2 断面的各水力要素，然后再计算出 E_{s2} 和 $\overline{J}$。

当 $E_{s2}+\overline{J}\Delta l$=3.93 m 时的水深即为所求。3—3 断面水深的计算与 2—2 断面的计算方法完全一样，不再赘述。整个计算结果列于表 5-16。

表 5-16　计算结果

<table>
<tr><th>断面</th><th>b (m)</th><th>h (m)</th><th>A (m^2)</th><th>v (m/s)</th><th>$\frac{v^2}{2g}$ (m)</th><th>E_s (M)</th><th>χ (m)</th><th>R (m)</th><th>C ($\mathrm{m}^{1/2}$/s)</th><th>$\overline{v}$ (m/s)</th><th>$\overline{c}$ ($\mathrm{m}^{1/2}$/s)</th><th>$\overline{R}$ (m)</th><th>$\overline{J}_f$ ($\times10^{-3}$)</th><th>Δs (m)</th><th>$\Delta E_{su}+i\Delta s$ (m)</th><th>$E_{sd}+\overline{J}_{f\Delta s}$ (m)</th></tr>
<tr><td>1—1</td><td>60</td><td>2.12</td><td>127.20</td><td>4.56</td><td>1.06</td><td>3.18</td><td>64.24</td><td>1.98</td><td>80.05</td><td rowspan="2">5.43</td><td rowspan="2">79.09</td><td rowspan="2">1.85</td><td rowspan="2">2.55</td><td rowspan="2">25</td><td rowspan="2">3.93</td><td rowspan="2">3.93</td></tr>
<tr><td>2—2</td><td>50</td><td>1.84</td><td>92.00</td><td>6.30</td><td>2.03</td><td>3.87</td><td>53.68</td><td>1.71</td><td>78.14</td></tr>
<tr><td>2—2</td><td>50</td><td>1.84</td><td>92.00</td><td>6.30</td><td>2.03</td><td>3.87</td><td>53.68</td><td>1.71</td><td>78.14</td><td rowspan="2">6.59</td><td rowspan="2">78.85</td><td rowspan="2">1.81</td><td rowspan="2">3.86</td><td rowspan="2">25</td><td rowspan="2">4.62</td><td rowspan="2">4.62</td></tr>
<tr><td>3—3</td><td>40</td><td>2.11</td><td>84.40</td><td>6.87</td><td>2.41</td><td>4.52</td><td>44.22</td><td>1.91</td><td>79.44</td></tr>
</table>

收缩段出口 3—3 断面的水深 h_3 计算出来之后，又是下段陡槽段的控制水深。下段陡槽段属棱柱体渠道，可按棱柱体渠道水面线的计算方法计算，从而可计算出整个溢洪道的水面曲线。

任务3 渠系建筑物水力计算

渠道是灌溉、发电、航运、给水、排水等水利工程中广泛采用的输水建筑物。渠道在经过河谷、洼地、道路、山丘等障碍处常修建一些水工建筑物，如渡槽、倒虹吸管、涵洞、隧洞、跌水以及渐变段等，这些统称为渠系建筑物。当渠道通过地面坡度较陡或存在天然跌坎时，常利用天然地形，在落差集中处做成跌水或陡槽，以避免大量的挖方或填方。一般情况下，渡槽、涵洞、跌水和陡槽等建筑物的横断面形式与上下游渠道断面形式不同，而且断面尺寸总是比上下游断面尺寸小，以节省工程量。因此，在渠道与建筑物的连接处，需要设置适当的渐变段，以便将不同形状或大小的两种渠槽连接起来，使水流平顺过渡。

1 渡槽

渡槽是渠道跨越山谷、河流的一种交叉建筑物，俗称“水桥”，即过水的桥。如图5-31所示，渡槽的过水部分主要由三部分组成：1—2进口渐变段、2—3槽身段和3—4出口渐变段。2—3槽身段的长度相对较大，是渡槽的主要部分。在实际中，为了减少工程量，常取槽身段的断面面积小于上下游渠道的断面面积。因此，1—2进口渐变段一般为收缩渐变段，而3—4出口渐变段一般为扩散渐变段。当水流自上游渠道通过渡槽流向下游渠道时，由于进、出口段的横断面尺寸和底部高程均沿程变化，水深和流速也将沿程变化。在进口渐变段，随着过水断面的减小，水流的动能逐渐增大，势能将减小，再加上渐变段内的能量损失，因此水面将要跌落。水流进入槽身段后，如果槽身有足够长度，则水流基本上可以保持为均匀流。在出口扩散段，随着过水断面的扩大，水流的动能逐渐减小。其中，一部分消耗于扩散渐变段的能量损失，另一部分则转化为势能，形成水面回升。渡槽的水流状态如图5-31所示。

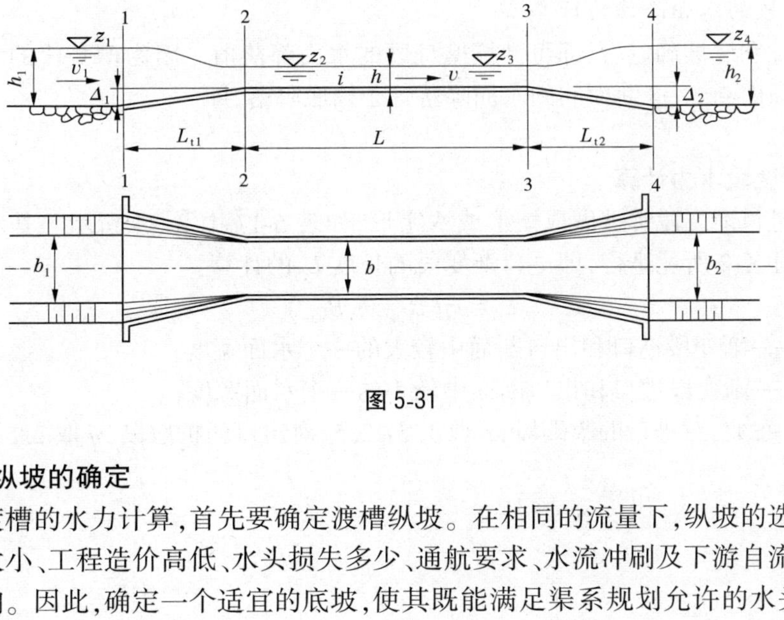

图5-31

1.1 渡槽纵坡的确定

进行渡槽的水力计算，首先要确定渡槽纵坡。在相同的流量下，纵坡的选择对渡槽的过水断面大小、工程造价高低、水头损失多少、通航要求、水流冲刷及下游自流灌溉面积等有直接影响。因此，确定一个适宜的底坡，使其既能满足渠系规划允许的水头损失，又能降低工程造价，常常需要试算。一般初拟时，常采用 $i = 1/1\ 500 \sim 1/500$，槽内流速为 1～2 m/s；对于有通航要求的渡槽，要求流速在 1.5 m/s 以内，底坡 $i = 1/10\ 000 \sim 1/3\ 000$。

1.2　渡槽的过水断面设计

槽身的过水断面尺寸，一般按设计流量设计，用最大流量校核，通过明渠均匀流公式 $Q = AC\sqrt{Ri}$ 计算。常用槽身断面形式有矩形和 U 形两种。

1.2.1　矩形断面

槽身矩形断面水力计算是根据选定的底坡 i，初步拟出断面尺寸，应用明渠均匀流公式计算所通过的流量，若该流量与设计流量相同，而且流速在 1～2 m/s 范围，则可初定此尺寸，然后校核加大流量情况下能否满足超高和流速的要求，若不能满足则修改断面尺寸或底坡，重新计算，直到满足。

通过设计流量的槽壁超高 Δh (cm)，可采用经验公式(5-69)计算：

$$\Delta h = \frac{h_0}{12} + 5 \tag{5-69}$$

式中　h_0——通过设计流量时槽身断面均匀流水深，cm。

通过加大流量时，槽身断面均匀流水深应不超过拉杆底面。无拉杆时，水深不超过槽顶且有一些余留。

根据韶山灌区设计的经验，在断面面积 $A = 5.0 \sim 60.0\ \text{m}^2$ 的情况下，当断面宽深比由 $b/h = 2.0$（水力最优断面宽深比）减少到 $b/h = 1.43$ 时，等面积的流量仅减少 1%左右，但后者结构受力好，却可节省较多钢材，故建议采用窄深式断面；一般可取 $b/h = 1.25 \sim 1.67$。

1.2.2　U 形断面

U 形断面的水力计算方法与矩形断面相同。U 形断面的形式为：底部为半圆形，上部为矩形，宽深比一般取 $b/h = 1.25 \sim 1.40$。

1.2.3　槽身段的水面降落值计算

断面尺寸和底坡确定后，即可计算槽身段的水面降落值。因为槽身段的水流为均匀流，故 2—2 断面与 3—3 断面间的水面降落等于槽底降落，即

$$z_2 - z_3 = iL \tag{5-70}$$

1.3　进口渐变段水力计算

渡槽的进口渐变段常被做成楔形或八字形，如表 5-17 中②、④所示。其水力计算步骤和方法按任务 2 所述进行，即进口渐变段的长度 L_t 的计算：

$$L_t = \eta(B_{max} - B_{min}) \tag{5-71}$$

式中　B_{max}——渐变段进口和出口断面中较大的一个水面宽度；

B_{min}——渐变段进口和出口断面中较小的一个水面宽度；

η——系数，对进口的收缩段，η 取 1.5～2.5，对出口的扩散段，η 取 2.5～3.0。

表5-17 渐变段的型式及局部水头损失系数

渐变段的形式	图示（以梯形断面与矩形断面连接为例）	ζ值	
		收缩渐变段	扩散渐变段
①曲线形	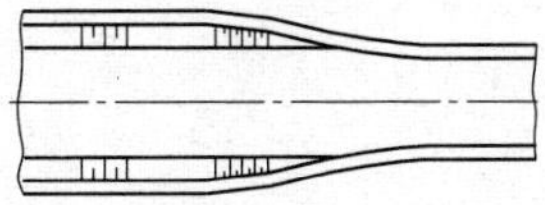	0.01	0.30
②楔形	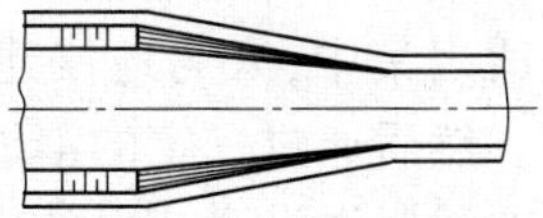	0.20	0.50
③圆弧形	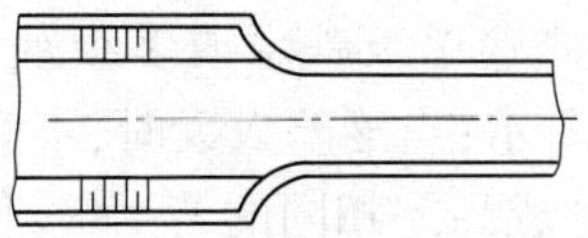	0.20	0.50
④八字形	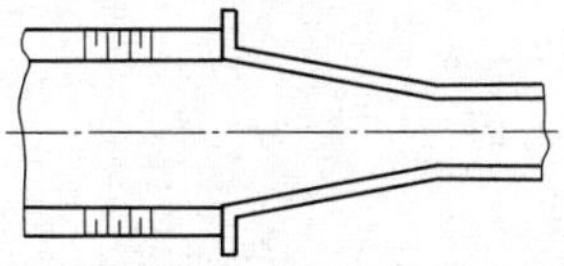	0.30	0.50

进口渐变段的水面落差(z_1-z_2)由式$z_1-z_2=(1+\zeta)(\frac{\alpha v_2^2}{2g}-\frac{\alpha v_1^2}{2g})+\bar{J}L_t$计算，只是在一般情况下不单独考虑沿程水头损失。在实际工程中，一般不希望水面落差太大，以免损失过多的水头而影响发电量或灌溉面积。通常将水面落差控制在0.05~0.15 m范围。当计算所得的水面落差过大时，可加大渡槽的横断面尺寸或改变进口渐变段的型式，重新计算，直到水面落差满足要求。

进口渐变段的底部升高值由下式计算：

$$\Delta = h_1 - h - (z_1 - z_2) \tag{5-72}$$

式中 h_1、h——渐变段上、下游断面的水深；

z_1、z_2——渐变段上、下游断面的水位。

一般情况下，对于进口收缩渐变段，Δ的计算值不小于0，底部高程将上升或不变；对于出口扩散渐变段，Δ的计算值不大于0，底部高程将降落或不变。

1.4 出口渐变段水力计算

渡槽的出口渐变段也常被做成楔形或八字形，其水面升高值按下式计算：

$$z_2 - z_1 = (1+\zeta)(\frac{\alpha v_1^2}{2g} - \frac{\alpha v_2^2}{2g}) - \bar{J}L_t \tag{5-73}$$

其中，$\bar{J}=\frac{1}{2}(J_1+J_2)$，$J_1=\frac{Q^2}{K_1^2}$，$J_2=\frac{Q^2}{K_2^2}$。

但是应该注意到，在一般情况下，由式(5-72)计算的出口渐变段的底部升高值为负值，说明出口渐变段的底部高程是降落的。对照图5-31，出口渐变段的底部高程降落值为

$$\Delta z = h_2 - h - (z_4 - z_3) \tag{5-74}$$

式中各变量的意义如图5-31所示。

2　跌水

引水渠道的底坡常常是由天然地形和冲淤平衡条件决定的，一般坡度不是很大。但当渠道通过天然坡度陡峻或有集中落差的地段时，为了避免由于过大的地面落差而引起大量的挖方或填方，可将天然地形的落差适当集中，人为地修建成跌水，用来连接两段高程不同的渠道，使水流自跌水处自由跌落。然后通过一定的消能措施，使水流与下游渠道中的水流安全地衔接起来。此外，在水库的河岸溢洪道或电站引水渠中的侧堰下游，有时也需要修建跌水与下游水流相衔接。

根据天然地面落差的大小，可决定修建单级跌水或多级跌水。当天然地面落差小于3~5 m时，常做成单级跌水，如图5-32所示；当落差太大时，不宜做一次跌水，否则将会造成消能方面的困难。这时可将落差等分成高差相同的若干级，使水流呈阶梯状逐渐下跌，称此为多级跌水，如图5-33所示 。

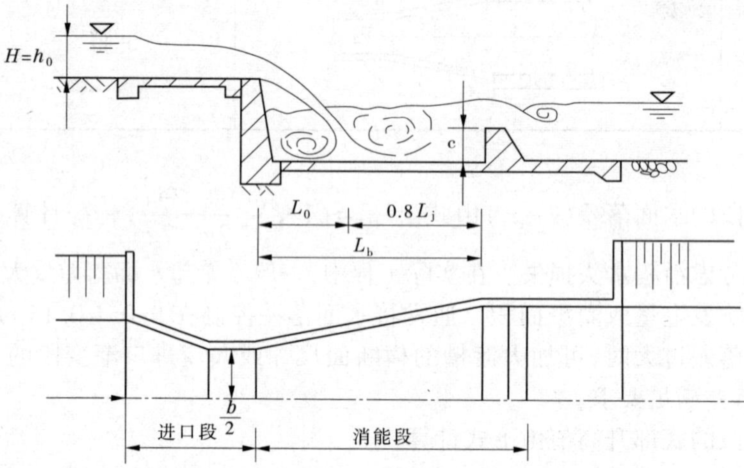

图 5-32

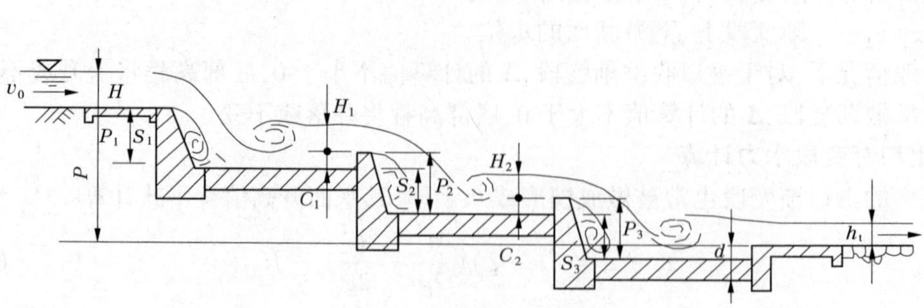

图 5-33

2.1　单级跌水的水力计算

单级跌水由进口段、跌水墙和消能段三部分组成，如图5-32所示。

2.1.1　进口段的水力计算

进口段是连接上游渠道与跌水墙的一个连接段。其作用是使水流平顺地通过跌水，并控制上游渠道中的水位，避免产生过大的跌落或壅高。

当水流自由跌落时，上游渠道将发生水面跌落，流速加大，很可能产生冲刷。所以，进口段在平面上常做成一个收缩段，如图5-34所示。收缩段前水面有所壅高，减小或避免了上游渠道中的水位跌落。但是，收缩程度也不能太大，否则又会造成上游渠道壅水过高，引起淤积。进口段的水力设计任务就是确定合理的进口段形式和尺寸，使上游渠道中的水流基本上保持为均匀流。

进口段的横断面常做成矩形或梯形，有时也做成曲线形，以满足需要的上游水位和流量关系，如图5-35所示。通过进口段的水流特性与自由出流的堰流相同。

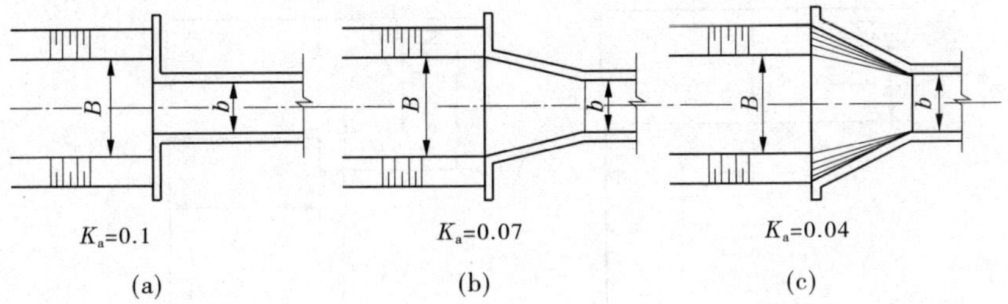

图5-34

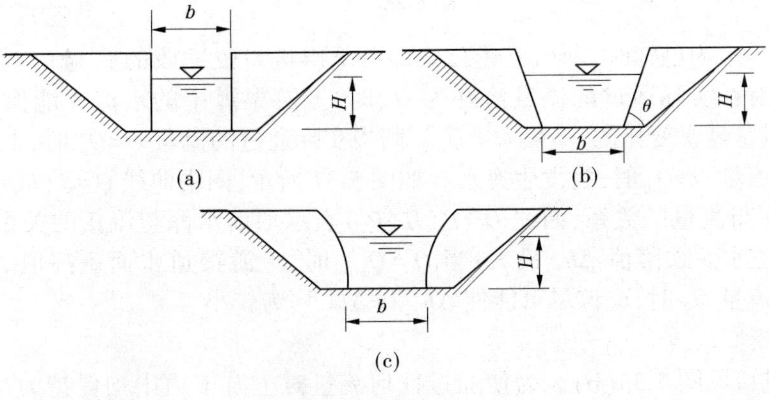

图5-35

2.1.1.1　矩形断面进口

矩形断面进口见图5-35(a)，可按自由出流的堰流公式计算(关于堰流知识项目6还会有详尽的介绍)，即

$$Q_d = \varepsilon_1 mb\sqrt{2g}H_0^{3/2}$$

式中　Q_d——跌水的设计流量；

b——进口段缩窄后的宽度；

H_0——$H_0=H+\dfrac{\alpha v_0^2}{2g}$，$H$ 为堰上水头，v_0 为上游渠道中的流速，为使通过流量 Q_d 时渠道中保持均匀流，水头 H 与渠道均匀流水深 h_0 之间应满足下列关系：当进口段无底坎时，如图 5-36(a)所示，$H=h_0$，当进口段有底坎时，如图 5-36(b)所示，$H=h_0-P_s$，其中 P_s 为底坎高度；

m——流量系数，根据进口段的长度 δ 和作用水头 H，可将进口段视为实用堰或宽顶堰：当 $0.67H<\delta<2.5H$ 时，可视为实用堰，当 $2.5H<\delta<10H$ 时，可视为宽顶堰，具体可按实用堰或宽顶堰的方法确定；

ε_1——侧收缩系数，对实用堰型或宽顶堰型进口，均可近似由下式计算：

$$\varepsilon_1 = 1 - 2\zeta_k \frac{H_0}{b}$$

式中　ζ_k——形状系数，取决于进口段的收缩形式，按图 5-34 所示选用。

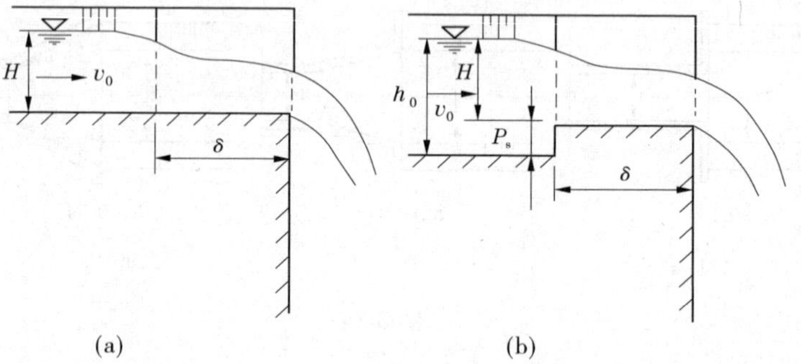

图 5-36

当设计流量 Q_d 为已知时，利用上述公式即可求出进口收缩段的底宽 b。但是，按此确定的底宽，只有在实际通过的流量恰好为 Q_d 时，上游渠道中的水流才能保持为均匀流。实际上流量是经常变化的，一般 $Q\neq Q_d$。则当实际通过的流量 $Q<Q_d$ 时，上游渠道将发生降水；而当流量 $Q>Q_d$ 时，将发生壅水。如图 5-37 所示，图中曲线 $Q=f_1(h_0)$ 表示上游渠道均匀流水深与流量的关系，曲线 $Q=f_2(H+P_s)$ 表示堰前水深与流量的关系。当 $Q=Q_{min}$ 时，上游渠道水面跌落值 Δh_1 最大；当 $Q=Q_{max}$ 时，上游渠道水面壅高值 Δh_2 最大。因此，选择设计流量 Q_d 时，应该尽可能使 Δh_1 和 Δh_2 均为较小。

2.1.1.2　梯形断面进口

梯形断面进口见图 5-35(b)。为使通过任何流量时上游渠道中均保持为均匀流，进口收缩段的横断面形状应该设计成如图 5-35(c)所示的曲线形。但这样的断面形式施工难度太大，不便采用。因此，工程上常采用施工简单的梯形断面进口来近似代替曲线形进口。

梯形断面进口的水力计算仍然可用堰流公式计算，即

$$Q_d = m\bar{b}\sqrt{2g}H_0^{3/2} \tag{5-75}$$

式中　Q_d——跌水的设计流量；

H_0——$H_0=H+\dfrac{\alpha v_0^2}{2g}$，$v_0$ 为上游渠道中的流速，H 为堰上水头，H 的确定方法与矩形断

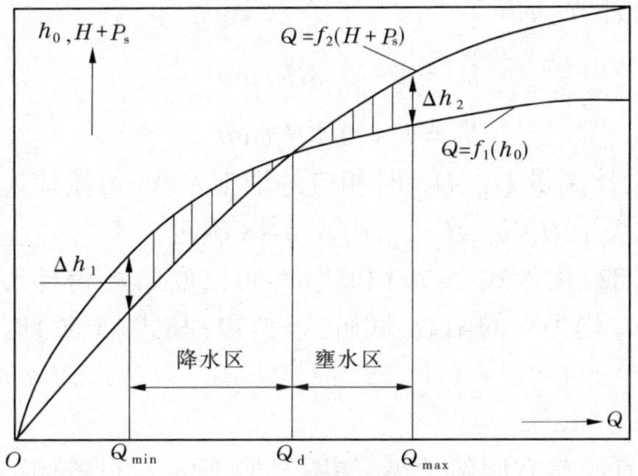

图 5-37

面进口相同,对无底坎进口,$H=h_0$,对有底坎进口,$H=h_0-P_s$;

m——流量系数,初步计算时可按表 5-18 选用;

$\bar{b}$——梯形堰口的平均过水宽度,按下式计算

$$\bar{b} = b + 0.8H\cot\theta \tag{5-76}$$

式中 b——梯形堰口的底宽。

表 5-18 梯形堰口的流量系数 m 值

H/b	0.5	1.0	1.5	2.0	2.5
m	0.37	0.415	0.430	0.435	0.45

当设计流量 Q_d 已知时,利用式(5-75)和式(5-76)可进行梯形堰口尺寸的计算。但是,由于梯形堰口尺寸包括底宽 b 和边坡系数 $\cot\theta$ 两个未知数,通常的办法应该是先设定一个,再计算出另外一个。但这样设求结果太随意,要保证最大流量 Q_{max} 和最小流量 Q_{min} 通过时上游渠道的水面壅高和跌落值均为最小,需要重复多次计算。下面的经验方法可以避免重复计算,节省工作量。

实践证明,适当选择两个设计流量 Q_{d1} 和 Q_{d2} 值,进行梯形堰口尺寸的设计,可以使得实际运行时,在给定的流量变化范围($Q_{max}\sim Q_{min}$)内,上游渠道的水面壅高和跌落值均为最小。

根据经验,设计流量 Q_{d1} 和 Q_{d2} 值可按下述方法确定:

$$h_{01} = h_{0max} - 0.25(h_{0max} - h_{0min}) \tag{5-77}$$

$$h_{02} = h_{0max} + 0.25(h_{0max} - h_{0min}) \tag{5-78}$$

式中 h_{01}、h_{02}——通过设计流量 Q_{d1}、Q_{d2} 时上游渠道中的正常水深;

h_{0max}、h_{0min}——通过最大、最小流量 Q_{max}、Q_{min} 时上游渠道中的正常水深。

利用上面两式求出 h_{01},h_{02} 后,即可按均匀流公式求得相应的设计流量 Q_{d1} 和 Q_{d2}。

由公式(5-75)可得

$$Q_{d1} = m_1\bar{b}_1\sqrt{2g}H_{01}^{3/2} \tag{5-79}$$

$$Q_{d2} = m_2\bar{b}_2\sqrt{2g}H_{02}^{3/2} \tag{5-80}$$

式中 $\bar{b}_1$、$\bar{b}_2$ 按式(5-76)计算,即

$$\bar{b}_1 = b + 0.8H_1\cot\theta \tag{5-81}$$

$$\bar{b}_2 = b + 0.8H_2\cot\theta \tag{5-82}$$

式中 H_1、H_2——通过设计流量 Q_{d1}、Q_{d2} 时相应的堰上水头,可按前述方法确定。

流量系数 m_1、m_2 取决于 $H_1/\bar{b}_1$、$H_2/\bar{b}_2$,由表 5-18 确定。

将式(5-81)和式(5-82)代入式(5-79)和式(5-80),联解可得梯形堰口的底宽 b 和边坡系数 $\cot\theta$。由于 m_1、m_2 均为 b 的函数,联解式(5-79)和式(5-80)时需要试算才能求出 b 和 $\cot\theta$。

2.1.2 跌水墙的设计

跌水墙一般做成垂直或略有倾斜的墙,如图 5-32 所示。可按墙体的结构稳定性要求进行设计,水力学方面没有特殊要求。

2.1.3 消能段的水力计算

跌水墙下游,常做成消力墙式消力池或降低护坦高程形式的消力池,用以消除跌落水流的剩余能量,使下游渠道免受冲刷。

消力墙高度或消力池深度,按前面所述方法计算。

在水流自由跌落(见图 5-32)的情况下,消力池长度 L_b 应为

$$L_b = L_0 + 0.8L_j \tag{5-83}$$

式中 L_j——水跃长度,按前面所述方法计算;

L_0——水流跌落时的射程,可近似应用质点抛射运动原理进行计算。

取坐标如图 5-38 所示,可求得 $A—A$ 断面中心点的射程为

$$L_0 = \frac{2mH_0^{3/2}}{h_A}\sqrt{P + \frac{h_A}{2}} \tag{5-84}$$

式中 m——进口堰的流量系数;

P——跌水墙的高度;

h_A——堰顶部 $A—A$ 断面的水深,可近似按下述方法确定:当进口为宽顶堰[见图 5-38(a)]时,$h_A \approx 0.5H$,当进口为实用堰[见图 5-38(b)]时,$h_A \approx 0.6H$。

将 h_A 值代入式(5-84)可得射程 L_0 的计算公式为

当进口为宽顶堰时

$$L_0 = 4.0\,m\sqrt{(P + 0.25H_0)H_0} \tag{5-85}$$

当进口为实用堰时

$$L_0 = 3.34\,m\sqrt{(P + 0.3H_0)H_0} \tag{5-86}$$

求得 L_0 后,即可代入式(5-83)计算消力池的长度 L_b。

2.2 多级跌水的水力计算

当总落差比较大时,如果还做成单级跌水,则所需要的消力池尺寸就很大,设计不当将会引起下游渠道冲刷。这时可将总的渠道落差分成几等份,形成多级跌水。每级跌落应不大于 3~5 m 为好。

设总落差为 P,跌水的级数为 n,则各级跌水的渠底落差为

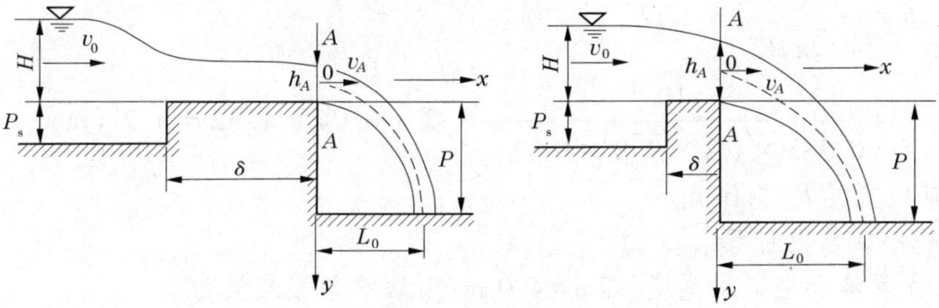

(a)宽顶堰　　(b)实用堰

图 5-38

$$S_1 = S_2 = S_3 = \cdots = S_n = \frac{P}{n}$$

如图 5-33 所示,第一级跌水墙的高度为 $P_1=S_1=\frac{P}{n}$;第二级和以后各级跌水墙的高度为

$$P_i=S_i+c_{i-1}$$

式中　c_{i-1}——第 i-1 级跌水消力墙的高度。

多级跌水的进口段和消能段的计算与单级跌水相同,中间各级台阶的长度即为消力池的长度 L_b。

【例 5-17】　一矩形断面渠道经过天然坡度陡峻地段,为了减少挖填方工程量,拟修建三级跌水,如图 5-33 所示。已知:流量 $Q=10\ m^3/s$;跌水上游渠道中的正常水深 $h_0=1.29$ m,断面平均流速 $v=0.8$ m/s;跌水进口采用如图 5-34(c)的形式,进口段的长度 $\delta=4$ m;各级渠底落差相等,即 $S_1=S_2=S_3=3$ m;下游渠道中的水深 $h_t=1.33$ m;第一、二级跌水下游采用消力墙式消力池;第三级跌水下游采用降低护坦式消力池;第一级跌水的流速系数 $\psi=0.90$,第二、三级跌坎的流速系数 $\psi=0.85$。试计算:

(1)进口段的宽度;

(2)第一、二级跌水下游消力墙的墙高和消力池的长度;

(3)第三级跌水下游消力池的深度和长度。

解:(1)跌水进口段宽度 b 的确定。

进口段采用矩形断面,取进口坎高 $P_s=0$、$H=h_0$。

因进口段的长度 $\delta=4\ m>2.5h_0=2.5\times1.29=3.23$(m),所以进口段可视为无坎宽顶堰,其宽度用下两式计算

$$Q_d = \varepsilon_1 mb\sqrt{2g}H_0^{3/2} \tag{a}$$

$$\varepsilon_1 = 1 - 2\zeta_k \frac{H_0}{b} \tag{b}$$

当跌水进口采用如图 5-34(c)的形式时,$\zeta_k=0.04$,又 $H_0=h_0+\frac{\alpha_0 v_0^2}{2g}=1.29+\frac{1\times0.8^2}{2\times9.8}=1.32$(m);因为 $P_s=0$,故取 $m=0.385$。

将以上各值代入式(a)、式(b)中,解得 b 为

$$b = \frac{Q}{m\sqrt{2g}H_0^{3/2}} + 2\zeta_k H_0$$

$$= \frac{10}{0.385 \times \sqrt{2 \times 9.8} \times 1.32^{3/2}} + 2 \times 0.04 \times 1.32 = 3.97(\text{m})$$

故，可取进口段宽度 $b=4.0$ m。

(2)第一级跌水的计算。

取跌水宽度等于进口段宽度，即 $b=4.0$ m，则跌水单宽流量为

$$q = Q/b = 10/4 = 2.5[\text{m}^3/(\text{s}\cdot\text{m})]$$

$$E_0 = S_1 + H_0 = 3 + 1.32 = 4.32(\text{m})$$

利用收缩断面水深 h_c 的求解公式

$$E_0 = h_c + \frac{q^2}{2g\varphi^2 h_c^2}$$

可求得跌水下游收缩断面水深为 $h_c=0.313$ m，对应的共轭水深为

$$h_c'' = \frac{h_c}{2}\left(\sqrt{1 + 8\frac{q^2}{gh_c^3}} - 1\right) = \frac{0.313}{2} \times \left(\sqrt{1 + 8 \times \frac{2.5^2}{9.8 \times 0.313^3}} - 1\right) = 1.868(\text{m})$$

为使第一级跌水下游平台上产生淹没程度不大的水跃，必须在平台末端设置消力墙，墙前形成消力池，所需的消力墙高度为

$$c_1 = 1.05h_c'' - H_1$$

其中 $H_1 = \left(\frac{q}{m_1\sqrt{2g}}\right)^{2/3} - \frac{\alpha q^2}{2g(1.05h_c'')^2}$；$m_1$ 为消力墙的流量系数，取 $m_1=0.42$。

所以 $H_1 = \left(\frac{2.5}{0.42\times\sqrt{2\times9.8}}\right)^{2/3} - \frac{1\times2.5^2}{2\times9.8\times(1.05\times1.868)^2}$

$=1.22-0.08=1.14(\text{m})$

$c_1=1.05\times1.868-1.14=0.82(\text{m})$

第一级跌水下游消力池长度　$L_b=L_0+0.8L_j$(参阅有关水力计算手册)

$$L_{01} = 4.0m\sqrt{(S_1 + 0.25H_0)H_0}$$

$$= 4.0 \times 0.385 \times \sqrt{(3 + 0.25 \times 1.32) \times 1.32} = 3.23(\text{m})$$

$$L_{j1} = 10.8h_c(Fr_1 - 1)^{0.93}$$

$$= 10.8 \times 0.313 \times \left(\sqrt{\frac{2.5^2}{9.8 \times 0.313^3}} - 1\right)^{0.93} = 11.01(\text{m})$$

则

$$L_{b1}=3.23+0.8\times11.01=12.04(\text{m})\approx12.1 \text{ m}$$

(3)第二级跌水计算。

$$E_0 = S_2 + c_1 + H_{01} = 3 + 0.82 + 1.22 = 5.04(\text{m})$$

取 $\varphi=0.85$，同前计算可得 $h_c=0.305$ m，$h_c''=1.898$ m。

第二级跌水下游消力墙顶水头应与第一级跌水下游墙顶水头相同，即

$$H_{02} = H_{01} = 1.22 \text{ m}$$

$$H_2 = H_{02} - \frac{2.5^2}{2 \times 9.8 \times (1.05 \times 1.898)^2} = 1.22 - 0.08 = 1.14(\text{m})$$

第二级跌水下游消力墙高度为

$$c_2 = 1.05h''_c - H_2 = 1.05 \times 1.898 - 1.14 = 0.85(\mathrm{m})$$

下面求第二级跌水下游消力池长度。这时 L_0 应按式(5-86)计算，且 $m_1=0.42$，$P_2=c_1+S_2=0.82+3=3.82(\mathrm{m})$。

所以

$$L_{02}=3.34m_1\sqrt{(P_2+0.3H_{01})H_{01}}$$
$$=3.34\times0.42\times\sqrt{(3.82+0.3\times1.22)\times1.22}=3.17(\mathrm{m})$$
$$L_{j2}=10.8\times0.305\times\left(\sqrt{\frac{2.5^2}{9.8\times0.305^3}}-1\right)^{0.93}=11.24(\mathrm{m})$$
$$L_{b2}=3.17+0.8\times11.24=12.16(\mathrm{m})\approx12.2\ \mathrm{m}$$

(4)第三级跌水计算。

$$E_0 = S_3 + c_2 + H_{02} = 3 + 0.85 + 1.22 = 5.07(\mathrm{m})$$

取 $\varphi=0.85$，同前计算可得 $h_c=0.304\ 3$ m，$h''_c=1.901$ m。

先按下式估算所需消力池深度

$$d = 1.05h''_c - h_t = 1.05 \times 1.901 - 1.33 = 0.666(\mathrm{m})$$

设消力池深度 $d=0.62$ m，可算得 $E''_0=E_0+d=5.07+0.62=5.69(\mathrm{m})$，$h_c=0.286$ m，$h''_c=1.974$ m，取消力池出口流速系数 $\varphi'=0.95$，得

$$\Delta z=\frac{q}{2g}\left[\frac{1}{(\varphi' h_t)^2}-\frac{1}{(1.05h''_c)^2}\right]$$
$$=\frac{2.5}{2\times9.8}\times\left[\frac{1}{(0.95\times1.33)^2}-\frac{1}{(1.05\times1.974)^2}\right]=0.125\ 5(\mathrm{m})$$

则消力池的深度为

$$d = 1.05 \times 1.974 - 1.33 - 0.125\ 5 = 0.617(\mathrm{m}) \approx 0.62\ \mathrm{m}$$

故 $d=0.62$ m 即为所需消力池的深度。

水流射程

$$L_{03}=3.34m_2\sqrt{(S_3+c_2+0.3H_{02})H_{02}}$$
$$=3.34\times0.42\times\sqrt{(3+0.85+0.3\times1.22)\times1.22}=3.181(\mathrm{m})$$

水跃长度

$$L_{j3}=10.8\times0.286\times\left(\sqrt{\frac{2.5^2}{9.8\times0.286^3}}-1\right)^{0.93}=11.79(\mathrm{m})$$

则消力池的长度为

$$L_{b3} = 3.181 + 0.8 \times 11.79 = 12.61(\mathrm{m}) \approx 12.7\ \mathrm{m}$$

项目小结

一、明渠均匀流

1.底坡的概念及明渠的分类

明渠底坡 i 是指渠底的高差 Δz 与相应渠长 l 的比值。

根据 i 的变化情况可把渠道分为顺坡($i>0$)、平坡($i=0$)、逆坡($i<0$)三种渠道形式。

根据断面形状、尺寸沿程是否发生变化可把渠道分为棱柱形渠道和非棱柱形渠道。

另外,也可按明渠过流断面的形式简单地把明渠分为梯形、矩形、圆形等渠道。

2. 明渠均匀流的水力特征及产生条件

明渠均匀流的水力特征:①过水断面上的流速分布、断面平均流速、水深沿程不变;②水力坡度、水面线坡度、渠道底坡三者相等;③作用在水流上的重力在流动方向上的分量与渠床壁面上的摩擦阻力相等。

明渠均匀流产生的条件为:①水流为恒定流,流量沿程不变;②棱柱形顺坡长直渠道;③底坡 i 及糙率 n 沿程不变,且渠中无建筑物。

3. 明渠水力最佳断面和允许流速

水力最佳断面即当 i、n 及 A 大小一定,渠道所通过的流量最大的断面。由于明渠断面多采用梯形断面形式,在给定了边坡系数 m 的前提下,可得水力最佳宽深比

$$\beta_m = \frac{b}{h} = 2(\sqrt{1 + m^2} - m)$$

在任何边坡系数 m 的情况下,水力最佳断面的水力半径 $R = h/2$。

渠道的设计流速 v 应大于土壤的允许不淤流速 $v_{不淤}$,小于允许不冲流速 $v_{不冲}$,即

$$v_{不淤} < v < v_{不冲}$$

4. 明渠均匀流基本公式及水力计算的基本问题

在明渠均匀流计算中,主要应用谢才公式、连续性方程,并用曼宁公式及巴甫洛夫斯基公式确定谢才系数 C,其公式如下:

$$v = \sqrt{Ri}$$

$$Q = AC\sqrt{Ri} = K\sqrt{i}$$

$$C = \frac{1}{n}R^{1/6} \quad 或 \quad C = \frac{1}{n}R^y$$

式中,$K = AC\sqrt{R}$,称为流量模数。

明渠均匀流时的水深称为正常水深。

明渠均匀流的水力计算,主要有四种基本类型:

(1)计算渠道的输水能力,即已知断面的尺寸、底坡、糙率等,求通过渠道的流量。

(2)计算渠道底坡。

(3)计算渠道糙率。

(4)设计渠道的断面尺寸。

二、明渠非均匀流

1. 明渠非均匀流的产生条件及特征

当渠道的断面形状、尺寸、糙率、底坡沿程变化时,或者渠道中建有水工建筑物(如桥梁、涵洞等),或者渠道较短,这些情况下均会产生非均匀流。

明渠非均匀流的水深 h、断面平均流速 v 沿程可增、可减,流线彼此互不平行,底坡线、水面线和总水头线彼此互不平行。

研究明渠非均匀流的目的是为定性分析水面曲线和定量计算水面曲线。

2. 明渠非均匀流的概念

(1) 断面单位能量。

断面单位能量(又称断面比能)$E_s = h + \alpha \dfrac{v^2}{2g}$是把基准面选在断面最低点的单位位能和单位势能的和,它与水流机械能 E 的概念是不同的。前者由于基准面沿程不固定,其沿程可增、可减,也可不变,而水流机械能沿程却总是减少的。

在流量 Q 及渠道断面形式给定的条件下,断面单位能量是水深的单值连续函数,该函数的图形是一条曲线,其特点是在某一水深(h_k)处 $E_s = E_{smin}$。而当 $E_s \neq E_{smin}$ 时,水深则是断面单位能量的双值连续函数。

(2) 临界水深。

临界水深 h_k 是指在流量和渠道断面形式给定的条件下,相应于断面单位能量 $E_s = E_{smin}$ 时的水深。

(3) 临界坡度。

临界坡度 i_k 是指正常水深 h_0 等于临界水深 h_k 时的渠底坡度,是对应某一流量和某一给定渠道的特定渠底坡度值。它与渠道实际坡度 i 无关,是为了计算或分析的方便而引入的一个假想坡度。

根据渠道实际坡度 i 和某流量下的临界坡度 i_k 的关系可将渠道分成缓坡($i<i_k$,必有 $h_0>h_k$)、陡坡($i>i_k$,必有 $h_0<h_k$)和临界坡($i= i_k$,必有 $h_0=h_k$)三种情况。

(4) 缓流、急流、临界流的特点及其判别。

缓流的水深较大,流速较小,多见于底坡较缓的渠道或者平原河流;急流的水深较小,流速较大,多见于底坡较陡的渠道或者山区河流;临界流处于缓急流的分界,是一种不稳定的状态。

3. 水跃

水跃是明渠水流从急流状态过渡到缓流状态时水面骤然跃起的局部水力现象。水跃将产生大量的能量损失,在工程中常利用水跃作为有效的消能方式。

4. 棱柱形渠道中水面线定性分析

(1) 棱柱形明渠(五种底坡,即缓坡、急坡、临界坡、平坡和逆坡)非均匀渐变流中共12条水面线,其规律为:

①凡是 a、c 区的水面曲线均为壅水曲线,凡是 b 区的水面曲线均为降水曲线;

②水面线接近正常水深线时与其渐近,即接均匀流;

③水面线接近临界水深线时与其垂直,即接水跃或跌水;

④当 $h \to \infty$ 时,水面线与水平线渐近。

(2) 当两段底坡不同渠道中的水面线连接时,可产生下列情况:

①由缓流向急流过渡时产生跌水;

②由急流向缓流过渡时产生水跃;

③由缓流向缓流过渡时只影响上游,下游仍为均匀流;

④由急流向急流过渡时只影响下游,上游仍为均匀流。

当两段糙率不同(其他条件均相同)的渠道中的水面曲线连接时,可产生③、④两种情况:

(3)定性分析水面线连接的步骤:

①根据 i 和 i_k 的关系,画出 $N—N$ 线和 $K—K$ 线的相对位置(平坡和逆坡渠道中无 $N—N$ 线),并注意上下游的相互关系。

②确定控制水深。跌坎处及由缓坡向急坡转折的水深为临界水深。一般情况下,急流的控制水深在上游,缓流的控制水深在下游。

③由控制水深所处的区确定水面曲线的线型,由水面曲线变化规律确定水面曲线变化的趋势。

5. 棱柱形渠道中水面线的定量计算

棱柱形渠道中水面线基本微分方程极为复杂,除宽浅型矩形渠道和平坡矩形渠道等几种情况有积分解外,一般采用数值积分或分段求和等方法近似求解。

三、渠系连接建筑物水力计算

1. 渐变段的分类

急流渐变段与缓流渐变段;收缩渐变段与扩散渐变段;曲线形渐变段与直线形渐变段;直线形渐变段又包括:楔形、圆弧形、八字形和直角形渐变段。

2. 渐变段的作用

平顺过渡水流,避免产生较大的水面变化和水头损失。

3. 渡槽的主要组成部分及其作用和特点

渡槽的过水部分组成:槽身段、进口渐变段、出口渐变段。

槽身段是渡槽的主要部分,它输运水流跨越山谷或河流。在实际工程中,为了减少工程量,常取槽身段的断面面积小于上下游渠道的断面面积,而底坡则比上下游渠道的底坡为陡。当渡槽的长度大于10倍以上上游渠道中的水深时,槽内水流可近似当作均匀流计算。

进口渐变段是连接上游渠道和渡槽中的水流,使其平顺过渡。进口渐变段为收缩渐变段,水面跌落,而底部升高。

出口渐变段是连接渡槽和下游渠道中的水流,使其平顺过渡。出口渐变段为扩散渐变段,水面有所回升,而底部降低。

4. 跌水的类型和组成

跌水分为单级跌水和多级跌水两种。

单级跌水由进口段、跌水墙和消能段三部分组成;多级跌水是由若干个单级跌水首尾相连而成的。

根据天然地面落差的大小,可决定修建单级跌水或多级跌水。当天然地面落差小于3~5 m时,常做成单级跌水;当落差太大时,则将落差等分成高差相同的若干级,使水流呈阶梯状逐级下跌,做成多级跌水。

技能训练题

一、填空题

1. 在明渠中,水深沿程不变的水流,属于______________________。

2. 正常水深是渠道作______________时的水深。当 i ________时,不会发生均匀流。

3. 梯形断面的 $\beta_{佳}$ 是_______________的函数,梯形水力最佳断面的特性是 R = ______________________。矩形断面的 $\beta_{佳}$ = ______________________。

项目5自测题

4. 渠道设计时其流速应满足____________ $>v>$ ____________的条件。

5. 在明渠均匀流计算中,若糙率选的偏大,设计出来的渠道断面________。

6. 梯形断面渠道,$b=1$ m,$h=1$ m,$m=0.75$,该过水断面为________断面。

7. 渠道的边坡系数及糙率则由_____________________等条件而定。

8. 坡底分为三种类型即________、________和________。

9. 水跌是水流从________流过渡到________流的局部水力现象。当流量一定时,跌坎处的水深等于________。

10. 水跃是水流从________流过渡到________流的局部水力现象。当流量一定时,跃前水深增大时,跃后水深的变化是________。

11. 明渠水流中,当弗劳德数 $Fr<1$ 时,属于_____________________。

12. 由急流过渡到缓流时,一定会发生_____________________现象。

13. b_1 型水面曲线发生在________上,其水流属于________,曲线的特征是_____________________________。

14. 两条棱柱形明渠的断面形状、尺寸、底坡和通过的流量均相同,但糙率不同($n_1>n_2$)。它们的正常水深 h_{01} _____ h_{02};临界水深 h_{k1} _______ h_{k2}。

15. 一矩形渠道,水流是急流同时又是均匀流则:Fr _____ 1;v_w _____ v;i _____ i_k;i _____ 0。(用">"和"<"填写)

16. 两条渠道 Q、m、b 相同,$n_1>n_2$,则 h_{k1} ________ h_{k2}。

17. 跃前水深越大,相应的跃后水深________。

18. 断面单位能量最小的明渠流是临界流,对应的水深为________。

19. 棱柱形平坡渠道的水跃函数曲线上,对应于水跃函数最小值的水深是________。

20. 水流在弯道处存在着断面环流,因此表面水流的流动方向是由________岸流向________岸而底部水流的流动方向是由________岸流向________岸,这就形成了____________________岸冲刷,________岸淤积。

21. 跌水可分为两种形式:________、________。

二、作图题

1. 定性绘出图5-39中棱柱形明渠的水面曲线,并注明曲线名称。(各渠段均充分长,

各段糙率相同）

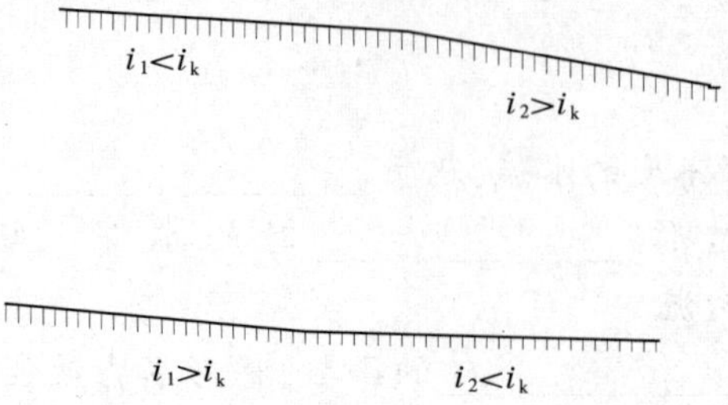

图 5-39

2. 试定性绘出如图 5-40 所示的等宽矩形明渠，糙率 n 沿程不变情况下的恒定流水面线，并标出水面线型号。

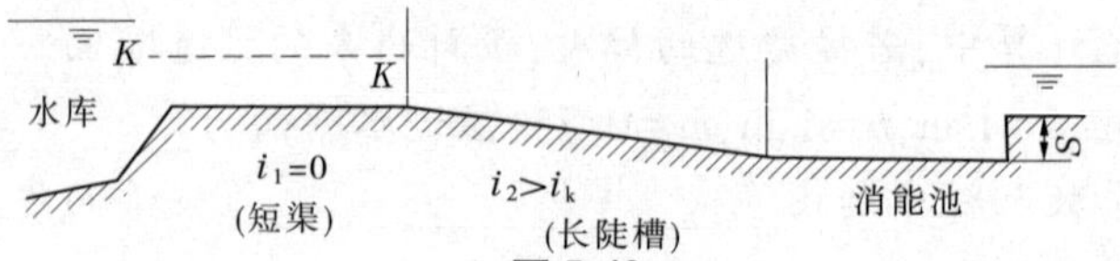

图 5-40

3. 定性绘出图 5-41 中棱柱形明渠的水面曲线，并注明曲线名称。（各渠段均充分长，各段糙率相同）

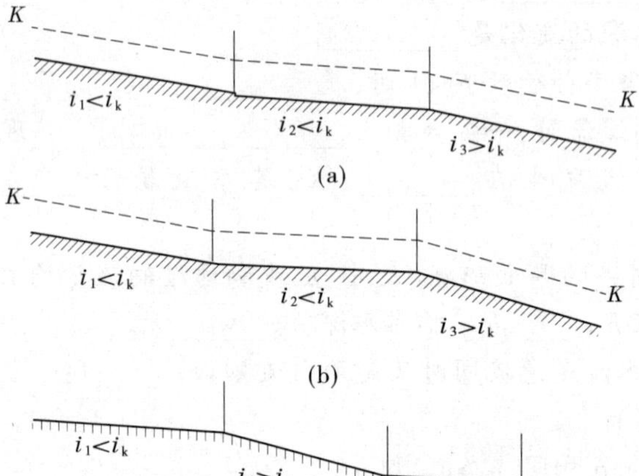

图 5-41

4. 水库经长泄洪洞泄洪，泄洪洞断面为矩形，洞内水流为无压流，其纵剖面如图 5-42 所示。洞后接一等宽的矩形长陡坡，出口为平底矩形消能池。试定性绘出水面曲线，并标明型号。

三、简答题

1. 从力学意义上解释明渠均匀流只能在正坡渠道中产生的原因。

2. 明渠均匀流产生的条件是什么？

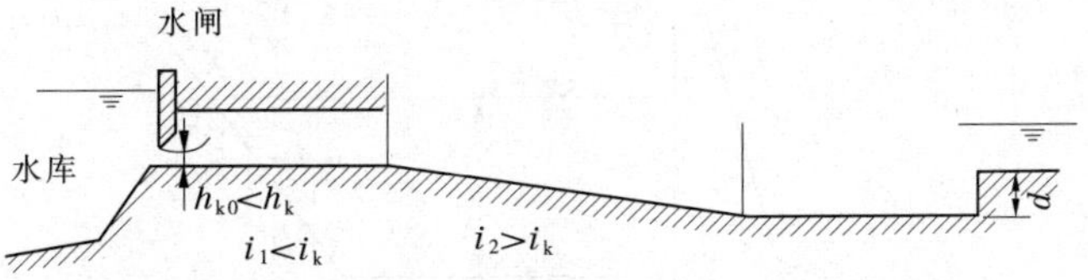

h_{c0}—收缩断面水深；i_k—临界底坡；h_k—临界水深；d—消能池池深。

图 5-42

3. 分析水面曲线时，如何寻找急流和缓流的控制断面？

4. 简述用分段法计算棱柱形明渠渐变流水面曲线的步骤。

5. 水跃衔接的形式有哪几种？工程上采用哪种形式的水跃衔接，为什么？

四、计算题

1. 一混凝土 U 形渠槽（见图 5-43）宽 1.2 m，渠中水深 0.8 m，半圆以上水深 $h'=0.2$ m，渠道底坡 $i=1/1\ 000$，糙率 $n=0.017$。试计算此渠槽的过水能力。

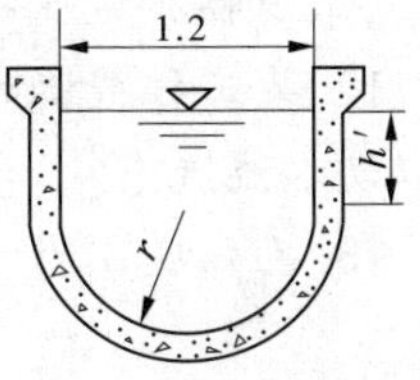

图 5-43

2. 已知某梯形断面渠道的流量为 30 m^3/s，糙率为 0.015，边坡系数为 1，为保证航运安全，要求设计水深为 2 m，设计流速为 0.7 m/s。试求该渠道的底宽及底坡。

3. 某自来水厂引水渠为一梯形断面混凝土明渠，已知其边坡系数为 1，底宽为 20 m，糙率为 0.015，水力坡度为 0.000 2，渠中水深均为 4 m，该自来水厂要求引水流量为 140 m^3/s，现要求从引水渠中分出一部分水作为灌溉用水，问除满足自来水厂所需水量外，尚能供应的灌溉用水流量为多少？

4. 某矩形断面引水渡槽，已知槽宽 $b=1.6$ m，水深 $h=1.8$ m，槽长 $l=500$ m，糙率 $n=0.014$，进口水面高程为 54.2 m，设计流量 $Q=8.2\ m^3/s$，求该渡槽段所产生的水头损失及渡槽出口处的水面高程。

5. 已知某对称梯形断面棱柱体明渠的糙率 $n=0.022$，边坡系数 $m=1$，渠中设计水深 $h=2$ m，湿周 $\chi=7.66$ m，渠道底坡 $i=0.000\ 1$。试求该渠道的设计流量。

6. 有一梯形渠道，底宽 $b=5$ m，水深 $h=3$ m，边坡为 1∶1，糙率 $n=0.014$，底坡 $i=0.001$。如流动在紊流粗糙区，求通过的流量 Q。

7. 已知某对称梯形断面棱柱体明渠的糙率 $n=0.022$，边坡系数 $m=1$，渠中水深 $h=2$ m，渠道底宽 $b=3$ m，渠道长度 $l=3\ 000$ m，设计流量为 $Q=15\ m^3/s$。试求该渠中所产生的沿程水头损失。

8. 有一环山渠道，如图 5-44 所示，已知：底宽 $b=2$ m，水深 $h_0=1.5$ m，靠山一侧边坡系数 $m_1=0.5$，其糙率 $n_1=0.03$，$n_2=0.014$，底坡 $i=0.005$，试求渠中流量。

9. 钢筋混凝土圆形排水管，已知直径 $d=1.0$ m，糙率 $n=0.014$，底坡 $i=0.002$，试校核此无压管道的过流量。

10. 有一矩形断面长渠作均匀流，渠宽为 5 m，糙率为 0.025，测压管坡度为 0.000 5，当渠中水深为 4.25 m 时，试用其临界水深、临界流速及弗劳德数等三种方法判别水流的流态。

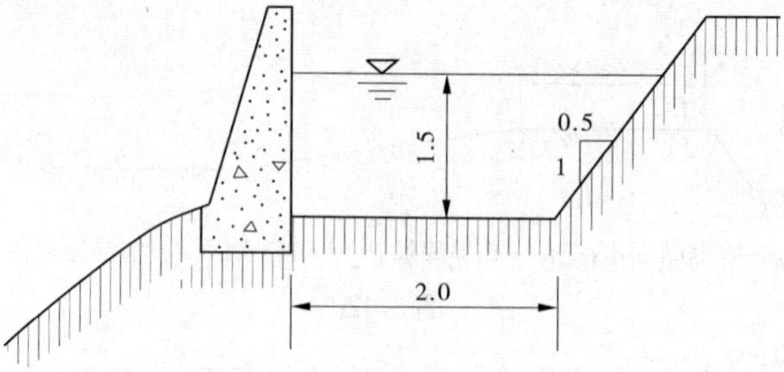

图 5-44

11. 有一矩形渠道,底宽 $b=5$ m,正常水深 $h_0=4.15$ m,$n=0.025$, $i=0.0005$, $Q=25$ m^3/s,试用临界坡度判别渠道均匀流时的流态。

12. 某工程截流时,流量 $Q=1\ 730$ m^3/s,龙口宽度 $b=87$ m,流速 $v=6.86$ m/s,试判别龙口处水流流态?

13. 已知底宽为 $b=6$ m 的矩形渠道中,临界水深为 $h_k=1.37$ m,求渠道内通过的流量 Q。

14. 等腰三角形断面渠道(见图 5-45),顶角为 90°,通过流量 $Q=0.8$ m^3/s,试求临界水深。

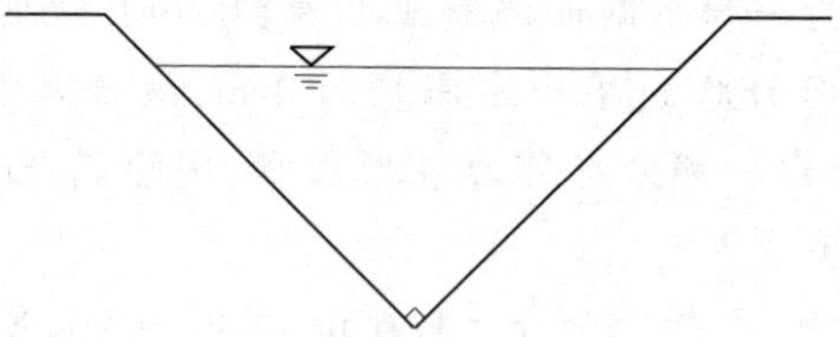

图 5-45

15. 有一梯形土渠,底宽 $b=12$ m,边坡系数 $m=1.5$,糙率 $n=0.025$,通过流量 $Q=18$ m^3/s,试求临界水深和临界底坡。

16. 在矩形断面平坡渠道中发生水跃,已知跃前断面的 $Fr_1=\sqrt{3}$,问跃后水深 h''是跃前水深 h'的几倍?

17. 有矩形断面长渠道向低处排水,末端为跌坎(见图 5-46),已知渠道底宽 $b=1$ m,底坡 $i=0.0004$,正常水深 $h_0=0.5$ m,糙率 $n=0.014$,试求:①渠道末端出口断面的水深;②绘渠道中水面曲线示意图。

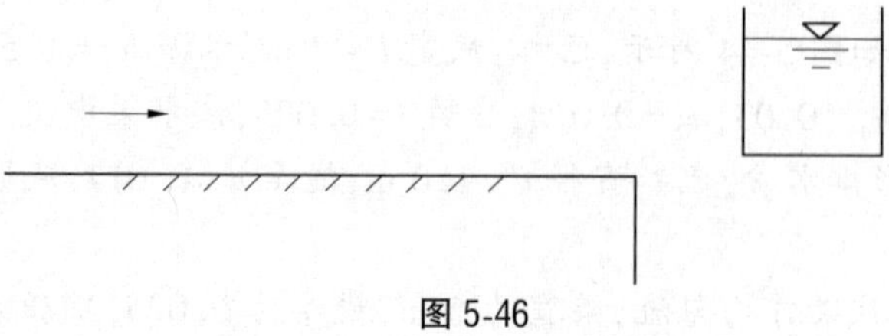

图 5-46

18. 矩形断面长渠道(见图 5-47),底宽 $b=2$ m,底坡 $i=0.001$,糙率 $n=0.014$,通过流量 $Q=3.0\ \mathrm{m^3/s}$,渠尾设有溢流堰,已知堰前水深为 1.5 m,要求定量给出堰前断面至水深 1.1 m 断面之间的水面曲线。

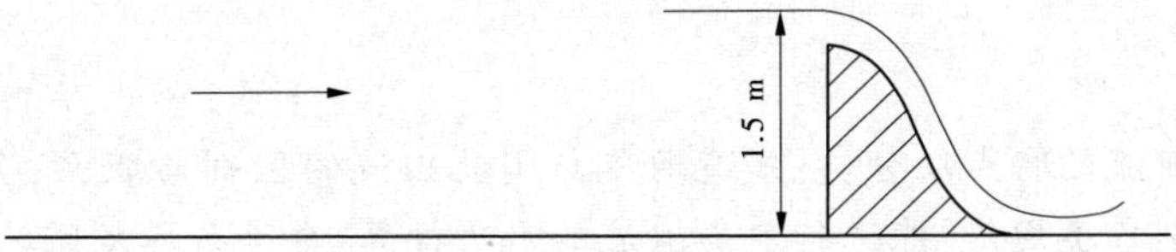

图 5-47

项目 6　堰、闸泄流能力分析与计算

【学习目标】

知道堰、闸泄流的特点及分类；知道堰流与闸孔出流的区别与联系；会堰流及闸孔出流的判别；会判别各类堰流；能进行各类堰流的水力计算；会进行各类闸孔出流水力计算。

【课程思政】

都江堰位于四川省都江堰市境内，为岷江上的大型引水枢纽工程，也是现有最古老的无坝引水工程。始建于秦昭王后期（约公元前256–前251年），秦蜀郡太守李冰父子主持兴建。工程以灌溉为主，兼有防洪、水运、城市供水等多种效益，成都平原因此富庶。早期的都江堰有堤、堰、水则等工程设施，经后代不断完善，成为由鱼嘴（分水工程）、飞沙堰（溢流排沙工程）和宝瓶口（引水工程）三大主体工程组成的无坝引水枢纽。都江堰水利工程巧夺天工、造福当代、惠泽未来、影响深远，被称为“世界水利工程的最佳作品”。2000年，都江堰被联合国教科文组织列为“世界文化遗产”名录，2018年，入选“世界灌溉工程遗产名录”。党的二十大报告指出，中华优秀传统文化源远流长、博大精深，是中华文明的智慧结晶。我们必须坚定历史自信、文化自信，坚持守正创新，以实际行动铸就社会主义文化新辉煌。

任务 1　堰流及闸孔出流基本条件

1　堰及堰流

实际生活中有各种泄水建筑物。在明渠流中，为控制水位或控制流量而设置构筑物，使水流溢过构筑物的流动称为堰流，该构筑物称为堰，如图6-1所示。在水利及市政等工程中，溢流堰是主要的泄水建筑物，常用作溢流集水设备和量水设备；在实验室常用作流量量测设备。研究堰流主要是分析堰的上下游水流流态，分析堰的过流能力。堰流的各项特征量如下：

（1）堰宽 b：水流漫过堰顶的宽度。

（2）堰顶厚度：δ。

（3）堰上水头：上游水位在堰顶上最大超高 H。

（4）堰上、下游坎高 p、p'。

（5）堰下游水深 h。

（6）上游渠道宽（上游来流宽度）B。

（7）行近流速（上游来流速度）v_0。

堰流的水力特性如下：

（1）堰的上游水流受阻，水面壅高，势能增大；在堰顶上由于水深变小，流线收缩，速

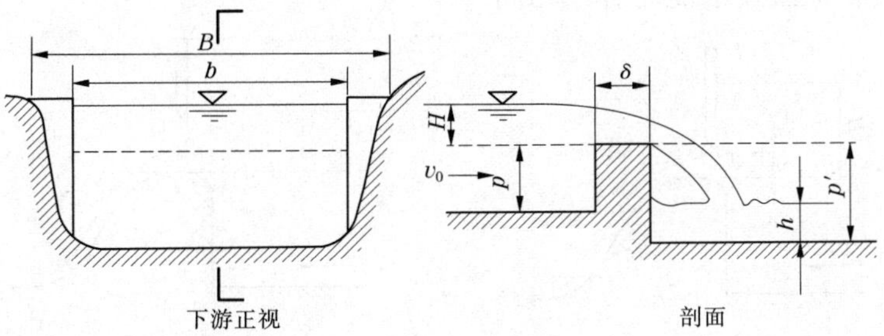

图 6-1

度变大，使动能增大；势能转化为动能，水面下跌。

(2)堰流一般从缓流向急流过渡，属于急变流，堰流的水力计算主要考虑局部阻力。

(3)水流在流过堰顶时，一般在惯性的作用下均会脱离堰（构筑物），具有自由表面的堰流在表面张力的作用下，水流会收缩。

2　闸孔出流

在装有液体的容器器壁上开设孔口，液体经孔口泄流的水力现象，称为孔口出流，如图 6-2(a)所示。若器壁较厚或在孔口上加设短管，且器壁厚度或加设短管的长度是孔口尺寸的 3~4 倍，则叫管嘴，液体经管嘴泄出的水流称为管嘴出流，如图 6-2(b)所示。

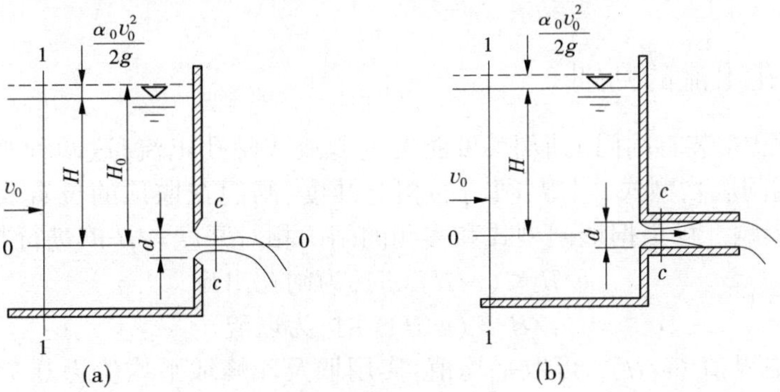

图 6-2

在水利工程中，为了泄放洪水、引水灌溉、发电、给水等，常修建各种泄水建筑物和挡水建筑物，以控制和调节河渠的水位和流量，如闸和堰。当闸门部分开启，水流受到闸门控制而从闸门下孔口泄出的水流称为闸口出流，如图 6-3(a)、(c)所示。闸孔出流实质上就是一种孔口出流，通常把孔口出流与闸孔出流统称为孔流。

3　堰流和闸孔出流的区别与联系

堰流[见图 6-3(b)、(d)]与闸孔出流是两种不同的水力现象，但它们既有区别又有联系。堰流由于不受闸门的控制，水面线为一光滑连续的降水曲线；闸孔出流由于受闸门的控制，闸孔上、下游的水面是不连续的。也正是由于堰流及闸孔出流这种边界条件的差异,它们的水流特征及过水能力各不相同。

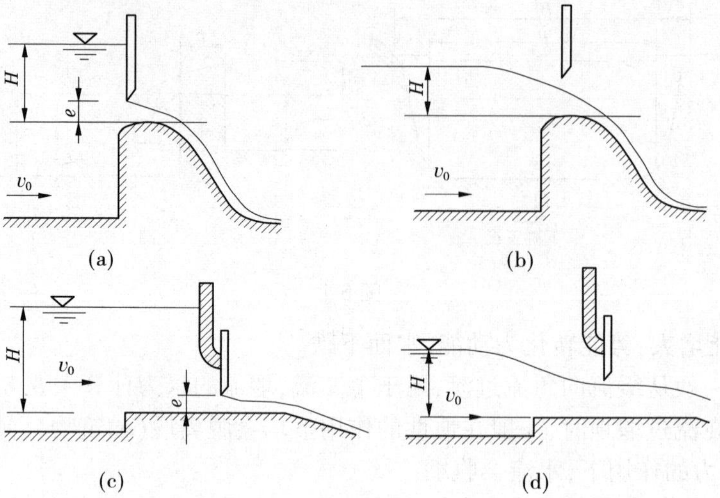

图 6-3

堰流与闸孔出流的相同点:首先,堰流和闸孔出流都是建筑物对水流的局部阻碍,在上游壅高了水位,从能量的角度上看,出流的过程都是一种势能转化为动能的过程。其次,这两者都是在较短的距离内流线发生急剧弯曲的急变流,离心惯性力对建筑物表面的压强分布及建筑物的过水能力均有一定影响,能量损失主要是局部水头损失,沿程水头损失可忽略不计。

4　堰流及闸孔出流的判别

在实际工程中,装有闸门的堰上,可能发生堰流或闸孔出流,这两种水流转换时的临界值 $(e/H)_C$ 随闸底坎型式、门型、闸门的相对开度、闸门在堰顶的位置及孔流和堰流的变换方式等的影响。可根据堰闸型式和实测的闸门相对开度 e/H 值进行判别:

$e/H \leqslant (e/H)_C$ 时,为闸孔出流

$e/H > (e/H)_C$ 时,为堰流

初步计算临界值 $(e/H)_C$ 可取平均值:实用堰及驼峰堰平均值为 0.75,而宽顶堰、平底闸平均值为 0.65。

任务 2　堰　流

1　堰的分类

按堰顶厚 δ 与堰上水头 H 的比值范围将堰分为薄壁堰、实用堰、宽顶堰三类。

1.1　**薄壁堰** $\left(\frac{\delta}{H} < 0.67\right)$

堰前来流由于受堰壁阻挡,底部水流因惯性作用上弯。当水舌回落到堰顶高程时,距上游壁面约 0.67H;当堰顶厚 δ < 0.67 时,如图 6-4 所示,水舌不受堰宽的影响,堰和过堰

水流就只有一条边线接触,堰顶厚度对水流无影响,故称为薄壁堰。薄壁堰主要用作测量流量的设备。

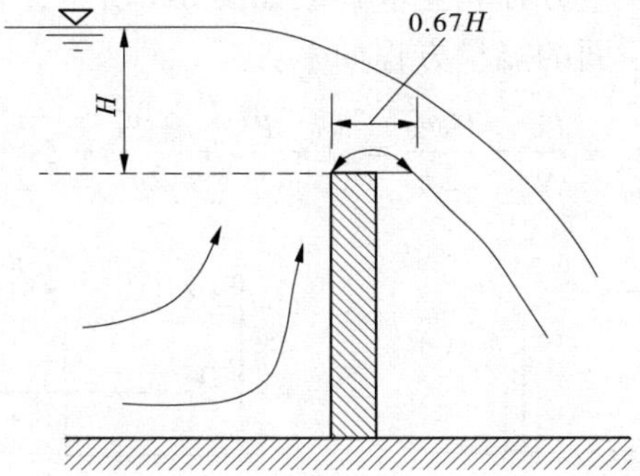

图 6-4

1.2 实用堰 $\left(0.67 < \dfrac{\delta}{H} < 2.5\right)$

堰顶厚度大于薄壁堰,堰顶厚对水流有一定的影响,堰上水面是一次性连续降落与下游水流衔接,这样的堰型称为实用堰。如图 6-5 所示,实用堰的剖面有曲线形和折线形两种。溢流坝一般都采用曲线形实用堰。

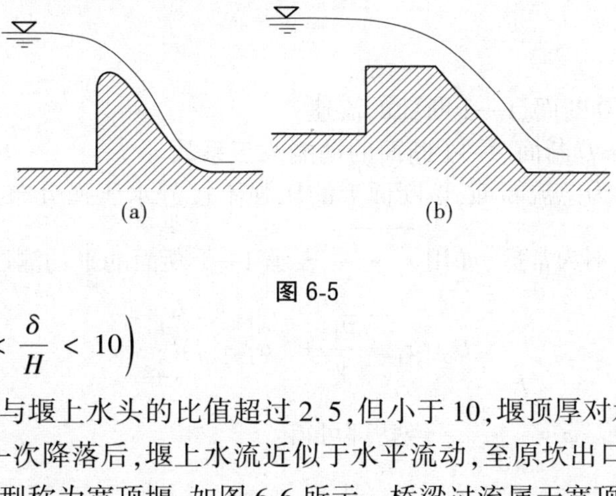

图 6-5

1.3 宽顶堰 $\left(2.5 < \dfrac{\delta}{H} < 10\right)$

堰顶厚度较大,与堰上水头的比值超过 2.5,但小于 10,堰顶厚对水流有显著影响,在堰坎进口水面发生一次降落后,堰上水流近似于水平流动,至原坎出口水面再次降落与下游水流衔接,这种堰型称为宽顶堰,如图 6-6 所示。桥梁过流属于宽顶堰流。

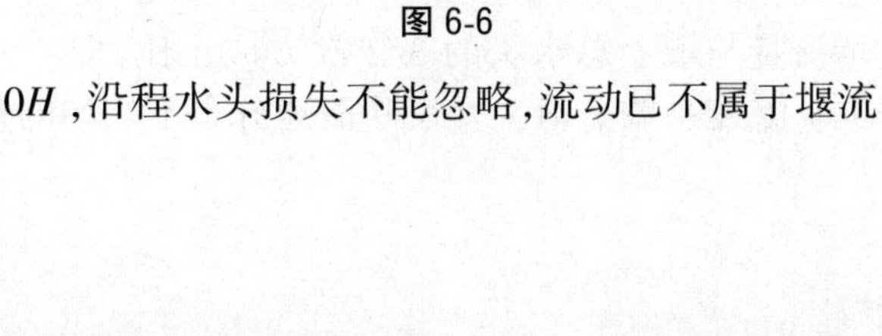

图 6-6

堰宽增至 $\delta > 10H$,沿程水头损失不能忽略,流动已不属于堰流,按明渠流动计算。

2　堰流的基本公式

根据理论：$Q = Av$ 和能量方程联立求解。如图 6-7 所示，对各种堰取堰顶水平面为基准面，列 0—0 断面、1—1 断面的能量方程如下：

$$z_0 + \frac{p_0}{\gamma} + \frac{\alpha_0 v_0^2}{2g} = z_1 + \frac{p_1}{\gamma} + \frac{\alpha_1 v_1^2}{2g} + \zeta \frac{v_1^2}{2g}$$

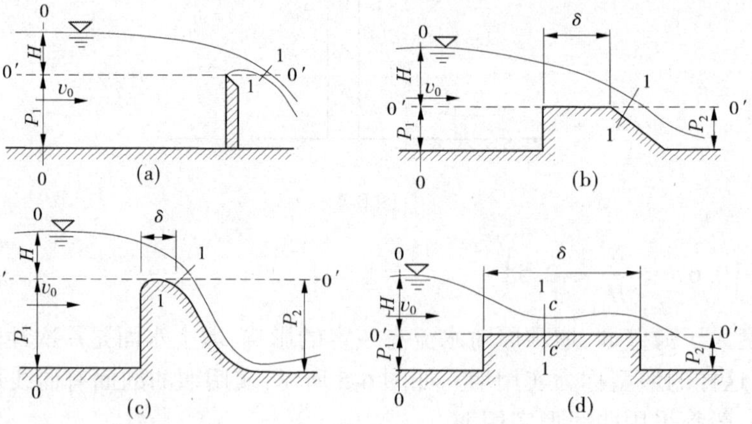

图 6-7

令　$H_0 = H + \dfrac{\alpha_0 v_0^2}{2g}$

式中　v_0、v_1——0—0 断面、1—1 断面的流速；

α_0、α_1——0—0 断面、1—1 断面的动能改正系数。

又因 1—1 断面为急流断面，该断面上的压强不按静水压强分布，而且断面上有垂直收缩，则测压管水头不为常数，如用 $\overline{z_1 + \dfrac{p_1}{\gamma}}$ 表示 1—1 断面的平均测压管水头，则有：

$$H_0 = \overline{z_1 + \frac{p_1}{\gamma}} + (\alpha_1 + \zeta)\frac{v_1^2}{2g}$$

令 $\overline{z_1 + \dfrac{p_1}{\gamma}} = \xi H_0$，$\varphi = \dfrac{1}{\sqrt{\alpha + \zeta}}$ 经整理可得：

$$v_1 = \varphi\sqrt{2g(H_0 - \xi H_0)} = \varphi\sqrt{1 - \xi}\sqrt{2gH_0}$$

又设堰顶过水断面净宽度为 B，1—1 断面的水舌厚度为 kH_0，则 1—1 断面的面积为 $A_1 = kH_0B$，通过 1—1 断面的流量为

$$Q = A_1 v_1 = kH_0B\varphi\sqrt{1 - \xi}\sqrt{2gH_0} = k\varphi\sqrt{1 - \xi}\sqrt{2g}H_0^{\frac{3}{2}}$$

令 $m = \varphi k\sqrt{1 - \xi}$ 为堰流的流量系数则

$$Q = mB\sqrt{2g}H_0^{\frac{3}{2}} \tag{6-1}$$

式(6-1)说明，过堰流量与堰上总水头的 3/2 次方成正比，即 $Q \propto H^{\frac{3}{2}}$。流量系数 m 与 φ、k、ξ 系数值有关。流速系数 φ 值主要反映流速分布不均匀的程度和局部阻力对堰

流的影响；k 值主要反映过堰水流垂直收缩程度；ξ 值反映急变流过水断面 1—1 上动水压强不按直线分布的影响。三个系数的值主要取决于堰的边界条件及堰前水头 H。由于堰的边界条件变化多样，则堰流流量系数对于不同的边界具有不同的试验数值。因此，以后对于具体堰型，分别讲解。

注意：

（1）根据下游水位是否影响堰的过流，将堰分为两类：自由出流和淹没出流。自由出流是指下游水位较低，不影响堰的过流能力时的水力现象；而当下游水位较高时，影响堰的过流能力时，称淹没出流。但在什么情况下，下游水位才影响堰的过流能力，对于不同的堰型有不同的确定方法，在计算时用淹没系数 σ_s 来表示淹没程度。当堰为淹没出流时，$\sigma_s < 1.0$；为自由出流时，$\sigma_s = 1.0$。

（2）当堰顶的过流宽度 B 小于堰前的引水渠宽 B_0 时（如堰顶设有闸墩和边墩等），引起过流的侧向收缩，影响了堰的过流能力，这种堰流称为有侧收缩的堰流。侧收缩的影响程度用侧收缩系数 ε 来表示。当有侧向收缩时，$\varepsilon < 1.0$；当无侧向收缩时，$\varepsilon = 1.0$。

（3）当为低堰且进口不正时，则水流的流态将发生变化，其对流量的影响用流态系数 K 来表示。本教材均按进水渠顺直、正向进流条件，$K=1$。

考虑各种因素的影响，堰流的一般流量公式为

$$Q = Km\sigma_s \varepsilon B\sqrt{2g}H_0^{\frac{3}{2}} \tag{6-2}$$

式中当有闸墩时，$B = nb$ 为堰顶过水断面总净宽，其中 n 为孔数，b 为单孔宽度。

堰流的水力计算，关键是根据不同类型的几何边界条件和水流条件，确定相应的流量系数 m、淹没系数 σ_s 和侧收缩系数 ε。

3 薄壁堰流

薄壁堰是指 $\frac{\delta}{H} < 0.67$ 时，过堰水流不受堰顶厚度的影响，水舌下缘与堰顶呈线性接触，水面为单一跌落曲线，这种堰流称为薄壁堰流。通过实践证明，自由出流时具有稳定的压强分布和流速分布，作用水头与流量的关系非常稳定，而且制作简单，使用方便，量测流量的精度高，则薄壁堰一般用于实验室和小型渠道上的流量测量。

常见的薄壁堰，根据堰板开口形状，分为矩形薄壁堰、三角形薄壁堰和梯形堰等，如图 6-8 所示。

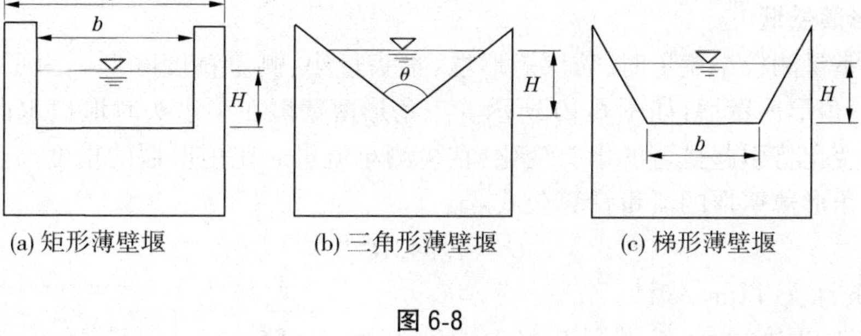

(a) 矩形薄壁堰　(b) 三角形薄壁堰　(c) 梯形薄壁堰

图 6-8

3.1 矩形薄壁堰

利用矩形薄壁堰测流量(见图 6-9)时,为了得到较高的测量精度,一般要求:

(1)单孔无侧收缩;

(2)自由出流(下游水位较低,不影响堰的出流)。当下游水位超过堰顶一定高度时,堰的过水能力开始减小,这种溢流状态为淹没出流。在淹没出流时,水面有较大的波动,水头不易测准,作为测流设备不宜在淹没条件下工作。为了保证薄壁堰不被淹没,一般要求$Z/P_2>0.7$。其中,Z 为上、下游水位差, P_2 为下游堰高。

(3) 堰上水头 $H>2.5$ cm。因为当 H 过小时,水流将贴堰溢出,不起挑,出流将不稳定。

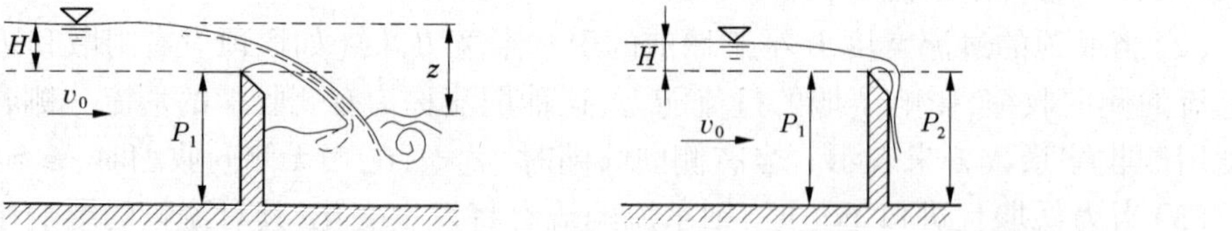

(a)矩形薄壁堰($H>2.5$ cm)自由出流　(b)矩形薄壁堰($H<2.5$ cm)时的水力现象

图 6-9

(4)自由水舌下缘的空间应与大气相通。否则,由于溢流水舌把空气带走,压强降低,水舌下面形成局部真空,出流将不稳定。

在无侧收缩、自由出流时,矩形薄壁堰流的流量公式可用式(6-1)。但实践中,为使用方便,将行近流速的影响计入流量系数,则把式(6-1)改写成为

$$Q = m_0 B\sqrt{2g}H^{\frac{3}{2}} \tag{6-3}$$

式中　m_0——考虑行近流速影响在内的流量系数,可用雷伯克公式计算

$$m_0 = 0.4034 + 0.0534\frac{H}{P} + \frac{1}{1610H - 4.5} \tag{6-4}$$

适用条件:$H \geqslant 0.025$ m。

有侧收缩的矩形薄壁堰的流量系数可用板谷—手岛公式确定

$$m'_0 = 0.4032 + \frac{0.0066}{P} + 0.0534\frac{H}{P} - 0.0967\sqrt{\frac{(B_0 - B)H}{B_0 P}} + 0.00768\sqrt{\frac{B_0}{P}} \tag{6-5}$$

3.2 三角形薄壁堰

在实验室量测较小流量时,若用矩形堰,水头过小,测量精度降低。为了提高测量精度,常采用三角形薄壁堰,如图 6-10 所示。三角形薄壁堰在小水头时堰口水面宽度较小,流量的微小变化将引起显著的水头变化,在量测小流量时比矩形堰的精度高。

直角三角形薄壁堰的流量计算公式:

$$Q = 1.343H^{2.47} \tag{6-6}$$

式中,H 以 m 计,Q 以 m^3/s 计。

适用条件:渠宽 $B_0>5H$;堰高 $P \geqslant 2H$,$H=0.06\sim0.65$ m。

【例6-1】　当堰口断面水面宽度为50 cm,堰高 $P=40$ cm,水头 $H=20$ cm 时,分别计算无侧收缩矩形薄壁堰、直角三角形薄壁堰的过流量。

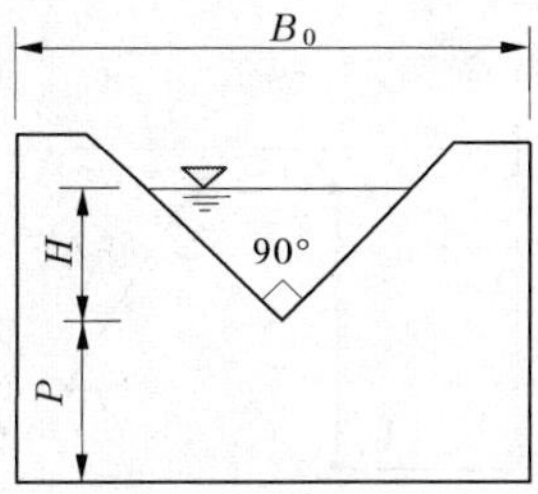

图 6-10

解:(1)无侧收缩矩形薄壁堰:$B=b=0.5$ m,$H=0.2$ m,$P=40$ cm$=0.4$ m,由式(6-4)得流量系数

$$m_0 = 0.4034 + 0.0534\frac{H}{P} + \frac{1}{1610H - 4.5}$$

$$= 0.4034 + 0.0534 \times \frac{0.2}{0.4} + \frac{1}{1610 \times 0.2 - 4.5} = 0.432$$

由式(6-3)得:

$$Q = m_0 B\sqrt{2g}H^{\frac{3}{2}}$$

$$= 0.432 \times 0.5 \times \sqrt{2 \times 9.8} \times 0.2^{\frac{3}{2}} = 0.0857(\mathrm{m^3/s}) = 85.7\ \mathrm{L/s}$$

(2)直角三角形薄壁堰:$H=0.2$ m 时,由式(6-6)有

$$Q = 1.343H^{2.47} = 1.343 \times 0.2^{2.47} = 0.0252(\mathrm{m^3/s}) = 25.2\ \mathrm{L/s}$$

由上面例题可以看出,在同样的水头作用下,矩形薄壁堰的过流量大于三角形薄壁堰的过流量。

4　实用堰

当 $0.67 < \frac{\delta}{H} < 2.5$ 时,称为实用堰。根据其剖面形状,可分为曲线形实用堰和折线形实用堰两类。曲线形实用堰常用于混凝土修筑的中、高水头溢流坝,堰顶的曲线形状适合于水流情况,可提高过水能力。折线形实用堰常用于中、小型溢流坝,具有取材方便和施工简单等优点。下面主要介绍曲线形实用堰,因为它在水利工程中被广泛应用。曲线形实用堰顶,经常有边墩和中墩,则可能有侧收缩的影响;同时下游水位对堰的过流能力也可能产生淹没出流,则计算公式仍按式(6-2)

$$Q = \sigma_s \varepsilon m B\sqrt{2g}H_0^{\frac{3}{2}}$$

4.1　曲线形实用堰的剖面

4.1.1　堰剖面组成

曲线形实用堰的剖面形状如图6-11(a)所示。一般由上游直线段 AB、堰顶曲线段 BC、下游斜坡段 CD 和反弧段 DE 组成。上游直线段 AB,可以做成铅直,也可以做成倾斜坡线;下游斜坡段 CD 的坡度主要依据堰的稳定和强度要求选定,一般采用1∶0.6～1∶0.7;反弧段 DE 的反弧半径可根据堰的设计水头及下游堰高确定。

4.1.2　堰面分类

堰顶曲线段 BC 对过流能力影响最大,是设计曲线形实用堰剖面形状的关键。堰顶曲线段常根据矩形薄壁堰自由出流时水舌下缘面的形状来设计。根据堰面伸入水舌下缘的程度,可形成真空堰和非真空堰。

真空堰即水流溢过堰顶时,堰顶表面出现真空现象的剖面,如图6-11(b)所示。它主要是水舌部分脱离堰面而造成的。其优点是,真空可相应地增大堰的溢流量。缺点是,堰

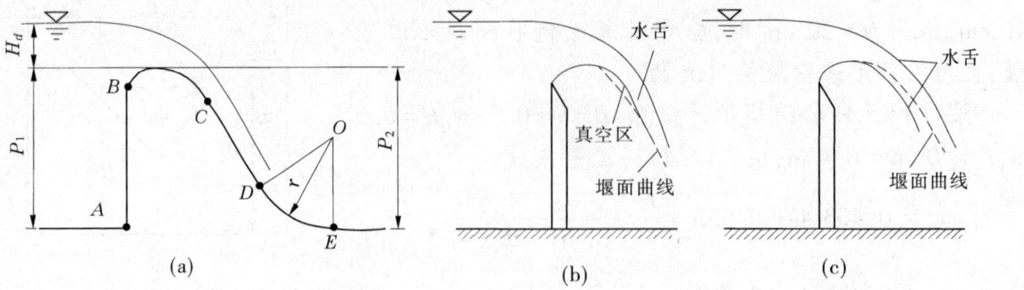

图 6-11

面可能受到正负压力的交替作用,增加了动荷载,且造成水流的不稳定;当真空达到一定程度时,堰面还可能发生气蚀而遭到破坏。所以,真空剖面堰一般较少使用。非真空形堰为堰面伸入自由水舌下缘,水流溢过堰顶时一般为正压,如图 6-11(c)所示。

曲线形实用堰有许多剖面形状,其流量系数的确定与堰的剖面形状、特征尺寸(如标准堰的定型水头 H_d、驼峰堰的圆顶半径 R 等)、堰高(包括上游堰高 P_1 和下游堰高 P_2)、高堰还是低堰及实际水头等因素有关,不同的堰面有不同的流量系数的试验公式或求解图,确定的方法各有差异。本节重点介绍常用的 WES 剖面实用堰(简称 WES 堰),公式参照《水利技术标准汇编》"水利水电卷——普通建筑物设计 195 页"和"水文卷:水工建筑物测流规范"中相应的图表。

4.1.3　WES 剖面堰堰顶曲线的计算

WES 剖面堰是美国陆军工程兵团水道实验站(waterways experiment station)提出的标准剖面。其剖面由曲线方程得出,便于施工控制。同时,堰面较瘦,可节省工程量。下面主要介绍 WES 剖面实用堰的水力设计及计算问题。

(1) WES 堰顶 O 点下游采用幂曲线,按如下方程计算:

$$x^n = kH_d^{n-1}y \tag{6-7}$$

式中　H_d ——堰剖面的设计水头;

x 、y ——堰面曲线横、纵坐标;

n ——与上游堰坡有关的指数,见表 6-1;

k ——系数,当 $P_1/H_d > 1$ 时,k 值见表 6-1,当 $P_1/H_d \leq 1.0$ 时,取 $k = 2.0 \sim 2.2$。

表 6-1　WES 剖面堰堰面曲线参数

上游堰面坡度 ($\Delta y:\Delta x$)	k	n	R_1	a	R_2	b
3:0	2.000	1.850	$0.50H_d$	$0.175H_d$	$0.20H_d$	$0.282H_d$
3:1	1.936	1.836	$0.68H_d$	$0.139H_d$	$0.21H_d$	$0.237H_d$
3:2	1.939	1.810	$0.48H_d$	$0.115H_d$	$0.22H_d$	$0.214H_d$
3:3	1.873	1.776	$0.45H_d$	$0.119H_d$		

(2) WES 堰 O 点上游一般为三段圆弧,如图 6-12 所示。两段复合圆弧型曲线如图 6-13 所示,R_1、R_2、k、n、a、b 等参数见表 6-1。

(3) 堰剖面设计水头 H_d 的确定。

一般情况下，上游堰高 $P_1 \geqslant 1.33H_d$ 的为高堰，取 $H_d=(0.75\sim0.95)H_{max}$；对于 $P_1<1.33H_d$ 的低堰，取 $H_d=(0.65\sim0.85)H_{max}$。$H_{max}$ 为校核流量时的堰上水头。有时，在确定WES堰剖面的定型设计水头时，还应结合堰面允许负压值综合考虑。

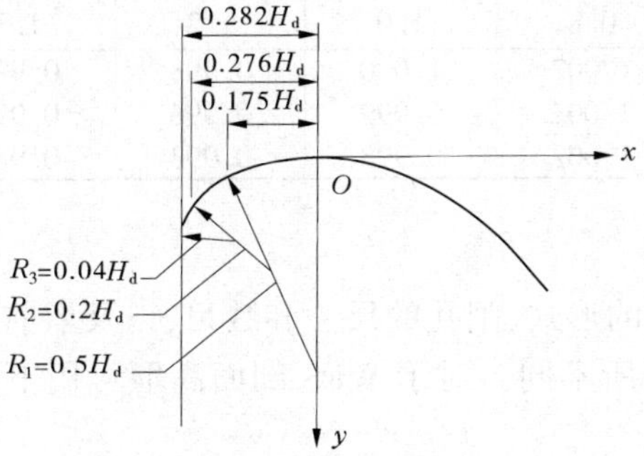

图 6-12

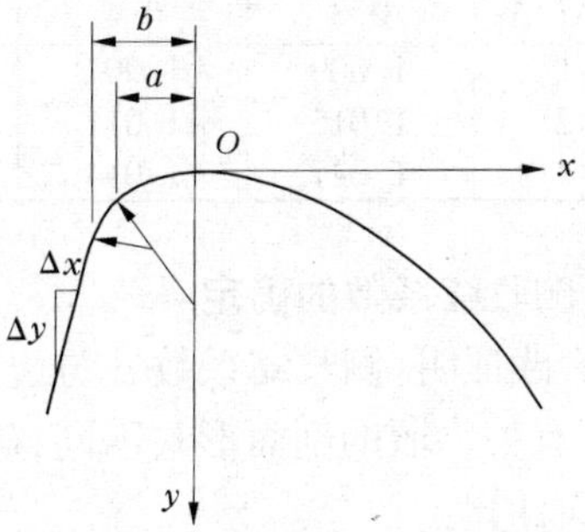

图 6-13

4.2 WES 堰流量系数

(1)试验表明，当上游堰面为铅直时，WES 堰的流量系数 m 取决于上游堰高与堰剖面设计水头之比 P_1/H_d（称为相对堰高）和堰上全水头与设计水头之比 H_0/H_d（称为相对水头），即 $m=f(P_1/H_d, H_0/H_d)$ 。m 值可按表 6-2 确定。

注意：在高堰时，可不计行近流速水头的影响，但低堰时要考虑行近流速水头。

表 6-2 WES 堰的流量系数 m

H_0/H_d	P_1/H_d				
	0.2	0.4	0.6	1.0	≥1.33
0.4	0.425	0.430	0.431	0.433	0.436
0.5	0.438	0.442	0.445	0.448	0.451
0.6	0.450	0.455	0.458	0.460	0.464
0.7	0.458	0.463	0.468	0.472	0.476
0.8	0.467	0.474	0.477	0.482	0.486
0.9	0.473	0.480	0.485	0.491	0.494
1.0	0.479	0.486	0.491	0.496	0.501
1.1	0.482	0.491	0.496	0.502	0.507
1.2	0.485	0.495	0.499	0.506	0.510
1.3	0.496	0.498	0.500	0.508	0.513

注：表中 m 值适用于二圆弧、三圆弧和椭圆曲线堰头。

(2)当为 WES 高堰时（上游面直立），其流量系数可用下面经验公式计算：

$$m = 0.385 + 0.149\frac{H}{H_d} - 0.040\left(\frac{H}{H_d}\right)^2 + 0.004\left(\frac{H}{H_d}\right)^3 \qquad (6\text{-}8)$$

式(6-8)适用范围：$\frac{H}{H_d}=0\sim1.8$。

4.3 上游堰坡影响系数的确定

当上游堰面为斜坡时，流量系数将受到影响，则在流量系数前乘以一个上游坡面影响系数 c 即可，c 值可查表 6-3。上游坡面为铅直时，$c=1.0$，则流量公式可写成：

$$Q = cm\sigma_s \varepsilon B\sqrt{2g}H_0^{\frac{3}{2}} \tag{6-9}$$

表 6-3　上游堰面坡度影响系数 c 值

上游堰面坡度(Δy:Δx)	P_1/H_d						
	0.3	0.4	0.6	0.8	1.0	1.2	1.3
3:1	1.009	1.007	1.004	1.002	1.000	0.998	0.997
3:2	1.015	1.011	1.005	1.002	0.999	0.996	0.993
3:3	1.021	1.014	1.007	1.002	0.998	0.993	0.988

4.4　侧收缩系数的确定

实践证明:侧收缩系数 ε 与边墩、闸墩头部的形式、闸孔的尺寸和数目,以及堰前总水头 H_0 有关。堰的剖面形式不同,确定方法也有所不同。对于 WES 剖面高堰可用下面经验公式计算:

$$\varepsilon = 1 - 0.2[\zeta_k + (n-1)\zeta_0]\frac{H_0}{nb} \tag{6-10}$$

式中　n——闸孔数;

H_0——上游全水头;

b——单孔宽度;

ζ_k、ζ_0——边墩、闸墩形状系数。

ζ_k 取决于边墩头部形状及进流方向。对于正向进水情况,可按图 6-14 选取。ζ_0 值取决于闸墩头部形状、闸墩伸向上游堰面的距离 L_u 及淹没程度 h_s/H_0,可查表 6-4。闸墩头部形状如图 6-15 所示。

式(6-10)在应用中,若 $\frac{H_0}{b} > 1.0$ 时,不管 $\frac{H_0}{b}$ 数值为多少,均按 $\frac{H_0}{b} = 1.0$ 计算。

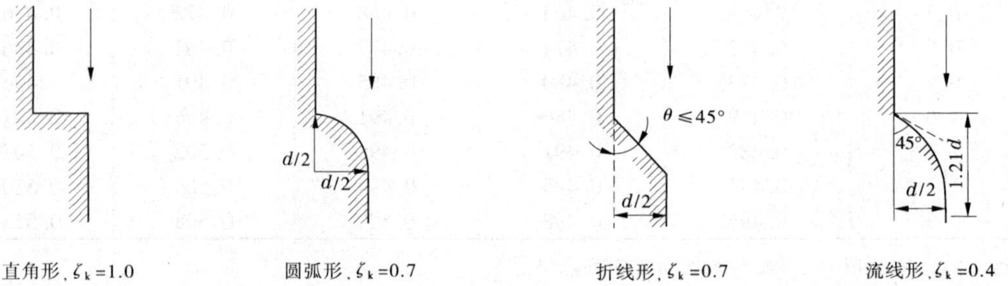

图 6-14

表 6-4　闸墩形状系数 ζ_0 值

墩头形状	$L_u = H_0$	$L_u = 0.5H_0$	$L_u = 0$			
			$h_s/H_0 \leqslant 0.75$	$h_s/H_0 = 0.80$	$h_s/H_0 = 0.85$	$h_s/H_0 = 0.90$
矩形	0.20	0.40	0.80	0.86	0.92	0.98
楔形或半圆形	0.15	0.30	0.45	0.51	0.57	0.63
尖圆形	0.15	0.15	0.25	0.32	0.39	0.46

注:h_s 为超过堰顶的下游水深。

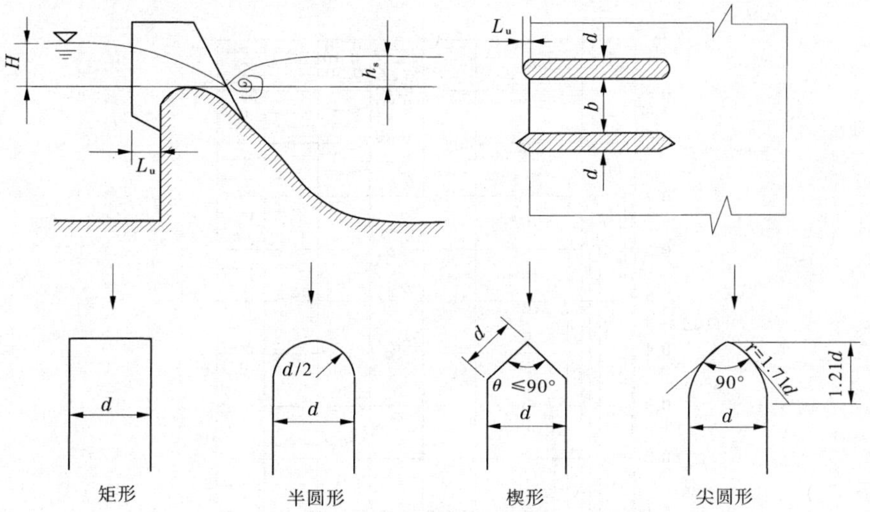

图 6-15

4.5 淹没系数的确定

在实际工程中,一般高堰均为自由出流,而低堰存在淹没出流现象。有两种情况可以导致淹没出流:①当下游水位超过堰顶,$h_s/H_0>0.15$ 时;②当 $h_s/H_0<0.15$,同时$P_2/H_0<2$ 时(该种情况属于下游护坦较高,即下游堰高较小,即使下游水位低于堰顶,受护坦影响,也产生淹没出流),淹没出流时过堰水流受到下游水位的顶托,使流量降低。计算时由淹没系数 σ_s 反映其对过堰流量的影响,淹没出流时,$\sigma_s < 1.0$。

淹没系数 σ_s 与 h_s/H_0(纵坐标)及 P_2/H_0(横坐标)有关。其中,h_s 为下游水深 h_t 超过堰顶的高度,即 $h_s = h_t - P_2$。对于 WES 堰,σ_s 可由图 6-16 查得。由图 6-16 可知,当 $h_s/H_0 \leqslant 0.15$,同时 $P_2/H_0 \geqslant 2$ 时,为自由出流,$\sigma_s = 1.0$。

【例 6-2】 某水利枢纽溢流坝采用 WES 标准实用堰,如图 6-17 所示。闸墩头部为半圆形,边墩头部为圆角形,共 16 孔,每孔净宽 $b=15.0$ m。已知堰顶高程为 110.0 m,下游河床为 30.0 m,当上游设计水位为 125.0 m 时,相应下游水位为 52.0 m,流量系数 $m=0.502$,求过堰流量。

解:(1)因下游水位比堰顶低很多,则应为自由出流,$\sigma_s=1.0$。

(2)因 $P_1/H_d=80/15 = 5.33>1.33$,则为高堰,可不计行近流速的影响,$H_0\approx H$。

(3)计算侧收缩系数。

利用式(6-10):

$$\varepsilon = 1 - 0.2[\zeta_k + (n-1)\zeta_0]\frac{H_0}{nb}$$

查图 6-14 得圆角形边墩的形状系数 $\zeta_k=0.7$,查表 6-4 得闸墩形状系数 $\zeta_0=0.45$,则侧收缩系数为:

$$\varepsilon = 1 - 0.2 \times [0.7 + (16-1) \times 0.45] \times \frac{15}{16 \times 15} = 0.907$$

则 $Q = \sigma_s \varepsilon m B\sqrt{2g} H_0^{\frac{3}{2}}$

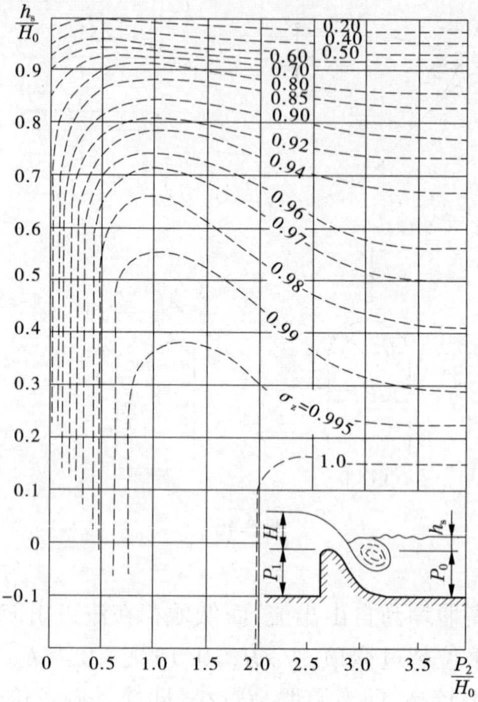

图 6-16

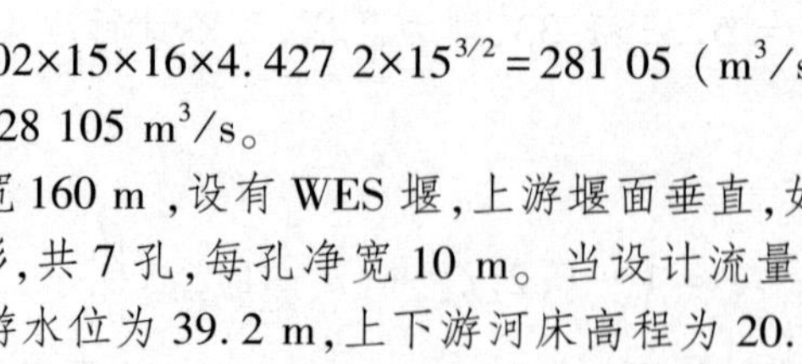

图 6-17

$$=1.0\times 0.907\times 0.502\times 15\times 16\times 4.427\ 2\times 15^{3/2}=281\ 05\ (\mathrm{m^3/s})$$

故过此堰的流量为 28 105 m^3/s。

【例 6-3】 某河道宽 160 m，设有 WES 堰，上游堰面垂直，如图 6-18 所示。闸墩头部为圆弧形，边墩为半圆形，共 7 孔，每孔净宽 10 m。当设计流量为 5 500 m^3/s 时，相应的上游水位为 55.0 m，下游水位为 39.2 m，上下游河床高程为 20.0 m。确定该实用堰堰顶高程。

解：因堰顶高程等于上游水位减去堰上水头，则应先计算设计水头，再计算设计水位。由堰流公式可得：

$$H_0=\left(\frac{Q}{\sigma_s \varepsilon m B\sqrt{2g}}\right)^{\frac{2}{3}}$$

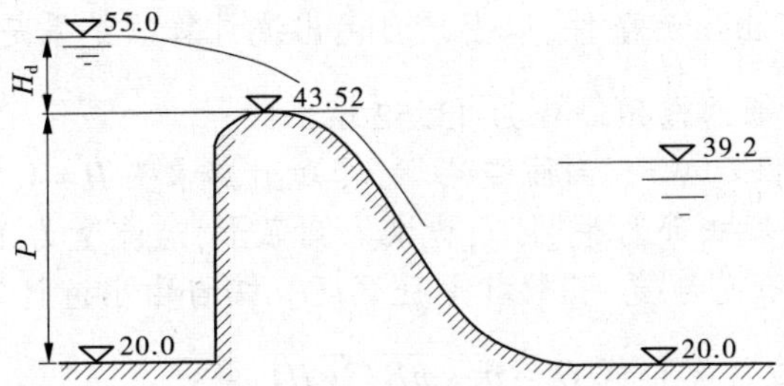

图 6-18

(1)初步估算 H。

可假定 $H_0 \approx H$。由于侧收缩系数与上游作用水头有关,则可先假设侧收缩系数,先求出 H,再求出侧收缩系数,再求出 H。又由于在高堰情况下,一般为自由出流,则先设 $\sigma_s = 1.0$。

由题意可知 $Q = 5\ 500\ m^3/s$,设 $\varepsilon = 0.90$

$$H_0 = \left(\frac{5\ 500}{1.0 \times 0.90 \times 0.502 \times 70 \times \sqrt{2 \times 9.8}}\right)^{\frac{2}{3}} = 11.56(\text{m})$$

(2)计算实际水头 H。

查图 6-14 得边墩形状系数为 0.7,闸墩形状系数为 0.45,因 $\frac{H_0}{b} = \frac{11.56}{10} = 1.156 > 1.0$,应按 $\frac{H_0}{b} = 1.0$ 计算。

$$\varepsilon = 1 - 0.2[\zeta_k + (n-1)\zeta_0]\frac{H_0}{nb} = 1 - 0.2 \times [(7-1) \times 0.45 + 0.70] \times 1/7 = 0.903$$

用求得的 ε 近似值代入上式重新计算 H_0:

$$H_0 = \left(\frac{5\ 500}{1.0 \times 0.903 \times 0.502 \times 70 \times \sqrt{2 \times 9.8}}\right)^{\frac{2}{3}} = 11.53(\text{m})$$

又因 $\frac{H_0}{b} = \frac{11.53}{10} = 1.153 > 1.0$,应仍按 $\frac{H_0}{b} = 1.0$ 计算,则所求的 ε 值不变,这说明以上所求的 H_0 是正确的。

已知上游河道宽为 160 m,上游设计水位为 55.0 m,河床高程为 20.0 m,近似按矩形断面计算上游过水断面面积:

$$A_0 = 160 \times (55.0 - 20.0) = 5\ 600(\text{m}^2)$$

$$v_0 = \frac{Q}{A_0} = \frac{5\ 500}{5\ 600} = 0.98(\text{m/s})$$

则堰的设计水头　$H_d = H_0 - \frac{v_0^2}{2g} = 11.53 - 0.05 = 11.48(\text{m})$

(3)堰顶高程=上游设计水位$-H_d$=55.0−11.48=43.52(m) >39.2 m

又因下游堰高 $P_2 = 43.52 - 20.0 = 23.52(\text{m})$,$\frac{P_2}{H_0} = \frac{23.52}{11.53} = 2.04 > 2.0$,下游水面比堰

顶低，$\frac{h_s}{H_0}<0.15$，满足自由出流条件，以上按自由出流计算的结果是正确的。

则最终确定该实用堰的堰顶高程为 43.52 m。

【例 6-4】 某河上修建 WES 剖面溢流坝，已知上游水头 $H=4.5$ m，上、下游堰高均为 25 m，溢流坝上设闸，闸墩头部为半圆形，边墩为圆弧形，溢流量为 1 000 m^3/s。初选闸门宽度不大于 8 m。求闸孔总净宽、孔数和单孔宽度。按自由出流计算。

解：根据实用堰流量计算公式 $Q=\sigma_s \varepsilon m B\sqrt{2g}H_0^{\frac{3}{2}}$ 得：

$$B=\frac{Q}{\sigma_s \varepsilon m\sqrt{2g}H_0^{\frac{3}{2}}}$$

(1) 初估孔数。

因已知 $Q=1\ 000\ m^3/s$，$H=4.5$ m，$P_1=25$ m，则 $P_1/H=5.56>1.33$ 为高堰，则可忽略行近流速水头的影响 $H_0\approx H$。在设计情况下的流量系数 $m=0.502$，先选闸门宽 $b=8$ m，侧收缩系数 $\varepsilon=0.90$，$\sigma_s=1.0$，则闸孔总净宽为

$$B=\frac{Q}{\sigma_s \varepsilon m\sqrt{2g}H^{\frac{3}{2}}}=\frac{1\ 000}{1.0\times 0.90\times 0.502\times\sqrt{19.6}\times 4.5^{\frac{3}{2}}}=52.37(\mathrm{m})$$

则孔数 $n=\frac{B}{b}=\frac{52.37}{8}=6.32$(孔)，因孔数不能为小数，一般为奇数，则取孔数为 7 孔。

(2) 计算总净宽和单孔宽度。

根据闸墩形状和边墩形状查得：$\zeta_k=0.7$、$\zeta_0=0.45$，则侧收缩系数

$$\varepsilon=1-0.2[\zeta_k+(n-1)\zeta_0]\frac{H_0}{nb}=1-0.2\times[(7-1)\times 0.45+0.7]\times\frac{4.5}{7\times b}$$

$$=1-\frac{0.437\ 1}{b}$$

将此值代入式 $Q=\sigma_s \varepsilon m B\sqrt{2g}H_0^{\frac{3}{2}}$，并将所有已知数代入有：

$$1\ 000=1.0\times\left(1-\frac{0.437\ 1}{b}\right)\times 0.502\times 7\times b\times\sqrt{19.6}\times 4.5^{\frac{3}{2}}$$

解得：$b=7.2$ m，则闸门总净宽 $B=7.2\times 7=50.4$(m)。

因此该溢流坝经计算得闸门总净宽为 50.4 m，单孔宽为 7.2 m，孔数为 7 孔。

5　宽顶堰流

当 $2.5<\frac{\delta}{H}<10$ 时，称为宽顶堰(见图 6-19)。宽顶堰流发生地点一般在闸孔全开或无压涵洞进口、隧洞进口、溢洪道进口及渡槽进口等。

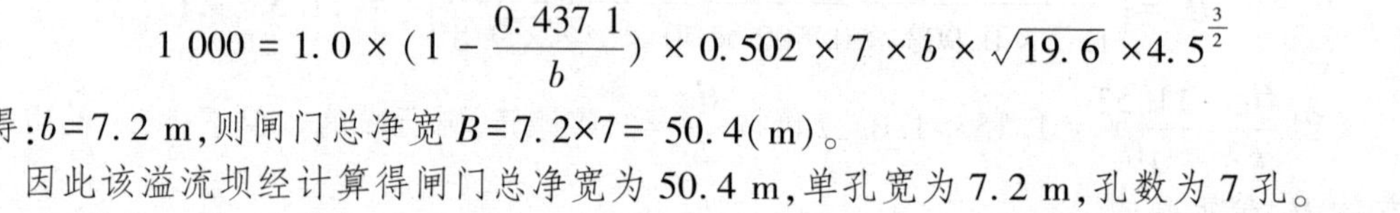

(a) 直角进口宽顶堰　　(b) 无压涵洞　　(c) 闸孔堰流

图 6-19

宽顶堰流量计算公式与实用堰相同,即

$$Q = m\sigma_s \varepsilon B\sqrt{2g}H_0^{\frac{3}{2}}$$

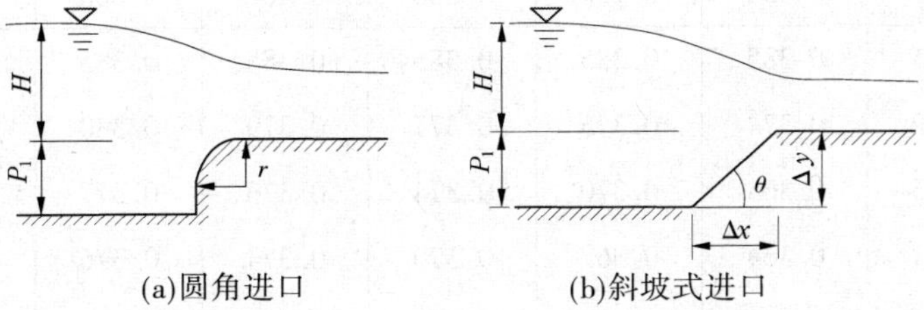

图 6-20

5.1　流量系数的确定

宽顶堰的流量系数取决于堰的进口形状和相对高度 $\frac{P_1}{H}$ 等。进口形式有:直角进口、圆角进口、斜坡式进口等(见图 6-20),各自的流量系数可按表 6-5 和表 6-6 查得,也可按下式计算:

(1)直角进口[见图 6-19(a)]:

$$m = 0.32 + 0.01 \times \frac{3 - P_1/H}{0.46 + 0.75P_1/H} \tag{6-11}$$

当 $P_1/H \geqslant 3.0$ 时,取 $m = 0.32$。

(2)圆角进口[见图 6-20(a)]:

$$m = 0.36 + 0.01 \times \frac{3 - P_1/H}{1.2 + 1.5P_1/H} \tag{6-12}$$

当 $P_1/H \geqslant 3.0$ 时,取 $m = 0.36$。

表 6-5　直角进口和斜坡式进口的宽顶堰流量系数 m

P_1/H	$\cot\theta(\Delta x, \Delta y)$					
	0	0.5	1.0	1.5	2.0	≥2.5
≈0	0.385	0.385	0.385	0.385	0.385	0.385
0.2	0.366	0.372	0.377	0.380	0.382	0.382
0.4	0.356	0.365	0.373	0.377	0.380	0.381
0.6	0.350	0.361	0.370	0.376	0.379	0.380
0.8	0.345	0.357	0.368	0.375	0.378	0.379
1.0	0.342	0.355	0.367	0.374	0.377	0.378
2.0	0.333	0.349	0.363	0.371	0.375	0.377
4.0	0.327	0.345	0.361	0.370	0.374	0.376
6.0	0.325	0.344	0.360	0.369	0.374	0.376
8.0	0.324	0.343	0.360	0.369	0.374	0.376
≈∞	0.320	0.340	0.358	0.368	0.373	0.375

表 6-6　圆角进口的宽顶堰流量系数 m

P_1/H	r/H							
	0.025	0.050	0.100	0.200	0.400	0.600	0.800	≥1.00
≈0	0.385	0.385	0.385	0.385	0.385	0.385	0.385	0.385
0.2	0.372	0.374	0.375	0.377	0.379	0.380	0.381	0.382
0.4	0.365	0.368	0.370	0.374	0.376	0.377	0.379	0.381
0.6	0.361	0.364	0.367	0.370	0.374	0.376	0.378	0.380
0.8	0.357	0.361	0.364	0.368	0.372	0.375	0.377	0.379
1.0	0.355	0.359	0.362	0.366	0.371	0.374	0.376	0.378
2.0	0.349	0.354	0.358	0.363	0.368	0.371	0.375	0.377
4.0	0.345	0.350	0.355	0.360	0.367	0.370	0.373	0.376
6.0	0.344	0.349	0.354	0.359	0.366	0.369	0.373	0.376
≈∞	0.340	0.346	0.351	0.357	0.364	0.368	0.372	0.375

5.2　侧收缩系数的确定

宽顶堰的侧收缩系数仍可利用实用堰的侧收缩系数计算公式(6-10)计算。

5.3　淹没系数的确定

宽顶堰自由出流时，水面呈两次跌落，从堰口到堰顶有一次跌落，并在距进口约 $2H$ 处形成收缩断面且收缩断面水深 $h_c < h_k$，堰顶水流为急流；到堰顶下游又一次跌落，此为自由出流；当下游水位高于堰顶，但低于 $K—K$ 线时，收缩断面水深仍小于临界水深，堰顶水流继续保持急流状态，仍为自由出流，下游水头与上游总水头之比 $(h_s/H_0) < 0.8$，如图 6-21(a)所示；当下游水位继续上升至高于临界水深线时，堰顶产生波状水跃，如图 6-21(b)所示。随着下游水位不断上升，水跃位置向上移动。实践证明：当堰顶以上 $h_s \geq (0.75 \sim 0.85)H_0$ 时，水跃移至收缩断面上游，收缩断面水深大于临界水深，堰顶水流为缓流状态，堰流为淹没出流，如图 6-21(c)所示，则宽顶堰淹没出流的判别条件为 $h_s \geq 0.8H_0$。宽顶堰的淹没系数可根据表 6-7 查得。

表 6-7　宽顶堰淹没系数 σ_s

h_s/H_0	≤0.80	0.81	0.82	0.83	0.84	0.85	0.86	0.87	0.88	0.89
σ_s	1.00	0.995	0.990	0.98	0.97	0.96	0.95	0.93	0.90	0.87
h_s/H_0	0.90	0.91	0.92	0.93	0.94	0.95	0.96	0.97	0.98	
σ_s	0.84	0.82	0.78	0.74	0.70	0.65	0.59	0.50	0.40	

5.4　无坎宽顶堰

无坎宽顶堰流的流量计算时，仍可使用宽顶堰的公式。但在计算中不再单独考虑侧向收缩的影响，而是把它包含在流量系数中一并考虑，即

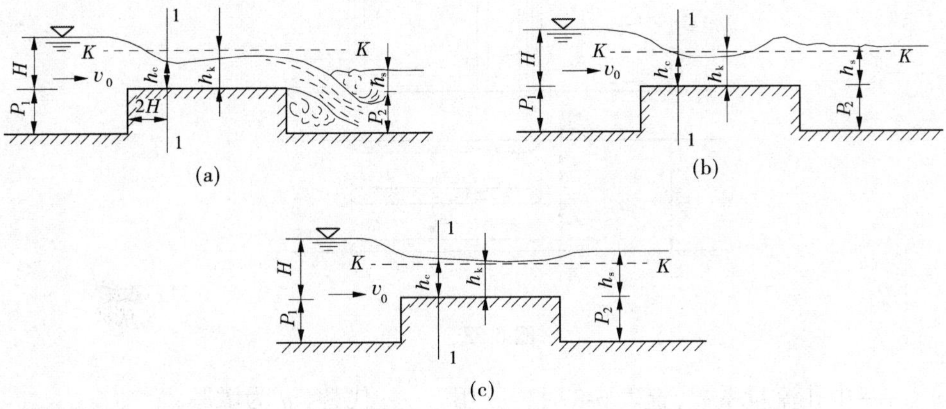

图 6-21

$$Q = \sigma_s m_0 nb\sqrt{2g}H_0^{\frac{3}{2}} \tag{6-13}$$

式中　m_0——包含侧收缩影响在内的流量系数，可根据上游翼墙和闸墩的形状，闸孔宽度 b 与行近槽宽 B_0 的比值等因素，查表 6-8 得。

表 6-8　无坎宽顶堰的流量系数 m_0

b/B_0	直角形翼墙	八字形翼墙				圆角形翼墙				
		cotθ				R/b				
		0.5	1.0	2.0	3.0	0.1	0.2	0.3	0.4	≥0.5
0	0.320	0.343	0.350	0.353	0.350	0.342	0.349	0.354	0.357	0.360
0.1	0.322	0.344	0.351	0.354	0.351	0.344	0.350	0.355	0.358	0.361
0.2	0.324	0.346	0.352	0.355	0.352	0.345	0.351	0.356	0.359	0.362
0.3	0.327	0.348	0.354	0.357	0.354	0.347	0.353	0.357	0.360	0.363
0.4	0.330	0.350	0.356	0.358	0.356	0.349	0.355	0.359	0.362	0.364
0.5	0.334	0.352	0.358	0.360	0.358	0.352	0.357	0.361	0.363	0.366
0.6	0.340	0.356	0.361	0.363	0.361	0.354	0.360	0.363	0.365	0.368
0.7	0.346	0.360	0.364	0.366	0.364	0.359	0.363	0.366	0.368	0.370
0.8	0.355	0.365	0.369	0.370	0.369	0.365	0.368	0.371	0.372	0.373
0.9	0.367	0.373	0.375	0.376	0.375	0.373	0.375	0.376	0.377	0.378
1.0	0.385	0.385	0.385	0.385	0.385	0.385	0.385	0.385	0.385	0.385

无坎宽顶堰见图 6-22。

5.4.1　多孔闸堰

多孔闸堰流量系数按下式计算（参考《水利技术标准汇编》）：

$$m_0 = \frac{m_p(n-1) + m_a}{n} \tag{6-14}$$

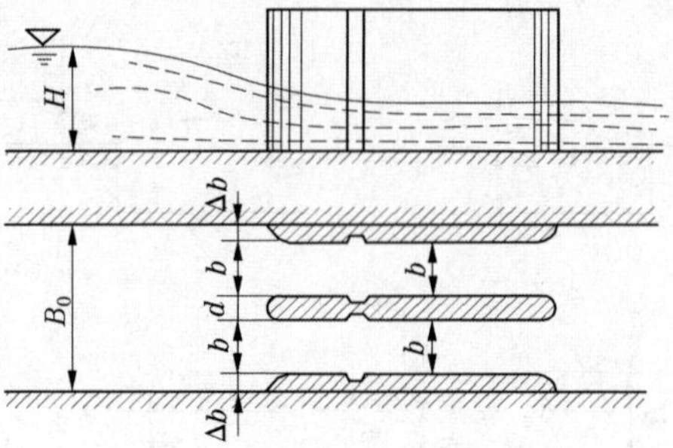

图 6-22

式中　m_p ——中孔流量系数,查表 6-8 时,$\frac{b}{B_0}$ 用 $\frac{b}{b+d}$ 代替,d 为墩厚;

m_a ——边孔流量系数,查表 6-8 时,$\frac{b}{B_0}$ 用 $\frac{b}{b+\Delta b}$ 代替,当多孔闸只开少数孔时,Δb 为边墩边缘与上游引渠水边线之间的水平距离。

5.4.2　单孔闸堰

单孔闸堰流量系数因进口翼墙形式不同(见图 6-23),查表 6-8。

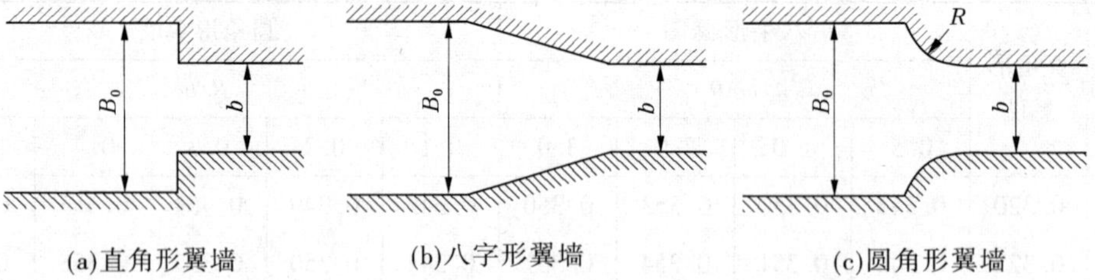

图 6-23

无坎宽顶堰的淹没系数可由表 6-7 查得。

注意:宽顶堰计算时,要注意行近流速水头的影响。宽顶堰在堰高较小或无坎的情况下,行近流速水头往往可占总水头相当大的比重。

【例 6-5】　某进水闸,闸底坎为具有圆角进口的宽顶堰,堰顶高程为 22.0 m,渠底高程为 21.0 m。共 10 个孔,每孔净宽 8 m,闸墩头部为半圆形,边墩头部为流线形。当闸门全开时,上游水位为 25.50 m,下游水位为 25.00 m,闸前河道宽度为 98 m,求过闸流量。

解:(1)求流量系数 m。

因为圆角进口,则采用式(6-12):

堰高　　　　$P_1 = 22.0 - 21.0 = 1.0$(m)

堰顶水头　　$H = 25.5 - 22.0 = 3.5$(m)

$$m = 0.36 + 0.01 \times \frac{3 - P_1/H}{1.2 + 1.5P_1/H} = 0.36 + 0.01 \times \frac{3 - 1.0/3.5}{1.2 + 1.5 \times 1.0/3.5} = 0.377$$

(2)求侧收缩系数。

查图 6-14 得边墩形状系数 $\zeta_k = 0.4$,又因 $h_s = 25.0 - 22.0 = 3.0$(m),先忽略行近流

速水头的影响，$h_s/H=3.0/3.5=0.857>0.75$，则查表6-4并内插得$\zeta_0=0.578$，则侧收缩系数为

$$\varepsilon=1-0.2[\zeta_k+(n-1)\zeta_0]\frac{H_0}{nb}$$

$$=1-0.2\times[0.4+(10-1)\times0.578]\times\frac{3.5}{10\times8}=0.951$$

(3)判别下游是否淹没。

因$h_s/H_0=3.0/3.5=0.857>0.8$，则为淹没出流，查表6-7得$\sigma_s=0.955$。

(4)求第一次流量：因为流量未知，则行近流速无法求出，则先设$H_0\approx H$。

$$Q=m\sigma_s\varepsilon B\sqrt{2g}H_0^{\frac{3}{2}}$$

$$=0.377\times0.955\times0.951\times10\times8\times\sqrt{19.6}\times3.5^{\frac{3}{2}}=794.05(m^3/s)$$

(5)计入上游行近流速求流量

$$v_0=\frac{Q}{A}=\frac{Q}{B_0(H+P)}=\frac{794.05}{98\times(3.5+1)}=1.80(m/s)$$

$$H_0=H+\frac{v_0^2}{2g}=3.5+\frac{1.80^2}{19.6}=3.665(m)$$

$h_s/H_0=3.0/3.665=0.82>0.8$，查得淹没系数为0.99。

查表6-4并内插得$\zeta_0=0.534$，则侧收缩系数为：

$$\varepsilon=1-0.2[\zeta_k+(n-1)\zeta_0]\frac{H_0}{nb}$$

$$=1-0.2\times[0.4+(10-1)\times0.534]\times\frac{3.665}{10\times8}=0.952$$

则流量$Q=m\sigma_s\varepsilon B\sqrt{2g}H_0^{\frac{3}{2}}=0.377\times0.99\times0.952\times10\times8\times\sqrt{19.6}\times3.665^{\frac{3}{2}}=883.52(m^3/s)$。

再求流量，方法同上，列表计算如表6-9所示。

表6-9　试算结果

试算次数	v_0	H_0	h_s/H_0	ζ_0	σ_s	ε	m	Q
1	0	3.5	0.857	0.578	0.955	0.951	0.377	794.05
2	1.80	3.665	0.82	0.534	0.99	0.952	0.377	883.52
3	2.0	3.704	0.81	0.52	0.995	0.953	0.377	903.14
4	2.05	3.714	0.808	0.52	0.996	0.953	0.377	907.72
5	2.06	3.716	0.807	0.518	0.997	0.953	0.377	909.36

最后确定闸孔出流的流量为：910 m^3/s。

【例6-6】　某干渠的宽顶堰式单孔进水闸，如图6-24所示，边墩墩头为圆弧形，上游引水渠为矩形过水断面，宽度$B_0=30$ m，渠底高程为100.0 m，闸底坎高程为101.5 m，闸的设计流量为120.0 m^3/s，相应的上下游水位分别为105.5 m和105.2 m，求闸的溢流宽度。

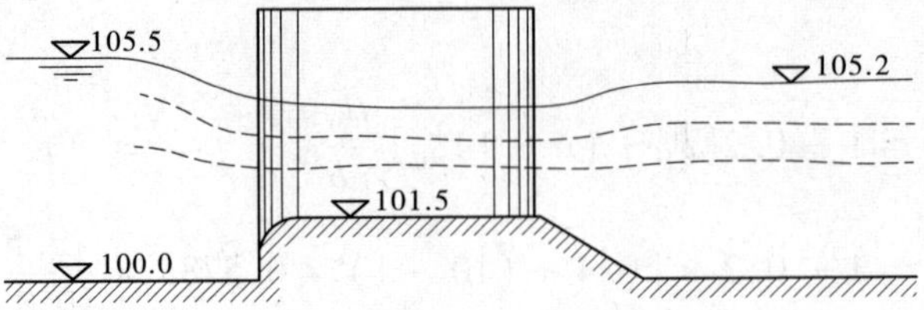

图 6-24

解:(1) 判别宽顶堰的出流情况。

堰前水头：　$H = 105.5 - 101.5 = 4.0\ (\mathrm{m})$

上游引水渠过水断面面积：

$$A = B_0(P+H) = 30 \times (105.5 - 100.0) = 165.0(\mathrm{m}^2)$$

行近流速：　$v_0 = \dfrac{Q}{A} = \dfrac{120}{165} = 0.727\ (\mathrm{m/s})$

堰前总水头：　$H_0 = H + \dfrac{v_0^2}{2g} = 4.0 + \dfrac{0.727^2}{19.6} = 4.03\ (\mathrm{m})$

下游超高：　$h_s = 105.2 - 101.5 = 3.7\ (\mathrm{m})$

则 $h_s/H_0 = 3.7/4.03 = 0.918 > 0.8$，宽顶堰为淹没出流，淹没系数查得为 $\sigma_s = 0.78$。

(2)流量系数确定。

$$m = 0.36 + 0.01 \times \frac{3 - P_1/H}{1.2 + 1.5P_1/H} = 0.36 + 0.01 \times \frac{3 - 1.5/4}{1.2 + 1.5 \times 1.5/4} = 0.375$$

(3)确定闸的溢流孔宽度。根据堰流公式 $Q = m\sigma_s \varepsilon B\sqrt{2g}H_0^{\frac{3}{2}}$ 可得闸的溢流宽度。由上式可知闸的溢流宽度 B 与堰的收缩系数 ε 有关，而要求 ε，闸的溢流宽度 B 就必须为已知，故只能试算求解。查图 6-14 得边墩形状系数为 $\zeta_k = 0.7$，则

$$\varepsilon = 1 - 0.2[\zeta_k + (n-1)\zeta_0]\frac{H_0}{nb} = 1 - 0.2 \times 0.7 \times \frac{4.03}{B} = 1 - \frac{0.5642}{B}$$

将已知等代入流量公式：

$$120 = 0.375 \times 0.78 \times \left(1 - \frac{0.5642}{B}\right) \times B \times \sqrt{19.6} \times 4.03^{1.5}$$

解得：$B = 12$ m

因 $H_0/b = 4.03/12 = 0.34 < 1$，则所得结果正确。

【例 6-7】 某泄洪排沙闸，共 4 孔，每孔净宽 $b = 14$ m，闸墩头部为半圆形，墩厚 $d = 5$ m，上游翼墙为八字形，收缩角 $\theta = 30°$，翼墙计算厚度 $\Delta = 4$ m，上游河道近似为矩形断面，河宽 $B_0 = 79$ m，闸室下游连接一陡坡渠道 $i = 2\%$，如图 6-25 所示，闸板底高程为 100 m，闸门全开，若上游水位为 111.0 m，下泄流量是多少？

解：由基本资料知，闸室下游连接一陡坡渠道，下游水流为急流。所以，闸门全开时通过的水流应为多孔无坎宽顶堰自由出流，则计算公式为

$$Q = m_0 B\sqrt{2g}H_0^{\frac{3}{2}}$$

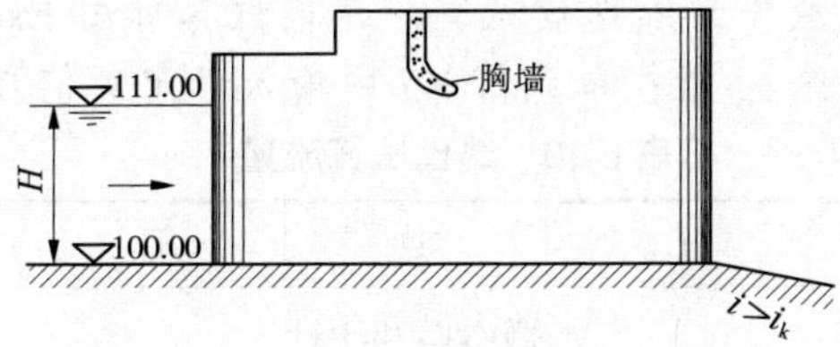

图 6-25

m_0 为包括侧收缩影响的各孔流量系数的加权平均值。所以,先计算中孔流量系数 m_p 及边孔流量系数 m_a,然后求平均值 m_0。

(1)确定中孔流量系数 m_p。

因闸墩为半圆形中孔流量系数 m_p 可查表 6-8 确定,先计算 r/b,b/B_0 值

$$\frac{r}{b}=\frac{\frac{d}{2}}{b}=0.179$$

$$\frac{b}{B_0}=\frac{b}{b+d}=\frac{14}{14+5}=0.737$$

由 r/b、b/B_0 查表 6-8 近似得 $m_p=0.363$。

(2)确定边孔流量系数 m_a。

因上游翼墙为八字形,边孔流量系数 m_a 可查表 6-8 确定,先计算 b/B_0 值

$$\frac{b}{B_0}=\frac{b}{b+2\Delta b}=\frac{14}{14+8}=0.637$$

$$\cot\theta=\cot30°=1.732$$

由 b/B_0、$\cot30°$ 查表 6-8 近似得 $m_a=0.363$。

(3)确定流量系数加权平均值 m_0:

各孔流系数的加权平均值 m_0。

$$m_0=\frac{m_p(n-1)+m_a}{n}=\frac{0.363\times3+0.363}{4}=0.363$$

(4)求流量。

因堰前过水断面不大,要考虑行近流速的影响,但流量未知,v_0 无法确定,故采用迭代试算法计算流量,即设行近流速 v_0 求堰前总水头 H_0,再求流量 Q,由流量再求 v_0、H_0、Q,直到前后求出的流量很接近。具体计算如下:

假设 $v_{01}=0$,$H_{01}=H=111.0-100.0=11$(m),$B=nb=4\times14=56$(m),则

$$Q_1=m_0B\sqrt{2g}H_0^{\frac{3}{2}}=0.363\times4\times14\times\sqrt{2g}\times11^{\frac{3}{2}}=3\,283.31(\text{m}^3/\text{s})$$

由所得 Q_1,计算 v_{02}:

$$v_{02}=\frac{Q_1}{B_0H}=\frac{3\,283.31}{79\times11}=3.778\ (\text{m/s})$$

$$H_{02}=H_{01}+\frac{\alpha v_{02}^2}{2g}=11+\frac{3.778^2}{19.6}=11.728(\text{m})$$

$$Q_2=m_0B\sqrt{2g}H_0^{\frac{3}{2}}=0.363\times4\times14\times\sqrt{2g}\times11.728^{\frac{3}{2}}=3\,614.59(\text{m}^3/\text{s})$$

因 Q_1 和 Q_2 相差较大，故需继续迭代试算。迭代试算可用 Excel 拖动填充计算完成。第一次计算时，先在行近流速 v_0 所在单元格 B5 中输入设定数值 0，具体步骤见表 6-10。

表 6-10　迭代试算流量

	A	B	C	D	E	F	G
1	输入已知条件						
2	$B_0=$	79	$H=$	11			
3	$m_0=$	0.363	$B=$	56			
4	迭代试算流量						
5	v_0(m/s)	0.000	3.778	4.160	4.242	4.261	4.265
6	H_0(m)	11.000	11.728	11.883	11.918	11.926	11.928
7	Q(m^3/s)	3 283.31	3 614.74	3 686.38	3 702.84	3 706.67	3 707.56

迭代试算中实用堰流量 Excel 计算主要公式见表 6-11。

表 6-11　迭代试算中实用堰流量 Excel 计算主要公式

序号	水力参数	单元格	Excel 计算主要公式	水力计算公式
1	H_0	B6	=$D$2+B5^2/19.6	$H+\dfrac{\alpha v_0^2}{2g}$
2	Q	B7	=$B$3*$D$3*19.6^0.5*B6^1.5	$m_0 nb\sqrt{2g}H_0^{\frac{3}{2}}$
3	v_0	C5	=B7/$B$2*$D$2	$\dfrac{Q}{B_0\times H}$

由 Excel 计算表 6-10 知，Q6 与 Q7 的值非常接近，取 $Q=3\ 707.56\ m^3/s$。

任务 3　闸孔出流

1　闸孔出流的特征

水流从闸下底孔泄出的水流称为闸孔出流。水闸底坎有宽顶堰型和实用堰型两种；闸门形式主要有平板闸门和弧形闸门两类。如果闸前水头 H 和闸门的开启高度 e 不随时间而变化，则闸孔出流的流速和流量也不随时间变化，为恒定闸孔出流，否则为非恒定闸孔出流。闸孔出流水力计算的目的是：研究恒定闸孔出流时，过闸流量与闸孔尺寸、闸门的开启高度、上下游水位、闸门类型、底坎形式及闸孔出流情况等的关系，并给出相应的水力计算公式。下面分别进行讨论。

在本项目任务 1 中已知，一般情况下，对于闸底板为平底或宽顶堰型，闸门开度 $e/H\leqslant 0.65$ 时，为孔流；对于实用堰及驼峰堰，闸门开度 $e/H\leqslant 0.75$ 时为闸孔出流，否则为堰流。

1.1　宽顶堰上的闸孔出流特征

如图6-26所示为平底上的平板闸门闸孔出流。水流经闸孔出流后，由于液流惯性作用，受闸门的约束，在距闸门(0.5~1.0)e处出现水深最小的收缩断面。收缩断面c—c处的水深h_c一般小于临界水深h_k，水流为急流状态，而闸孔下游渠槽中的水深h_t一般大于临界水深h_k，水流为缓流。因此，闸后必然发生水跃现象。水跃的位置随下游水深的大小而变，发生的位置不同对闸孔出流的影响就不一样，使得闸孔出流分为自由出流和淹没出流两类。闸孔出流是自由出流还是淹没出流，取决于闸后水跃的形式。

当下游水深较小时，闸后发生临界式水跃或远离式水跃，如图6-26(a)、(b)所示，水跃不影响闸孔的过流能力，闸孔为自由出流；当下游水深较大时，闸后产生淹没式水跃[见图6-26(c)]，闸孔为淹没出流。

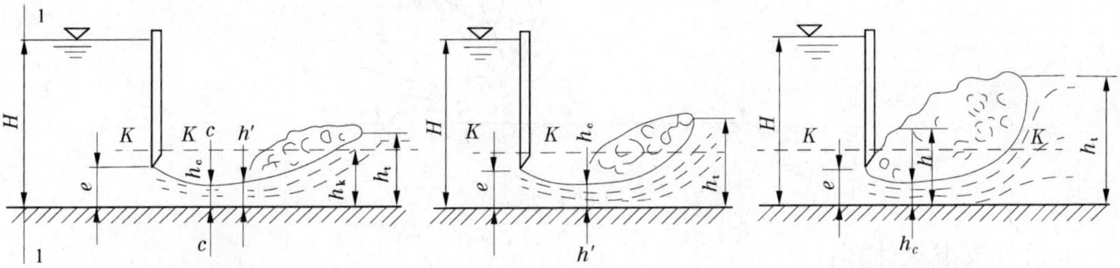

(a) 闸孔自由出流　(b) 闸孔临界流　(c) 闸孔淹没出流

图6-26

注意：对于有坎宽顶堰上的闸孔出流，只要闸孔断面位于宽顶堰进口后一定距离处，且收缩断面仍位于堰顶之上(见图6-27)，则上述分析结果以及关于闸孔垂直收缩系数的确定方法完全适用。

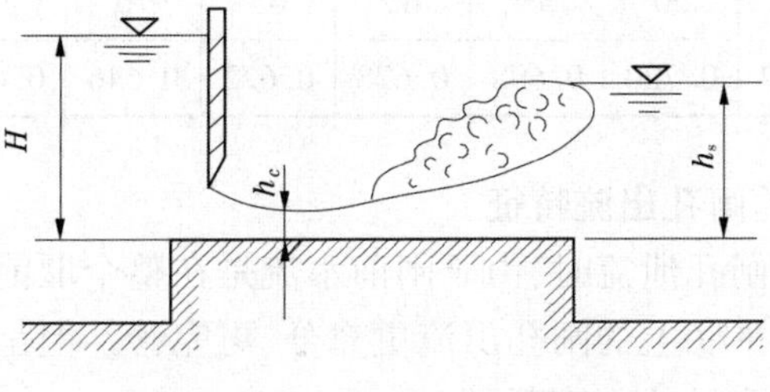

图6-27

闸孔出流收缩程度可用垂直收缩系数ε'表示，其值的大小主要取决于闸门门型、闸门的相对开度$\dfrac{e}{H}$以及闸底坎形式。

$$\varepsilon' = \frac{A_c}{A} = \frac{h_c}{e} \tag{6-15}$$

平板闸门的垂直收缩系数可由理论分析求得，并已经试验验证，可按表6-12选用。

表 6-12　平板闸门的垂直收缩系数 ε

e/H	0.10	0.15	0.20	0.25	0.30	0.35	0.40
ε'	0.615	0.618	0.620	0.622	0.625	0.628	0.630
e/H	0.45	0.50	0.55	0.60	0.65	0.70	0.75
ε'	0.638	0.645	0.650	0.660	0.675	0.690	0.705

闸底板为平底的弧形闸门垂直收缩系数 ε' 主要取决于闸门底缘切线与水平线的夹角 θ(见图 6-28)。ε' 与 θ 之间的关系可查表 6-13。

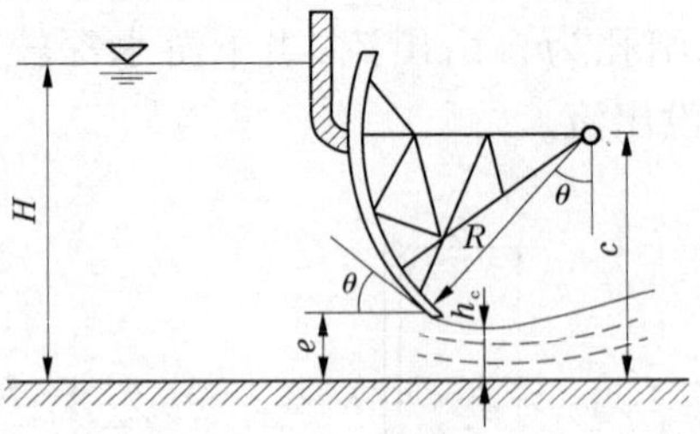

图 6-28

θ 值可按下式计算：

$$\cos\theta = \frac{c - e}{R} \tag{6-16}$$

式中　c——弧形闸门的转轴高度；

　　R——弧形闸门的旋转半径。

表 6-13　弧形闸门的垂直收缩系数

θ	35	40	45	50	55	60	65	70	75	80	85	90
ε'	0.789	0.766	0.742	0.720	0.698	0.678	0.622	0.646	0.635	0.627	0.622	0.620

1.2　曲线形实用堰上的闸孔出流特征

曲线形实用堰上的闸孔泄流时，由于闸前水流是在整个堰前水深范围内向闸孔汇集，因此出孔水流的收缩比平底上的闸孔出流更充分、更完善。但是，出闸后的水舌在重力作用下，紧贴堰面下泄，无明显的收缩断面。

曲线形实用堰上的闸孔出流也有自由出流和淹没出流之分(见图 6-29)。实用堰闸和跌水闸，当闸下水位高于闸门底坎时，闸下出现淹没式水跃，水跃前端接触闸门底缘，则产生闸孔淹没出流。但一般情况下，实用堰为高堰，闸孔出流多为自由出流，只有为低堰闸孔出流时，才可能产生淹没出流。

2　闸孔出流的基本公式

如图 6-26(a)平板闸门下自由出流，在上游取 1—1 断面和闸后 c—c 断面列能量方程：

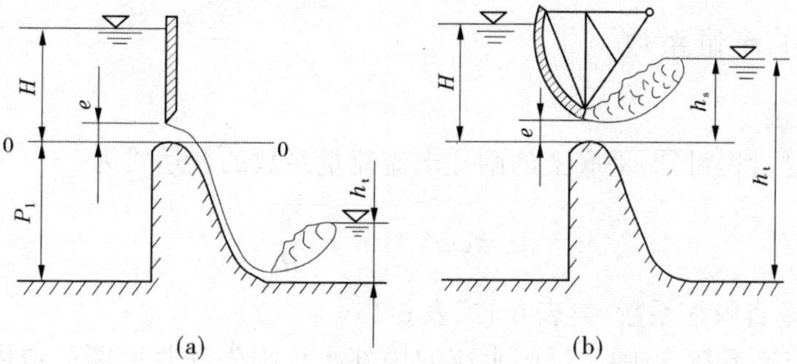

图 6-29

$$H + 0 + \frac{\alpha_0 v_0^2}{2g} = h_c + \frac{\alpha_c v_c^2}{2g} + \zeta \frac{v_c^2}{2g}$$

整理得

$$v_c = \frac{1}{\sqrt{1+\zeta}} \sqrt{2g(H_0 - h_c)}$$

令 $\varphi = \dfrac{1}{\sqrt{1+\zeta}}$，称为流速系数，设闸孔的宽度为 b，则收缩断面面积 $A_c = b\varepsilon' e$，则通过闸孔的流量为

$$Q = \varphi \varepsilon' be\sqrt{2g(H_0 - h_c)} \tag{6-17}$$

为了便于应用，式(6-17)还可以简化为更简单的形式。整理上式得：

$$Q = \varphi\varepsilon' \sqrt{1 - \varepsilon' \frac{e}{H_0}} \cdot be\sqrt{2gH_0}$$

令 $\mu = \varphi\varepsilon' \sqrt{1 - \varepsilon' \dfrac{e}{H_0}}$，$\mu$ 为闸孔出流的流量系数，则

$$Q = \mu be\sqrt{2gH_0} \tag{6-18}$$

式(6-17)、式(6-18)即为闸孔自由出流的基本计算公式。式(6-17) 形式简单，更方便使用。

注意：(1)对于多孔、有边墩或闸墩的闸孔出流，因为侧向收缩相对垂直收缩程度来说，影响很小，一般情况下不必考虑，但流量公式中的 b 应变为 $B=nb$，n 为闸孔数，b 为单孔宽度。

$$Q = \mu Be\sqrt{2gH_0} \tag{6-19}$$

(2)对于有坎宽顶堰、实用堰底坎的闸孔出流，上述公式同样适用，主要区别在于出流边界条件发生变化，造成流量系数的不同。

(3)由式 (6-19)可知，闸孔出流的流量与上游作用水头 H 的二分之一次方成正比例，即 $Q \propto H_0^{\frac{1}{2}}$。这一点与堰流的流量水头关系 $Q \propto H_0^{\frac{3}{2}}$ 不同。

(4)当闸前水头 H 较大或上游闸底坎高度 P_1 较大而开度 e 较小时，行近流速水头可忽略不计，即可取 $H_0 \approx H$ 代入公式计算。

3　闸孔出流的流量系数

3.1　直接计算法

由上述推导过程可知，平底上的闸孔出流流量系数的表达式为

$$\mu = \varphi\varepsilon'\sqrt{1 - \varepsilon'\frac{e}{H_0}} \tag{6-20}$$

式中　ε'——垂直收缩系数，查表 6-12、表 6-13。

φ——流速系数，反映了过闸水流的局部水头损失和收缩断面或闸孔断面的流速分布不均匀性的影响，φ 值取决于闸孔入口的边界条件，如闸坎型式、闸门底缘形状和闸门的相对开度 $\frac{e}{H}$ 等因素有关，目前尚无准确的计算方法，一般可查相应资料中的表格，如表 6-14 所示。

表 6-14　平板闸门的流速系数 φ

闸坎形式	水流图形	φ
闸孔出流的跌水	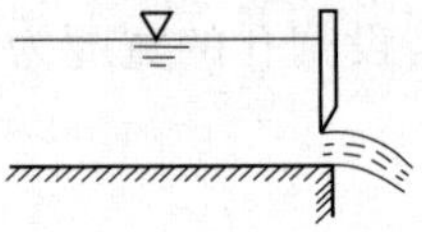	0.97 ~ 1.00
闸下底孔出流	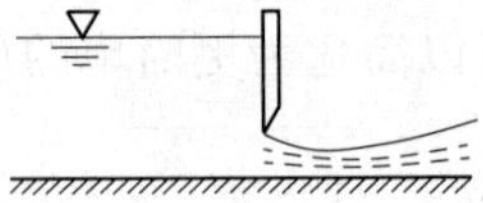	0.95 ~ 1.00
堰顶有闸门的曲线形实用堰流	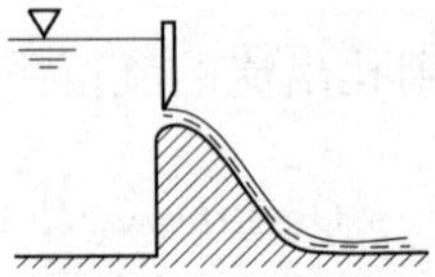	0.85 ~ 0.95
闸底坎高于渠底的闸孔出流	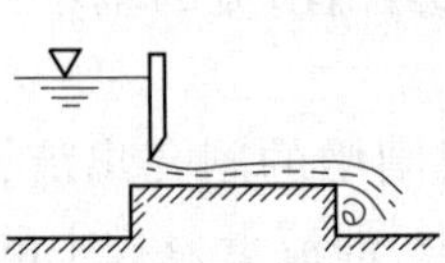	0.85 ~ 0.95

对于曲线形实用堰上的闸孔出流，如果取闸孔断面代替 c—c 断面，类似上述推导可得其流量系数的表达式为

$$\mu = \varphi\sqrt{1 - \beta\frac{e}{H_0}} \tag{6-21}$$

式中　β——闸孔断面的平均测压管水头与闸孔开度的比值，它也取决于闸孔入孔边界条件和闸孔的相对开度 $\frac{e}{H}$。

综上所述，闸孔自由出流的流量系数 μ 值，取决于闸底坎形式、闸门形式及闸孔相对

开度 $\frac{e}{H}$ 的大小。

3.2　经验公式法

经验流量系数应根据不同堰闸形式分别用《水利技术标准汇编》中公式计算：

(1)平底平板闸门(下游平坡)：

$$\mu = 0.454\left(\frac{e}{H}\right)^{-0.138} \tag{6-22}$$

(2)弧形门平底闸(下游平坡)：

$$\mu = 1 - 0.0166\theta^{0.723} - (0.582 - 0.0371\theta^{0.547})\frac{e}{H} \tag{6-23}$$

(3)平板门曲线形实用堰闸：

$$\mu = 0.530\left(\frac{e}{H}\right)^{-0.120} \tag{6-24}$$

(4)弧形门曲线形实用堰闸：

$$\mu = 0.531\left(\frac{e}{H}\right)^{-0.139} \tag{6-25}$$

以上经验公式中 $\frac{e}{H} \geqslant 0.03$。

4　闸孔出流淹没系数

根据工程经验，为了计算方便，考虑淹没对流量的影响，可在自由出流的流量前乘以淹没系数来考虑。淹没出流时的流量计算公式为

$$Q = \sigma_s \mu be\sqrt{2gH_0} \tag{6-26}$$

式中　σ_s——闸孔出流的淹没系数，它反映下游水深对过闸水流的淹没影响程度。

闸孔淹没出流时，流量系数 μ 仍为自由出流时的值。

4.1　闸孔自由出流与淹没出流的判别

对于宽顶堰闸(包括平底闸)，闸后为平底时产生淹没出流的机会较多。当闸后产生淹没式水跃时，即为闸孔淹没出流。

关于闸后水跃形式的判别方法为：

当 $h_t > e$ 时，计算 h''_c。h''_c 为临界式水跃的跃后水深，跃前水深为 h_c。

当 $h_t < h''_c$ 时，产生远离式水跃，闸孔必为自由出流，临界式水跃也为自由出流。

当 $h_t > h''_c$ 时，产生淹没式水跃，为淹没出流。

$$h''_c = \frac{h_c}{2}\left(\sqrt{1 + 8\frac{v_c^2}{gh_c}} - 1\right)$$

式中　$v_c = \varphi\sqrt{2g(H_0 - h_c)}$

或

$$h''_c = \frac{h_c}{2}\left(\sqrt{1 + 8\frac{q^2}{gh_c^3}} - 1\right)$$

式中　q——自由出流时的闸孔单宽流量。

4.2　淹没系数的确定

对于平板闸门判别为淹没出流时，可利用 e/H、$\Delta Z/H$ 查图 6-30 得淹没系数。

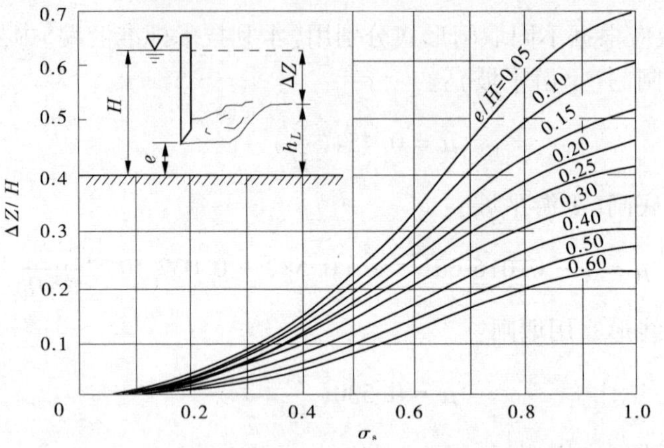

图 6-30

【例 6-8】　某矩形渠道中修建一水闸，共两孔，每孔宽度 $b=3\ \text{m}$，闸门为平板闸门，闸底板与渠底齐平，闸前水深 $H=6\ \text{m}$，闸门开度 $e=1.5\ \text{m}$，求闸孔自由出流时的流量。

解：(1)判别是否为闸孔出流。

因为 $\dfrac{e}{H}=\dfrac{1.5}{6}=0.25<0.65$，故为闸孔出流，忽略闸上游流速水头的影响 $H\approx H_0$。

(2)计算流量系数。

①利用公式 $\mu=\varphi\varepsilon'\sqrt{1-\varepsilon'\dfrac{e}{H_0}}$。

由 $\dfrac{e}{H}=0.25$，查表 6-12 得 $\varepsilon'=0.622$，查表 6-14 得流速系数 $\varphi=0.97$，则流量系数为

$$\mu=\varphi\varepsilon'\sqrt{1-\varepsilon'\frac{e}{H_0}}=0.97\times0.622\times\sqrt{1-0.622\times0.25}=0.554$$

②用经验公式计算流量系数。

$$\mu=0.454\left(\frac{e}{H}\right)^{-0.138}=0.454\times(0.25)^{-0.138}=0.55$$

由上可知，两种计算流量系数的方法，所得的值基本相同。

(3)计算流量。

$$Q=\mu Be\sqrt{2gH_0}=0.55\times2\times3\times1.5\times\sqrt{2\times9.8\times6}=53.68(\text{m}^3/\text{s})$$

【例 6-9】　某水闸底坎与渠底齐平，如图 6-31 所示。闸底板高程为 104.00 m，共 3 孔，每孔宽度 $b=5\ \text{m}$，闸前水位于 109.00 m，弧形门半径 $R=7.0\ \text{m}$，转轴高程为 107.00 m。当闸门开度 $e=1.0\ \text{m}$ 时，闸下水位较低不影响出流，不计闸前行近流速，试计算过闸流量。

解：因 $H=109.0-104.0=5.0(\text{m})$

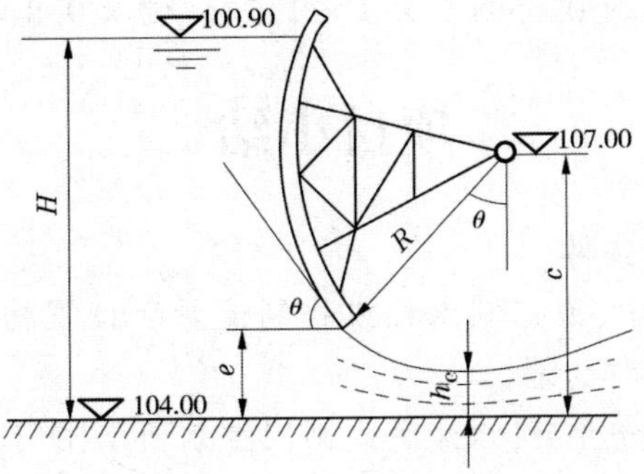

图6-31

$\frac{e}{H}=\frac{1.0}{5.0}=0.2<0.65$ 则为闸孔出流。由于下游水位不影响泄流,则为自由出流。

$$c=107.00-104.0=3.0\ \text{m},e=1.0,R=7.0\ \text{m}$$

则

$$\cos\theta=\frac{c-e}{R}=\frac{3.0-1.0}{7.0}=0.286$$

则 $\theta=73.38°$

$$\begin{aligned}\mu&=1-0.0166\theta^{0.723}-(0.582-0.0371\theta^{0.547})\frac{e}{H}\\&=1-0.0166\times73.38^{0.723}-(0.582-0.0371\times73.38^{0.547})\times0.2\\&=0.591\end{aligned}$$

则闸孔出流量:

$$Q=\mu Be\sqrt{2gH_0}=0.591\times3\times5\times1.0\times\sqrt{2\times9.8\times5.0}=87.76(\text{m}^3/\text{s})$$

【例6-10】 在例6-8中,当下游水位升高为4.0 m时,其他条件不变,求闸孔出流量。

解:(1)判别闸后水跃形式:

因闸后的水深 $h_t=4.0\ \text{m}>e=1.50\ \text{m}$,则可能为淹没出流。

由 $\frac{e}{H}=0.25$ 查表6-12得 $\varepsilon'=0.622$,查表6-14得流速系数 $\varphi=0.97$。

则

$$h_c=\varepsilon'e=0.622\times1.5=0.933(\text{m})$$

$$v_c=\varphi\sqrt{2g(H_0-h_c)}=0.97\times\sqrt{19.6\times(6-0.933)}=9.67(\text{m/s})$$

$$h_c''=\frac{h_c}{2}\left(\sqrt{1+8\frac{v_c^2}{gh_c}}-1\right)=\frac{0.933}{2}\times\left(\sqrt{1+8\times\frac{9.67^2}{9.8\times0.933}}-1\right)=3.78(\text{m})<h_t$$

即下游水深大于临界式水跃的跃后水深,为淹没水跃,则闸孔为淹没出流。

(2)查淹没系数 σ_s。

由 $\frac{\Delta Z}{H}=\frac{6-4}{6}=0.333,\frac{e}{H}=0.25$ 查图6-30得 $\sigma_s=0.76$。

(3)实际流量 Q。

$$Q = \sigma_s \mu b e\sqrt{2gH_0} = 0.76 \times 0.55 \times 2 \times 3 \times 1.5 \times \sqrt{2 \times 9.8 \times 6} = 40.8(\mathrm{m^3/s})$$

项目小结

一、堰流及闸孔出流基本条件

(1)堰及堰流:在明渠流中,为控制水位或控制流量而设置构筑物,使水流溢过构筑物的流动称为堰流,该构筑物称为堰。

(2)闸孔出流:当闸门部分开启,水流受到闸门控制而从闸门下孔口泄出的水流称为闸孔出流。

(3)堰流及闸孔出流的判别。

可根据堰闸形式和实测的闸门相对开度 e/H 值进行判别:

$e/H \leqslant (e/H)_C$ 时,为孔流

$e/H > (e/H)_C$ 时,为堰流

初步计算临界值 $(e/H)_C$ 可取平均值:实用堰及驼峰堰平均值为 0.75,而宽顶堰、平底闸平均值为 0.65。

二、堰流

(1)堰的分类:

①薄壁堰 $\left(\dfrac{\delta}{H} < 0.67\right)$;

②实用堰 $\left(0.67 < \dfrac{\delta}{H} < 2.5\right)$;

③宽顶堰 $\left(2.5 < \dfrac{\delta}{H} < 10\right)$。

(2)堰流的基本公式:

$$Q = mB\sqrt{2g}H_0^{\frac{3}{2}}$$

(3)薄壁堰流:薄壁堰是指 $\dfrac{\delta}{H} < 0.67$ 时,过堰水流不受堰顶厚度的影响,水舌下缘与堰顶呈线性接触,水面为单一跌落曲线,这种堰流称为薄壁流。常见的薄壁堰,根据堰板开口形状,分为矩形薄壁堰、三角形薄壁堰和梯形堰等。

(4)实用堰流:当 $0.67 < \dfrac{\delta}{H} < 2.5$ 时,称为实用堰。根据其剖面形状,可分为曲线形实用堰和折线形实用堰两类。

WES 实用堰。WES 实用堰是美国陆军工程兵团水道试验站提出的标准剖面。

①WES 堰流量系数 m 取值。

②上游堰坡影响系数 C 的确定。

③侧收缩系数 ε 的确定。

④淹没系数 σ_s 的确定。

(5)宽顶堰流。

三、孔出流

(1)闸孔出流的特征:水流从闸下底孔泄出的水流称为闸孔出流。

①宽顶堰上的闸孔出流特征。

②曲线形实用堰上的闸孔出流特征。

(2)闸孔出流的基本公式

$$Q = \varphi\varepsilon' be\sqrt{2g(H_0 - h_c)}$$

(3)闸孔出流的流量系数。

①直接计算:$\mu = \varphi\varepsilon'\sqrt{1 - \varepsilon'\dfrac{e}{H_0}}$。

②经验公式。

(4)闸孔出流淹没系数。

①闸孔自由出流与淹没出流的判别:

当 $h_t > e$ 时,计算 h''_c。h''_c 为临界式水跃的跃后水深,跃前水深为 h_c。

当 $h_t < h''_c$ 时,产生远离式水跃,闸孔必为自由出流。临界式水跃也为自由出流。

当 $h_t > h''_c$ 时,产生淹没式水跃,为淹没出流。

②淹没系数的确定。

技能训练题

一、填空题

项目6自测题

1. 堰的分类:________,________,________。

2. 实用堰剖面分为________两种剖面形式。

3. 宽顶堰的总水头 $H_0=2$ m,下游水位超过堰高度 $h_a=1.0$ m,此种堰流为________出流。

4. 底坎为宽顶堰时,当 $e/h<0.65$,属于________。

5. 在测定堰流流量系数 m 值的试验中,需要测定________,其计算公式是________。

6. 当堰的溢流宽度与上游渠道宽度相等时,称为________的堰流,当堰的溢流宽度小于上游渠道宽度时,称为________的堰流。

7. 对于宽顶堰式闸孔出流,当下游水深 $t<h_{c02}$ 时,发生________水跃;当 $t>h_{c02}$ 时,发生________水跃;当 $t=h_{c02}$ 时,发生________水跃。

8. 闸孔出流和堰流的水流特征的不同点是________。

9. 在相同条件下,管嘴比孔口出流的过水能力要大,其原因是:________。

10. 在设计水头下,WES 实用剖面堰的流量系数 $m=$____,若 $H>H_d$,则 m 和 m_d 的关系是________。

11. WES 型剖面堰,当 $H>H_d$,则 m ____ m_d。(用>,=,<填空)

12. 有一宽顶堰式的水闸,当闸门开度为 3 m,闸上水头为 4 m 时,水闸泄流属于

____________出流。

13. 孔口和闸孔出流，由于流线不能转折，而水流又有惯性，所以出孔口后约在离孔口____________处，出闸孔后约在闸门下游____________，出现收缩断面。

14. 图 6-32 所示孔口出流的作用水头为____________。

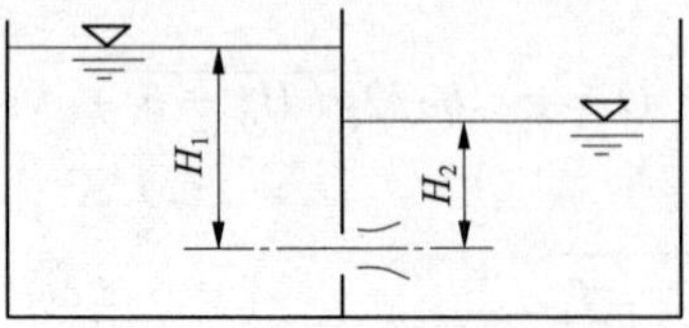

图 6-32

15. 溢流堰的过堰流量与堰顶水头的____次方成正比，当下游水位高于薄壁堰顶时，一定是______出流。

二、简答题

1. 堰流的类型有哪些？它们有哪些特点？

2. 堰流计算的基本公式及适用条件？影响流量系数的主要因素有哪些？

3. 用矩形薄壁堰测量过堰流量，如何保证较高的测量精度？

三、计算题

1. 有一三角形薄壁堰，堰口夹角 $\theta=90°$，堰口水面高程为 0.82 m，夹角顶点高程为 0.6 m，溢流时下游水位为 0.4 m，求流量。

2. 在水平槽中建有一无侧收缩的矩形薄壁堰，已知堰宽 $b=0.3$ m，$P=P_1=0.5$ m，$H=0.2$ m，试求当下游水深 $t=0.4$ m 时的过堰流量。

3. 自由溢流矩形薄壁堰，上游堰高 $P_1=3$ m，堰宽和上游渠宽相等均为 2 m，堰上水头 $H=0.5$ m，求流量 Q。（流量系数 $m_0=0.403+0.053\dfrac{H}{P_1}+\dfrac{0.0007}{H}$）

4. 某实用堰共 7 孔，每孔宽度 $b=5$ m，堰上设弧形闸门，已知闸上水头 $H=5.6$ m，闸孔开度 $e=1.5$ m，下游水位在堰顶以下，求通过闸孔的流量。（不计行近流速）

5. 某平底坝水闸，共三孔，每孔宽 $b=5.0$ m，采用弧形闸门，已知闸前水头 $H=3.5$ m，闸门开度 $e=1.2$ m，下游水深 $t=3.0$ m，不计行近流速水头，弧形闸门底缘的切线与水平线夹角 $\theta=60°$，$\sigma_s=0.55$，求过闸流量。

6. 有一 5 孔 WES 型实用堰。每孔净宽 $b=8.0$ m，堰高 $P=50$ m，堰顶设计水头 $H=3.2$ m，溢流堰下接远离式水跃。已知 WES 型实用堰的设计流量系数 $m_d=0.502$，侧收缩系数 $\varepsilon=0.96$。

(1) 求实用堰的设计流量 Q_d。

(2) 如果实测堰顶设计水头 $H=4.0$ m，过堰流量 $Q=500\ m^3/s$，试求流量系数。

7. 某平底坎水闸，共有 10 孔，采用平板闸门，每孔宽度为 $b=4$ m，闸门开度 $e=2$ m，下游水深 $h_t=3$ m，当通过闸孔的流量 $Q=470\ m^3/s$ 时，求闸前水头为多少？

8. 某水库的溢洪道采用堰顶上游为三圆弧段的 WES 型实用堰剖面。堰顶高程为

340 m，上下游河床高程均为 315 m，设计水头 $H_d = 15$ m。溢洪道共 5 孔，每孔宽度 $b = 10$ m，闸墩墩头形状系数 $\zeta_0 = 0.51$，边墩为圆弧形，其形状系数 $\zeta_k = 0.7$。求当水库水位为 355 m，下游水位为 332.5 m 时，通过溢洪道的流量。设上游水库断面面积很大，行近流速 $v_0 \approx 0$。（$\varepsilon_1 = 1 - 0.2[(n-1)\zeta_0 + \zeta_k]\dfrac{H_0}{nb'}$）

9. 某溢流坝采用梯形即为折线形。已知堰宽及河宽均为 15 m，上、下游堰高均为 4 m，堰顶厚度 $\delta = 2.5$ m，流量系数见表 6-15。上游堰面铅直，下游堰面坡度为 1:1。堰上水头 $H = 2$ m，下游水面在堰顶以下 0.5 m。求通过溢流坝的流量 Q。（不计行近流速）

表 6-15　折线形实用堰的流量系数

下游坡度 ($a:b$)	P_1/H	δ/H			
		2.0	1.0	0.75	0.5
1:1	2~3	0.33	0.37	0.42	0.46
1:2	2~3	0.33	0.36	0.40	0.42
1:3	0.5~2	0.34	0.36	0.40	0.42
1:5	0.5~2	0.34	0.35	0.37	0.38
1:10	0.5~2	0.34	0.35	0.36	0.36

10. 有一无侧收缩宽堰自由出流，堰前缘修圆，水头 $H = 1$ m，上、下游堰高均为 0.5 m，堰宽 $B = 2.5$ m，边墩为圆弧形。求过堰流量 Q。（$m = 0.36 + 0.01\dfrac{3 - \dfrac{P_1}{H}}{1.2 + 1.5\dfrac{P_1}{H}}$，不计行近流速）

11. 有一具有直角前缘的单孔宽顶堰自由出流，已知堰上水头 $H = 1.8$ m，上、下游堰高均为 0.5 m，堰上游渠宽 $B_0 = 3$ m，堰顶宽度 $B = 2$ m，边墩为圆弧形，求通过流量 Q。

（$m = 0.32 + 0.01 \times \dfrac{3 - \dfrac{P_1}{H}}{0.46 + 0.75\dfrac{P_1}{H}}$，$\varepsilon_1 = 1 - \dfrac{1}{\sqrt[3]{0.2 + \dfrac{P_1}{H}}}\sqrt[4]{\dfrac{B}{B_0}}\left(1 - \dfrac{B}{B_0}\right)$，不计行近流速）

12. 有一平底闸，共 6 孔，每孔宽度 $b = 2$ m，闸上设锐缘平面闸门。已知闸上水头 $H = 3.5$ m，闸门开度 $e = 1.2$ m，自由出流，不计行近流速，锐缘平面闸门的垂向收缩系数 ε_2 见表 6-16，求通过水闸的流量 Q。

表 6-16　锐缘平面闸门的垂向收缩系数 ε_2

e/H	0.10	0.15	0.20	0.25	0.30	0.35	0.40
ε_2	0.615	0.618	0.620	0.622	0.625	0.628	0.630
e/H	0.45	0.50	0.55	0.60	0.65	0.70	0.75
ε_2	0.638	0.645	0.650	0.660	0.675	0.690	0.705

13. 某实用堰共 7 孔，每孔宽度 $b = 5$ m，在实用堰堰顶最高点设平面闸门。闸门底缘

与水平面之间的夹角为30°。已知闸上水头 $H=5.6$ m，闸孔开度 $e=1.5$ m，下游水位在堰顶以下，不计行近流速，求通过闸孔的流量 Q。

$$\left(\mu_1 = 0.65 - 0.186\frac{e}{H} + \left(0.25 - 0.375\frac{e}{H}\right)\cos\theta\right)$$

14. 有一薄壁圆形孔口，直径 d 为 10 mm，水头 H 为 2 m。现测得射流收缩断面的直径 d_c 为 8 mm，在 32.8 s 时间内，经孔口流出的水量为 0.01 m^3，试求孔口的收缩系数 ε，流量系数 μ，流速系数 φ 及孔口局部损失系数 ζ。

15. 薄壁孔口出流（见图 6-33），直径 $d=2$ cm，水箱水位恒定 $H=2$ m，试求：①孔口流量 d_c；②此孔口外接圆柱形管嘴的流量 Q_n；③管嘴收缩断面的真空高度。

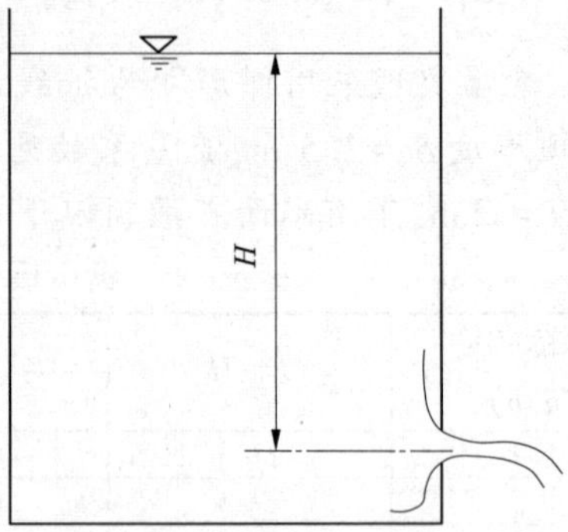

图 6-33

16. 水箱用隔板分为 A、B 两室（见图 6-34），隔板上开一孔口，其直径 $d_1=4$ cm，在 B 室底部装有圆柱形外管嘴，其直径 $d_2=3$ cm。已知 $H=3$ m，$h_3=0.5$ m，试求：① h_1，h_2；②流出水箱的流量 Q。

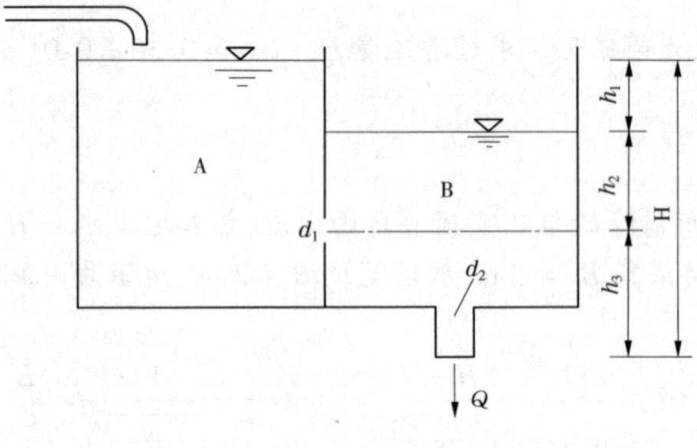

图 6-34

项目 7　泄水建筑物下游消能水力计算

【学习目标】

掌握泄水建筑物下游常见的消能形式及各自特征；会判别泄水建筑物下游水流衔接形式；能进行挑流式消能水力计算；会进行底流式消能水力计算。

【课程思政】

三峡水利枢纽大坝位于湖北省宜昌市夷陵区三斗坪的三峡西陵峡内。三峡大坝主要由挡水泄洪主坝体、发电建筑物、通航建筑物等组成，坝体为混凝土重力坝，坝轴线长 2 309.47 m，全长 2 335 m；坝顶高程 185 m，最大坝高 181 m；正常蓄水位 175 m，总库容 393 亿 m^3，其中防洪库容 221.5 亿 m^3；发电总装机容量 2 250 万 kW，年发电量超 1 000 亿 kW · h。三峡大坝可以改善长江航运条件，使长江年单向通航能力由 1 000 万 t 提高到 5 000 万 t。三峡工程是具有防洪、发电、航运、养殖、旅游、生态保护、环境净化、开发性移民、南水北调、供水灌溉等巨大综合效益的宏伟工程。本项目我们要学习水工建筑物下游消能方式，三峡大坝的消能方式是挑流式消能。

任务 1　泄水建筑物下游消能主要形式

在水利工程中，为了实现各种水利目标，常在河、渠上修建闸、溢流坝等泄水建筑物。泄水建筑物的修建改变了原来天然水流的状态，表现在以下两个方面：①闸坝拦蓄河水，使上游水位抬高，水流的势能增大。当闸坝泄水时，势能转换成巨大的动能。②闸坝的泄水宽度一般小于原河宽，单宽泄流量较原河道大得多。所以，闸、坝的下泄流量往往多为流速高、单宽流量大、能量集中的急流，会引起河床及岸坡的严重冲刷，甚至对闸坝建筑物的安全构成威胁。下泄水流的能量随着冲刷距离的延长和冲刷深度的增加而不断地减少，直到和下游河道中水流的能量相一致。而下游天然河道一般为缓流。因此，通过怎样的形式和采取什么工程措施使下泄水流和下游河道中的正常水流互相衔接起来而不影响建筑物的安全，这是本项目要学习的内容。

1　底流式消能

由非均匀明渠流基本知识可知，急流向缓流过渡时必然发生水跃，并且消除很大一部分能量，可见水跃是一种具有消能效果的水力现象。底流式消能就是人为地修建消力池，使水跃发生在消力池内，把急流段限制在消力池中，从而实现急流与缓流的自然衔接，如图 7-1 所示。因水跃区

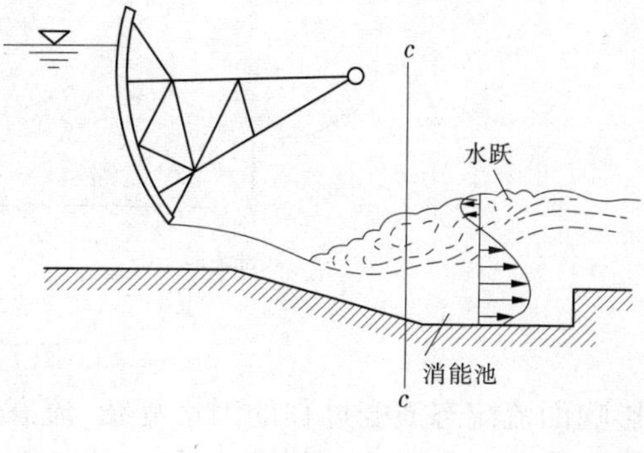

图 7-1

高流速的主流在底部，故称为底流式消能。

底流式消能历史悠久，技术成熟，流态稳定，适应性强，特别是雾化影响小。但是在水头和流量较大时，消力池过分庞大，因此多用于中低水头及地质条件差的泄水建筑物的下游消能。

2　挑流式消能

这种消能方式是在泄水建筑物末端修建挑流鼻坎，利用下泄水流本身的巨大动能因势利导将水流挑射入空中，使其扩散并与空气摩擦，消除部分动能，然后水流落入下游水垫中时，又在下游水流中紊动消能，由于这种消能方式是将高速水流抛射至远离建筑物的下游，使下落水流对河床的冲刷不危及建筑物的安全，故称为挑流式消能，如图 7-2 所示。

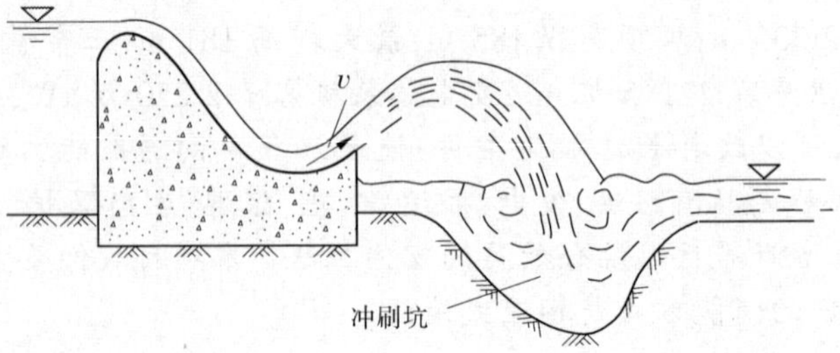

图 7-2

这种消能方式结构简单，投资节省，消能效果好，易于检修。但是雾化现象明显，一般雾化区内电气、变压等设备要密封。这种消能方式多用于高水头且下游河床地质条件好的泄水建筑物下游消能。

3　面流式消能

当下游水深较大且较稳定时，常在泄水建筑物的末端设置一个比下游水位低的水平的或仰角较小的导流坎，如图 7-3 所示。下泄水流被送到下游水域的表层，底部形成巨大的漩涡，然后主流在垂直方向逐渐扩散，并与下游水流衔接，其消能是在底部漩滚和主流扩散的过程中实现的。由于在消能段中高流速的主流位于水层表面部分，故这种消能衔接形式称为面流式消能。

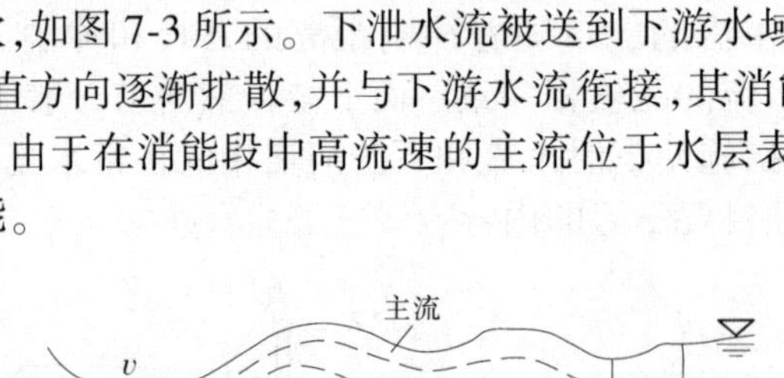

图 7-3

影响面流流态演变过程的因素复杂，流态多变，下游水面扰动传播较远，对下游岸坡和护岸边坡稳定有影响，因此对河岸和边坡要进行保护，且由于面流式消能要求下游水深较大,故相比底流式和挑流式消能,这种消能方式应用较少。

实际工程中常采用的衔接消能方式除上述三种基本形式外,还有戽流式消能、孔板式消能、竖井涡流消能、对冲式消能、宽尾坎墩消能等形式,这些消能形式一般是基本消能方式的结合或者在工程具体条件下的发展应用。本项目主要介绍底流式消能和挑流式消能。

任务2　底流式消能水力分析与计算

1　底流式消能的下游衔接形式

我们已经知道,底流式消能的主要原理是修建消力池,依靠池中水跃进行消能。消力池常见的形式有3种,分别为挖深式消力池[见图7-4(a)]、消力坎式消力池[见图7-4(b)]及综合式消力池[见图7-4(c)]。

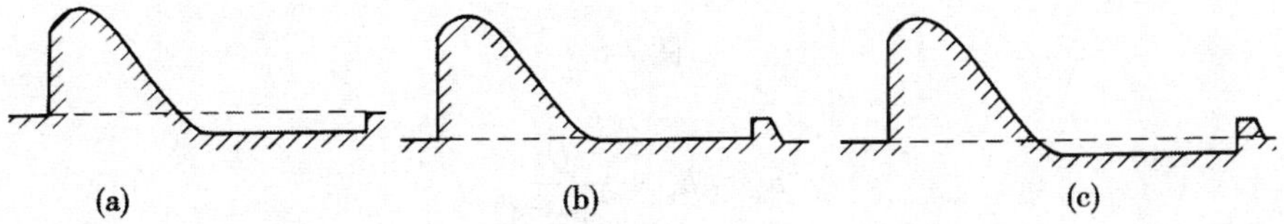

图7-4

在修建消力池之前,必须对修建消力池的必要性进行讨论,这就要求我们能够通过计算确定建筑物下游的水跃衔接形式。

1.1　收缩水深的计算

1.1.1　收缩断面水深计算基本方程

如图7-5所示,水流沿坝面下泄时,势能转化为动能,在下游坝址某断面处流速达到最大,水深最小,该断面称为收缩断面($c—c$ 断面),该断面水深称为收缩水深,用 h_c 表示。选取0—0断面如图所示,建立0—0断面和 $c—c$ 断面之间的能量方程,可得

$$z_0 + \frac{p_0}{\gamma} + \frac{\alpha_0 v_0^{\ 2}}{2g} = z_c + \frac{p_c}{\gamma} + \frac{\alpha_c v_c^{\ 2}}{2g} + h_{w0-c}$$

代入数据并将水头损失表示为 $c—c$ 断面流速水头的函数 $h_{w0-c} = \zeta_c \frac{v_c^{\ 2}}{2g}$,可得

$$E + 0 + \frac{\alpha_0 v_0^{\ 2}}{2g} = h_c + 0 + \frac{\alpha_c v_c^{\ 2}}{2g} + \zeta_c \frac{v_c^{\ 2}}{2g}$$

令 $\varphi = \frac{1}{\sqrt{\alpha_c + \zeta_c}}$,则

$$E_0 = h_c + \frac{v_c^{\ 2}}{\varphi^2 2g}$$

式中,$E=H+P_2$,E_0 为以下游河底为基准面表示的上游总水头,m。

又流速 v_c 可表示为 $v_c = \frac{Q}{A_c}$,则收缩断面水深可表示为如下形式

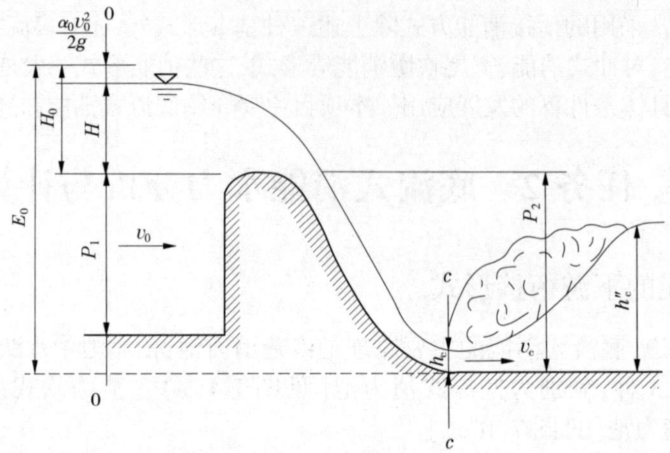

图 7-5

$$E_0 = h_c + \frac{Q^2}{2g\varphi^2 A^2} \tag{7-1}$$

对于矩形断面 $q = Q/B$, $A = Bh_c$, q 称为单宽流量

$$E_0 = h_c + \frac{q^2}{2g\varphi^2 {h_c}^2} \tag{7-2}$$

式(7-1)就是收缩水深求解的基本方程。对于矩形断面,还可以在式(7-2)的基础上进一步整理为

$$h_c = \frac{q}{\varphi\sqrt{2g(E_0 - h_c)}} \tag{7-3}$$

注意:E_0 是以下游渠底为基准面所表示的上游总水头。φ 为流速系数,主要取决于建筑物的形式和尺寸,对于低坝可参考表 7-1 选取。

对于高坝,可用式(7-4)计算,对于坝前水流无明显掺气且 $P_1/H < 30$,也可采用式(7-5)表示。

$$\varphi = \left(\frac{q^{2/3}}{s}\right)^{0.2} \tag{7-4}$$

$$\varphi = 1 - 0.0155\frac{P_1}{H} \tag{7-5}$$

其中　S——上游水位到下游收缩断面底部的高度。

1.1.2　收缩水深计算方法

由式(7-1)~式(7-3)可知,收缩水深 h_c 的求解方程是一个三次方程,求解困难。实际工程中,常采用以下方法求解:

(1)试算法。当溢流坝坝前断面总能量 E_0 已知时,假设一个 h_c,计算式(7-1)或式(7-2)的等号右侧项,如果计算值正好等于给定的 E_0,则假设的 h_c 即为所求;否则,重新假设 h_c 计算,直至相等或接近相等。

表 7-1　泄水建筑物流速系数

建筑物泄流方式	图形	φ 值
表面光滑的曲线形实用堰,平板闸闸孔自由出流	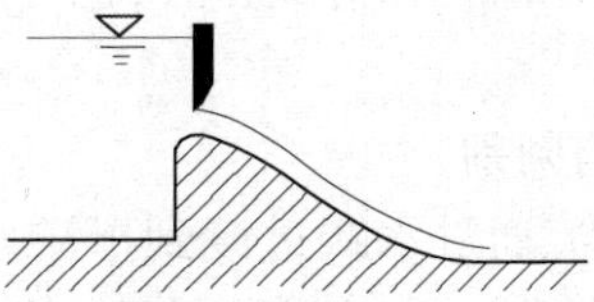	0.85~0.95
表面光滑的曲线形实用堰 1. 溢流面长度较短 2. 溢流面长度中等 3. 溢流面长度较长	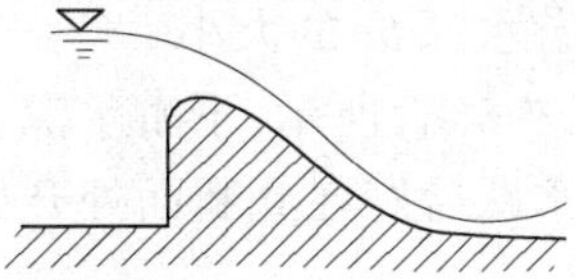	 1.00 0.95 0.90
平板闸闸孔自由出流	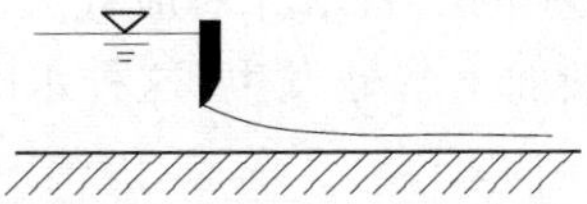	0.97~1.00
折线形断面实用堰,自由出流	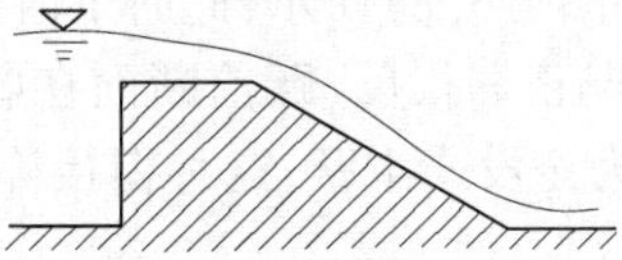	0.80~0.90
宽顶堰,自由出流	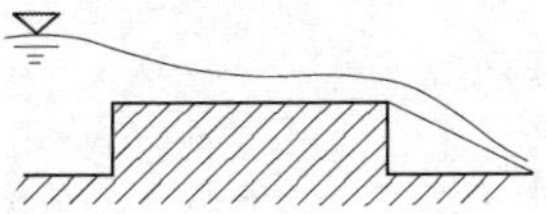	0.85~0.95
无闸门跌水	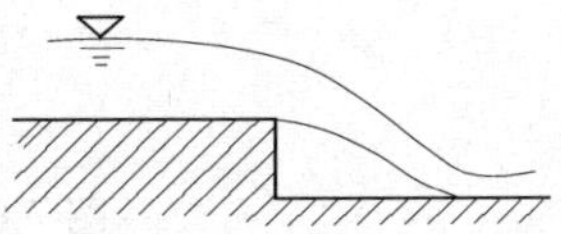	1.00
末端设闸门的跌水	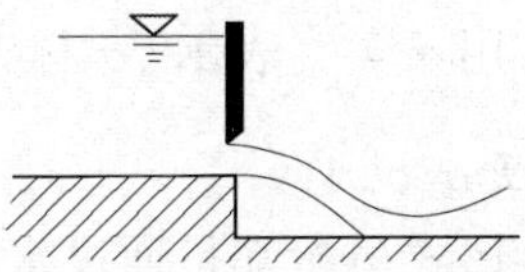	0.97~1.00

(2)迭代法(逐次渐进法)。对于矩形断面,式(7-3)可采用此法。

$$h_c = \frac{q}{\varphi\sqrt{2g(E_0 - h_c)}}$$

初始收缩断面水深取 $h_{c1} = 0$,计算得出 h_{c2},将 h_{c2} 代入公式,计算得出 h_{c3},比较 h_{c2} 和 h_{c3},若二者相等,h_{c3} 即为所求 h_c。若不相等,将 h_{c3} 代入公式继续计算,直至代入值和求得值相等。

以上给出的求解收缩断面水深 h_c 及其对应的共轭水深的方法，不仅适用于溢流坝，对于水闸和其他泄水建筑物也是适用的。

对于梯形断面，求解 h_c 可用试算法，也可用图解法。矩形断面 h_c 的求解以上 2 种方法都可以采用。

1.2　水流衔接形式的判别

从收缩断面的急流通过水跃过渡到下游水流，其水跃发生的位置有图 7-6 所示的三种情况，分别对应临界式水跃、远离式水跃、淹没式水跃。其判断的方法是比较收缩水深 h_c 的共轭水深 h_c'' 与下游水深 h_t 的大小。

(1) $h_c''=h_t$。如图 7-6(a)所示，下游水深 h_t 正好等于收缩水深 h_c 的共轭水深 h_c''，跃前断面在收缩断面处，水跃恰好在此断面处开始发生，这种水跃称为临界式水跃，这种衔接称为临界式水跃衔接。

(2) $h_c''>h_t$。如图 7-6(b)所示，此时下游水深 h_t 小于收缩水深 h_c 的共轭水深 h_c''，由水跃函数曲线得知，较小的跃后水深对应较大的跃前水深，故跃前断面水深实际比收缩水深 h_c 大，水跃在收缩断面下游处发生，这种水跃称为远离式水跃，这种衔接称为远离式水跃衔接。

(3) $h_c''<h_t$。如图 7-6(c)所示，此时下游水深 h_t 大于收缩水深 h_c 的共轭水深 h_c''，这种情况和第(2)种情况正好相反，跃前断面在收缩断面上游处，跃前断面前移，收缩断面被淹没，这种水跃称为淹没式水跃，这种衔接称为淹没式水跃衔接。

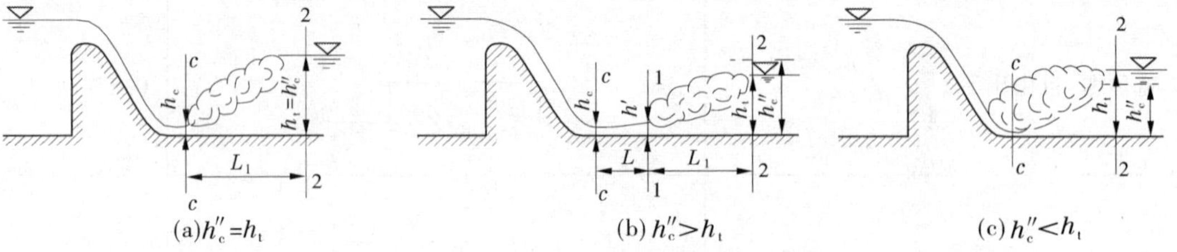

图 7-6

水跃的淹没程度常用 $\sigma=\dfrac{h_t}{h_c}$ 表示，σ 称为淹没系数。显然，临界式水跃 $\sigma=1$，远离式水跃 $\sigma<1$，淹没式水跃 $\sigma>1$。

以上三种底流衔接形式虽然都是通过水跃消能，但是它们的消能率、工程上的保护范围以及稳定性都是不相同的。临界式水跃无论是消能效果还是发生位置对工程都是有利的，但临界式水跃不稳定，流量稍有增大或下游水深稍有变动时容易转变为远离式水跃或淹没式水跃。远离式水跃消能效果差，且从收缩断面到跃前断面为急流，流速较大，对河床的冲刷能力很强，如果采用这种方式消能，必须对该河床进行加固，工程量大，不经济。对于淹没式水跃，当淹没系数 $\sigma>1.2$ 时（淹没程度过大时），消能效果也不好。经过研究，淹没系数 $\sigma=1.05\sim1.10$ 时淹没式水跃最为稳定且消能效果好。

故修建消力池的必要性可理解为，当下游发生临界式水跃或远离式水跃时，需要修建消力池对水流进行消能,而其目的就是将临界式水跃或远离式水跃通过消力池转变为稍有淹没的淹没式水跃,淹没系数 σ 控制在 1.05~1.10。

【例 7-1】 某水闸单宽流量 $q = 12.5\ m^3/(s \cdot m)$,上游水位 28.0 m,下游水位 24.5 m,渠底高程 21.0 m,闸底高程 22.0 m,流速系数 $\varphi = 0.95$,如图 7-7 所示。

(1)求闸下游收缩断面水深 h_c;

(2)判断下游水流衔接形式。

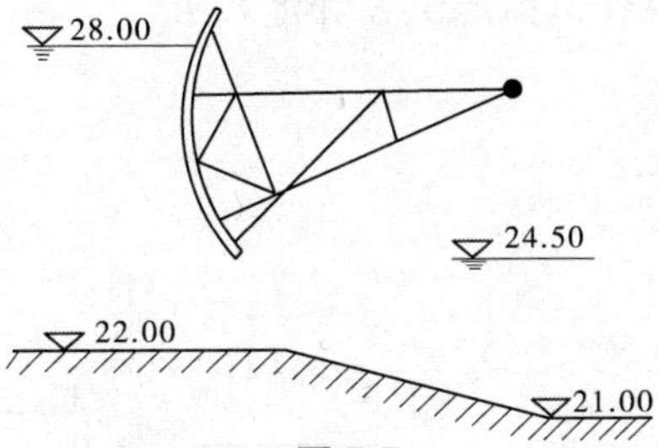

图 7-7

解:(1)闸下游收缩断面水深。

下游堰高　$P_2 = 22.0 - 21.0 = 1.0\ (m)$

闸前水头　$H = 28.0 - 22.0 = 6.0\ (m)$

行近流速　$v_0 = \dfrac{q}{H} = \dfrac{12.5}{6} = 2.08\ (m/s)$

上游总水头　$H_0 = H + \dfrac{v_0^2}{2g} = 6 + \dfrac{2.08^2}{2 \times 9.8} = 6.22\ (m)$

而　$E_0 = P_2 + H + \dfrac{v_0^2}{2g} = 1.0 + 6.0 + \dfrac{2.08^2}{2 \times 9.8} = 7.22\ (m)$

则收缩水深 h_c 可表示为

$$h_c = \frac{q}{\varphi\sqrt{2g(E_0 - h_c)}} = \frac{12.5}{0.95 \times \sqrt{2 \times 9.8 \times (7.22 - h_c)}} = \frac{2.972}{\sqrt{7.22 - h_c}}$$

利用迭代法求解,先令等式右边 $h_{c0} = 0$

第一次　$h_{c1} = \dfrac{2.972}{\sqrt{7.22 - 0}} = 1.106\ (m)$

第二次　$h_{c2} = \dfrac{2.972}{\sqrt{7.22 - 1.106}} = 1.202\ (m)$

第三次　$h_{c3} = \dfrac{2.972}{\sqrt{7.22 - 1.202}} = 1.211\ (m)$

第四次　$h_{c4} = \dfrac{2.972}{\sqrt{7.22 - 1.211}} = 1.212\ (m)$

可以看出,h_{c4} 与 h_{c3} 很接近,故收缩断面水深为 1.212 m。

(2)收缩水深的共轭水深。

$$h_c'' = \frac{h_c}{2}\left(\sqrt{1 + \frac{8q^2}{gh_c^3}} - 1\right) = \frac{1.212}{2} \times \left(\sqrt{1 + \frac{8 \times 12.5^2}{9.8 \times 1.212^3}} - 1\right) = 4.56(m)$$

下游水深 $h_t = 24.5 - 21.0 = 3.5(\mathrm{m})$

可见 $h''_c > h_t$，则下游将发生远离式水跃。

2　挖深式消力池水力计算

当下游将发生临界式水跃或远离式水跃且较剧烈时，可在泄水建筑物下游原河床下挖（降低护坦高程），形成挖深式消力池，如图 7-8 所示，使水跃在池内发生，以达到消能的效果。挖深式消力池的计算内容包括池深 S 和池长 L_k。

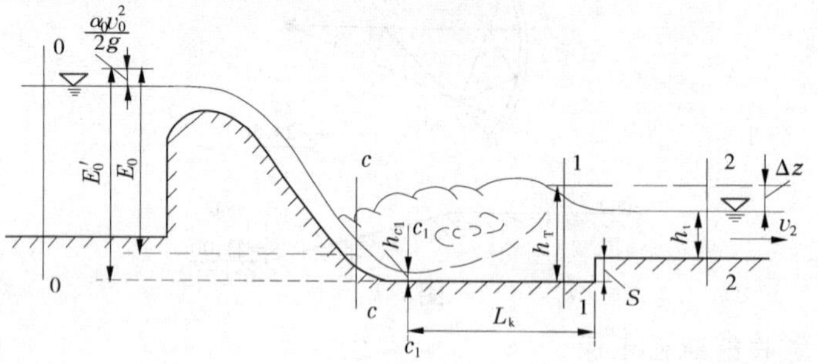

图 7-8

2.1　池深 S 的计算

如图 7-8 所示，出池水流由于侧向收缩，过水断面减小，动能增加，形成水面回落 Δz，出池水流可视为宽顶堰流，池末水深为 h_T，显然

$$h_T = S + h_t + \Delta z \tag{7-6}$$

为保证池内最终发生稍有淹没的淹没式水跃，要求池末水深 $h_T = \sigma h''_c$，其中 $\sigma = 1.05 \sim 1.10$。故

$$h_T = \sigma h''_c = S + h_t + \Delta z$$

由上述条件可求知，池深 S 可表示为

$$S = \sigma h''_c - (h_t + \Delta z) \tag{7-7}$$

在图 7-8 中，选取 1—1 断面和 2—2 断面，以 2—2 断面底部的水平面为基准面，建立两者之间的能量方程，将 $v_1 = \frac{q}{h_T}$，$v_2 = \frac{q}{h_t}$ 代入方程，同时令 $\varphi' = \frac{1}{\sqrt{1+\zeta}}$，推得

$$\Delta z = \frac{q^2}{2g}\left[\frac{1}{(\varphi' h_t)^2} - \frac{1}{(\sigma h''_c)^2}\right] \tag{7-8}$$

式中　φ'——消力池出口的流速系数，一般取 0.95。

注意：应用式(7-7)和式(7-8)求解池深 S 时，式中的 h''_c 是护坦降低后的收缩断面水深 h_c 对应的跃后水深。而护坦高降低 S 值后，E_0 增至 $E_0 = S + E_0$，收缩断面位置下移，根据式(7-1)和式(7-2)，收缩水深 h_c 也发生了变化，进而其对应的跃后水深 h''_c 也会发生变化。显然，由于池身 S 发生变化，带来了计算过程的一系列变化，且包含了一系列隐函数，计算比较复杂。

一般来说，工程设计中用试算法求解，其步骤如下：

(1) 估算池身 S。初步估算可略去 Δz 的计算式，即

$$S = \sigma h_c'' - h_t \tag{7-9}$$

式中 σ——水跃淹没系数,通常取 1.05;

h_c''——近似用建池以前跃后水深,仅供估算使用。

(2)计算建池后的 h_c 和 h_c''。

对于矩形断面

$$h_c = \frac{q}{\varphi\sqrt{2g(E_0 - h_c)}}$$

$$h_c'' = \frac{h_c}{2}\left(\sqrt{1 + \frac{8q^2}{g{h_c}^3}} - 1\right) \tag{7-10}$$

(3)计算 Δz(建池后 h_c'')。

$$\Delta z = \frac{q^2}{2g}\left[\frac{1}{(\varphi' h_t)^2} - \frac{1}{(\sigma h_c'')^2}\right]$$

(4)计算 σ(建池后 h_c'')。

$$\sigma = \frac{S + h_t + \Delta z}{h_c''} \tag{7-11}$$

若 σ 在 1.05~1.10,则消力池深度 S 满足要求,否则需要在(1)的基础上调整 S,重复步骤(2)~(4),直到 σ 满足要求。

当工程较小时,也可以采用估算的方法确定消力池深度,直接用上述第(1)步即可。

2.2 池长 L_k 的计算

消力池的长度不能过长也不能过短。过长增加建筑费用,造成浪费;过短,不能在池中形成消能充分的水跃,达不到充分消能的目的,并且底部主流会跳出消力池。所以,消力池的长度可以从水跃长度出发考虑。由于消力池内的水跃受到消力池末端的垂直壁面产生的一个反向作用力,减小了水跃长度。所以,消力池内的水跃长度仅为平底渠道中自有水跃长度的 70%~80%。

即池内淹没水跃的长度

$$L_k = (0.7 \sim 0.8) L_j \tag{7-12}$$

自由水跃长度

$$L_j = 6.9(h_c'' - h_c)$$

式中 L_j——平底矩形渠中自由水跃长度,m。

【例 7-2】 根据例 7-1 的情况,请设计一个挖深式消力池,计算其深度及长度。

解:(1)池深计算。

①估算池深 S:

$$S = \sigma h_c'' - h_t = 1.05 \times 4.56 - 3.5 = 1.288(\text{m})$$

②计算建池后的 h_c'':

$$E_0' = E_0 + S = 7.22 + 1.288 = 8.508\ (\text{m})$$

收缩水深

$$h_c = \frac{q}{\varphi\sqrt{2g(E_0' - h_c)}}$$

代数整理得

$$h_c = \frac{12.5}{0.95 \times \sqrt{2 \times 9.8 \times (8.508 - h_c)}}$$

$$h_c = \frac{2.99}{\sqrt{8.508 - h_c}}$$

迭代求解得 $h_c = 1.091$ m，即

$$h''_c = \frac{h_c}{2}\left(\sqrt{1 + \frac{8q^2}{gh_c^3}} - 1\right) = \frac{1.091}{2} \times \left(\sqrt{1 + \frac{8 \times 12.5^2}{9.8 \times 1.091^3}} - 1\right) = 4.89(\text{m})$$

③计算 Δz：

$$\Delta z = \frac{q^2}{2g}\left[\frac{1}{(\varphi' h_t)^2} - \frac{1}{(\sigma h''_c)^2}\right]$$
$$= \frac{12.5^2}{2 \times 9.8} \times \left[\frac{1}{(0.95 \times 3.5)^2} - \frac{1}{(1.05 \times 4.89)^2}\right]$$
$$= 0.419(\text{m})$$

④计算 σ：

$$\sigma = \frac{S + h_t + \Delta z}{h''_c} = \frac{1.288 + 3.5 + 0.419}{4.89} = 1.065$$

σ 在 1.05~1.10，所以池深 $S =$ 1.288 m 满足要求，为方便施工，取池深为 1.3 m。

(2)池长计算。

$$L_k = (0.7 \sim 0.8) \times 6.9(h''_c - h_c) = (0.7 \sim 0.8) \times 6.9 \times (4.89 - 1.091)$$
$$= 18.35 \sim 20.97(\text{m})$$

取池长 20 m。

3　消力坎式消力池的水力计算

3.1　坎高的计算

当河床不易开挖或开挖太深不经济时，可在护坦末端修建消力坎。这类消力池与挖深消力池不同的是出池水流不是宽顶堰流，而是折线形实用堰流。在建筑物下游河床上修建一高度为 C 的实体坎，坎的上游面距下泄水流收缩断面的距离为 L_k，水跃在坎前发生，如图 7-9 所示。

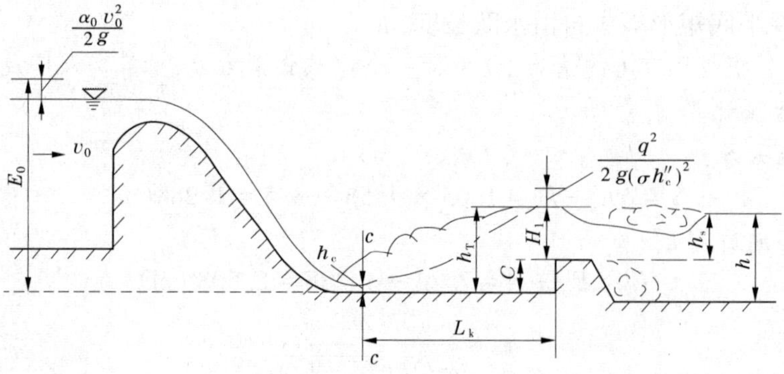

图 7-9

坎前水深

$$h_T = \sigma_j h''_c = C + H_1 \tag{7-13}$$

式中　C——坎高，m；

H_1——坎顶水头，m。

坎高 C 可表示为

$$C = \sigma_j h''_c - H_1 \tag{7-14}$$

根据宽顶堰水流规律，坎顶水头 H_1 可表示为

$$H_1 = H_{10} - \frac{{v_{10}}^2}{2g} = \left(\frac{q}{\sigma_s m_1 \sqrt{2g}}\right)^{2/3} - \frac{q^2}{2g(\sigma h''_c)^2}$$

则

$$C = \sigma_j h''_c + \frac{q^2}{2g(\sigma h''_c)^2} - \left(\frac{q}{\sigma_s m_1 \sqrt{2g}}\right)^{2/3} \tag{7-15}$$

式中　m_1——折线形实用堰的流量系数，一般取 0.42；

σ_s——淹没系数，其大小与下游水深及坎高有关。

当 $\frac{h_s}{H_{10}} \leqslant 0.45$ 时，出池水流为堰流自由出流，$\sigma_s = 1$；当 $\frac{h_s}{H_{10}} > 0.45$ 时，出池水流为淹没出流，σ_s 值可以根据相对淹没度 $\frac{h_s}{H_{10}}$ 用表查取，见表 7-2。

表 7-2　消力坎的淹没系数 σ_s

$\frac{h_s}{H_{10}}$	≤0.45	0.50	0.55	0.60	0.65	0.70	0.72	0.74	0.76	0.78
σ_s	1.00	0.990	0.985	0.975	0.960	0.940	0.930	0.915	0.900	0.885
$\frac{h_s}{H_{10}}$	0.80	0.82	0.84	0.86	0.88	0.90	0.92	0.95	1.00	
σ_s	0.865	0.845	0.815	0.785	0.750	0.710	0.651	0.535	0.000	

计算时，开始坎高尚未确定，无法判断过坎水流是否为堰流淹没出流，一般先按照堰流自由出流考虑，取 $\sigma_s = 1$，利用式(7-15)先求出坎高 C_1，而后再求出 $\frac{h_t - C_1}{H_{10}}$ 的数值，判断过坎水流是否为堰流自由出流。

若 $\frac{h_t - C_1}{H_{10}} \leqslant 0.45$，为堰流自由出流，$C_1$ 即为所求的消力坎高度。

应当指出的是，如果消力坎出池水流为自由出流，则应校核坎后的水流衔接情况，若坎后为临界式水跃或远离式水跃衔接，必须设置第二道消力坎或采取其他消能措施。

若 $\frac{h_t - C_1}{H_{10}} > 0.45$，为堰流淹没出流。需在 C_1 的基础上计算 h_s，查新的 σ_s，再次计

算坎高。消力坎的流速系数一般取 0.90~0.95。

3.2 消力池长度计算

计算方法同挖深式消力池。

【例 7-3】 某 WES 堰堰顶高程 456.0 m，下游河床底部高程 420.0 m，泄流单宽流量为 20 $m^3/(s \cdot m)$，堰上水头 4.5 m，下游水深 8.3 m，流速系数 $\varphi = 0.9$，试判断是否需要修建消力池，若需修建则修建一个消力坎式的消力池。

解：(1)判断下游水流衔接情况。

因为 $$\frac{P_1}{H} = \frac{456.0 - 420.0}{4.5} = 8 > 1.33$$

所以判断该坝为高坝，可忽略行近流速水头，$H_0 \approx H = 4.5$ m，则

$$E_0 = P_2 + H_0 = (456.0 - 420.0) + 4.50 = 40.5\ (\mathrm{m})$$

推出收缩水深计算公式为

$$h_c = \frac{q}{\varphi\sqrt{2g(E_0 - h_c)}} = \frac{20}{0.9 \times \sqrt{2 \times 9.8 \times (40.5 - h_c)}}$$

迭代法求解得 $h_c = 0.797$ m

h_c 的共轭水深 $h''_c = \dfrac{h_c}{2}\left(\sqrt{1 + \dfrac{8q^2}{gh_c^{\ 3}}} - 1\right) = \dfrac{0.797}{2} \times \left(\sqrt{1 + \dfrac{8 \times 20^2}{9.8 \times 0.797^3}} - 1\right) =$ 9.73(m) > 8.3 m。

故下游发生远离式水跃，需修建消力池。

(2)确定消力坎式消力池的尺寸。

先计算坎高，根据式(7-15)

$$C_1 = \sigma_j h''_c + \frac{q^2}{2g(\sigma h''_c)^2} - \left(\frac{q}{\sigma_s m_1 \sqrt{2g}}\right)^{2/3}$$

$$= 1.05 \times 9.78 + \frac{20^2}{2 \times 9.8 \times (1.05 \times 9.73)^2} - \left(\frac{20}{1.0 \times 0.42 \times \sqrt{2 \times 9.8}}\right)^{2/3}$$

$$= 5.59(\mathrm{m})$$

$$h_s = h_t - C_1 = 8.3 - 5.59 = 2.71(\mathrm{m})$$

$\dfrac{h_s}{H_{10}} = \dfrac{2.71}{4.87} = 0.556 > 0.45$，故消力坎处发生淹没出流，$\sigma_s < 1$，需进一步计算。

据 $\dfrac{h_s}{H_{10}} = 0.556$，查表 7-2(内插法)得 $\sigma_s = 0.984$。

再代入式(7-15)得

$$C_2 = 1.05 \times 9.73 + \frac{20^2}{2 \times 9.8 \times (1.05 \times 9.73)^2} - \left(\frac{20}{0.984 \times 0.42 \times \sqrt{2 \times 9.8}}\right)^{2/3} = 5.54(\mathrm{m})$$

$$h_s = h_t - C_2 = 8.3 - 5.54 = 2.76(\mathrm{m})$$

据 $\dfrac{h_s}{H_{10}} = \dfrac{2.76}{4.92} = 0.551$，查表 7-2(内插法)得 $\sigma_s = 0.983$。

则有

$$C_3 = 1.05 \times 9.78 + \frac{20^2}{2 \times 9.8 \times (1.05 \times 9.73)^2} - \left(\frac{20}{0.983 \times 0.42 \times \sqrt{2 \times 9.8}}\right)^{2/3}$$

$$= 5.53(\text{m})$$

因 C_3 与 C_2 很接近，故取 $C = 5.53$ m，实际坎高可取 5.50 m。

再计算池长

$$L_k = (0.7 \sim 0.8)L_j$$
$$= (0.7 \sim 0.8) \times 6.9 \times (h''_c - h_c)$$
$$= (0.7 \sim 0.8) \times 6.9 \times (9.73 - 0.79)$$
$$= (43.42 \sim 49.62)(\text{m})$$

可取池长为 46 m。

4　消力池设计流量的确定

前面所讨论的消力池的水力计算是在某个给定流量及相应的下游水深条件下进行的。但建池后的消力池却要在不同的流量下运行，为了保证消力池在各个流量下都能起到控制水跃的作用，正确选择消力池的设计流量在实际工程中是十分必要的。实际计算时，消力池设计流量的选择应依据以下原则：

(1)求消力池池深 d 的设计流量。作“$(h''_c - h_t)$—Q”关系曲线，相应于 $(h''_c - h_t)_{max}$ 的流量即为设计流量。

(2)求消力坎高度 C 的设计流量。一般是选择使消力坎最高的流量作为坎高的设计流量。实际计算时，一般是在给定的流量范围内，选取包括 Q_{min} 和 Q_{max} 在内的若干个流量值，分别计算出坎高 C，绘制 C—Q 关系曲线，坎高 C 最大值所对应的流量即为设计流量。

(3)求池长 L_k 的设计流量。一般自由水跃的长度随流量的增大而增加，而池长与自由水跃长度有关，因此使自由水跃最长的流量就是设计流量。一般选择使 $(h'' - h')$ 或 h''_c 最大的流量作为池长的设计流量。

应当指出的是：三个设计流量不一定是泄水建筑物运行时的最大流量，三种流量不一定相等。在实际工程设计中，合理选择组合设计流量是个重要的问题。

任务3　挑流式消能水力分析与计算

将建筑物下游部分设计成向上翘起的鼻坎，泄流的高速水股被鼻坎导向空中，经较远距离后跌入河槽，这种消能方式就是挑流式消能。挑流式消能主要有以下两个过程：

(1)空中消能。水股从挑流鼻坎射向空中，在空中裂散并掺气，增加了与空气的摩擦与内摩擦，从而消耗了部分能量。消能小部分发生在空中，水股越扩散，消能越充分。在这个过程中，往往会形成雾化现象。

(2)水下消能。扩散的水股在建筑物下游跌入河床中，与下游水体发生碰撞，入水点附近形成两个巨大的漩滚，主流与漩滚之间发生强烈的动量交换及剪切作用，从而消耗大部分能量。由于下泄水流不断冲刷河床，形成冲刷坑，水流不断淘蚀冲刷坑，坑内水深逐渐增加，从而形成较厚的水垫，对水股起到缓冲和消能作用。水垫越厚，消能越好。一般来说,水下消能消耗了水流的大部分能量。

挑流式消能水力计算的主要任务是:根据已知的水力条件,正确选择挑坎形式和尺寸,计算水舌挑距,估算冲刷坑,并检查主体建筑物的安全。

1　挑距的计算

挑距是指挑坎末端至冲刷坑最深点的位置。计算挑距的目的是确定冲刷坑最深点的位置。由图 7-10 可以看出,挑距 L 由空中挑距 L_1 和水下挑距 L_2 组成,即 $L = L_1 + L_2$。

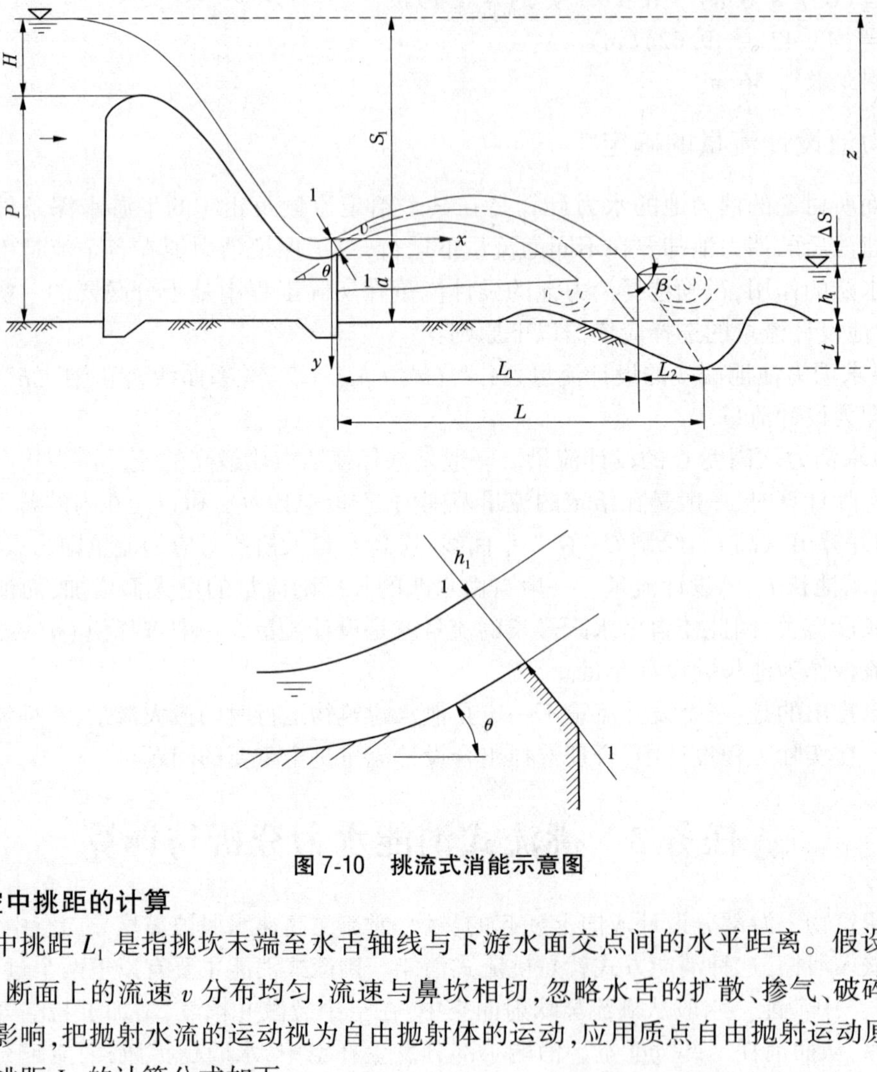

图 7-10　挑流式消能示意图

1.1　空中挑距的计算

空中挑距 L_1 是指挑坎末端至水舌轴线与下游水面交点间的水平距离。假设挑流鼻坎 1—1 断面上的流速 v 分布均匀,流速与鼻坎相切,忽略水舌的扩散、掺气、破碎与空气阻力的影响,把抛射水流的运动视为自由抛射体的运动,应用质点自由抛射运动原理可导出空中挑距 L_1 的计算公式如下:

$$L_1 = \varphi^2 S_1 \sin 2\theta \left[1 + \sqrt{1 + \frac{(a - h_t)}{\varphi^2 S_1 \sin^2 \theta}} \right] \tag{7-16}$$

式中　S_1——上游水面至挑坎顶部的高差,m;

a——挑坎高度,即下游河床至挑坎顶部的高差,m;

θ——鼻坎挑射角,(°);

h_t——冲刷坑后下游水深,m;

φ——坝面流速系数。

流速系数可按经验公式计算

$$\varphi = \sqrt[3]{1 - \frac{0.055}{K^{0.5}}} \tag{7-17}$$

式中　K——流能比,$K = \frac{q}{\sqrt{g} S_1^{1.5}}$;

q——单宽流量,$m^3/(s \cdot m)$。

式(7-17)用于 $K = 0.004 \sim 0.15$ 范围内,当 $K > 0.15$ 时,取 $\varphi = 0.95$。

1.2　水下挑距的计算

水下挑距 L_2 是指水舌轴线与下游水面交点至冲刷坑最深点间的水平距离。水舌进入下游水体后,属于射流的潜没扩散运动,与质点的自由抛射运动有一定的区别。可近似认为,水舌落入下游水面后仍沿入水角方向直线前进,则

$$L_2 = \frac{t + h_t}{\tan\beta} \tag{7-18}$$

式中　t——冲刷坑深度,m;

β——水舌入水角,可按下式近似计算

$$\cos\beta = \sqrt{\frac{\varphi^2 S_1}{\varphi^2 S_1 + z - S_1}} \cos\theta \tag{7-19}$$

式中　z——上下游水位差,m。

2　冲刷坑深度的计算

当水舌跃入下游河道时,主流潜入下游河底,主流前后形成两个漩滚而消除一部分能量。若潜入下游河床的水舌所具有的冲刷能力仍大于河床的抗冲能力,河床被冲刷,从而形成冲刷坑。随着坑深的增加,水舌冲刷能力降低。直到水舌的冲刷能力与河床的抗冲能力达到平衡时,冲刷坑才趋于稳定。

冲刷坑的深度取决于水舌跃入下游水体后的冲刷能力和河床的抗冲能力,它与单宽流量、上下游水位差、下游河床的地质条件、下游水深、鼻坎形式、坝面和空中的水流能量损失以及掺气程度等因素有关。由于影响的因素众多,特别是牵涉其中主要因素之一的岩基河床的地质条件,因而遇到了困难。过去,虽然研究不少,提出的计算方法也很多,但问题至今尚未得到满意的解决。我国目前较普遍采用的计算公式为

$$t = Kq^{0.5}z^{0.25} - h_t \tag{7-20}$$

式中　K——抗冲系数,主要与河床的地质条件有关。

K 值是一个难以确定的因素。近年来,某些工程和科研单位,对 K 值的确定取得了进展。例如:坚硬完整的岩石 $K = 0.9 \sim 1.2$;坚硬但完整性较差的岩石 $K = 1.2 \sim 1.5$;软弱破碎、裂隙发育的基岩 $K = 1.5 \sim 2.0$。

注意:只有在先算出冲刷坑的深度 t 后才能计算挑流的射程 L,然后按照式(7-21)检

查冲刷坑后坡 i 是否满足坝体的安全要求。

$$i = \frac{t}{L} < T_c \tag{7-21}$$

其中，i_c 为安全后坡，i_c =0.2~0.4，为冲刷坑允许最大后坡，若此式成立，坝体安全，否则不安全。

3　连续式挑坎尺寸的拟定

3.1　挑坎形式

常用的挑坎形式有连续式和差动式两种。

(1)连续式。如图 7-10 所示，在整个挑坎宽度上具有同一反弧半径 R 和挑射角 θ 。其优点是施工简便，不易空蚀，挑流射程远；缺点是水舌比较集中，冲刷坑深。

(2)差动式。如图 7-11 所示，由具有不同反弧半径 R 和挑射角 θ 的高齿和低槽构成。其优点是由于水舌在铅直方向上有较大的扩散，消能效果好，冲刷坑浅；缺点是齿坎侧面容易发生空蚀破坏，且施工复杂。

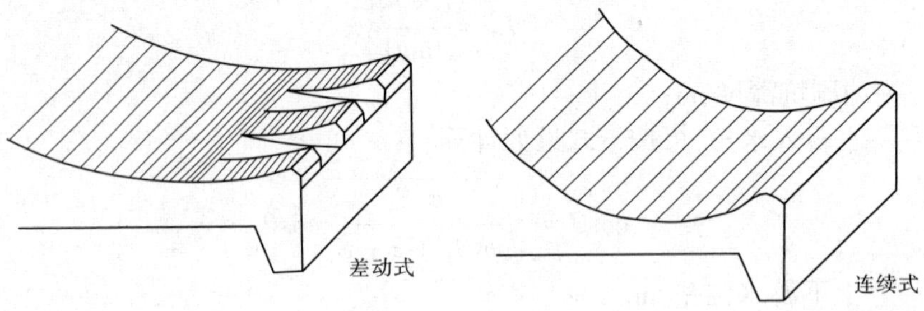

图 7-11　挑坎形式

3.2　挑坎尺寸拟定

目前采用较多的是连续式挑坎。连续式挑坎尺寸包括挑角 θ 、反弧半径 R 及挑坎高程。合理的挑坎尺寸，可以在同样水力条件下得到的射程最大，冲刷坑深度较浅。

(1)挑角 θ 。按质点抛射运动考虑。当 $\theta < 45°$ 时，θ 值越大，空中挑距 L_1 越大，当 $\theta =45°$ 时射程最大。但这时水舌的入水角 β 也相应增大，水下挑距 L_2 减小，冲刷坑深度增加。另外，随着挑角增大，开始形成挑流的流量也增大。当实际通过的流量小于起挑流量时，由于动能不足，水流挑不出去，在挑坎的反弧段内形成漩滚，然后沿挑坎溢流而下，在紧靠挑坎下游形成冲刷坑，对建筑物威胁较大。所以，挑角不宜选得过大。我国工程上常取 $\theta = 15° \sim 35°$ 。高挑坎时取较小值，低挑坎、大单宽流量及较小上下游水位差时取较大值。

(2)反弧半径 R 。当水流在反弧半径内作曲线运动时，将有部分动能转化为离心惯性能，从而使出射水流的动能减小，挑距减小。反弧半径越小，离心惯性能越大，挑距越小。但是反弧半径也不能太大，否则将增加坝体的工程量。一般取 $R = (4 \sim 10)h_c$ ，h_c 为反弧段最低点水深。

(3)挑坎高程。挑坎高程越低，出口断面流速越大，射程越远。同时，挑坎高程低，工程量小,造价低。但是过低的挑坎将被下游水位淹没,不能形成挑射,或者因为水舌下缘与坝址附近的下游水面间被带走的空气得不到充分补充,而造成局部负压使射程减小。所以,工程设计中常使挑坎最低高程等于或略高于下游最高水位。

【例 7-4】 某溢流坝共 7 孔,每孔净宽 $b = 6$ m,闸墩厚度 $d = 1.8$ m。溢流坝顶高程为 161 m,设计水位为 167.15 m,流量系数 $m = 0.49$,收缩系数 $\varepsilon = 0.95$,挑坎为连续式,坎顶高程为 111.0 m,挑角 $\theta = 28°$;下游河床高程为 102 m,岩基冲刷系数为 1.10(Ⅱ类岩),下游水深为 7.0 m。试估算挑流射程及冲刷深度并检查冲刷坑是否危及大坝安全。

解:本题首先确定在设计水位 167.15 m 时,溢流坝下泄流量 Q;然后进行挑流射程 L 及冲刷坑深度 t 的估算,最后进行冲刷坑后坡 i 的验算。

(1)溢流坝下泄流量 Q 的计算。

因溢流坝较高,行近流速水头可忽略不计,即 $H_0 \approx H = 167.15 - 161 = 6.15$(m);同时下游水位较低,溢流坝为自由泄流,故下泄流量计算式为

$$Q = \varepsilon m n b\sqrt{2g}H^{3/2}$$

代入已知条件:$Q = 0.95 \times 0.49 \times 7 \times 6 \times \sqrt{2 \times 9.8} \times 6.15^{3/2} = 1\,320(\mathrm{m^3/s})$

(2)冲刷坑深度 t 的估算。

为了计算水下射程 L_2,先计算冲刷坑深度 t。

冲刷坑深度估算式为:$t = Kq^{0.5}z^{0.25} - h_t$

式中,岩基冲刷系数 $K = 1.10$,其他各参数计算如下:

$$q = \frac{Q}{nb + (n-1)d} = \frac{1\,320}{7 \times 6 + (7-1) \times 1.8} = 25[\mathrm{m^3/(s \cdot m)}]$$

$$z = 167.15 - 109 = 58.15(\mathrm{m})$$

$$h_t = 109 - 102 = 7(\mathrm{m})$$

$$t = Kq^{0.5}z^{0.25} - h_t = 1.1 \times 25^{0.5} \times 58.15^{0.25} - 7 = 8.19(\mathrm{m})$$

(3)射程 L 估算。

根据已知条件求得:　$S_1 = 167.15 - 111 = 56.15\ (\mathrm{m})$

$$a = 111 - 102 = 9\ (\mathrm{m})$$

流速系数的计算公式为　$\varphi = \sqrt[3]{1 - \dfrac{0.055}{K^{0.5}}}$

式中流能比　$K = \dfrac{q}{\sqrt{g}S_1^{1.5}} = \dfrac{25}{\sqrt{9.8} \times 56.15^{1.5}} = 0.019$

因此　$\varphi = \sqrt[3]{1 - \dfrac{0.055}{K^{0.5}}} = 0.84$

于是

$$L_1 = \varphi^2 S_1 \sin 2\theta\left[1 + \sqrt{1 + \frac{a - h_t}{\varphi^2 S_1 \sin^2\theta}}\right]$$

$$= 0.84^2 \times 56.15 \times \sin(2 \times 28°) \times \left[1 + \sqrt{1 + \frac{9 - 7}{0.84^2 \times 56.15 \times \sin(2 \times 28°)}}\right]$$

$= 68.62(\text{m})$

同理将已知条件代入公式 $\cos\beta = \sqrt{\dfrac{\varphi^2 S_1}{\varphi^2 S_1 + z - S_1}}\cos\theta$ 及公式 $L_2 = \dfrac{t + h_t}{\tan\beta}$ 中求得

$$L_2 = 25.57\ \text{m}$$

(4)检验冲刷坑后坡 i。

$$i = \frac{t}{L} = \frac{8.19}{68.62 + 25.57} = 0.087$$

由于 $i < 0.2 \sim 0.4$,故冲刷坑不至于危及大坝的安全。

项目小结

一、水工建筑物下游消能的常见形式

泄水建筑物下游常见的消能形式包括底流式消能、挑流式消能和面流式消能。其中,底流式消能主要依靠消力池产生淹没式水跃进行消能,挑流式消能主要依靠挑流鼻坎将水流挑射到空气中,又分为空中消能和水下消能两个过程。以上两种消能方式在实际工程中应用广泛。面流式消能应用较少。

二、底流式消能

1. 水跃衔接方式

泄水建筑物下游水流流速快,断面小,形成收缩断面(一般用 h_c 表示其水深)。

泄水建筑物下游可能发生3种水跃,用 h''_c 表示收缩水深的共轭水深,用 h_t 表示下游水深。当 $h''_c = h_t$ 发生临界式水跃,$h''_c > h_t$ 发生远离式水跃,$h''_c < h_t$ 发生淹没式水跃。修建消力池的目的是使临界式水跃或远离式水跃转化为稍有淹没的淹没式水跃,淹没度一般为 $\sigma = 1.05 \sim 1.10$。

消力池常见的形式有挖深式消力池、消力坎式消力池和综合式消力池等3种形式。

2. 挖深式消力池

池深计算和池长计算是挖深式消力池的计算要点,且这两个要素有各自的设计流量。

3. 消力坎式消力池

坎高和长度的计算是该类消力池的计算要点。对于坎后发生自由出流的水流,坎高计算值无须修正,坎后发生淹没出流的水流,坎高计算值需要修正。但自由出流的水流,需校核是否需要修建第二道消力坎或增设其他消能工。

三、挑流式消能

(1)挑流式消能的消能过程分为空中消能和水下消能两个部分。

(2)挑距和冲刷坑深度的计算是挑流式消能的计算要点。

(3)挑坎常见的形式有连续式和差动式两种。

(4)连续式挑坎的设计包括挑角、反弧段半径、挑坎高程等内容。

技能训练题

一、填空题

1. 从水跃发生的位置、水跃的稳定性以及消能效果综合考虑，底流式消能的水跃流态以__________水跃为佳，必须避免出现__________水跃。

项目 7 自测题

2. 底流式消能主要是通过__________来消耗水流的动能，底流式消能水力计算的任务是确定__________。

3. 常见的消能形式可分为__________、__________、__________，底流式消能是利用__________消能。

4. 比较下游水深与收缩断面水深的第二共轭水深间的大小，就可判断上、下游衔接的形式，当__________时，发生____________________；当__________时，发生____________________；当__________时，发生____________________。

5. 底流式消能中，消力池的形式有____________________，____________________，____________________。

6. 冲刷坑后坡 $i=$__________，许可的最大临界后坡 $i_c=$__________，i ____ i_c 时，冲刷坑不会危及坝身安全。

7. 如果挑角 θ 选的愈大，则空中挑距__________，水下挑距__________，冲刷坑深度__________，起挑流量__________。

8. 挑流鼻坎的挑角一般在__________之间，反弧半径 $r_0=$__________。

9. 底流式消能结构水力计算的任务：__________；__________；____________________。

10. 当河道中建坝后，下泄水流具有________________的特点。

二、简答题

1. 水流基本的衔接与消能措施有哪几种？各自的特点是什么？

2. 挑流消能的挑距包括哪些部分？影响挑距的主要因素有哪些？怎样选择连续式鼻坎的挑角、反弧半径及挑坎高程？

三、计算题

1. 某水闸装有平板闸门，上游水头 $H=5$ m，闸孔净宽 $b=7$ m，闸门开度 $e=0.6$ m 垂向收缩系数 $\varepsilon'=0.62$，下游水深 $t=2.2$ m，试问：

(1) 过闸流量为多少？

(2) 如水闸后连接下游河道，问是否需要修建消能结构建筑物？

2. 某溢流坝下收缩断面处水深 $h_c=1.1$ m，已知单宽流量 $q=14.72$ $m^3/(s \cdot m)$，当坝下游水深 $h_t=4.7$ m 时，求：

(1) 对应收缩断面处水深 h_c 的跃后水深 h_{c2}。

(2) 坝下游发生何种形式的水跃？是否需要修建消能工？

3. 在矩形断面水平渠道中设一平板闸门，如图 7-12 所示，闸门与渠道同为宽度 $b=4$

m,闸孔出流量 $Q=12\ m^3/s$,闸下收缩断面水深 $h_c=0.4$ m,产生水跃与下游水流衔接,下游水深 $h_t=1.4$ m,求跃前水深并判别水跃发生的位置。

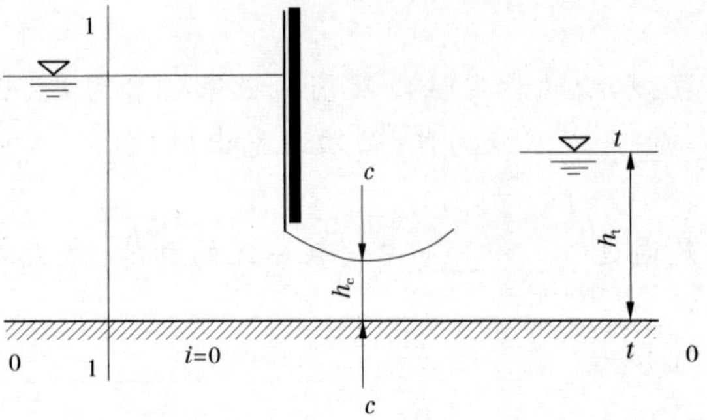

图 7-12

4. 如图 7-13 所示,在溢流坝下游收缩断面 $h_c=0.315$ m,溢流坝单宽流量 $q=2.45\ m^3/(s\cdot m)$。已知下游水深 $h_t=1.5$ m,求:

(1)试判别是否需要修建消力池?

(2)如需修建消力池,不考虑挖深影响(h_c 不变)和出池水面跌落 Δz,试设计挖深式消能池的池深 d,消力池水跃淹没系数取 $\sigma'=1.1$。

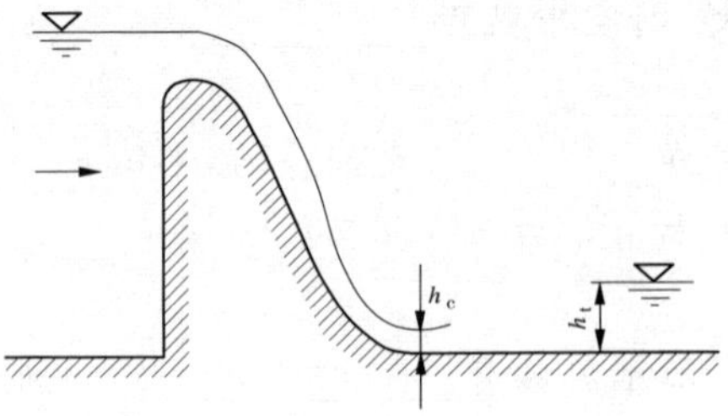

图 7-13

5. 一矩形断面陡槽,如图 7-14 所示,槽宽 $b=5$ m,下接一个宽度相同的缓坡明槽,当通过的流量 $Q=20\ m^3/s$ 时,陡槽末端水深 $h_1=0.5$ m,下游水深 $h_t=1.80$ m,试判别水跃的衔接形式。如果水跃从 1—1 断面开始发生,所需下游水深应为多少?

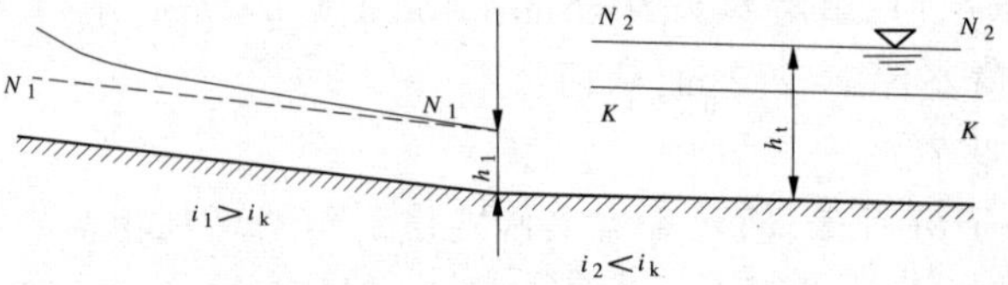

图 7-14

6. 如图 7-15 所示为某水库溢洪道,当上游水位达到 109.30 m 时,开闸放水,闸孔开度 $e=0.3$ m,宽度 $b=12$ m,溢流坝顶高程为 101.30 m,上下游坝址高程均为 98.00 m,$\varphi=0.994$,试求下游收缩断面水深 h_c。(提示:$h_c<0.2$ m)

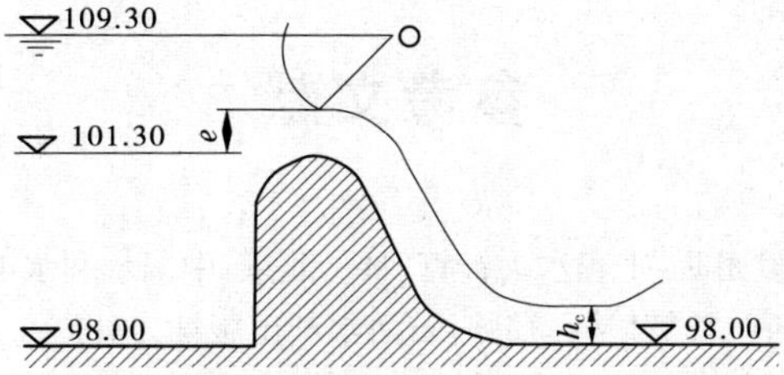

图 7-15

7. 如图 7-16 所示水闸，已知闸前水深 $H=5$ m，闸门开度 $e=1.25$ m，下游水深 $t=2.3$ m，假设闸孔为自由出流，算得 $h_c=0.8$ m，试判别是否需要修建消力池？

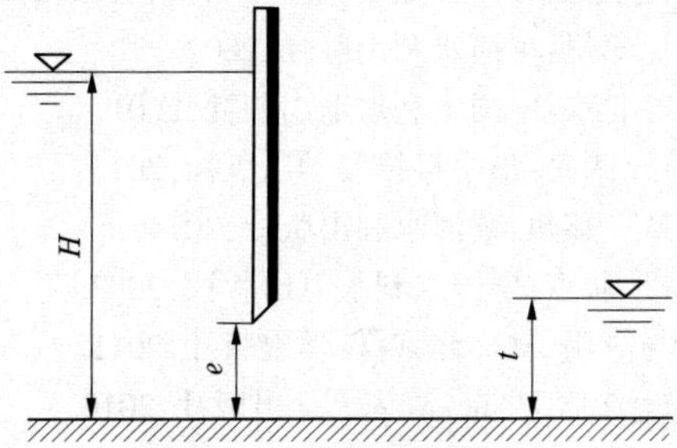

图 7-16

参考文献

[1]《工程水力计算》课程建设团队. 工程水力计算[M]. 北京:中国水利水电出版社,2010.
[2] 罗全胜,王勤香. 水力分析与计算[M]. 郑州:黄河水利出版社,2011.
[3] 陈明杰,潘孝兵. 水力分析与计算[M]. 北京:中国水利水电出版社,2010.
[4] 李炜. 水力计算手册[M]. 2 版. 北京:中国水利水电出版社,2006.
[5] 吕宏兴. 水力学[M]. 北京:中国农业出版社,2002.
[6] 吴持恭. 水力学[M]. 4 版. 北京:高等教育出版社,2008.
[7] 者建伦,张春娟,余金凤. 工程水力学[M]. 郑州:黄河水利出版社,2009.
[8] 张耀先,丁新求. 水力学[M]. 郑州:黄河水利出版社,2002.
[9] 刘纯义,张耀先. 水力学[M]. 北京:中国水利水电出版社,2001.
[10] 陈一华,高玉清. 水力学[M]. 武汉:华中科技大学出版社,2013.
[11] 张伟丽. 水力分析与计算[M]. 郑州:黄河水利出版社,2014.
[12] 赵建东,者建伦. 水力学[M]. 北京:中国水利水电出版社,2007.
[13] 汪德爟. 计算水力学:理论与应用[M]. 北京:科学出版社,2011.
[14] 赵振兴,何建京. 水力学[M]. 2 版. 北京:清华大学出版社,2010.
[15] 肖明葵. 水力学[M]. 3 版. 重庆:重庆大学出版社,2012.
[16] 徐正凡. 水力学[M]. 北京:高等教育出版社,1986.
[17] 孙东坡,丁新求. 水力学[M]. 郑州:黄河水利出版社,2009.
[18] 冯广志. 水利技术标准汇编:灌溉排水卷节水灌溉[G]. 北京:中国水利水电出版社,2002.
[19] 刘雅鸣. 水利技术标准汇编:水文卷水文测验[G]. 北京:中国水利水电出版社,2002.
[20] 孙道宗. 水力学[M]. 北京:水利电力出版社,1992.
[21] 陕西省水利学校,李序量. 水力学[M]. 北京:水利水电出版社,1991.